反恐怖主义系列教材

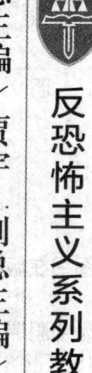

总主编／贾宇　副总主编／穆赤·云登嘉措　舒洪水

恐怖犯罪典型案例评析

KONGBU FANZUI DIANXING ANLI PINGXI

主编／兰　迪　冯卫国

撰稿人／（按撰写章节排序）

兰　迪　冯卫国　黄　彬　李　斌

高建玲　董博士　胡记超　闫浩然

王倩雯　张　萌

中国政法大学出版社

2021·北京

图书在版编目（ＣＩＰ）数据

恐怖犯罪典型案例评析/兰迪，冯卫国主编. —北京：中国政法大学出版社，2021.7
ISBN 978-7-5620-9446-3

Ⅰ.①恐…　Ⅱ.①兰…②冯…　Ⅲ.①恐怖主义－刑事犯罪－案例－世界　Ⅳ.①D914.05

中国版本图书馆CIP数据核字(2020)第017322号

出　版　者	中国政法大学出版社
地　　　址	北京市海淀区西土城路 25 号
邮　　　箱	fadapress@163.com
网　　　址	http://www.cuplpress.com (网络实名：中国政法大学出版社)
电　　　话	010-58908435(第一编辑部) 58908334(邮购部)
承　　　印	固安华明印业有限公司
开　　　本	720mm×960mm　1/16
印　　　张	19.25
字　　　数	325 千字
版　　　次	2021 年 7 月第 1 版
印　　　次	2021 年 7 月第 1 次印刷
印　　　数	1~3000 册
定　　　价	66.00 元

总 序

　　西北政法大学反恐怖主义系列教材是西北政法大学反恐怖主义法学院（国家安全学院）与中国政法大学出版社联合推出的供反恐怖主义（法）专业本科生、研究生使用的专业教材。

　　恐怖主义，是指通过暴力、破坏、恐吓等手段，制造社会恐慌、危害公共安全、侵犯人身财产，或者胁迫国家机关、国际组织，以实现其政治、意识形态等目的的主张和行为。恐怖主义威胁着全人类的安全，严重破坏了各国的民族和睦，引发社会不安与动荡，极大地阻碍各国的经济发展和社会进步，危害甚巨。特别是 2001 年恐怖分子制造了震惊世界的"9·11"暴恐袭击，恐怖主义问题更是强势进入国际社会视野，引起了世界各国的高度关注。

　　一段时间来，国内"三股势力"（即暴力恐怖势力、宗教极端势力、民族分裂势力），以分裂为最终目标，以极端主义为思想基础，以恐怖主义为手段，打着民族、宗教等幌子，以歪曲宗教教义等非法方式，大肆宣扬、传播恐怖主义、极端主义思想，制造宗教狂热、煽动仇恨、煽动歧视、鼓吹暴力，制造了一系列暴力恐怖事件。暴恐风险已成为我国最现实的风险，反恐怖斗争形势严峻、复杂、尖锐。特别是新疆地区仍处于暴恐活动的活跃期、反分裂斗争的激烈期和干预治疗的阵痛期"三期叠加"的特殊期。从北京"10·28"金水桥事件到昆明"3·01"事件再到广州"5·6"事件，我国境内暴力恐怖犯罪已呈现出由新疆向内地蔓延并趋于多发的特征和趋势。

　　面对如此紧迫与现实的国内反恐态势，中共十八届四中全会通过的《中共中央关于全面推进依法治国若干重大问题的决定》指出，"抓紧出台反恐怖等一批急需法律，推进公共安全法治化，构建国家安全法律制度体系"，对反恐立法工作进行了系统化的制度设计。随后，全国人大常委会于 2015 年 12 月 27 日通过了《中华人民共和国反恐怖主义法》，并于 2016 年 1 月 1 日起实施。

　　西北政法大学的前身是 1937 年中共中央在延安创办的陕北公学，历经延安大学、西北人民革命大学、西北政法干部学校、中央政法干部学校西北分校、西安政法学院、西北政法学院、西北政法大学等时期。在长期的办学历程中，西北政法大学扎根西北，以全方位服务国家战略需求为自身的责任与担当，在维护西北稳定安全与促进西北经济社会发展、民主法治建设方面形成了自身的办学传统与特色。自 20 世纪 90 年代以来，我校就有一批专家、学者先后主持完成了多个与反恐怖主义相关的国家社科课题和部委课题，发表了一系列有影响力的研究成果。反恐研究团队先后多次深入新疆、西藏等边疆基层进行调研，出版了十多部有关反恐怖主义问题和民族宗教问题研究的专著，发表了数百篇相关领域的学术论文，为国家决策部门提供了许多有影响的对策、建议。2012 年，学校获批"服务西北地区稳定发展与国家安全高级法律人才培养项目"，成为西北地区第一个法学博士学位授权点，承担为国家培养反恐怖主义方向的高级法律人才的任务。2014 年，学校汇聚资源，积极打造新型智库，组建了反恐怖主义研究院和民族宗教研究院。2016 年 1 月 16 日，在《中华人民共和国反恐怖主义法》实施之际，西北政法大学紧紧围绕国家反恐怖主义法治建设的特殊需求，整合校内外法律、公安、民族宗教、国际关系等多领域的学术资源，成立反恐怖主义法学院，实现了本科、硕士、博士完整的教育体系，成为集人才培养、学术研究、社会服务、国家智库等功能于一体的教学科研单位；2019 年 6 月 15 日，为了深入贯彻总体国家安全观、服务国家战略需求，在反恐怖主义法学院的基础上成立国家安全学院。反恐怖主义法学院（国家安全学院）的刑法、民法、刑诉、民诉、经济法、行政法、宪法、法理等法学基础课程，由相应学院的法学教师承担教学任务，反恐怖主义（国家安全）专业则设有三个教研室（国家安全教研室、反恐怖主义法教研室、民族学与宗教学教研室）和两个研究院（反恐怖主义研究院和民族宗教研究院）。

西北政法大学反恐怖主义法学院（国家安全学院）在学校"法治信仰、中国立场、国际视野、平民情怀"的育人理念的指引下，建立伊始就确定了"需求导向、理实并重"的根本宗旨，对本科生、硕士研究生、博士研究生提出了不同的培养要求。在本科层次反恐怖主义法律人才培养方面，按照"注重养成、加厚基础、拓宽口径、强化实践"的培养思路，着力培养具有系统扎实的法学专业知识和反恐怖主义专门知识，实践能力强、综合素质高，能够从事防范与打击恐怖主义工作的应用型、复合型专门人才。基于此,我们围绕反恐怖主义法学专业学生必须具备的五个方面的知识结构,在必要的法学基础课程之外,开设了十余门特色课程,并组织反恐怖主义法学院(国家安全学院)的老师编写相应的教材。

目前,该系列教材有多部已经定稿并将陆续出版面世。我们深知"庙廊之材,非一木之枝",在此,向关注并给予西北政法大学反恐怖主义法学院(国家安全学院)极大帮助的中央和地方的立法、行政、政法、司法部门,各兄弟院校,以及相关的同仁表示真挚的感谢。同时,作为国内首家培养反恐怖主义法律人才的学院,我们没有经验作参考,因此该系列教材难免存在一些缺陷,需要逐步完善,也希望学界、实务界各位同仁能不吝赐教,批评建言。我们深知路漫漫其修远,西北政法大学反恐怖主义法学院(国家安全学院)的各位老师必将团结一心,上下求索。

是为序。

贾 宇

2020 年 6 月 1 日

前　言

　　在全球反恐怖力量的共同合作、全力打击之下，国际恐怖主义的迅猛发展势头得到了有力遏制。然而，现存的诸多根源性要素尚未得到有效清理，各个国际关系行为体之间的制衡与竞争加剧矛盾冲突，有利于国际恐怖主义的客观条件仍然存在，国际社会反恐怖合作的协调性亟待加强，反恐怖道路依旧漫长曲折。

　　自 2017 年以来，遭遇沉重打击的"伊斯兰国"碎片化明显，恐怖主义"癌细胞"进一步向非洲、东南亚、南亚与欧洲等地扩散，东亚地区面临的安全威胁更为紧迫；"死而未僵"的"基地"组织欲"东山再起"，加紧争夺国际暴恐"领头羊"，区域内恐怖势力的暴力冲突骤然增多；外籍武装战斗人员主动或被迫回流，潜伏的极端分子遂成各国安全隐患；内生性"本土恐怖主义"与自我激励式"独狼"恐怖袭击时有发生，"暗网"恐怖主义与恐怖融资问题更加棘手；"准国家形态"的恐怖主义实体虽然难再复制，极端意识形态远未消退，甚至正在演变和进化之中；恐怖分子的低龄化现象日趋严重，青少年极端化问题在全球扩展。总之，正在经历深刻结构变革的人类社会依然充满了风险性与不确定性，国际社会所共同期待的"和平、稳定与发展"的目标仍旧面临不小的挑战。

　　反恐怖斗争应"惩防结合"。一方面，要加强对已然的恐怖袭击事件的处置、应对，以及对已知的恐怖组织与个人的追捕、打击。另一方面，要强化对未然的恐怖危险的预防、防范，以及对具有恐怖主义、极端主义风险、倾向的群体、人员的预测、矫治。

　　反恐怖策略需"刚柔并济"。"刚性"的反恐怖措施侧重于对恐怖主义的物理打击、紧急处置与事后追惩。但是，过于强调"刚性"的反恐怖思路容易陷入"以暴易暴"的泥淖。因此，可以利用"柔性"反恐怖方法对反恐怖策略加以补充、调和和完善。"柔性"反恐怖策略是指以对恐怖主义罪因形成机理的正确认知为前提，通过社会、经济、政治、文化和心理等多元方法进行综合施策的思路。

　　反恐怖活动宜"内外结合"。恐怖主义全球治理指国家与非国家行为体为应对国际恐怖主义问题、改善人类安全环境凭借正式或非正式制度开展的以国际反恐合作为主的实践。当前恐怖主义情势险峻，极端思潮泛滥，反恐道路困难重重，国际合作效果不彰，根源在于旧的恐怖主义全球治理体制难以适应现实需求，新的恐怖主义全球治理共识尚未凝聚。中国是恐怖主义的受害者，身处国际反恐斗争前沿。中国在治理恐怖主义方面取得了显著良好成效，总结了大量有益经验。中国愿意积极投身恐怖主义全球治理中，向世界阐释中国理念，同世界分享中国智慧，为世界贡献中国力量，与各国一道为全人类撑起安全伞。

党的十八大以来，随着总体国家安全观的提出和践行，我国反恐怖策略更为科学合理，反恐怖机制趋于优化完善，去极端化工作扎实推进，以"三股势力"为首的暴力恐怖活动犯罪得到了极为有效和彻底地遏制。但是，我们亦应清醒地认识到，基于国际和国内的各种因素，反恐怖之路必将任重而道远。所以，针对恐怖主义犯罪以及反恐怖策略的研究始终是一项重要、长期和艰巨的课题。

作为一种极端的犯罪形态，恐怖主义始终属于一种客观的社会现象。恐怖主义的生成、发展乃至最终灭亡，反映着国际与国内社会结构中诸多因素的变化。研究恐怖主义问题可以运用多种方法，实证分析是最重要的手段之一。实证分析方法包括定量研究与定性研究，典型个案分析是定性研究的基本组成部分。通过对典型的恐怖主义犯罪案件的"解剖"，有助于加强对恐怖主义犯罪成因的规律性特征把握，并为制定科学、有效与合理的反恐怖策略奠定至关重要的理论基础。

本书旨在运用案例分析的定性研究手段，对恐怖主义的现象、成因与反恐怖策略进行全面、系统地梳理、剖析与总结。本书主要面向于从事国家安全学、反恐学、公安学和政治学等领域研究的专业人员。

具体言之，本书分为两大部分：

第一部分为"恐怖主义基础理论"，主要探讨"恐怖主义的基本概念""恐怖主义的主要类型""恐怖主义的历史溯源""当代国际恐怖主义的现状与特征"以及"我国恐怖主义问题与反恐怖对策"等内容。通过对恐怖主义基础理论的学习，有助于针对恐怖主义问题的现象、特征、成因与反恐怖对策作整体把握和理解。

第二部分为"恐怖主义典型案例"，通过对"德国慕尼黑惨案""英国洛克比空难""日本东京地铁毒气事件""美国'9·11'恐怖袭击案"

"西班牙马德里连环爆炸案""俄罗斯别斯兰人质绑架事件""英国伦敦恐怖袭击案""印度孟买恐怖袭击案""挪威于特岛惨案""美国波士顿爆炸案""肯尼亚内罗毕恐怖袭击案""中国北京'10·28'恐怖袭击案""中国云南昆明恐怖袭击案""法国巴黎《查理周刊》恐怖袭击案"和"法国巴黎连环恐怖袭击案"等国内外重大典型恐怖袭击事件的过程、结果、应对、背景、影响和反思等诸多方面进行梳理与探讨，能够进一步加深对恐怖主义和反恐怖策略的分析与研究。

本书由兰迪、冯卫国负责拟定撰写纲要、分配写作任务。兰迪撰写第一章、第二章、第三章、第四章和第五章第一节。冯卫国撰写第五章第二节、第三节和第四节。黄彬撰写第六章和第七章。李斌撰写第八章和第十一章。高建玲撰写第九章。董博士撰写第十章和第十二章。胡记超撰写第十三章和第十五章。闫浩然撰写第十四章和第十六章。王倩雯撰写第十七章和第十八章。张萌撰写第十九章和第二十章。最后由兰迪通稿。

在写作过程中，本书撰稿人参阅了国内外最新研究成果，一并致谢！囿于时间、经验和水平，舛误之处实所难免，敬请学界同仁批评指正。

作　者
2021 年 4 月 8 日

| 目 录 |

总论　恐怖主义基础理论

分论　恐怖主义典型案例

总　论

恐怖主义基础理论

第一章

恐怖主义的基本概念

恐怖主义历史悠久，危害甚重。公元 2001 年发生在美国本土的"9·11"恐怖袭击事件惊动寰宇、震古烁今，至此拉开了 21 世纪沉重的帷幕。天真却极度渴望和平的人们总以为经过了 20 世纪数次浩劫的磨难后，人类社会将在一个崭新时期迎来"天下大同"的人间喜剧，但是卑劣、野蛮与残忍的恐怖袭击事件再一次打碎了这些美好的憧憬与幻想。自 21 世纪初至 2017 年，世界百余国家深受恐怖主义毒害，上万名无辜者死于非命。恐怖主义打击目标之随意性、谋求效果之轰动性与手段之异常残酷性，使得每个无辜的生命随时都可能遭受灭顶之灾。"国内外种种迹象表明，恐怖主义活动正在走下神秘和'专业化'的神坛而成为人们不得不面对的寻常、普遍的威胁。"[1]"恐怖主义是极端组织和个人向人类文明发动的非常规性战争。"[2]恐怖主义危害之烈，全人类为之愤慨，实为"21 世纪之政治瘟疫"。另外，高科技的迅猛发展促使恐怖活动日趋纷繁复杂，诸如核恐怖主义、生物恐怖主义、化学恐怖主义等，不仅事前难以防范，事中一旦得手，后果更是难以设想。恐怖主义厥为国际社会关注之重点、亟待解决之重要课题，反恐怖之任务实乃既艰且巨。

作为一种复杂的社会（客观）现象，恐怖主义业已成为当代学术研究与实务探索的热点和中心。不同界域、不同学科以及风格各异的学者们依据不同的知识背景、知识经验、研究方法和分析范式对恐怖主义与反恐怖主义的诸多问题展开相近或相异的分析与评说，促成了知识的丰富与累积，乃至发展与繁荣，但也导致了基于立场各异、认知有别所形成的分歧与论争，甚至误解与隔阂。恐怖主义的基本概念问题（什么是恐怖主义？它的内涵应如何界定？是否存在

---

[1] 张绍彦："恐怖主义本原辨析——基于事实的本体性认识"，载《现代法学》2013 年第 5 期。
[2] 李健和等："当代恐怖主义的特征与发展趋势"，载《中国人民公安大学学报（社会科学版）》2008 年第 3 期。

统一的恐怖主义定义）即是典型例证。围绕这一问题，学术界进行了漫长的讨论，却长期未能统一认知，以致有极端观念者认为应当放弃对恐怖主义概念的探讨。"定义恐怖主义几乎是不可能完成的任务，因为定义的每一个部分都充斥着意识形态与政治目标的冲突。""问题并非出在定义的细枝末节上，而在于定义的整体框架结构上。"[1]"美国在'9·11'以前一直回避界定恐怖主义的概念，防止概念的准确性、统一性束缚其对恐怖主义的主观解释。"[2]

然而，恐怖主义的基本概念问题既非"虚无缥缈""似幻似真"，也非"毫无意义""可有可无"。恐怖主义定义能够统一，也应当统一。首先，恐怖主义的概念具有重要的理论意义。理论探索的"千里之行"始于概念的厘定。概念的统一标志着我们对该领域学术问题的基础性认知已经形成共识，这是我们建构学术共同体的基石，同时亦能够有效定义我们的研究边界，规范我们的观察视角，防止学者之间不着边际的讨论以及学者的自说自话，避免学术资源的重复与浪费。其次，恐怖主义的概念具有重要的实践价值。我国学者认为，恐怖主义的概念具有以下意义："第一，有助于将恐怖主义案件与普通刑事案件区分开来；第二，使得反恐的行政正当性于法有据；第三，有助于国际法层面的交战团体的认定；第四，有助于认定恐怖事件的始作俑者。"[3] 最后，恐怖主义概念具有重要的体系作用。恐怖主义概念的统一、明确有助于反恐怖主义法学体系的建立。埃里克·希尔根多夫指出："一种科学所包含的概念是该科学的基础，概念之于科学就如同骨骼之于身体一样，骨骼赋予身体坚固性以及体态。通过概念将认知客体，即科学传授知识所要借助的对象定位绑定，从而对其思考理解。"[4] 恐怖主义作为反恐怖主义法学学科体系的基石概念应当予以明确。因此，尽管"困难始自界说"[5]，但对概念的界说意义重大，所以有必要对恐怖主义的概念展开一番科学界说。

---

[1] R. Thackrah, "Terrorism: A Definitional Problem", in P. Wilkinson and A. M. Stewart (eds.), *Contemporary Research on Terrorism*, Aberdeen: Aberdeen University Press, 1987, p. 25.

[2] 周穗明："当代国外恐怖主义理论研究述评"，载《国外社会科学》2003年第6期。

[3] 张勇："制定〈反恐法〉的必要性分析——以相关立法完善为视角"，载《新疆社会科学》2014年第5期。

[4] 埃里克·希尔根多夫："刑法的体系构成"，载梁根林、埃里克·希尔根多夫主编：《刑法体系与客观归责：中德刑法学者的对话》，北京大学出版社2015年版，第23页。

[5] ［美］尤劳：《政治行为论》，商务印书馆1967年版，第22页，转引自张小虎主编：《犯罪学研究》，中国人民大学出版社2007年版，第281页。

第一节　恐怖主义定义的分类

恐怖主义的定义可谓争议颇多，各国学者、官方机构与国际组织都表达过其对"何谓恐怖主义"的见解。保守估计，世界范围内较有影响的恐怖主义犯罪定义就多达 100 余种。[1] 根据不同标准，可以对诸多定义进行分类：①根据定义的效力，可分为有权定义与无权定义；②根据定义的表述形式，可以分为规范定义与任意定义；③根据定义的主体，可以分为学理定义与法律定义。本书采第三种分类标准，且鉴于当代恐怖主义的"国际化"特征日趋凸显，国际法律中对恐怖主义的定义日益增多，故将法律定义复分为"国内法律中的恐怖主义定义"与"国际法律中的恐怖主义定义"两类。本书将择其代表性观点予以简要介绍。

一、学理定义

学理定义是理论研究者对恐怖主义这一客观现象进行归纳、总结后的学术表达，学理定义虽然对社会实践活动不具备强制性的效果，但是可以为现实的反恐怖活动（特别是立法活动与执法活动）提供有价值的参考。

国外学者的见解。鲁特斯认为，恐怖主义系对人类生命有威胁的违反刑法的暴力活动。恐怖主义意图：①恐吓或威胁民众；②通过恐吓或威胁影响政府政策；③通过暗杀或绑架影响政府行为。[2] 詹金斯将恐怖主义定义为：为促成政治变革而运用或威胁运用暴力。[3] 加里·拉福瑞等人认为，恐怖主义是指："由非国家行为体实施的，通过使用武力或者暴力来制造恐惧或者威吓，以实现某种政治的、经济的、宗教的或者社会的目标的行为。"[4]《牛津法律词典》指出："恐怖主义是指基于政治目的使用或威胁使用暴力，包括将公众置于恐怖气

---

〔1〕　王牧："恐怖主义概念研究"，载《法治论丛》2003 年第 5 期。

〔2〕　James M. Luts & Brenda J. Lutz, *Terrorism: Origins and Evolution*, New York: Palgrave Macmillan, 2005, p. 7.

〔3〕　Brain Jenkins, *International terrorism: a new mode of conflict*, Los Angeles: Crescent Publications, 1975, p. 1.

〔4〕　Gary LaFree, Laura Dugan and Erin Miller, *Putting Terrorism in Context: Lessons from the Global Terrorism Database*, New York: Routledge, 2015, p. 13.

氛之中。"[1] 科迪认为，恐怖主义具备5个定义向度："①行为是为了诱生恐惧；②行动者试图从国家内部向国家机器展开攻击；③暴力的战略目标是政治性的；④暴力的攻击对象是随机的且无差别的；⑤恐怖主义者秘密地使用政治暴力，即直到施行暴力的那一刻之前，他们都'身处黑暗之中'。"[2]

国内学者的见解。杨隽、梅建明指出："恐怖主义是为实现政治目的，通过对人身或财产非法使用暴力以恐吓、强迫政府和民众的行为。"[3] 许桂敏认为，恐怖主义是指"公开实施危害行为或者以之相威胁，恐吓平民或者其中部分居民，目的是满足恐怖分子的利益，直接或间接影响政府作出或者拒绝作出某些决定的行为"。[4] 胡联合将恐怖主义界定为："恐怖主义是指一种旨在通过制造恐惧气氛、引起社会注意以威胁有关政府或社会的，为达到某种政治或社会目标服务的，无论弱智或强者都可以采用的，针对非战斗目标（特别是无辜平民目标）的暗杀、爆炸、绑架与劫持人质、劫持交通工具、施毒、危害计算机系统以及其他形式的违法或刑事犯罪性质的暴力、暴力威胁或非暴力破坏活动。"[5] 余建华认为，恐怖主义是指个人、团体或国家出于政治或社会目标，通过使用或威胁使用暴力及其他毁灭性手段，袭击平民（或非战斗人员）和公用设施，残害无辜，制造恐怖，胁迫特定的个人、群体或政府实施或不实施某种行为的刑事犯罪活动。[6] 张家栋认为，要给恐怖主义作定义是一件非常困难的事情，因为在认识恐怖活动的过程实在难以避免政治立场的纠葛。但是，他对恐怖主义的"轮廓"作了描摹："恐怖主义由于国内、国际社会不公正现象的存在而产生，它是弱者对强者的报复，其思维基础是极端主义的，其攻击对象是不确定的，但主要是缺少必要防卫能力的群体或是当某一群体难以防卫、疏于防卫的时候，其目的是利用公众的恐怖心理以达到某种公共目标，其行为者往往是那些因民族、种族或宗教冲突而产生的狂热的极端组织及其成员。"[7] 张汝伦严格区分了恐怖主义与恐怖行为，他指出："恐怖之成为主义，完全是因

---

〔1〕 ［英］马丁：《牛津法律词典》，上海外语教育出版社2007年版，第495页。
〔2〕 转引自章远："国外智库恐怖主义概念界定及其数据库建设的评析"，载《探索》2017年第2期。
〔3〕 杨隽、梅建明：《恐怖主义概论》，法律出版社2013年版，第10页。
〔4〕 许桂敏：《俄罗斯恐怖主义犯罪研究》，法律出版社2009年版，第81页。
〔5〕 胡联合：《全球反恐论——恐怖主义何以发生与应对》，中国大百科全书出版社2011年版，第38页。
〔6〕 余建华等著：《恐怖主义的历史演变》，上海人民出版社2015年版，第16页。
〔7〕 张家栋：《恐怖主义论》，时事出版社2007年版，第70页。

为它具有一些鲜明的现代特点：它有着明确的政治经济和社会目的；它经过精心组织和策划，充分利用了现代计算理性的缜密和科层制度的效率；它拥有巨大的财源，足以利用一切高科技手段制造最大的恐怖效果；它不择手段，不受任何道德与法律的约束，有意拿无辜的百姓开刀，以恐怖手段使受害者屈服。"[1]

二、各国法律定义

法律定义由各国家权威部门作出，由于其一旦制定即具有法律拘束力而受到研究者的普遍重视。一般而言，法律对恐怖主义定义的规范表达包括两种形式，一种是在专门的反恐法中对恐怖主义的含义进行说明，另一种是在该国刑法典中设置处罚恐怖主义的罪刑规范条款。

（一）反恐法的定义

英国《2000 年恐怖主义法案》（Terrorism Act 2000）指出：恐怖主义犯罪是指使用或威胁使用特定行为，①该行为涉及对个人实施严重暴力；或者严重损害财产；或者危及人的生命（即这个人尚未着手实施上述行为）；或者制造一种严重危及公众或部分公众的危险；或者被用来干扰或破坏电子系统；②使用或威胁使用特定行为是为了影响政府或国际政府组织，或者为了恐吓公众或部分公众，并且③使用或威胁使用特定行为的目的是实现政治、宗教、种族、意识形态目标。[2]

俄罗斯《2006 年反恐怖主义法》区分了"恐怖主义""恐怖主义活动"和"恐怖主义行为"。该法在第 13 条"基本概念"中规定，恐怖主义是指"以恐吓居民和（或）实施其他暴力违法行为，影响国家权力机关、地方自治机关或国际组织做出决定的暴力思想和行为"。所谓恐怖主义活动是指"①组织、策划、准备、资助、实施恐怖主义行为；②煽动恐怖主义行为；③以实施恐怖主义行为为目的组织非法武装、犯罪集团（犯罪组织）、有组织团伙，并参加上述组织；④招募、武装、培训、使用恐怖分子；⑤以提供情报或其他方式参与策划、准备或实施恐怖主义行为；⑥宣传恐怖主义思想、散布煽动恐怖主义行为或为

---

〔1〕　张汝伦："恐怖主义的本源"，载《读书杂志》2001 年第 11 期。

〔2〕　英国政府网站，http：//www.legislation.gov.uk/ukpga/2000/11/section/1，最后访问时间：2016 年 7 月 18 日。

其必要性进行论证或辩护的材料或信息"。所谓恐怖主义行为是指"为影响国家权力机关、地方自治机关或国际组织做出决定，实施或威胁实施爆炸、纵火等恐吓居民和危及人员生命，导致重大财产损失或生态灾难，引发特别重大后果的行为"。[1]

2015年12月27日通过、2016年1月1日起正式施行的《中华人民共和国反恐怖主义法》第3条对恐怖主义及其相关定义做了规范。第3条指出："本法所称恐怖主义，是指通过暴力、破坏、恐吓等手段，制造社会恐慌、危害公共安全、侵犯人身财产，或者胁迫国家机关、国际组织，以实现其政治、意识形态等目的的主张和行为。本法所称恐怖活动，是指恐怖主义性质的下列行为：①组织、策划、准备实施、实施造成或者意图造成人员伤亡、重大财产损失、公共设施损坏、社会秩序混乱等严重社会危害的活动的；②宣扬恐怖主义，煽动实施恐怖活动，或者非法持有宣扬恐怖主义的物品，强制他人在公共场所穿戴宣扬恐怖主义的服饰、标志的；③组织、领导、参加恐怖活动组织的；④为恐怖活动组织、恐怖活动人员、实施恐怖活动或者恐怖活动培训提供信息、资金、物资、劳务、技术、场所等支持、协助、便利的；⑤其他恐怖活动。本法所称恐怖活动组织，是指三人以上为实施恐怖活动而组成的犯罪组织。本法所称恐怖活动人员，是指实施恐怖活动的人和恐怖活动组织的成员。本法所称恐怖事件，是指正在发生或者已经发生的造成或者可能造成重大社会危害的恐怖活动。"

（二）刑事法律中的罪刑规范

德国、奥地利、意大利等国家均在其法典中对恐怖主义犯罪作了定义。[2]

德国《刑法典》第129条a处罚建立恐怖组织的行为：一、建立旨在实施下列犯罪的组织，或作为成员参加该组织的，处1年以上5年以下自由刑：①预谋杀人、故意杀人或灭绝种族犯罪（第211条，第212条，第220条a），②第

---

〔1〕　赵秉志等编译：《外国最新反恐法选编》，中国法制出版社2008年版，第322页。

〔2〕　一些国家在其刑事立法中并未对恐怖主义犯罪作单独、专门规定，但并不意味着不处罚那些实质上具有恐怖主义性质的行为，只不过是通过运用普通罪刑条款例如杀人罪、爆炸罪、绑架罪来予以惩治。在对恐怖主义犯罪进行专门规定的国家中，不同刑事立法的具体设置方式不同。我国学者王燕飞总结为：①设置一罪种；②设置二罪种；③设置三罪种；④设置五罪种；⑤设置六罪种；⑥设置七罪种；⑦设置八罪种；⑧设置十三罪种；等等。参见王燕飞：《恐怖主义犯罪立法比较研究》，中国人民公安大学出版社2007年版，第76-81页。

239 条 a 或第 239 条 b 规定的妨害人身自由的犯罪，或③第 305 条 a 规定的犯罪（毁弃重要的生产资料罪——作者注，下同），或第 306 条至第 306c 条（纵火罪）或第 307 条第 1 款至第 3 款（引起核能爆炸罪），第 308 条第 1 款至第 4 款（引爆炸药罪），第 309 条第 1 款至第 5 款（滥用放射线罪），第 313 条（预备犯爆炸或放射线罪），第 314 条（危害公共安全的投毒罪）或第 315 条第 1 款、第 3 款或第 4 款（侵害铁路、水路及航空交通罪），第 316 条 a 第 1 款或第 3 款（对汽车司机的强盗攻击），或第 316 条 c 第 1 款至第 3 款（劫持飞机和船舶罪）规定的危害公共安全的犯罪。二、行为人为主犯或幕后策划者的，处 3 年以上自由刑。三、对第 1 款所述组织予以支持或为其宣传的，处 6 个月以上 5 年以下自由刑。四、对责任轻微，仅起次要作用的共犯，法院可根据规定，在第 1 款和第 3 款情况下，酌情减轻其刑罚（第 49 条第 2 款）。五、相应适用第 129 条第 6 款的规定。六、除判处行为人 1 年以上自由刑外，法院还可剥夺其担任公职或参加公开选举的资格（第 45 条第 2 款）。七、在第 1 款和第 2 款情形下，法院可命令行为监督（第 68 条第 1 款）。[1]

奥地利联邦共和国刑法典第 278 条 c 恐怖主义犯罪：恐怖主义犯罪是指：①谋杀（第 75 条）。②第 84 条至第 87 条规定的身体伤害。③勒索性诱拐（第 102 条）。④严重性的强制（第 106 条）。⑤第 107 条意义上的危险的威胁。⑥严重的损坏物品（第 126 条）和损坏数据（第 126 条 a），因此而危及他人的生命或他人数额巨大的财产。⑦故意危害公共安全的应受刑罚处罚的行为（第 169 条、第 171 条、第 173 条、第 175 条、第 176 条、第 177 条 a、第 177 条 b、第 178 条）或故意危害影响环境（第 180 条）。⑧劫持飞机（第 185 条）。⑨故意危害航空安全（第 186 条）或⑩1996 年武器法第 50 条或战争物资法第 7 条规定的应受刑罚处罚的行为，如果该行为足以造成对公共生活的严重或较长时间的持续干扰，或严重损害经济生活，且故意实施，严重恐吓居民，强制国家机关或国际组织为一定行为、容忍一定行为或不为一定行为，或严重动摇或破坏国家或国际组织的政治、宪法、经济或社会结构。[2]

意大利刑法对恐怖主义犯罪的专门规定主要见之于第一章"国事罪"中，具体包括：第 270 条-2"以恐怖主义包括国际恐怖主义为目的或者以颠覆民主

---

〔1〕 徐久生、庄敬华译：《德国刑法典》，中国法制出版社 2000 年版，第 125 页。

〔2〕 徐久生译：《奥地利联邦共和国刑法典》，中国方正出版社 2004 年版，第 107 页。

秩序为目的的结社罪"、第 270 条-4 "为恐怖主义包括国际恐怖主义目的招募人员罪"、第 280 条 "以恐怖主义或者颠覆为目的的侵害罪"、第 280 条-2 "使用致命装置或者爆炸装置的恐怖主义行为罪" 与第 289 条-2 "以恐怖主义或者颠覆为目的进行绑架罪" 等。[1]

1995 年《澳大利亚刑法典》设置了 13 个恐怖主义犯罪罪名。具体包括：第 101.1 "恐怖主义行为罪"、第 101.2 "为有关联的恐怖主义行为提供或接受训练罪"、第 101.4 "拥有与恐怖主义行为有关的财物罪"、第 101.5 "收集或制作可能便利于恐怖主义行为有关的财物罪""其他为恐怖主义行为作准备或计划的行为"、第 102.1 "指导恐怖主义组织活动罪"、第 102.3 "参加恐怖主义组织罪"、第 102.4 "为恐怖主义组织招募成员罪"、第 102.5 "训练恐怖主义组织或接受恐怖主义组织培训罪"、第 102.6 "给予恐怖主义组织资金或从恐怖主义组织获取资金罪"、第 102.7 "为恐怖主义组织提供援助罪"、第 102.8 "与恐怖主义组织交往罪" 和第 103.1 "资助恐怖主义罪"。[2]

在我国，对恐怖主义犯罪予以专门规定始于 1997 年修订后的《刑法》。鉴于有组织的恐怖活动犯罪危害甚大，立法者在第 120 条专门规定了 "组织、领导、参加恐怖组织罪"，同时规定 "犯前款罪并实施杀人、爆炸、绑架等犯罪的，依照数罪并罚的规定处罚" 从而排除了适用牵连犯 "从一重罪处罚" 的可能，彰显了立法者对恐怖主义犯罪从严惩治的决心。2001 年，美国发生 "9·11" 恐怖袭击事件，震惊寰宇，国际社会联合反恐呼声热烈鼎沸。以此为契机，同年 12 月 29 日全国人大常委会通过了《刑法修正案（三）》，强化对恐怖活动犯罪的刑事惩治力度，例如提升组织、领导恐怖活动组织的刑罚严厉程度，增设 "资助恐怖活动罪"，对危害公共安全的罪名进行完善，将恐怖活动犯罪设为洗钱罪的上游犯罪，增设 "投放虚假危险物质罪""编造、故意传播虚假恐怖信息罪"，等等。2011 年《刑法修正案（八）》则通过修正总则的部分条文的方式继续加强对实施恐怖活动犯罪的犯罪分子的刑事打击。[3] 2011 年 10 月 29 日全国人大常委会通过了惩治恐怖主义犯罪的单行立法《关于加强反恐怖工作有关问题的决定》，该法第 2 条指出："恐怖活动是指以制造社会恐慌、危害公共

〔1〕 黄风译：《最新意大利刑法典》，法律出版社 2007 年版，第 100-106 页。
〔2〕 王燕飞：《恐怖主义犯罪立法比较研究》，中国人民公安大学出版社 2007 年版，第 80-81 页。
〔3〕 参见刘仁文："恐怖主义与刑法规范"，载《中国法律评论》2015 年第 2 期。

安全或者胁迫国家机关、国际组织为目的，采取暴力、破坏、恐吓等手段，造成或者意图造成人员伤亡、重大财产损失、公共设施损坏、社会秩序混乱等严重社会危害的行为，以及煽动、资助或者以其他方式协助实施上述活动的行为。恐怖活动组织是指为实施恐怖活动而组成的犯罪集团。恐怖活动人员是指组织、策划、实施恐怖活动的人和恐怖活动组织的成员。"2014 年 9 月 9 日最高人民法院、最高人民检察院、公安部出台了《关于办理暴力恐怖和宗教极端刑事案件适用法律若干问题的意见》的司法解释，该司法解释虽然并非立法文件，但是对于司法机关办理暴力恐怖、宗教极端刑事案件适用法律的若干问题提出了许多意见。2015 年 8 月 29 日通过的《刑法修正案（九）》对恐怖活动犯罪进行了大规模地修改、补充和完善。一方面，《刑法修正案（九）》对既存的恐怖活动犯罪的罪刑条款进行了修改，如修改了资助恐怖活动罪的罪状，对组织、领导、参加恐怖组织罪增设财产刑；另一方面，《刑法修正案（九）》还增设了新的恐怖活动犯罪的罪刑条款，即准备实施恐怖活动罪、宣扬恐怖主义、极端主义、煽动实施恐怖活动罪、利用极端主义破坏法律实施罪、强制穿戴宣扬恐怖主义、极端主义服饰、标志罪、非法持有宣扬恐怖主义、极端主义物品罪等。本次修法对恐怖活动犯罪的修正具有如下意义："第一，有利于严密刑事法网，严厉打击恐怖活动犯罪；第二，适应当前我国恐怖活动犯罪的发展态势；第三，有利于与国际打击恐怖主义犯罪接轨。"[1]

三、国际法律公约定义

恐怖主义犯罪是一种典型的国际犯罪，国际公约中的恐怖主义定义是国际社会共同认知的规范体现，从而成为构建国际反恐制裁体系的基石。

国际联盟《防止和惩治恐怖主义公约》（1937）是首个对恐怖行为作界定的国际公约，该公约并未发生法律效力。该公约指出："本公约的恐怖行为是指直接反对一个国家，而其目的和性质是在个别人士、个别团体或公众中制造恐怖的犯罪行为。"[2]

为联合国际力量共同打击恐怖主义，联合国及其附属国际组织制定、通过

〔1〕　周洪波："《刑法修正案（九）》新增恐怖犯罪的理解与适用"，载《中国检察官》2015 年第 19 期。
〔2〕　M. Cherif Bassiouni, *International Terrorism: Multilateral Conventions* (1937–2001), New York: Transnational Publishers, 2001, p. 71.

了一系列国际公约，如《关于防止和惩处侵害应受国际保护人员包括外交代表的罪行的公约》（1973）、《反对劫持人质国际公约》（1979）、《制止恐怖主义爆炸事件的国际公约》（1998）、《制止向恐怖主义提供资助的国际公约》（1999）等。[1] 这些国际公约中含有大量关于恐怖主义的定义。例如，《关于防止和惩处侵害应受国际保护人员包括外交代表的罪行的公约》第 2 条规定："每一缔约国应将下列罪行定为其国内法上的罪行，即故意：①对应受国际保护人员进行谋杀、绑架或其他侵害其人身或自由的行为；②对应受国际保护人员的公用馆舍、私人寓所或交通工具进行暴力攻击，因而可能危及其人身或自由；③威胁进行任何这类攻击；④进行任何这类攻击未遂；⑤参与任何这类攻击为从犯。"《制止核恐怖主义行为国际公约》对"核恐怖主义"进行了专门规定，即"任何人非法和故意：（一）拥有放射性材料或制造或拥有一个装置：①目的是致使死亡或人体受到严重伤害；或②目的是致使财产或环境受到重大损害。（二）以任何方式利用放射性材料或装置，或以致使放射性材料外泄或有外泄危险的方式利用或破坏核设施：①目的是致使死亡或人体受到严重伤害；或②目的是致使财产或环境受到重大损害；或③目的是迫使某一自然人或法人、某一国际组织或某一国家实施或不实施某一行为。"

　　区域性国际公约是某一区域内部各个国家、地区之间达成的合意。恐怖分子的多元性与恐怖活动的跨国性特征，使得某一区域面临的恐怖威胁具有相似性，也促使内部成员国较容易达成联合打击恐怖主义的共识。因此，恐怖主义定义也较多见于区域性的国际公约。例如，《打击恐怖主义、分裂主义和极端主义上海公约》（2001）指出，恐怖主义即"致使平民或武装冲突情况下未积极参与军事行动的任何其他人员死亡或对其造成重大人身伤害、对物质目标造成重大损失的任何其他行为，以及组织、策划、共谋、教唆上述活动的行为，而此类行为因其性质或背景可认定为恐吓居民、破坏公共安全或强制政权机关或国际组织以实施或不实施某种行为，并且是依各方国内法应追究刑事责任的任何行为"。2014 年 12 月 28 日第十二届全国人民代表大会常务委员会第十二次会议上批准了《上海合作组织反恐怖主义公约》，该公约进一步完善了《打击恐怖主义、分裂主义和极端主义上海公约》。在《上海合作组织反恐怖主义公约》中，

---

〔1〕 参见马长生、贺志军等著：《国际恐怖主义及其防治研究——以国际反恐公约为主要视点》，中国政法大学出版社 2011 年版，第 21-24 页。

进一步区分了"恐怖主义"与"恐怖主义行为"：恐怖主义是指"通过实施或威胁实施暴力和（或）其他犯罪活动，危害国家、社会与个人利益，影响政权机关或国际组织决策，使人们产生恐惧的暴力意识形态和实践"。恐怖主义行为是指"为影响政权机关或国际组织决策，实现政治、宗教、意识形态或其他目的而实施的恐吓居民、危害人员生命和健康，造成巨大财产损失或生态灾难及其他严重后果的行为，以及为上述目的而威胁实施上述活动的行为"。其他定义了恐怖主义的区域性国际公约还包括：《美洲国家组织关于防止与惩治恐怖主义行为的公约》（1971）、《制止恐怖主义欧洲公约》（1977）、《南亚区域合作联盟打击恐怖主义地区公约》（1987）、《阿拉伯打击恐怖主义公约》（1998）、《独联体国家间关于合作打击恐怖主义的条约》（1999）、《伊斯兰会议组织关于打击国际恐怖主义国际公约》（1999）与《非洲统一组织预防和打击恐怖主义公约》（1999）等。

四、总结

综合以上论述，虽然"反对一切形式的恐怖主义"已成为国际社会达成之最重要共识，但是在具体的实践活动中，各国家在恐怖主义的界定、判断和认定等方面还存在诸多分歧。本书认为，造成当前恐怖主义定义的分歧之争的原因包括以下几个方面：第一，恐怖主义的形态变动不居。在漫漫历史长河之中，恐怖主义曾经发展出形式多样、内容各异的具体形态，变化依旧继续，以至于人们根本无法预测未来的恐怖主义究竟是什么样子。没有哪种定义足够涵射历史上出现过的所有恐怖主义形态，不但现在不能，未来也不能。第二，恐怖主义认定的非客观性、非中立性。认定者的判断往往受到政治立场的干扰。"是恐怖分子，还是自由战士？"不同人总会得出不同的观点。阿拉法特在美国人眼中就是不折不扣的恐怖分子，却被巴勒斯坦人民视为"民族之魂"与捍卫自由和独立的英雄，南非的曼德拉亦如此。第三，恐怖主义认定的工具性。作为政治性的极端暴力，恐怖主义是政治斗争的特殊表现形态——恐怖主义是和平时期的战争，是政治的暴力延续。如果说犯罪的标签化还是在"人民内部的诸多矛盾内部"予以展开，那么恐怖主义的界定则清晰地刻画出了一个与市民社会相对立的敌人的形象，从而包含了更为强烈的否定性价值判断，并引导出更为严厉、苛刻的谴责。若能成功将一个人或一个组织定义为"恐怖分子"或"恐怖组织",将其实施的行为确认为"恐怖主义罪行",那么就会间接地说服其他人接受定义者的价值判断与观点,被定义者的政治、经济、文化与社会地位也随之降低。恐怖主义遂成国家与国家间、国家与非国家行为体间相互斗争之工具。恐怖主义认定的功利性贬低了恐怖主义概念的地位与价值,使之成为服务于有权者的工具,"恐怖主义"也即丧失了本应具有的批判功能。第四,人们在使用恐怖主义犯罪概念时过分随意,令其外延不断扩大,从而导致这个概念丧失了其独特的价值与存在意义。特别是在新闻媒体当中,恐怖主义犯罪构成了一个宽泛的"标签",可以任意贴在各种政治极端分子与普通刑事罪犯身上,这也是造成恐怖主义概念难以被准确界定的原因之一。第五,定义方法的不同导致结论的差异。必须承认的是,不同的定义方法会导致定义者得出不同的结论。规范分析法强调从规范体系中引导出问题的答案,实证研究方法则侧重于从客观事物中归纳出共性特征构建一个完整的定义。规范分析方法源自于康德哲学的认识论,"所有人的认识上的概念,以及其系统原理,并非存在于外界的事物本质中,人们从事物本身无法获得认识。概念和原理都存在于人类理性之中,即在理解的思维形态(范畴)中,凭借范畴,各种杂乱无章的题材被加以整理分类,从而获得认识论上的类型"[1]。实证研究方法则直接来源于实证主义哲学在社会科学中的运用。"因为事物的外在特性是通过感觉而呈现在我们面前的,所以我们就可以总结说:科学要想成为客观的,其出发点就不应该是非科学地形成的概念,而应该是感觉。科学在最初所下的一些定义,应当直接取材于感性资料"[2]。正如莎翁笔下名言"一千个人心中有一千个哈姆雷特",不同人基于不同视角与立场,对恐怖主义的界定有所差异,这为现实中的理论研究工作与反恐怖的实践活动带来了不可估量的消极影响。恐怖主义定义之争议性亟待消解。

第二节　恐怖主义定义的构成要素

本书认为,恐怖主义是指:个人或组织运用暴力、威胁或者其他方法,以非战斗性目标为直接攻击对象,旨在营造社会恐怖,最终实现民族、宗教、社

---

〔1〕　周光权:《刑法学的向度》,中国政法大学出版社 2004 年版,第 219 页。
〔2〕　[法] E. 迪尔凯姆:《社会学方法的准则》,商务印书馆 1995 年版,第 61 页。

会等政治目的严重危害社会的行为。这一定义包含四个要素，分别为：对象要素、手段要素、主体要素和目的要素。

一、对象要素

"非战斗性目标"是恐怖主义的行为对象，即所有处于非战斗状态下的对象，既包括平民，也包括处于非战斗状态下的武装人员，既包括人（如人的生命、健康），也包括物（如建筑物、公私财产）。"非战斗性目标"是区别恐怖主义与战争的关键，后者的行为对象是战斗状态下的军事人员与军事设施。恐怖主义的行为对象具有以下特征：①广泛性。恐怖主义的攻击目标十分广泛，主要包括人身、物质、财产、大型场所、公共基础设施、交通系统、生态环境等。②象征性。恐怖分子的思维逻辑是通过攻击行为对象，制造社会恐怖，以此胁迫政府来满足其政治要求。因此，恐怖分子不会随意实施攻击，而一般会选取具有象征意义的行为对象，例如比较重要的特定人士（如政府官员、外交代表和新闻记者等）、具有政治、经济、文化象征意义的建筑物与场所（如政府大楼、金融中心和教育机构等）以及不特定的社会公众。行为对象的象征价值越大，制造的恐怖效果就越强。③无辜性。由于恐怖分子直接侵害的对象与意图施加影响的对象是分开的，恐怖主义攻击的对象不过是传达恐怖讯息的发生器。因此恐怖分子攻击的行动目标具有无辜性的特点。在一般刑事犯罪中，行为人与被害人的利害冲突是激发犯罪的主要诱因；但是在恐怖主义犯罪中，能够最大限度制造恐怖则是恐怖分子选取行为对象的基本标准，受害者与加害者之间并无直接利害冲突，其工具性、无辜性得以彰显。

二、手段要素

恐怖主义的实现手段包括暴力、胁迫和其他方式。暴力是一种低成本、低风险与高收益的斗争方法。恐怖组织或个人之所以热衷于使用暴力，是因为这种手段行动简单、迅速，无需太多的资金投入和人力输出。但是，如果存在成本更低、效果更好的方法，恐怖分子当然不会固守暴力这种手段。在现代社会，非暴力方法也同样能够营造出恐怖效果，甚至效果更佳。如投放虚假危险物质与编造、传播虚假恐怖信息的行为，好像并未"实实在在"侵害公共安全，但是也可以成为恐怖主义的手段。这是因为，"恐怖主义是一种形式的心理战，需要一种认知上的心理响应"[1]。恐怖组织追求的并非单纯的物质毁灭，而是以一种"戏剧化"方式将针对平民的暴行表演出来，从而在一部分群体中营造消极、紧张氛围，作为谈判桌上的"筹码"、获取政治利益的"铺路石"。而暴力无论是"真实"抑或"虚假"，威胁是抽象或是具体，都可以使不特定的多数人产生不安与恐慌感。另外，随着科学技术的发展，恐怖主义犯罪的实现方式日趋多样化。即便爆炸、绑架、杀人、劫机等暴力手段仍是恐怖分子和恐怖组织的惯常手法，但是他们也完全可能将核技术、生物技术、化学技术、网络技术等现代技术作为武器。

三、主体要素

恐怖主义的主体包括组织与个人。恐怖主义几乎总是以组织形态表现的。故传统观点认为，个人是无法实施恐怖主义犯罪的。例如，张小虎教授指出，恐怖活动的一大特点是组织的严密性，这与传统犯罪属于"孤立的个人反对统治关系的斗争"是极为不同的。[2]佩特·内萨尔亦表示："恐怖主义一般被定义为一种群体性的现象，组织性与群体动力既是这种激进暴力形式的重要构成要素，也是将政治的恐怖分子与狂热杀手区分开的主要标志。"[3]但是，从事实层面看，确实存在单独个人实施恐怖主义犯罪的情况。例如2010年穆尔·阿卜杜勒·瓦哈卜为抗议西方国家干涉中东地区事务而在瑞典首都斯德哥尔摩制造的爆炸案、2011年右翼极端分子布雷维克制造的挪威爆炸枪击惨案以及2013年察尔纳伊夫兄弟在美国波士顿国际马拉松比赛终点附近制造的连环爆炸案。上述三起袭击案件的犯罪分子均不隶属于任何恐怖组织，犯罪人也都具有政治目的，他们所犯罪行均难以划归为普通刑事犯罪。西方学者将这类不受任何组织领导、指挥但在政治目的驱动下的犯罪人称为"独狼"恐怖分子（Lone-wolf terrorist），他们实施的犯罪称为"独狼"恐怖主义犯罪（Lone-wolf terrorism）或者个体恐怖主义犯罪（Solo terrorism）。[4]

---

[1] Jessica Stern："谈恐怖主义"，载《国际原子能机构通报》2006年第9期。
[2] 张小虎："反恐怖活动的刑法立法分析"，载《法学评论》2002年第5期。
[3] Petter Nesser, "Single Actor Terrorism : Scope, Characteristics, and Explanations", *Perspective on Terrorism*, Vol. 6, 2012, p. 61.
[4] Kendall coffey, "The Lone Wolf-solo Terrorism and the Challenge of Preventative Prosecution", *FIU law review*, Vol. 5, 2011, p. 2.

国家不能成为恐怖主义的主体。首先,"国家恐怖主义"争议丛生,极有可能成为一些国家干涉他国内政、实现己国霸权的工具。从 1980 年代开始美国政府就将攻击矛头对准了他们认为从事了"恐怖活动"的国家,里根总统曾点名批评古巴、伊朗、利比亚等国家是"恐怖国家联盟"。"9·11"恐怖袭击后,乔治·布什推出"邪恶轴心论",以"反恐战争"为名出兵阿富汗、伊拉克,实为借"反恐"推行其霸权主义之战略。特别是对伊拉克的入侵行为,遭到国际社会的一致谴责。"国家恐怖主义"概念有可能成为西方大国推行霸权主义与强权政治的工具和借口。其次,"国家恐怖主义"的外延难以确定,特别是与战争之间的界限无法分清。学理上的"国家恐怖主义"多数指国家在战争中的恐怖行为。在"二战"期间,德国纳粹的种族屠杀,日本对我国的国家恐怖行为(典型如"七三一细菌部队"、南京大屠杀、"三光政策"),美国对日本投放原子弹,都被视为"国家恐怖主义"的表现形式。[1] 但是这些恐怖行为实属于战争的一部分。而且对在战争中违法者可以根据现有诸如《关于保护平民的日内瓦公约》等战争法、国际法处理即可,没有必要认定为恐怖主义犯罪。最后,国家既非国际刑法的犯罪主体,也不可能成为国内刑法的犯罪主体。一方面,国际社会至今尚无追究国家刑事责任的法律实践。另一方面,受主权平等原则、主权豁免原则的限制,国家根本不可能成为国内刑法的犯罪主体。对于"国家恐怖主义行为",既存在取证困难问题,也根本无法通过法律途径解决,只能用外交渠道的政治方式处理。国家恐怖主义实难入"刑"。故而本书主张,国家恐怖主义概念应当予以否定。

四、目的要素

恐怖主义犯罪是故意犯罪。大多数学者认为恐怖主义具有某种犯罪目的,分歧主要集中于目的的具体内容。[2] 本书认为,恐怖主义犯罪的目的具有层次性,包括直接目的与根本目的。直接目的是制造社会恐怖,根本目的是实现某种政治目标。①直接目的。制造恐怖是恐怖主义的基本特征。恐怖主义最初表

---

[1] 马克·赛尔登、埃尔文·Y. 索:"介绍:战争与国家恐怖主义",载马克·赛尔登、埃尔文·Y. 索主编:《战争与国家恐怖主义:20 世纪的美国、日本与亚洲太平洋地区》,社会科学文献出版社 2012 年版,第 8—12 页。

[2] 夏勇、王焰:"我国学界对恐怖主义犯罪定义的研究综述",载《法商研究》2004 年第 1 期。

征为一种威慑性政策，其意义不仅在"消灭"，更在于"威慑"。现代意义的恐怖主义之所以称为"恐怖"，根本原因在于其能给社会制造恐怖效果。"一个不以制造社会恐怖为目的的行为是不可能被认定为恐怖主义犯罪的。"[1] 但是，"恐怖"并非目的而系手段。恐怖分子之所以通过暴力行为来追求"恐怖"，是因为"恐怖"能够有效实现其根本目的。②根本目的。政治目的是恐怖主义的根本目的。正如鲁特斯指出，政治目的是恐怖主义的五个基本特征之一。[2] 本书前述的绝大部分定义中也将政治目的列为核心要素。实现政治企图的方法有多种，恐怖主义只是其中最极端、最暴力的形式而已。可以凭借犯罪人是否具有政治目的来区分普通刑事犯罪与恐怖主义犯罪。所谓"政治目的"，是一种追求、获取或者影响国家权力的主观意图。国家权力在现实中体现为国家政权。政治目的自然指向了国家政权。谁掌握国家政权，谁就拥有了国家权力。谁能够影响国家政权，谁就可以行使国家权力。政治目的的内容，既表现为夺取、维护国家政权，运用国家政权进行统治、管理，也表现为影响国家政权的方向与具体政策。因此，以民族独立或国家分裂、建立本民族掌管政权为内容的"民族目的"，以建立政教合一的神权国家为内容的"宗教目的"，为了推翻现有政权或改变现存政治制度的性质的"意识形态目的"，为了影响、改变本国政府某种具体政策如动物保护政策、环境保护政策或堕胎政策等的"社会目的"，均属于政治目的。如果恐怖活动的根本指向对象并非国家政权，当然不属于政治目的。即使目标指向国家政权，但并非为了夺取国家政权或影响国家政权的具体政策，也不是政治目的。例如，单纯发泄对国家政策、政府机构或社会不满情绪而针对不特定多数人实施的故意杀人、放火、爆炸、投毒等犯罪行为就不属于恐怖主义行为。

---

[1] 赵秉志主编：《国际恐怖主义犯罪及其防治对策专论》，中国人民公安大学出版社 2005 年版，第 46 页。

[2] James M. Luts and Brenda J. Lutz, *Terrorism: Origins and Evolution*, New York: Palgrave Macmillan, 2005, p. 7.

第二章
恐怖主义的主要类型

本书简要分析了恐怖主义的定义之后，还有必要进一步阐释恐怖主义的外延，即恐怖主义的类型。"当抽象一般的概念及其逻辑体系不足以掌握某生活现象或意义脉络的多种表现形态时，大家首先会想到的补助思考形式是'类型'。"[1] 恐怖主义是一种极其纷繁复杂的社会现象，其外延相对较为宽泛，因而可以运用类型化研究方法加以整理，从而有利于对恐怖主义形成更为清晰的认知。恩吉施指出："类型思维的最为重要的功能在于，它为'抽象理念的具体化'提供了某种可能途径。相对于法学中的抽象概念而言，类型代表了一种更为具体可感的形象，从而为更加精细化、具体化地处理法律素材增添了思维工具，即'法秩序及法学向类型转向'的重要趋势。"故而，"概念没有类型是空洞的，类型没有概念是盲目的。"[2] 根据不同的标准，可以将恐怖主义分为不同的类型：①根据主体的不同，分为个体型恐怖主义与组织型恐怖主义；②根据政治目标的不同，分为宗教极端型、民族极端型和其他类型恐怖主义：③根据活动范围的不同，分为国内恐怖主义与跨国恐怖主义；④根据实施手段不同，分为普通型恐怖主义与高新科技型恐怖主义；⑤根据活动特征的不同，分为传统型恐怖主义与新型恐怖主义。

第一节　个体型恐怖主义与组织型恐怖主义

个体型恐怖主义又被称为"独狼"恐怖主义。何谓个体型恐怖主义？当前理论界尚存争议，并形成两种基本观点：①"个人或小团体说"。该说认为，个

---

〔1〕 ［德］卡尔·拉伦茨：《法学方法论》，陈爱娥译，商务印书馆 2003 年版，第 337 页。
〔2〕 梁根林主编：《刑法教义与价值判断》，北京出版社 2016 年版，第 324-327 页。

体型恐怖主义是不同于典型的具有严密组织结构、较大人数规模和危害性极强的恐怖组织的类型，个体恐怖主义形式一般具有以下特征：人数较少、没有组织或组织较为松散、聚合性明显、行为方式灵活、多样、反侦察能力强等。例如，我国学者杨森鑫指出："'独狼式'恐怖活动是指激进化的个体独自实施或由分散的小团体协助实施的恐怖活动。"[1] ②"个人说"。该说认为，个体型恐怖主义仅指由个人策划、实施并完成的恐怖活动，不包含小团体形式。例如，"独狼"恐怖主义是指"不受任何实际外部指使，没有任何团体和个人协助，依靠个人力量发起的恐怖袭击"。[2] 本书认为，个体型恐怖主义是与组织型恐怖主义相对应并区别的概念，从逻辑周延的角度看，前者不应当包括由小团体负责的恐怖活动。小团体（如恐怖小组）独立完成的恐怖犯罪与组织型恐怖主义的区别仅在于成员人数多少和组织的严密程度，二者是量的差异而非质的不同，因此前者与后者属于从属关系，并非并列相异的类型。因此，本书赞同"个人说"。但是本书难以认同"个人说"的全部观点，特别是反对将个体恐怖主义视作绝对排斥外部影响的孤立个体存在。事实上，正如本文后述，个体恐怖主义并非完全"不受任何外部指使"，它与组织型恐怖主义确实存在某种程度的精神或物质联系，只不过个体恐怖主义者在身份上绝不隶属于任何恐怖组织，在具体行动时亦不受任何恐怖组织的指挥、命令而已，个体恐怖主义可以被视为当代恐怖组织具体战术策略变化和发展的产物。故而，本书认为，个人恐怖主义是指由不隶属于任何恐怖组织的个人实施恐怖活动的现象。"个人"并不意味着仅限于单独一个人，数人共同实施暴恐活动，但尚未形成组织的，也属于个人恐怖主义。[3]

个人恐怖主义犯罪不同于无差别杀人犯罪。无差别杀人犯罪是指："并无犯罪组织依托的行为人，出于较为明显的社会不满情绪，针对不特定的被害对象，采取具有较大杀伤力的手段，肆意杀害无辜他人，造成一定社会惊恐的刑事违法行为。"[4] 典型的无差别杀人犯罪表现为驾驶机动车辆向人群密集处冲撞碾

---

[1] 杨森鑫："海峡两岸独狼式恐怖活动的立法防控"，载《海峡法学》2017 年第 1 期。

[2] 翟海晓、刘玉书："'独狼'恐怖主义研究——基于犯罪特征及新媒体传播的双面视角"，载《中国刑警学院学报》2017 年第 3 期。

[3] Ramd' N Spaaij, "The Enigma of Lone Wolf Terrorism: An Assessment", *Studies in Conflict & Terrorism*, 2010, p. 859.

[4] 张小虎："我国无差别杀人犯罪的现实状况与理论分析"，载《江海学刊》2011 年第 1 期。

压、劫持航空器或者在公共场合、公共交通工具上自爆、自燃等。无差别杀人犯罪与恐怖主义犯罪多有相似之处："被害对象均是不特定的无辜公众；均可能采取爆炸、放火等危及公共安全的残暴手段；行为人将自己的生死置之度外，毫无顾忌地实施极端行为；案发于人员出入频繁的时段，选择人多拥挤的公共场所作案；造成触目惊心的人员伤亡与财产损失，引起极大的社会惊恐，并给人们的精神以强烈的暴力震撼。"[1] 个人恐怖主义犯罪与无差别杀人犯罪最大的区别在于主观目的不同，前者受明显的政治意图支配，是受到极端主义刺激后实施的恐怖活动，后者在主观上并未显露明显政治倾向，其犯罪原因往往是个人生活工作中受挫所引发的对社会不满、敌对情绪。我国有学者将不具有政治意图或者出于经济目的或者单纯向社会发泄不满的由个人实施的危害公共安全的犯罪称为"个体恐怖犯罪"，以区别具有政治目标的"个人恐怖主义犯罪"。本书认为这样的学理定义殊无实益，既然学界已经存在"无差别杀人犯罪"的概念，没有必要另创新词，且容易令人混淆。另外，"个体恐怖犯罪"重点凸出犯罪结果"令人感到恐怖"，但没有完整归纳该种现象的本质——行为与对象特征，即对无辜者无差别地使用暴力，而恐怖主义犯罪也能制造社会恐怖，只不过其手段和结果服从于行为人进一步的政治意图，"个体恐怖犯罪"这一概念难以凸显其与"个体恐怖主义犯罪"的实质区别。因此本书反对使用"个体恐怖犯罪"这一概念。

个人恐怖主义犯罪并非现代社会的产物，最早可追溯至19世纪的无政府主义运动时期。现代意义的"独狼"恐怖主义始于20世纪70年代的美国，"白人至上主义者"极为推崇采用无组织的形式实施恐怖袭击。[2] 近年来在西方国家，个人恐怖主义犯罪的发生频率大幅增长。以色列的反恐研究所提供的数据显示，从2010年至2013年，西方国家本土共发生"独狼"恐怖袭击事件29起，伤亡人数达290余人。而从2000年至2009年，总共才发生40起个人恐怖主义案件。[3] 美国、意大利、德国、法国、瑞典等国家都曾发生个人恐怖事

---

〔1〕　张小虎："论无差别杀人犯罪与恐怖主义犯罪的界分"，载《犯罪研究》2017年第2期。

〔2〕　Jeffery D. Simon, *Lone Wolf Terrorism: Understanding the Growing Threat*, New York: Prometheus Books, 2013, p. 21.

〔3〕　Sarah Teich, "Trends and Developments in Lone Wolf Terrorism in the Western World", iHLS http://i-hls.com/wp-content/uploads/2013/11/Lone-Wolf-Sarah-Teich-2013.pdf, 最后访问时间：2016年11月6日。

件，美国是"独狼"活动的"重灾区"。根据杰罗姆 P. 本洛佩拉的统计，从 2009 年 5 月至 2012 年 12 月，美国发生的 42 起恐怖案件中，绝大多数为"独狼"案件。[1] "虽然大规模的恐怖袭击活动在全球范围内得到了有效的抑制和消解，但个人极端主义和个人恐怖主义却有愈演愈烈的趋势。有组织的大规模恐怖行为逐渐被个体恐怖袭击活动所取代，恐怖主义正在悄然进入'独狼'时代。"[2]

个人恐怖主义虽是由不隶属于组织的个人单独策划、实施，但是从其产生犯罪动机、决意乃至付诸实施、完成犯罪的整个过程中不能排除恐怖组织的煽动、教唆行为施加的单方向影响，例如恐怖组织通过网络进行极端主义意识形态输出、教唆故意犯罪、传授犯罪方法、提供犯罪技术等。当代个人恐怖主义的频繁发生与恐怖组织的战略战术变化紧密关联。"恐怖主义组织基地可谓是恐怖主义的'震中'。这一恐怖主义的'震中'将其极端主义的思想源源不断地向外散射而网罗了众多的追随者；而其外围成员，包括独狼式的恐怖主义犯罪的成员，则是这一恐怖主义思想锁链上的波纹效应。恐怖主义'网络推手'就是恐怖主义组织大肆传播其极端主义思想与恐怖袭击方法，引诱与奴化各类人员而成为恐怖主义阵营中一员的典型事例。"[3] 当前个人恐怖主义犯罪深受恐怖组织"伊斯兰国（简称'IS'或者'ISIS'）"行动策略的影响。"ISIS 决心建立一个大一统的哈里发国，消除中东地区的所有国界，甚至把国界线推得更远，一直延伸到印度和中亚。"[4] 为此，"伊斯兰国"针对不同国家的公民，采取了不同的招募策略。如针对欧美国家，鉴于其防范措施较为严密，建议对"伊斯兰国"的同情者、支持者无需前往叙利亚或伊拉克参加"圣战"，可以根据其从网络获得的战术与技术在其本国内部自主选择目标单独实施攻击；针对其他国家的同情者、支持者，则建议采取"迁徙圣战"，然后返回母国策动恐怖袭击。[5] 鉴于此，在欧美国家频繁发生个人恐怖主义案件也就毫不奇怪了。

---

[1] Jerome P. Bjelopera, "American Jihadist Terrorism: Combating a Complex Treat", http://www.fas.org/sgp/crs/terror/R41416.pdf, 最后访问时间：2016 年 8 月 31 日。

[2] 中国社会科学院：《全球政治与安全报告（2013）》，转引自姬艳涛、扈靳璐："个体恐怖主义下的'独狼'行动：成因、特征和危害"，载《铁道警察学院学报》2016 年第 6 期。

[3] 张小虎："论无差别杀人犯罪与恐怖主义犯罪的界分"，载《犯罪研究》2017 年第 2 期。

[4] ［英］查尔斯·利斯特：《"伊斯兰国"简论》，姜奕晖译，中信出版社 2016 年版，第 11 页。

[5] 江焕辉："欧美国家'独狼'式恐怖袭击的发展"，载《军事文摘》2016 年第 15 期。

典型的个人恐怖主义案件包括：①2009 年 11 月 5 日美国胡德堡军事基地恐怖袭击案。该案件由美军军官尼达尔·马利克·哈桑策划、实施，造成 13 人死亡，32 人受伤。其犯罪动机是认为美国民主制度与伊斯兰教法存在"冲突"。②2011 年 11 月 20 日美国纽约爆炸未遂案，多米尼加裔美国人何塞·皮门特尔计划用炸弹攻击警车与邮政设施，其犯罪动机是借爆炸袭击宣传：真正的穆斯林应当向美国发动"圣战"，以报复其对伊斯兰国家的入侵。③2012 年 3 月法国图卢兹，阿尔及利亚裔法国人梅拉赫为抗议法国参加阿富汗战争在街头实施连环枪击，造成 7 人死亡。④2013 年 5 月 22 日英国伦敦，尼日利亚裔英国人迈克尔·阿德博拉荷与迈克尔·艾迪波瓦尔在街头持刀砍杀英国士兵，造成一名士兵死亡，其犯罪动机为报复英国士兵杀死穆斯林。⑤2014 年 10 月 23 日美国纽约，同情恐怖组织"伊斯兰国"（IS）的美国人汤普森，持斧砍伤两名警察。这名罪犯曾多次在互联网上发布极端主义言论，在一段名为《世界范围内哈里发的崛起》的视频中声称伊斯兰极端分子的"圣战"行为是对犹太复国主义者和十字军们的压迫的正当回击。⑥2014 年 12 月 20 日，一名 20 岁的非洲籍法国人在网上张贴了"伊斯兰国"旗帜并闯入法国图尔市的一个警察局，持刀捅伤 3 名警察后被击毙。次日，在该国的第戎市一名 40 岁的非洲法国人高喊宗教口号驾车冲撞入行人之中，造成 11 人受伤。⑦2016 年 6 月 12 日 2 时许，在美国佛罗里达州奥兰多市的夜总会，一名携带突击步枪、手枪等装备的恐怖分子与一名警察短暂交火，随后进入夜总会内挟持人质。此次枪击事件，造成至少 50 人死亡、53 人受伤。枪击案发生前，该恐怖分子拨打 911 电话，宣称效忠于极端组织"伊斯兰国"。

二、组织型恐怖主义

无论是自然界还是人类社会，集群行为都是极为普遍的现象。根据群体动力学的观点，在某一群体之中时，一个人的思想和行为会受到其他人的作用和影响，从而表现出与单独个人时截然不同的特征。"所有的群众运动都会激发起其追随者赴死的决心和团结行动的意愿。"[1]"群体不仅冲动而多变。就像野蛮人一样，它不准备承认，在自己的愿望和这种愿望的实现之间会出现任何障

---

〔1〕　［美］埃里克·霍弗：《狂热分子：群众运动圣经》，梁永安译，广西师范大学出版社 2011 年版，第 19 页。

碍，……对于群体中的个人来说，不可能的概念消失了。孤立的个人很清楚，在孤身一人的时候，他不能焚烧宫殿或洗劫商店，即使受到这样做的诱惑，他也很容易抵制这种诱惑。但是在成为群体的一员时，他就会意识到人数赋予他的力量，这足以让他生出杀人劫掠的念头，并且会立刻屈从于这种诱惑。"[1]

　　集体合作能够完成高度复杂的任务，这往往是单独一个人无法办到的。在恐怖主义犯罪中也是如此。除了极少数"独狼"之外，恐怖主义组织是最常见的恐怖主义犯罪的主体。代表性的恐怖主义组织如"伊斯兰国"、"基地"组织（AL-Qaeda）、"博科圣地"（People Committed to the Propagation of the Prophet's Teachings and Jihad，或者 Boko Haram）、"埃塔"（Basque Homeland and Freedom）、意大利红色旅（Brigate Rosse）、泰米尔猛虎组织（Liberation Tigers of Tamil Eelam）等。我国公安部在 2003 年认定的恐怖主义组织分别是"东突厥斯坦伊斯兰运动"（The Eastern Turkistan Islamic Movement）、"东突厥斯坦解放组织"（The Eastern Turkistan Liberation Organization）、"世界维吾尔青年代表大会"（The World Uygur Youth Congress）和"东突厥斯坦新闻信息中心"（The East Turkistan Information Center）。

　　本书认为，恐怖组织的基本特征可以从三个方面展开，即组织人员、组织目标以及组织结构。①组织成员。根据我国《刑法》的规定，犯罪组织的基本人数至少需要三人。恐怖主义组织亦是如此。但是在实践中，恐怖主义组织的人数构成千差万别，有的组织只有三五人，有的组织则多达数十人，甚至成百上千过万。例如，泰米尔猛虎组织与意大利的"红色旅"人数最多时达到一万人左右；当前风头正盛的恐怖组织"伊斯兰国"则曾拥有一支由数万名武装分子组成的部队。②组织目标。恐怖主义组织的基本策略是运用暴力或其他破坏性手段实现其政治目标，这一点与个体的恐怖分子没有区别。组织化、制度化与体系化地使用暴力和破坏手段是恐怖主义组织的基本特点。由于有组织的反叛力量更有助于获取政治上的利益，因而恐怖主义组织是最常见的恐怖主义形态。另外，恐怖主义组织既然是以实施恐怖活动作为实现其政治主张的手段，而有组织的恐怖活动必须以必要的资金作为物质支持，因此恐怖组织多会选择诸如走私、贩毒、贩卖军火、绑架勒索、抢劫、洗钱等地下、非法的筹资渠道，

---

〔1〕　[法]古斯塔夫·勒庞：《乌合之众：大众心理研究》，冯克利译，中央编译出版社 2005 年版，第 23 页。

例如日本的极左恐怖组织"赤军"通过劫持民用航空器、绑架外交使节和普通公民以勒索赎金。"许多个体既属于恐怖分子也属于犯罪集团，恐怖活动与犯罪活动在组织中占有同样重要地位，可以说犯罪活动就是为了支持恐怖活动。"[1]一些恐怖组织基于需要还会与当地的黑社会组织、跨国犯罪集团相互勾结、互相利用。但是，这些违法犯罪活动并不影响恐怖主义组织的政治目的的认定，反而是为了实现恐怖组织的政治目的的必要准备。③组织结构。合理的组织结构有利于目标的实现。波茨·甘纳指出，恐怖主义组织的基本结构大致可分为两种类型：分层等级型与网络状型。[2]前者有清晰的分层，复分为领导层，特定职责的次级领导，行动者与支持者。这样的组织结构比较严密，真主党、哈马斯、泰米尔猛虎组织等均采用该结构。后者则由各个独立之小组构成，小组之间的联系非常微弱，独立性比较强，缺乏权威领导和清晰的分层体系，结构相对比较简单。"基地"组织是主要代表。本书于以下分述之。

1. 分层等级结构（金字塔型）。具有分层等级结构的恐怖主义组织一般包括四个层次：最高层次是在金字塔顶端的一小部分人，他们是恐怖组织的指挥、领导者，他们负责制定组织的路线方针、安排下层人员的人事任免。他们是组织的核心力量，缺少了他们组织将难以为继。第二层次是恐怖组织的骨干分子和基本力量。他们是组织的主力军、正规军，在第一层领导者的指挥协调下，负责执行恐怖组织的具体任务。第三层次是积极支持者。支持者构成了恐怖组织的外层，他们一般并不参与直接行动，但并不代表他们是组织可有可无的人。相反，积极支持者能够为恐怖组织提供沟通、躲藏、收集情报、后勤等方面的必不可少的支持。最后一个层次是恐怖组织的消极支持者。他们并非正式的组织成员，但是认同恐怖组织的纲领、口号或意识形态。消极者处于恐怖组织最外层的灰色地带和边缘区域。消极支持者往往在舆论、政治、道义或金钱方面给予恐怖组织重要的支持。[3]

分层等级结构的基本特点是，将该结构内的身份、界限和行动者的选择设定为单一的固定、稳定与一致的模式。在这样严丝密合的体系内，其基本逻辑

---

[1] 刘涛："恐怖主义的定义与发展新趋势——兼论恐怖组织与有组织犯罪的合作"，载《犯罪研究》2011 年第 5 期。

[2] Boaz Ganor, "Terrorist Organization Typologiesand the Probability of a Boomerang Effect", *Studies in Conflict & Terrorism*, Vol. 31, 2008, p. 270.

[3] J. R. White, *Terrorism: an introduction*, Californian: Wadsworth Thomson Learning, 2002, pp. 35-36.

假设是预先确定的层级之间的权力结构，由上至下的命令是依据正式而明确的规范准则。因此，这种模式下的思考方式趋向于忽视行动者之间正式或非正式的个人联系，以及能够消除这种个人联系所可能带来的潜在或现实的不利影响。就组织而言，这种层级机构与严格分工、高水平的专业化程度、自上而下的命令与服从密切联系，因而很难允许不同执行小组间的活动界限与协调过程的不明确与模糊。一言以蔽之，分层等级制类的模式近似于军队的结构，更适用于大型的武装冲突之中。意大利"红色旅"就是采用这样的结构。

分层等级制的缺陷在于金字塔的最顶端即第一层次的领导者、组织者对组织的意义甚大，因此必然成为国际与国内反恐力量打击的重中之重，一旦该头目覆灭，整个组织迅速消亡。例如，泰米尔猛虎组织领导人普拉巴卡兰被政府击毙就是导致该组织迅速崩溃、四分五裂的重要原因。

2. 网络型结构。网络型结构是国际恐怖主义为了应对国际社会的打击力度而采取的新模式，换言之，网络型结构是适应当代反恐战争需要下的变体。"网络化的国际恐怖组织，没有经过正规策划的组织形式，组织内部不建立权威，它是基于一定的恐怖理念通过不断地调整、重组而建立的，它能超越传统恐怖组织的有形界限，淡化不同民族、阶级、国际恐怖组织之间的区别和界限，形成跨民族、跨阶级和跨国家的恐怖组织架构，使具有相同恐怖理念的各类恐怖组织建立起有形、无形的网络。所以与传统恐怖组织相比，网络化的国际恐怖组织发展扩张非常迅猛。"[1]

恐怖组织的网络化发展与"无领袖抵抗"策略的产生不无关联。无领袖抵抗是当代兴起的一种新型组织形式。这个概念是美国情报官员尤留思·阿莫思在 20 世纪 60 年代提出来的。路易·毕姆在 20 世纪 80 年代初的论文中对这个概念加以更新和推广。无领袖抵抗，顾名思义，就是组织中没有明确的领导者。当然，有些这类组织具有象征性的标志，有的还有一个名义上的领袖，组织成员敬奉这些标志和名义领袖。无领袖组织是一种非金字塔形式的组织，几乎算得上是一种"非组织的组织"。在这种组织中，所有成员和分支组织都可以单独实施行动，不用向中央或者哪个首领报告情况。无领袖抵抗具有独特的优势，比传统抵抗组织更安全、更灵活、生存能力更强。[2]

---

〔1〕　胡晓辉："试述网络化国际恐怖组织的特点"，载《河南社会科学》2009 年第 4 期。
〔2〕　陶文昭："网络化生存的恐怖组织及其应对"，载《探索》2008 年第 1 期。

网络结构型恐怖组织的基本特点是：首先，该结构不同于金字塔型，缺乏传统的正式组织形式，内部也不建立权威的等级制度体系，各组成地位平等。其次，传统意义上的领导者只提供精神支持，包括意识形态的输出与战略鼓舞。而该结构的领袖并不直接指挥和参与各个次级组织的具体行动，各个次级组织能够灵活按照情势来运行和实施行动。最后，各个次级组织虽然具有高度自治性，但是并非孤立的个体。他们基于领袖的意识形态、价值确信或政治目标链接在一起，彼此之间遥相呼应，既能够独立行动，也能够在必要时联动合作。

网络结构型兼具灵活性与安全性的优势。各个次级组织不需要分层等级下的支持与指挥，可以根据自己的情况与需要确立打击对象与打击目标。各个次级组织之间除了特定任务和特殊需要外，一般避免直接接触或联系，这样就保证了各个次级组织的安全。因此，这种组织结构不会出现分层等级制度下的问题，即使某个首脑、领袖被抓获或击毙，也不影响整体的存在。"伊斯兰祈祷团"（Jemaah Islamiyah）一直是东南亚地区最活跃、最具威胁的恐怖主义组织。从 2002 年到 2004 年，先后有 260 名该组织领导人被抓捕。但该组织并未因此灭亡，而是在沉寂一段时间后即迅速恢复，其重要原因就是其采用了这种网络状的结构模式。目前诸多国际恐怖主义组织采用了这一模式，导致恐怖主义组织结构发展趋于简单化、松散化、小型化。在国际反恐活动严厉镇压下，"基地"组织已经由等级结构分明的组织转化为由"基地"组织核心、附属组织、合作组织和非附属恐怖主义小组与个人组成的一个多层次的全球恐怖主义网络。

但是，网络化结构的恐怖组织或者恐怖组织的网络化发展也有其局限性。必须承认网络化结构的恐怖组织形态是受到国际反恐实力的联合镇压而被迫做出的变形反应，而不是恐怖组织做出的主动性选择，因此这种结构的恐怖组织形态天生具有难以克服的缺陷。申言之，为了适应生存需要恐怖组织不得不打破常规的金字塔型结构从而"化整为零"、分解为多个恐怖小组，同时为了防范反恐力量的侦查、打击还必须赋予各小组自我决定、自我行动的灵活力，进而导致各小组之间协调作战能力严重下降，从而削弱了作为整体的恐怖组织的攻击实力。换言之，网络化的恐怖组织可以利用恐怖小组和"独狼"实施突然袭击和"游击战"，但难以再像军事组织化的大型恐怖组织那样与政府进行"阵地战"，这不仅增加了恐怖组织的政治意图的实现难度，还大幅度削弱了该组织在当地对民众的号召力。因此，恐怖组织从金字塔型转化为网络结构型从本质上反映了恐怖组织总体实力的下降和活动能力的衰弱。恐怖组织在"恐怖"中求生存，也必将在"恐怖"中走向灭亡。

第二节　宗教极端型恐怖主义、民族极端型恐怖主义与其他极端型恐怖主义

一、宗教极端型恐怖主义

1. 宗教极端主义的界定。宗教极端型恐怖主义与宗教极端主义密切关联，是在宗教极端主义意识形态引导下实施的恐怖活动，宗教极端主义是宗教极端型恐怖主义的思想基础。宗教极端主义对于恐怖主义的生存、发展乃至壮大具有至关重要的作用，因此打击恐怖主义必须首先打击恐怖主义的力量源泉——宗教极端主义。"反恐就是反极端宗教理论以及受其指导的针对'异教徒'的极端暴力行为。没有极端宗教理论，就没有恐怖主义活动；不否定极端宗教理论而仅仅限于行为上的反恐，是不能满足反恐需要的，甚至会助长恐怖分子和潜在的恐怖分子的圣战意识。"[1] 什么是宗教极端主义？国内主流学者一致认为，宗教极端主义并非宗教，而是与宗教关联的、被宗教外部力量催生的政治势力，是非法的政治思潮和恶意的政治行为。[2] 这是从区分宗教与宗教极端主义的角度提出的观点，并未明确指明宗教极端主义的概念。从词源来理解，宗教极端主义是"宗教"与"极端主义"的复合词，是以宗教为冠名，并打着宗教旗号的极端主义。《中华人民共和国反恐怖主义法》第 4 条第 2 款指出："国家反对一切形式的以歪曲宗教教义或者其他方法煽动仇恨、煽动歧视、鼓吹暴力等极端主义，消除恐怖主义的思想基础。"该法提出了极端主义的许多特征，如极端主义的目的是煽动仇恨、煽动歧视或者鼓吹暴力，极端主义的手段是歪曲宗教教义或者其他方法，但是法律并没有完整的归纳和界定极端主义与宗教极端主义的内涵。学界目前对于宗教极端主义尚未形成统一的定义，许多学者从不同角度提出了不同的见解。①"非宗教性本质说"。牟钟鉴先生指出，"非宗教性"是宗教极端主义最显著的特征。就宗教极端主义的本质而言，其已经站在了宗教的对立面。宗教极端主义转化为暴力恐怖主义的可能性极高。"宗教极端主义

---

〔1〕　［英］查尔斯·利斯特：《"伊斯兰国"简论》，姜奕晖译，中信出版社 2016 年版，第 3 页。
〔2〕　梁玉春："宗教极端主义研究述评"，载《原道》2015 年第 2 期。

打着宗教的旗号却歪曲经典教义，使宗教信仰与活动脱离了劝人为善、仁慈宽容、尊重生命的常轨。"[1] 金宜久先生亦认为，宗教极端主义是宗教的异化、蜕变而出的异己物和异己力量的典型表现。他指出，宗教极端主义是"与宗教有关的、具有由偏激而致极点的主张要求，或以偏激的手段实现其主张要求的行为活动。"[2] ② "违法犯罪行为说"。吴云贵先生指明宗教极端主义实际是一个泛指的概念，"宗教极端主义是指各种宗教内部的极端主义倾向，或者假借宗教名义进行违法犯罪活动。"[3] "极少数徒有宗教信仰者之名的人，为窃取不该属于自己的利益，不惜背离、歪曲、利用宗教，从事破坏正常社会稳定、和平发展主流、不同族群共处活动的一种思想和行为体系。"[4] ③ "政治利用工具说"。马品彦认为，夺取政权是宗教极端主义势力的第一要务，也是其真正要害所在，宗教极端主义是一个政治范畴。宗教极端主义与宗教是利用与被利用的关系。[5] 综合以上说法，本书认为，宗教极端主义是指，对宗教教义进行歪曲的和极端化的诠释，鼓吹宗教狂热，并以宗教名义从事暴力恐怖等极端政治活动的主张和行为。宗教极端主义不等于宗教极端势力，前者是一种思想和行为体系，而后者是一类尊奉宗教极端主义思想的人的集合。

宗教极端主义不同于宗教原教旨主义。原教旨主义（Fundamentalism），原为西方术语，指"严格尊奉基督教信仰中的原初的、根本的、和正统的信条的思想和运动"。[6] 约翰斯通指出，原教旨主义既是一种宗教观点，又是于1900年左右起源于美国新教的一种宗教运动，它是新教保守派为扼制美国宗教中的"自由主义"的蔓延和扼制美国社会中的世俗化作出的自觉努力。后来这个术语被广泛运用于其他与宗教有关的运动中。[7] 因此，"反世俗化"与"回归宗教原初教义"是宗教原教旨主义极为重要的两个标签。在20世纪下半叶，当伊斯兰势力在阿拉伯世界掀起一场社会运动时，西方学术界便将"原教旨主义"这

---

〔1〕　牟钟鉴："反对宗教极端主义要最大限度发挥正能量"，载《中国民族报》2014年5月27日，第06版。

〔2〕　金宜久主编：《当代宗教与极端主义》，中国社会科学出版社2008年版，第164页。

〔3〕　吴云贵：《当代伊斯兰教法》，中国社会科学出版社2003年版，第375页。

〔4〕　李兴华："宗教极端主义研究概要"，载《西北民族研究》2002年第4期。

〔5〕　马品彦："宗教极端主义的本质与危害"，载《新疆社会科学》2008年第6期。

〔6〕　刘靖华、东方晓：《现代政治与伊斯兰教》，社会科学文献出版社2000年版，第303页。

〔7〕　[美] 罗纳德·L. 约翰斯通：《社会中的宗教——一种宗教社会学》，袁亚愚、钟玉英译，四川人民出版2012年版，第282页。

一标签贴在了这场伊斯兰复兴运动上，自此以后该称谓广为流传。"……大批穆斯林却同时转向了伊斯兰教，把它作为认同、意义、稳定、合法性、发展、力量和希望的本源，'伊斯兰教是解决方法'的口号是这种希望的集中体现。"[1] 原教旨主义者坚信"宗教兴则民族兴"，他们提出了"宗教政治化、政治宗教化"的命题，并将其奉为这次伊斯兰复兴运动的最高和终极的使命。从根本上说，"这种宗教复兴是反对西方的政治、经济、社会、文化、伦理思想模式，而代之以伊斯兰的政治、经济、社会、文化、伦理思想模式的一场民族解放运动。"[2] 但是，必须清醒地认识到，"伊斯兰教的'原教旨主义'通常被视为政治的伊斯兰教，但它只是范围更加广泛的伊斯兰教观念、实践和辞藻的复兴，以及穆斯林对伊斯兰教再作贡献的一个组成部分。复兴运动是主流而不是极端的，是普遍的而不是孤立的。"[3] 申言之，原教旨主义并不等于极端主义，原教旨主义也不同于恐怖主义。原教旨主义者在实现宗教政治化这一奋斗目标的方式方面有不同的见解，基本上分为两派，一种是温和的原教旨主义（和平方式派），另一种是激进的极端的原教旨主义（暴力方式派）。前者主张通过和平的议会选举道路取得政权，最后实现建立伊斯兰教法统治国家的目的。后者主张以暴力手段直接推翻现政权，建立伊斯兰国家与社会。前者属于原教旨主义派别的主流，后者则仅为一小部分人所热衷。激进极端的宗教原教旨主义也即宗教极端主义。

2. 宗教极端型恐怖主义的概念和类型。宗教极端型恐怖主义是指以所谓的宗教信仰为追求目标的恐怖主义犯罪形态。"宗教目的"是一种政治目的，即确立宗教对国家、社会的全面统治地位。宗教极端型恐怖分子否定世俗政权的合法性，主张建立政教合一型的神权国家。"宗教型恐怖主义犯罪，就是以暴力、血腥的恐怖来实现神圣的宗教的政治化。"[4] 例如，极端分子法斯·雅坎认为："只有伊斯兰教能够为穆斯林提供解放被压迫人民的力量……资本主义、社会主

---

〔1〕 ［美］塞缪尔·亨廷顿：《文明的冲突与世界秩序的重建》，周琪等译，新华出版社2010年版，第90页。

〔2〕 吴云贵："当代伊斯兰原教旨主义析论"，载《世界宗教研究》1999年第2期。

〔3〕 ［美］塞缪尔·亨廷顿：《文明的冲突与世界秩序的重建》，周琪等译，新华出版社2010年版，第90页。

〔4〕 Douglas Pratt, "Religion and Terrorism: Christian Fundamentalism and Extremism", *Terrorism and Political Violence*, Vol. 22, 2010, p. 438.

义、共产主义或者其他任何人类自己设定的制度，不管是部分的还是全体的，都是对伊斯兰教的一种否定。伊斯兰教告诉它的信徒们，宗教和世俗实务浑然一体，两者之间没有区别和隔离。"[1]

虽然近年来伊斯兰教极端型恐怖主义为广大世人所瞩目。但是，伊斯兰教是崇尚和平、仁爱、包容的宗教，伊斯兰教与恐怖主义之间不具有任何必然联系。而且并非所有的宗教极端型恐怖主义都打着伊斯兰教的旗帜，基督教极端主义、佛教极端主义、犹太教极端主义、印度教极端主义也会滋生恐怖主义。除了典型的伊斯兰教极端型恐怖主义以外，其他宗教极端型恐怖主义包括：①基督教极端型恐怖主义，代表组织如"特里普拉民族解放阵线"（The National Liberation Front of Tripura）、"乌干达上帝解放军"（Lord's Resistance Army）与安汶基督教战士等。②犹太教极端型恐怖主义，代表组织如卡赫运动（Kach and Kahane Chai）、公路安全委员会（Committee for the Security of the Highwaws）、犹太战斗组织（Ey Al）、希伯来复仇者（Revenge of Hebrew Babies）等。代表事件如 1948 年联合国安理会任命的阿以调停者贝尔南多伯爵被暗杀。③印度教极端型恐怖主义，代表组织是印度的"国家公仆协会"（Rashtriya Svayamsevak Sangh）与"世界印度教徒会议"（Vishva Hindu Parisha）。④佛教极端型恐怖主义，如在佛教国家泰国，曾出现了大量佛教徒与处于少数地位的穆斯林之间的暴力冲突。[2]

宗教极端型恐怖主义在全球的真正爆发是 20 世纪末的事情，这与冷战终结、全球宗教复兴运动的勃兴有直接关联。当时恰逢极左型恐怖主义士气空前衰落，宗教的复兴及其携带的"泥沙"——宗教极端主义为恐怖主义增添了新的动力元素。恐怖组织意识到宗教能够成为动员、团结群众的强大精神力量，宗教极端主义与恐怖主义的结合则是顺理成章之事。1983 年 4 月"黎巴嫩真主党"首次攻击美国大使馆拉开了宗教型恐怖主义在全球泛滥的序幕。进入 21 世纪以来，美国本土爆发的"9·11"恐怖袭击事件更是惊动全球，"恐怖大亨"本·拉登及其领导下的"基地"组织为更多人关注，该组织还与各国家、区域活跃着的宗教极端型恐怖组织结成恐怖网络，频频在欧美、中东、东亚、东南

---

〔1〕　兰德公司编著：《伊斯兰极端化与去极端化》，汪永乐译，公安部西北研究所 2013 年版，第 79 页。

〔2〕　参见张家栋：《恐怖主义与反恐怖：历史、理论与实践》，上海人民出版社 2012 年版，第 139－145 页。

亚、非洲和俄罗斯等地区策动恐怖袭击。宗教型恐怖主义逐渐在世界恐怖主义活动中占据主导地位，成为许多国家与地区暴力、冲突不断的主要因素。自2010年以来，伴随着"基地"组织在国际恐怖组织体系中的地位下降，曾经作为其分支组织的"伊斯兰国"一跃而起成为国际暴恐势力的领头羊，其在伊拉克与叙利亚地区建构起了一个庞大的"军事帝国"，公然与政府、国际反恐联合力量进行武装对抗，从而充分展现出当代宗教极端型恐怖主义组织所能够发展的极致水平，一时令世人"谈恐色变"。目前，宗教型恐怖主义的威胁指数、犯罪数量以及造成的伤亡人数，都已跃居恐怖主义犯罪各种类型之首位。

宗教型与世俗型恐怖主义的区别表现为：①暴力方式，前者倾向于对暴力的程度毫不限制，因此在武器选择与策略制定上没有任何限制；后者有限制的使用暴力，进而在武器选择与策略制定上相对限制。②打击目标，前者对目标不加限定，因此无区别地对打击对象使用暴力；后者对目标有限定，因此相对有区别地对打击对象使用暴力。③支持者，前者的支持者是狭隘、孤立与隔绝的，因此其恐怖行为无法获得更多人支持；后者的支持者十分包容，因此能够感染事实上或潜在的支持者。④对于现有体系而言，前者是一个被疏离的"真正的信仰者"，因此其倾向于彻底打破社会秩序；对于现有体系来说，后者是一个"解放者"，因此其目标在于重新塑造或建立社会。[1] 总而言之，宗教极端分子认为他们正在执行一项神圣的任务，因此他们并不认为杀人是一种道德上的罪恶。对于他们而言，暴力行为并不是他们为了获得某种利益而采取的一种手段，而是他们履行宗教教义的一种情感展示。例如，本·拉登曾说过："我们杀死了他们的无辜者，我是说在法律上和理性上都是允许的，因为那些谈论这件事的人只是从法律的视角说这件事。我知道先知穆罕默德禁止杀害儿童和妇女。的确如此，但并不绝对。有一种说法是：'如果异教徒故意杀害妇女和儿童，我们也应该以牙还牙，以阻止他们再实施类似行为。'"[2] 又如，一位名叫胡贾娅·阿拉比的巴勒斯坦妇女在执行一项针对以色列的自杀式袭击之前曾经在网站上公布一段"自杀式袭击者的自白"，她指出："人体炸弹提供了无私的例证，它明确表示，没有一种生命高于我们人民的未来。……我强调，这不是某人在自杀！自杀是一种自私的行为，一种个人放弃生命拥抱死亡的出路。

---

〔1〕 Bruce Hoffman, *Inside Terrorism*, New York: Columbia University Press, 1998, pp. 94–95.

〔2〕 兰德公司编著：《伊斯兰极端化与去极端化》，汪永乐译，公安部西北研究所2013年版，第112页。

人体炸弹从未放弃生命。人体炸弹把死亡视为战友，并被作为在被占领时争取正义和自由的武器。"〔1〕总之，恐怖分子不会轻易承认失败，因为他们内心确信，上帝或真主最终会用胜利来回报他们的执着和所遭受的痛苦。

3. 代表性宗教极端型恐怖主义："伊斯兰国"。近年来，宗教极端型恐怖主义是国际社会反恐的重点，全球大约 70% 的恐怖事件与这种类型犯罪有关。2014 年 6 月 29 日，被称为"现今世界最危险的恐怖组织"的"伊斯兰国"宣布在其控制的伊拉克与叙利亚部分地区建立"伊斯兰国家"，实行伊斯兰律法。"伊斯兰国"源自 1999 年建立的恐怖组织"统一和圣战组织"（Jama'at-Tawhid wa'al-Jihad），2003 年美国进军伊拉克后，该组织在伊拉克建立基地，主要攻击美国领导的联军部队、约旦政府和什叶派，制造多起自杀式爆炸恐怖袭击。2004 年 9 月，组织领导人扎卡维宣誓效忠"基地"组织领导人拉登，从此更名为"'基地'组织在伊拉克分支"（al-Qaeda in Iraq）。2006 年 1 月 15 日，"'基地'组织在伊拉克分支"与另外五个恐怖组织合并形成"圣战舒拉会议"，同年 6 月 7 日该组织又更名为"伊拉克伊斯兰国"（Islamic State in Iraq）。2011 年叙利亚爆发内战，出现巨大权力真空，当地恐怖组织活跃，也给了"伊拉克伊斯兰国"可乘之机。2013 年 4 月 9 日，叙利亚当地恐怖组织"胜利阵线"加入"伊拉克伊斯兰国"，壮大了后者的实力。2014 年，该组织的领导人阿布·贝克尔·巴格达迪自称"哈里发"，将组织更名为"伊斯兰国"，并宣称对整个穆斯林世界拥有统治权，此前还正式宣布与"基地"组织"分道扬镳"。〔2〕

"伊斯兰国"堪称近年来发展最为迅猛、影响力最大、危害最强的国际恐怖组织，在 2013 年仅仅用半年时间就占领了伊拉克北部大片土地，使伊拉克处于分裂与崩溃的危险边缘。"'伊斯兰国'是一个恐怖主义组织，但它不仅仅是一个恐怖主义组织。它既是一个类似'黑手党'那样的黑社会团伙，通过有着数十年历史的跨国原油黑市与武器非法交易市场获取利润；它也是一个传统的军事武装力量，运用高超的甚至令美国同行都感到惊讶的政治技巧来招募和指挥士兵；它是一个精巧的情报收集系统，它通过派遣成员渗透到敌方阵营，或者暗自招募那些它欲推翻的政权之中的成员，从而将战斗引致其可欲的轨道上来，或者攻城略地；它还是一个能够有效运用宣传机器的老手，通过社交媒体管道

---

〔1〕 ［英］阿卜杜勒·巴里·阿特旺：《基地秘史》，林达丰译，北京大学出版社 2013 年版，第 71 页。
〔2〕 ［英］查尔斯·利斯特：《"伊斯兰国"简论》，姜奕晖译，中信出版社 2016 年版，第 29—53 页。

来释放宣扬极端思想、赞美恐怖主义的讯息，并吸纳新的成员加入。"[1] 在 2014 年度，该恐怖主义组织共制造恐怖袭击事件 1071 次，造成约 6073 人丧生，约 5799 人受伤。伊拉克与叙利亚是该组织策划、实施暴恐活动的主要地点，平民是其最主要的攻击目标，其攻击方式包括绑架、武装袭击、暗杀甚至大屠杀。该组织深谙自杀式爆炸袭击的技巧，2014 年里其策划、实施的 117 次自杀式爆炸袭击共造成 1101 人丧生，平均每场自杀式爆炸袭击的死亡人数为 9.4 人，而不采用自杀式的普通爆炸袭击"仅"能制造 1.9 名人员的死亡。[2] 根据美国智库兰德公司的统计，"伊斯兰国"在伊拉克的势力于 2014 年秋天达到顶峰，当时控制着约 630 万伊拉克居民（占总人口的 19%）、58 372 平方公里土地（占伊拉克总面积的 13%），其中包括拉马迪、摩苏尔、基尔库克、提克里特等大城市。[3] 在 2015 年与 2016 年初，伴随着国际反恐力量的军事打击的持续与强化，盘踞中东地区的"伊斯兰国""外溢"现象严重，形成多点开花之势。例如，在欧洲的法国、比利时、土耳其、俄罗斯等国家先后发生了由"伊斯兰国"人员策划、指挥、实施、参与的暴恐袭击事件，造成极为恶劣的危害结果。又如，在亚洲的东部与南部地区，"伊斯兰国"加紧对该地区的渗透，意图在该地区实现其狂妄的政治企图。该组织或者在某些国家建立基地，与当地恐怖组织争夺当地领导权；或者直接策动恐怖袭击，向该国政权或者国际组织提出勒索、胁迫；或者对某些国家进行网络恐怖主义攻势，煽动、招募该国家公民加入"伊斯兰国"，成为"外国恐怖主义战斗人员"（Foreign Terrorist Fighters）。

　　自 2016 年以来，受国际反恐怖势力的联合打击，以及伊拉克政府军的强势反弹，"伊斯兰国"呈节节败退之势，其在伊拉克与叙利亚国境内占据的势力范围不断缩小。但是，"百足之虫死而不僵"，面对反恐怖压力，"伊斯兰国"在组织形态与活动规律上出现重大变化，具体表现在四个方面：第一，在组织形态上，"伊斯兰国"网络化、扁平化特征初现，特别是受强力打击压迫，战略要塞连续失守，"伊斯兰国"正在由准军事化的割据势力向典型的恐怖主义组织转型；第二，"伊斯兰国"的活动范围出现"碎片化"和明显的"溢出效应"，特

〔1〕 Michael Weiss and Hassan Hassan, *ISIS: Inside the Army of Terror*, New York: Regan Arts, 2015, p. 11.
〔2〕 经济与和平研究所：《2015 年全球恐怖主义指数》（Global Terrorism Index 2015），http://static. visionofhumanity. org/sites/default/files/2015%20Global%20Terrorism%20Index%20Report_2. pdf，最后访问时间：2016 年 4 月 29 日。
〔3〕 李伟："'伊斯兰国'溃败对国际恐怖主义生态的影响"，载《现代国际关系》2017 年第 8 期。

别是在 2016 年年末与 2017 年上半年，连续在东南亚和欧洲策划、实施重大暴恐袭击事件，这表明"伊斯兰国"在中东依然举步维艰，正在谋求向中东以外的其他地区、其他国家的薄弱地带寻求突破口，特别是欧美、非洲、东南亚与东亚等地。第三，从"伊斯兰国"当前策动暴恐活动的具体方式来看，"伊斯兰国"已经很难再采取与政府武装进行"阵地战"的攻击模式，而是以较为集中的不特定多数人的"软目标"为主要攻击对象，以武装攻击、自杀式爆炸袭击为攻击手段，以人数规模较小的恐怖小组或者"独狼"作为攻击主体，手段特别凶残，致死伤人数众多。第四，从"伊斯兰国"的战略战术来看，该组织一方面积极加强同其他地区的恐怖组织的联动，另一方面为了维持其影响力还要继续派遣组织成员返回母国策划、实施恐怖活动，或者通过网络及其他媒体煽动当地的激进分子就地实施"圣战"。

二、民族极端型恐怖主义

1. 民族、民族主义与民族极端主义。依照斯大林的经典表述，民族（nation）就是指："历史形成的具有共同语言、共同地域、共同经济生活以及表现在共同文化上的共同心理素质的稳定共同体。"[1] 民族有广义与狭义之分，广义上等同于"国族"，系以国家为单位确定的名称，例如中华民族、美利坚民族、日本民族、德意志民族等。民族的狭义观念是指，历经源远流长的历史进程而逐渐形成的，建立在共同的血缘关系与心理情感之上的人群共同体。作为一个历史范畴，民族之形成大致经历了"氏族—部落—部落联盟—民族"的发展历程，最终衍化为当今世界蔚为壮观的民族形态。民族意识是一个民族的成员对本民族的文化、语言、历史传统、集体人格的认同，也即民族认同（National Identity）。"民族意识具有很强的生命力与稳定性，即使民族的共同地域、共同经济生活、甚至民族共同语言等特征都已经发生变化，但民族自我意识仍然存在，并成为维系民族的重要因素。"[2] 甚至可以说，民族本身就是"想象的共同体"，民族的存在就是依赖于民族成员的认同和某种共同的情感，无论这

---

〔1〕　［苏］斯大林:《斯大林选集》（上），中共中央马克思恩格斯列宁斯大林著作编译局编，人民出版社 1979 年版，第 64 页，转引自徐祇朋:《当代民族主义与边疆安全》，民族出版社 2009 年版，第 5 页。
〔2〕　徐迅:《民族主义》，中国社会科学出版社 1998 年版，第 27 页。

种认同是如何产生的。

"民族主义随民族形成而产生，是各民族生存与发展的内聚力量"。[1]"民族主义"（Nationalism）概念的首次提出是在 15 世纪初的德国莱比锡大学。[2]但是民族主义作为一个学术概念受到强烈关注则是 19 世纪中叶的事情。正如国家、国家认同与国家情感——这些在早期的历史学和社会学中被理所当然地予以接受的观念一样，民族主义在当时几乎未遭遇任何批评。这一概念继而引发了学者的全面兴趣。民族主义研究的大繁荣始自第一次世界大战后，当时众多新兴民族国家依此诞生，伍德罗·威尔逊和列宁所主张的民族自决权也开始发挥效用。学术界对于民族主义的研究在二次大战时期戛然而止。直至 20 世纪 60年代，这一研究又在国际性的"学者互动关联"中，在更广阔的范围内重获展开。[3]在难以阻挡的全球化进程下，凭借资本与商业的互通有无、枪炮护卫下的殖民主义在全世界的扩张以及相伴随的政治制度、价值确信、文化观念的广泛散播，民族主义的理念也从它的发源地欧洲一路漂洋过海并在全世界范围内加以推广。

当代的民族主义含义具有多样性。学界对民族主义的内涵形成了几种观点：①民族主义是一种情感和思想状态，民族主义是对本民族忠诚的态度。例如汉斯·科恩指出："民族主义首先而且最重要的应被认为是一种思想状态……在这一状态中，体现了个人对民族国家的高度的忠诚。"[4]民族主义就是每个人对民族国家怀有至高无上的世俗的忠诚，它表达了民族内部成员对于增进民族力量、自由或财富的一种愿望。②民族主义是一种学说或原则。作为一种学说和原则，民族与国家被紧密的联系在一起，即强调合理的政治单位是与民族单位统一的。例如，汉斯-乌尔里希·维勒认为："民族主义是指：某种思想系统、宗旨或世界观，其创造、推进并整合了一个大型的稳固联合体（这个联合体被

〔1〕 顾关福："冷战后的民族主义新浪潮及其消极影响"，载《江南社会学院学报》2000 年第 3 期。

〔2〕 ［英］A. D. 史密斯："论民族与民族主义"，宁骚译，载朱伦、陈玉瑶主编：《民族主义：当代西方
　　 学者的观点》，社会科学文献出版社 2013 年版，第 115 页。

〔3〕 ［德］汉斯-乌尔里希·维勒：《民族主义：历史、形式、后果》，赵宏译，中国法制出版社 2013 年
　　 版，第 1~2 页。

〔4〕 Hans Khon, *The Idea of Nationalism*, *A study of Its Origins and Background*, New York：The Macmillan
　　 Company, 1946, pp. 10-11. 转引自王联主编：《世界民族主义论》，北京大学出版社 2002 年版，第 15
　　 页。

称作国家），特别是为现代社会下的政治统治提供正当性理由。"[1]　③民族主义是一种运动。民族主义是一种寻求或行使民族国家权利的政治实践活动。海斯指出，民族主义是"一个特定政治团体的活动，它将历史过程与学说合而为一"[2]。④综合说。民族主义是情感、学说、原则、行动等的聚合体。本书认为，无论将民族主义理解为一种情感、学说、理论、行动或者上述概念的集合，民族主义的核心特质是固定的，即尤为突出和强调个体对于本民族的忠贞不渝、勇于奉献的精神。尤其是那些始终坚信自己的民族是"蒙上天特别恩惠"的民族，是远比其他民族更加文明、更加优秀的民族，就格外注意保有和促进本民族的文化、利益和实力，并且排斥甚至对抗其他不同的民族。例如，民族主义者认为："人类个体是自由的和平等的，但是个体的自由和平等只有在本民族内部才能实现，超越民族的个体自由和平等是不存在的。"[3]　民族主义往往与国家紧密联系，是一种"旨在维护本民族权益、实现本民族和民族国家的发展要求的思想观念或者意识形态"，[4]　这是因为国家这种政治组织体能够成为最大限度维护民族文化与利益的工具。又如民族主义者总会指出："民族的最高目标是民族自决、民族统一和民族独立，而达到这些目标的最有效的手段就是在政治上建立主权国家。"[5]

　　民族主义是一柄"双刃剑"，"它把世界引向两条截然不同的道路：一条是和谐的，一条是动荡的。"[6]　"民族主义并不一定意味着解放，它也可能成为统治和奴役的代名词。"[7]　当遭遇外部势力进犯或者其他民族欺凌的时候，由民族中心主义凝聚而成的精神力可以成为反抗他族压迫最强大的动力源泉。但是

---

〔1〕　［德］汉斯-乌尔里希·维勒：《民族主义：历史、形式、后果》，赵宏译，中国法制出版社 2013 年版，第 12 页。

〔2〕　［美］卡尔顿·J. H. 海斯：《现代民族主义演进史》，帕米尔等译，华东师范大学出版社 2005 年版，第 251 页。

〔3〕　叶江："略论当前民族主义研究中几个值得研究的问题——兼谈民族主义与建设和谐世界之间的关系"，载《世界民族》2007 年第 4 期。

〔4〕　胡涤非："民族主义的概念及其起源"，载《山西师大学报（社会科学版）》2005 年第 1 期。

〔5〕　叶江："略论当前民族主义研究中几个值得研究的问题——兼谈民族主义与建设和谐世界之间的关系"，载《世界民族》2007 年第 4 期。

〔6〕　John T. Routhe：International Politics on the World Stage. Connecticut，The dusk in Publishing House. Inco，1989. 转引自胡涤非："民族主义的概念及起源"，载《山西师大学报（社会科学版）》2005 年第 1 期。

〔7〕　王琼："民族主义的话语形式与民族认同的重构"，载《世界民族》2005 年第 1 期。

这种带有非理性色彩的民族主义又容易罔顾现有实际情状，偏执狭隘地理解本民族与其他民族之间的关系，为极端狂热追求本民族的利益，甚至以损害其他民族的正当利益为代价，以致最终发展为对他族的诋毁、歧视、排斥甚至伤害。这正如约翰·斯图尔特·穆勒在评论 1848 年欧洲景象时写道的："民族主义使人们对人类任何一部分的权利和利益漠不关心，除非与他们自己有同样的名称、讲同样的语言；民族情绪远远超过对自由的热爱，人们都愿怂恿统治者去粉碎那些非我族类、语言有异的任何民族的自由和独立。"〔1〕对于一国的主体民族而言，其强烈的民族主义情绪容易幻化为民族沙文主义和扩张主义；而对于一国的非主体民族而言，其激发的民族主义可以极端化为民族分离主义，从而驱使其寻求从一国之中分裂出去。作为民族主义激进化的表现形式之一的民族分离主义，构成了当代民族极端型恐怖主义犯罪的主要思想渊源与理论基础。

民族分离主义是民族主义极端化的产物，是民族极端主义的具体表现。在三次世界民族主义浪潮之中，发端于 20 世纪末期的民族分离主义思潮与前两次民族主义浪潮不同，反动性、破坏性与极端性是其最主要的特征。民族分离主义势力毫不理会多民族国家的既成事实，呼吁多民族国家内部的非主体民族应当分裂出去建立由本族人自己管理的政权，或者主张跨国边境的民族脱离各自所属国家，联合建立由本民族掌权的国家。民族分离主义的理论基石表面上是依据了近代西欧资产阶级革命时期的"民族自决权理论"与"民族——国家一体论"，实际上是对上述两种理论的严重误读和歪曲。

暴力恐怖手段的普遍使用性是当代民族分离主义最显著的特征。一方面，这是由民族分离主义的基本特性决定的。正是由于民族主义的激进化造就了民族分离主义的思潮，而民族分离主义自身则含有偏狭的以本民族为中心的色彩，具有极度的民族利己主义倾向。"过度的排外性、利己的狭隘性、易被煽动的狂热性和易于冲动的暴力倾向"〔2〕是民族分离主义的典型特征。故而造成了民族分离主义势力普遍倾向诉诸暴力手段来解决民族矛盾和民族纠纷的局面。另一方面，民族分离者实现目标手段之有限性，也决定了其更易采用暴力恐怖手段。

---

〔1〕 Anthony D. Smith, Nations and Nationlism in a Global Era, Routledge, london and New York, 1998, p. 116. 转引自徐波、陈林："全球化、现代化与民族主义：现实与悖论——〈民族主义研究学术译丛〉代序言"，载［英］厄内斯特·盖尔纳：《民族与民族主义》，韩红译，中央编译局出版社 2002年版，序言第 19 页。

〔2〕 董士昙："民族分离主义与恐怖主义关系论"，载《聊城大学学报（社会科学版）》2005 年第 4 期。

一般而言，可供民族分离主义者选择实现其目标的方法包括，政治解决如公民票选、和平抗议如示威游行或者暴力手段如军事对抗和恐怖活动。毫无疑问，采用政治解决手段是最佳战略。但是通过政治途径解决问题的条件过于苛刻。杨恕教授认为通过政治渠道实现和平分离的条件有：分离主义源自于宪法或政治分歧；分离主义团体决心比较大；所在国家接受分离的原则并愿意进行谈判；谈判各方实力比较强且内部比较团结；谈判的参与者比较少；外部势力发挥重要的影响力；分离完成比较干脆，过程并不繁琐，新国家的政治迅速独立；等等。[1]另外，坚持政治手段的民族分离主义运动还应当拥有合法的政党作为领导，且在本民族内部具有相当广泛的群众基础，同时还要取决于中央政府的意愿。但是分离主义者的政治目标对于大多数国家和人民都是难以接受的。政治协商不成，和平的示威游行又难以产生效果，武力几乎成为唯一可以考虑的选项。武力手段包括军事对抗与恐怖主义，前者还可分为正规战争与游击战。采用军事对抗要求分离主义者拥有较强的军事实力。而分离主义者一般实力较弱，群众基础薄弱，与国家政权的实力对比悬殊。在这种情况下，恐怖主义既是无奈之举也是最佳选择。之所以一般性地选择向无辜者施以暴力袭击，是因为恐怖主义的做法能够使社会群体滋生普遍性的紧张与不安感，加之新闻媒介的过度曝光，民众对政府安保能力的不满与质疑会给执政者制造政治上的压力，骇人听闻的恐怖袭击甚至能够吸引国际社会的关注并有可能带来支持分裂势力的国际干预。民族分裂恐怖分子希望通过恐怖事件取得与政府谈判并逼迫其让步的筹码，胁迫政府满足其不合法的分裂要求或者承认民族分裂势力享有合法的政治地位。

2. 民族极端型恐怖主义的概念、发展与类型。民族极端型恐怖主义的目标是追求民族独立、自治，建立由本民族管理的政权，即实现"一个民族一个国家"。该类型的恐怖主义的基本思想源泉与动力支撑来自于民族主义，这是一种以增加本民族自由、财富利益为至高无上的追求的思想体系、思潮与运动。民族主义具有极强的双刃剑性质，它既是团结民族抵御外辱的强大信念力量，也是拆分一个多民族国家、带给人民灾难与不幸的罪魁祸首。代表性的民族极端型恐怖组织是北爱尔兰的"爱尔兰共和军"、车臣地区的武装分离势力以及西班牙的"埃塔"组织。

---

[1]　杨恕：《世界分裂主义论》，时事出版社2008年版，第23页。

以全球三次民族主义浪潮为标志，民族极端型恐怖主义的发展分为三个阶段。虽然"民族主义与恐怖主义的结合需要追溯至 1900 多年以前",[1] 但是民族型恐怖主义的泛滥始于一战前后的第一次民族主义时期，典型代表是爱尔兰人利用恐怖手段反抗英国人的统治。当时的民族型恐怖主义还比较稀少，只发生在民族矛盾紧张的个别地区。二战后的第二次民族主义浪潮以摆脱殖民统治、实现民族解放为特征，是一股进步的思潮和运动。"第二次世界大战结束后，世界的政治格局出现了新面貌，一大批社会主义国家在欧亚大陆出现，反殖民主义斗争进入前所未有的新阶段，从战后到 60 年代，亚非拉地区的绝大多数国家走上了民族独立和民主革命的新道路。帝国主义殖民体系发生了全局性的大崩溃。这是民族主义所表现出的一次最成功的具有重大历史意义的成果。"[2] 民族型恐怖主义虽多发生在亚非拉的殖民地区，但也波及了西方国家，例如西班牙、法国、英国等。这一时期的恐怖主义犯罪已经具备了全球性的特征。虽然由民族解放力量发动的恐怖主义活动给殖民者造成沉重打击，并取得一定效果。甚至在某种程度上讲，恐怖主义确实是完成民族解放事业的一种较为有效手段。但是其滥杀无辜的本质特征难以为正义的动机所掩饰，恐怖主义为民族解放事业带来的消极影响是不可估量的。例如 1972 年巴勒斯坦解放激进组织"黑色九月"在德国慕尼黑奥运会上绑架、杀害多名以色列运动员事件，成为巴勒斯坦人民解放事业始终难以抹去的一个巨大污点，也为美国、西方国家与以色列等国对巴勒斯坦人民展开疯狂报复提供了口实。第三次民族主义浪潮始于冷战结束，80 年代末苏东剧变暴露出苏联与东欧国家在民族问题处理上的失误，恶果之一就是分离势力蠢蠢欲动，暴力武装冲突不断，民族型恐怖主义犯罪的泛滥。例如车臣极端分子频频制造恐怖事件以求得脱离俄罗斯控制，实现车臣独立。这股浪潮还影响到欧洲、亚洲、非洲等其他地区。

在冷战结束后掀起的第三次民族主义浪潮（也即民族分离主义浪潮）的刺激下，出现了第三次民族极端型恐怖主义的集中爆发。学术界对第三次民族主义运动的评价一般持否定、批评态度。[3] 这次民族主义浪潮具体表现为"三个极端"：①思想极端。民族分离主义者思维狭隘封闭，他们罔顾"全球民族解放

---

[1]　朱素梅："二十世纪的民族主义与恐怖主义"，载《世界民族》2000 年第 12 期。

[2]　顾关福："冷战后的民族主义新浪潮及其消极影响"，载《江南社会学院学报》2000 年第 3 期。

[3]　李学保：《当代世界冲突的民族主义根源》，世界图书广东出版公司 2012 年版，第 99—111 页。

事业业已结束""单纯由一个民族组成的国家仅是一种虚幻"的客观事实，狂热追求民族自决与独立，对其他民族缺乏包容，甚至将主体民族视为导致其遭受灾难、贫困的"罪恶源泉"。②手段极端，民族分离主义堪为当代世界最重要的政治危险源。一些极端民族主义者毫不顾及历史现状与其他民族利益，坚持极端主张并诉诸武装暴力，由此导致全球性冲突不断涌现并屡屡升级，部分地区武装冲突不断，使更多无辜者卷入冲突、流血与痛苦的境地。③后果极端。民族分离主义者严重挑战国际秩序，破坏国际社会安全，妄图颠覆作为国际法基础的国家主权原则。在这一时期，拥有强大军事、经济、政治实力的大国、强国奉行横行霸道的强权外交政策，利用风起云涌的民族分裂势力浪潮不断挑拨国家之间、国家内部不同族群之间的矛盾，以达到干涉、控制的目标，这也就进一步造成了国际社会整体的动荡不安。在这次极端民族主义的推动下，全球爆发了民族极端型恐怖主义犯罪的狂潮。

民族极端型恐怖主义的具体类型包括：①单一分裂型恐怖主义，即民族分裂势力要求本民族从所属的多民族国家中分离出来，并建立一个独立的民族国家。车臣恐怖分子是代表。②分裂合并型恐怖主义，即分裂势力主张本民族从所属国家中分离出来，并与现有本民族掌权的国家合并或统一。如爱尔兰共和军（临时派）要求北爱尔兰从英国分离，与爱尔兰统一。③分裂新创型恐怖主义，是指分离者要求跨境民族从各自从属国家中分离，并创建一个新的独立的民族国家。如将分散中东地区数个国家的库尔德民族联合起来并组成一个名为"库尔德斯坦共和国"的国家是库尔德斯坦工人党的基本主张。

值得注意的是，民族极端型恐怖组织在其政治纲领和意识形态中往往融合了其他的极端主义思潮。例如，活跃于西班牙和法国的"埃塔"恐怖组织以追求巴斯克民族独立为基本政治目标，同时还接受了极左激进主义思想；中东地区的"哈马斯"恐怖组织混合了民族极端主义和宗教极端主义两种意识形态；"爱尔兰共和军"具有天主教极端主义的思想背景；我国的"东突"恐怖组织一方面追求所谓的民族"独立"，同时还希望建立政教合一的"伊斯兰国家"。这一现象的产生，一方面是由于民族分离主义的基本政治目标是建立单一民族的国家，但是对政权组织的性质没有特别的限定，而宗教极端主义、极左主义思潮均有对政权性质的要求，因此民族极端主义能够与宗教极端主义、极左主义"兼容"。另一方面，极端主义作为恐怖主义的思想根源，其最重要的价值在于能够成为团结成员、发动群众的一股精神力量。因此为了最大限度团结所有能够团结的力量，尽快实现民族独立的目标，民族极端型恐怖组织也希望能够与其他的极端主义思潮相结合，获取更多支持。

3. 代表性的民族极端型恐怖组织："爱尔兰共和军"。爱尔兰抵抗英国殖民统治的解放运动最早可以追溯至 12 世纪。爱尔兰原为临近英格兰的独立王国，爱尔兰民族系凯尔特人后裔，公元 6 世纪皈依天主教。1168 年英王亨利二世入侵爱尔兰，自封爱尔兰领主。1800 年，英国正式吞并爱尔兰，次年成立"大不列颠及爱尔兰王国"。1912 年，为了谋求爱尔兰独立，当地天主教徒建立了"爱尔兰义勇军"，1919 年改编为"爱尔兰共和军"，爆发"英爱战争"（又被称为"爱尔兰独立战争"）。1949 年英国承认爱尔兰独立，但拒绝归还北方六郡，导致"北爱尔兰问题产生"。在以和平方式谋求爱尔兰统一（北爱尔兰与爱尔兰）的希望逐渐化为泡影的情形下，"爱尔兰共和军"开始大规模使用枪支、纵火、爆炸等暴力恐怖手段来实现政治目标。1969 年 12 月，"爱尔兰共和军"分裂为正统派与临时派，前者成立"正式爱尔兰军"，在 1972 年的时候宣布休战。后者建立"临时爱尔兰共和军"，成为共和军的主要部分，其思想极左，具有更浓厚的民族主义色彩，主张开展爆炸、暗杀、绑架等暴力活动，攻击目标主要为英国的安全部门、军界人物与军事机构。该恐怖主义组织在 1972 年的 7 月 21 日制造了震惊世界的"血腥星期天"事件，在这一天的北爱尔兰首府贝尔法斯特发生了一系列由该恐怖主义组织策划、实施的爆炸恐怖事件，直接导致 9 人丧生；同年的 8 月 1 日，爱尔兰共和军又在克劳迪村制造了三起汽车炸弹事件，6 人因此而不幸殒命；1979 年，该恐怖主义组织又将蒙巴顿海军元帅在其度假的别墅中炸死，受到了舆论的一片谴责；1984 年，时任英国首相撒切尔夫人险些遭到暗杀；1992 年，伦敦交易大厅发生的汽车炸弹爆炸事件导致 3 人死亡，91 人受伤；1996 年 2 月 9 日英国伦敦爆发汽车炸弹事件，导致 100 多人受伤，2 人死亡；同年 6 月 5 日，英国曼彻斯特城遭受恐怖袭击，导致 200 多人伤亡。2005 年"临时爱尔兰共和军"宣布放弃暴力，寻求以和平方式追求政治目标的途径，这为地区和平带来了曙光。但是，其在爱尔兰统一过程中造成的损害和伤痛是难以磨灭的。"据统计，截至 2005 年，北爱暴力冲突共造成 3500 多人死亡，40 000 多人受伤，持续的暴力冲突给英国造成的财产损失超过 11.15 亿英镑。"[1]

---

〔1〕　张娟主编：《恐怖主义在欧洲》，世界知识出版社 2012 年版，第 27 页。

三、无政府主义型恐怖主义

无政府主义型恐怖主义主要发生在 19 世纪 80 年代至第一次世界大战爆发前夕的欧洲。无政府主义思想的主要特点是反对国家与权威，认为任何一种政府形式都是罪恶的，并试图建立一个无政府、无强权、无法律、无宗教、无家庭、无婚姻的理想社会。无政府主义的思想根源最早可以追溯到古希腊时期，"无政府主义"（Anarchia）一词源自古希腊文，意思是"无权力、无秩序的社会状态"。无政府主义主要指的是一种不要任何统治者的社会主张。18 世纪末，随着资产阶级在欧洲逐渐站稳脚跟，其国家政权在保障本阶级利益上所起的作用愈加明显。于是，深受资产阶级压迫的人们自然将愤恨的目光投向资产阶级政权，并继而认为政权、政府等政治权威是一切祸害的根源，提出只有反对一切政权及其形式，人们才能保护自己的财产，维护自己的自由。所以，他们希望人类进入一种无政府的社会——这就是他们设想的理想社会。[1] 于是，一种无政府主义的思潮产生了。激进的无政府主义者主张"以行动来宣传"，通过个人或小规模团体对政府和国家领导人实施暗杀活动，来唤醒民众、打击政府。例如在 1894 年无政府主义者暗杀了法国总统卡诺特，在 1897 年暗杀了西班牙首相卡斯迪洛，在 1900 年暗杀意大利国王恩博托一世，等等。

四、极左型恐怖主义

极左型恐怖组织始于 20 世纪 60 年代末，活动区域集中在西欧与拉美。代表是联邦德国的"红军派"、意大利的"红色旅"、日本的"赤军"和希腊的"11 月 7 日"等。极左型恐怖组织的目标是以暴力手段推翻资本主义制度、建立社会主义制度。打击对象多为象征资本主义体制和现存社会秩序的政府官员、警察、军人和建筑、公司、企业与财阀等。如巴德尔领导的联邦德国"红军派"，以多次暗杀本国政要、军界首脑和商界精英而闻名。目前比较活跃的极左型恐怖主义组织以印度的"共产党毛派"为代表。

"直接行动"是法国在冷战时期的主要极左恐怖组织。1979 年 6 月，巴黎激进青年中的核心人物让·马克·鲁伊朗及其未婚妻娜塔·梅尼贡决定成立一个

---

〔1〕 周宏："无政府主义：无根的社会学说"，载《中国地质大学学报（社会科学版）》2003 年第 3 期。

用具体行动而非空泛言论来对法国社会产生直接影响的组织"直接行动"。他们认为,"人民对于社会国家的黑暗,由人民直接行动,加以制裁,不诉诸法律,不利用特殊势力,不依赖代表",对资本主义社会进行"象征性恐怖"的打击,要用暴力来"铲除腐朽的社会制度"。该组织规模较小,由三十多名骨干分子和数百名外围支持者组成,外籍成员和女性成员占了相当高的比重。"直接行动"有自己的"行动纲领",准备工作细致而严密,手段比较残忍。从1979年到1987年间,"直接行动"共从事约十起恐怖事件。其中最著名的是暗杀了法国国防部国际事务局代理局长奥德朗将军和雷诺汽车公司总经理乔治·贝斯,1987年2月,"直接行动"的四名首犯被捕,该组织基本一蹶不振,但国际社会打击该组织的努力一直在继续。2004年8月6日,墨西哥宣布已向法国移交了法国"直接行动"成员海伦·卡斯特尔,她被指控直接参与1980年巴黎国家银行大劫案。[1]

五、极右型恐怖主义

极右型恐怖主义始于20世纪60年代末,集中在西欧地区与美国。极右型恐怖主义的目标是推翻现有制度,建立法西斯统治,一般还带有强烈的种族主义意识形态。打击目标主要为左派政党和组织,以及有色人种、犹太人和外国移民。主要的极右型恐怖主义组织包括:意大利的"新秩序"与"革命武装核心"、联邦德国的"霍夫曼军体小组"、奥地利的"巴伐利亚解放军"、法国"欧洲民族行动联合会"、美国的"三K党"。目前,极右型恐怖主义犯罪在美国与欧洲等西方发达国家还比较活跃。

"新秩序"是意大利较早进行恐怖活动的极右组织之一,是由极右政党"意大利社会运动"的领导人在20世纪50年代创建的新法西斯组织。它强调为了达到目的可以不择手段,认为恐怖活动不但是绝对必要的,而且是可行的,针对儿童、妇女、老人的滥杀无辜的恐怖活动不但是允许的,而且是必要的。它有比较完整而严密的组织体系,从恐怖活动的策划到具体执行行动都有明确分工和专人负责,拥有自己的职业杀手、爆破手以及其他随时准备行动的敢死队员。它在意大利、西班牙、瑞士、英国、法国等地拥有数十个不同的活动基地,

---

〔1〕 张家栋:《恐怖主义与反恐怖:历史、理论与实践》,上海人民出版社2012年版,第117-118页。

或进行训练，或负责筹款，或用于采购武器，或用于隐藏，活动一时间极为嚣张。意大利"新秩序"恐怖主义活动的基本策略思想是所谓的"反制度理论"：要通过不加区别与选择的恐怖暴力活动，以及与不同类型的极右组织组成广泛的联盟，壮大斗争力量，搞乱现行制度与秩序，制造社会混乱与恐怖气氛，从而为右派军人政变夺权创造条件。[1]

六、单一议题型恐怖主义

单一议题型恐怖主义的目的是改变政府或人口的政策或观点，但并不寻求彻底推翻该政府。[2] 单一议题型恐怖主义代表了一群激进的反对国家政策的人。单一议题型恐怖主义多发生在美国和欧洲，主要包括：①反堕胎恐怖组织。这种组织一般有着基督教信仰，通过暴力打击堕胎医院与诊所实现其主张，例如美国的"上帝军队"。②保护动物权利恐怖组织。代表是动物解放阵线，该组织建立于英国，1979 年跨海来到北美大陆，是目前美国最活跃的单一议题型恐怖组织之一。③环境保护恐怖组织。例如地球解放阵线，目的是强迫政府与社会改变利用环境的方式。在过去三十年间，该组织共实施多次暴力攻击，目标是商业与政府。2003 年的一次攻击导致大约 5000 万美元的损失。[3]

第三节　其他类型的恐怖主义

一、国内恐怖主义与国际恐怖主义

根据是否具有跨国因素，将恐怖主义区分为国内恐怖主义与国际恐怖主义。[4] 后者是指恐怖主义的实施者、打击对象或者恐怖袭击的发生地至少有一项涉及两个及以上的不同国家、地区，前者则不具备这样的跨国因素。例如埃

---

〔1〕 胡联合：《全球反恐论：恐怖主义何以发生与应对》，中国大百科全书出版社 2011 年版，第 79-80 页。

〔2〕 James F. Pastor, *Terrorism and Public Safety Policing*, 2. edition, 2010, London：CRC Press, p. 87.

〔3〕 European Union Terrorism Situation and Trend Report 2014, http：//www. europol. europa. eu, 最后访问时间：2016 年 8 月 13 日。

〔4〕 Albert J. Bergesen and Omar Lizardo, "*International Terrorism and the World-system*", Sociological Theory, Vol. 22, March 2004, p. 21.

及穆斯林兄弟会刺杀该国总统萨达特是典型的国内恐怖主义，而"基地"组织制造的美国"9·11"恐怖事件则属于典型的国际恐怖主义。需要重点说明的是，自20世纪的70年代以来，跨国恐怖主义已属常态。"国际性"日益成为现代恐怖主义的主要特征，国内恐怖主义与国际恐怖主义之间的界限越发模糊。"纯粹"的国内恐怖主义在今天已经变得极为稀少了。

二、普通恐怖主义与高新科技恐怖主义

根据实施恐怖袭击的具体方式，可以区分为普通恐怖主义与高新科技恐怖主义。高新科技恐怖主义是与普通恐怖主义相对应的，以运用高新科学技术来制造恐怖以实现政治目标的一种类型，例如生物恐怖主义、化学恐怖主义、网络恐怖主义与核恐怖主义。传统观点认为，由于高新科技武器的生产、制造和使用都需要一定的人力、物力条件，因此只有具备一定实力的大型恐怖组织才能承担"此任"，例如，已故的"基地"组织领导人本·拉登被曝曾尝试谋求制造核恐怖袭击；1980年，美国俄勒冈的一个邪教恐怖组织发动生化恐怖袭击，导致数百名美国人中毒。然而，当代科学技术的进步产生了"科技平民化"现象，越来越多的科学技术在其掌握和运用上已经难以对主体的条件作更多要求了。因此，小型恐怖组织甚至个人也完全可能实施高新科技恐怖主义犯罪，例如"伊斯兰国"曾经利用网络向欧美地区散布制造"简易炸弹"的方法，声称"在你妈妈的厨房就可以制造一枚炸弹"，鼓吹"独狼"式的自杀爆炸袭击。

三、传统恐怖主义与新型恐怖主义

恐怖主义的本质已经在悄无声息中发生了巨大革命，造就了恐怖主义新旧时代的巨大差别。"后现代恐怖主义""超级恐怖主义""灾难性恐怖主义"是对新恐怖主义犯罪的最好的描述。菲尔德将20世纪90年代作为划分新旧恐怖主义的界限。[1] 马丁描述了新旧恐怖主义的差异（见表1）。[2] 传统恐怖主义与新型恐怖主义的区别表现在以下几个方面：①新型恐怖主义的动机多元化。传

---

〔1〕［美］安东尼·菲尔德："从'传统恐怖主义'到'新恐怖主义'：革命抑或演变?"，吕楠译，载
　　《当代世界与社会主义》2009年第6期。

〔2〕Gus Martin, *Understanding Terrorism*：*Challenges*，*Perspective*，*and Issues*，4. edition，New York：Sage
　　Publications，2012，p. 387.

统型恐怖主义的动机主要是民族主义、无政府主义与极左思想，新型恐怖主义则出现了以主张保护环境、保护动物、反堕胎的单一议题型恐怖主义。新型恐怖主义与宗教关联更加紧密，出现了民族、宗教混合型的恐怖主义。②新型恐怖主义的活动范围更加广泛。传统型主要发生在一国或地区，新型恐怖主义则超越了国边境的地域限制，还出现了具有全球庞大恐怖网络的大型国际恐怖组织。③行为更加致命。传统恐怖主义对打击目标有所限制，造成的死亡人数亦十分有限。新型恐怖主义则主张最大的恐怖效果与最大的死亡结果，恐怖袭击往往不加节制。为了增强恐怖，新型恐怖主义还注重高科技的使用，因而出现了网络恐怖主义、生物恐怖主义、化学恐怖主义、核恐怖主义等新类型。

表 1　传统与新型恐怖主义的比较

类型	目标	伤亡率	组织特征	武器	思想基础
传统型	外科手术式打击和选择具有象征性的目标	低且具有可选择性	分层等级制（金字塔型）	常规武器，低级到中等程度的杀伤力	极左、极右与民族主义（世俗性）
新型	不加区分地打击象征性目标	高且难以选择	网络型，独立的小单元	非常规武器，高度杀伤力	宗教性或宗教与民族混合

第三章
恐怖主义的历史溯源

恐怖主义并非当代社会的独有现象，而是经过了持续演进，不断更新与进化的结果，因而对恐怖主义的研究不能离开基于历史视野的客观审视。在历史岁月的漫漫长河之中，恐怖主义犯罪曾衍生出纷繁复杂的形式与样态。当代恐怖主义既承袭了古代恐怖主义的传统，又深深根植于现代社会的矛盾与冲突之中，从而与历史上的恐怖主义展现出既有联系又有区别的特色。因而对恐怖主义现实状况的把握，首先应追溯恐怖主义的历史。对恐怖主义的历史渊源进行细致考察，可以探知恐怖主义的"来龙"，自然也有助于知晓恐怖主义的"去脉"。依据学界通常观点，可以将恐怖主义的演化史分为古代恐怖主义、近代恐怖主义、现代恐怖主义与当代恐怖主义四个阶段。在每一阶段，恐怖主义都表现出独有且契合于时代背景的形式、内容、特征、思想体系与意识流派。本章主要介绍前三个阶段的基本特征。

第一节　古代恐怖主义

恐怖主义是一种古老的暴力形式。"通过暴力手段制造恐怖气氛、进行犯罪活动，乃是一种古老的政治或社会现象"[1]，"翻开历史的长卷，世界历史上最早的恐怖主义也许可以追溯到古代亚述帝国的恐怖统治"[2]，而亚述帝国又是世界上最有名的、将恐怖主义作为一种"国策"的国家。亚述是古代西亚的奴隶制国家。约公元前30世纪中叶，塞姆（闪）人的一支在底格里斯河中游建立了亚述尔城，成为亚述文明的起源。公元前10世纪以来，两河流域各种势力相

---

〔1〕　康树华、胡戎恩："恐怖主义历史与现状"，载《法学杂志》2003年第6期。
〔2〕　余建华等：《恐怖主义的历史演变》，上海世纪出版集团2015年版，第53页。

继削弱，亚述帝国则因铁器的使用而兵强马壮，亚述军事贵族在国王率领下，配备铁制的刀枪、弓箭和盔甲攻城略地、所向披靡。[1] 提格拉特帕列沙尔三世（公元前884-公元前859年）的登基在亚述史上是一件大事。他恢复了亚述先王们在复兴时期所采取的若干成功策略——武力扩张。这是一个建立在对外血腥征伐、对内高压统治基础上的强力存在，它第一次试图将整个东方世界都统一在单一的专制政权范围之内，而作为长期在地区历史上处于弱势的一个民族，在向周边其他先进文明吸收营养，逐步创建骄傲帝国的同时，亚述人亦必须采取"非常"手段，妄图更加牢固地把握来之不易的胜利。据后世所流传下来的亚述编年史记载，早在阿淑尔那西尔帕二世（公元前884-公元前859年）亚述第二次崛起时期，亚述军队便已经遵从亚述君主的残暴意志，在战争结束后有组织地执行血腥的恐怖主义政策。阿淑尔那西尔帕二世在其登基的第二年镇压了亚述西北部的城邦叛乱，将胡拉伊城的600战俘全部斩首，并烧死了城内其他3000非战斗人员俘虏；其后又杀死了马瑞如城的200战俘、尼尔布城的332人以及台拉城的3000战俘，并烧死了年轻男子和少女。对此，这位残忍的君王骄傲地在其铭文中宣称："我用敌人的尸体堆满了山谷，直达顶峰；我砍掉他们的首级，我用他们的人头装饰城墙；我把他们的房屋付之一炬，我在城门前修筑了一座墙，包上一层由反叛首领身上剥下来的皮，我把一些人活着砌在墙里，另一些人沿墙活着插进尖木桩，并加以斩首。"[2] 亚述帝国的残暴并不能维系其统治千秋万代，因为没有人能够长期忍受他们的暴政。崩溃来得迅猛异常，而且彻底。公元前612年，伽勒底和米底王国的联军攻破尼尼微，亚述国王萨拉克（辛沙里施昆）不愿成为阶下囚，一把火焚烧了王国，自己则投身火海。[3]

当然，亚述帝国有组织地对敌人施用的这种"恐怖主义"政策可以被称为"国家恐怖主义"，但是这种形式的恐怖主义并不符合本书对恐怖主义的界定，但是可以作为一种恐怖主义的历史渊源加以研究。在古代，典型的恐怖主义主要是针对国家君主和政府官员进行的暗杀与劫持活动，一般来说即"被征服者、被压迫者在力量对比非对称、难以正面抵抗的情况下，从暗处以秘密和突袭的

---

〔1〕 余建华等：《恐怖主义的历史演变》，上海世纪出版集团2015年版，第49-50页。

〔2〕 张家骝："论古代国家恐怖主义的缘起与嬗变——基于亚述、商王朝及阿兹特克的对比分析"，载《民族论坛》2012年第14期。

〔3〕 易中天：《易中天中华史：两汉两罗马》，浙江文艺出版社2014年版，第13页。

恐怖手段进行抗击"，或者"统治集团内部不同派别因政见不同或争夺权力而在斗争中展开残忍的政治谋杀"。[1] 最著名的恐怖事件莫过于公元前44年古罗马凯撒大帝遇刺事件。我国汉代学者司马迁在《史记·刺客列传》中记录了春秋战国时期专诸、荆轲、聂政等诸多基于政治目的而实施恐怖暗杀活动的情况。[2] 中东地区曾经出现了许多以暗杀行刺为主要任务的恐怖组织，例如巴勒斯坦犹太教的激进组织"西卡尼"（Sicarii）、"狂热者"（Zealots）以及伊斯兰教什叶派的"亦思马因"（Ismails）等。

在恐怖主义的发展史上，宗教因素始终是不能被忽视的。恐怖主义与宗教产生关联最早可以追溯到2000年前的时候的犹太教抵抗组织"西卡尼"和"狂热者"采取恐怖手段反抗罗马人在朱迪亚（古巴勒斯坦南部地区）的统治的行为。这些犹太教的恐怖组织或者实施暗杀行动，例如通过渗透到罗马统治的区域对罗马的统治者和同罗马人合作的犹太"叛徒"实施刺杀，或者通过绑架罗马宗庙守护卫士来勒索赎金，或者在公共场所对普通公众下毒。恐怖组织采取这种恐怖行径的目的一则是告诫与罗马入侵者合作的"叛徒"的下场只能是死路一条，其次则是劝告其他犹太人拒绝与罗马统治者合作，后者并没有能力保护广大的犹太人民。在这些犹太恐怖组织看来，恐怖活动的实施——通过在犹太社会制造恐怖及恐怖氛围，完全服务于其政治目的，恐怖主义的牺牲者——诸如犹太教的"叛徒"，不过是实现其目的的一种手段。英语词语"刺客"（assassin）源自于一个反抗逊尼派穆斯林的什叶派的一个团体"阿萨辛派"（hashashins），这个恐怖组织还曾反抗过中世纪的天主教徒"十字军东征"，他们经常会派出许多杀手，即使是妇女和孩童也不放过。[3] 另外，当今人们用来描述"邪恶、野蛮、无情的暴徒"的英语"Thug"（刺客，暗杀团的成员）一词也是来源于7世纪印度教性力派的一个恐怖团体。当时被称为"杀手团"（the Thugs）的成员信徒以野蛮无情的恐怖谋杀来为他们所尊奉的主神之一——残杀和毁灭女神时母提供祭品。[4]

---

〔1〕　余建华等：《恐怖主义的历史演变》，上海世纪出版集团2015年版，第53页。

〔2〕　参见李零："中国历史上的恐怖主义：刺杀和劫持（下）"，载《读书杂志》2004年第12期。

〔3〕　Artuhr H. Garrison，"*Terrorism: the Nature of Its History*"，Criminal Justice Studies，2003，Vol. 16（1），pp. 39-52.

〔4〕　Walter Laqueur，The Age of Terrorism，Little Brown & Co，1988，pp. 13-14，转引自余建华等：《恐怖主义的历史演变》，上海世纪出版集团2015年版，第51页。

古代恐怖主义具有以下特点：①袭击对象主要是君主、官员与社会精英，一般不包括普通民众。这是因为，一则古代宣传渠道十分有限，若不能以政治精英、领袖、左右政局者为打击对象恐难以制造社会轰动效果，进而实现其目的；二则古代缺乏"主权在民"思想，亦不能够通过挟持民众来威胁君主。但是，一些恐怖组织或者个人也会选择向无辜平民实施恐怖袭击，目的在于防止平民与政府当局合作。②主要方式是暗杀、下毒、劫持人质等，工具是匕首、刀剑等冷兵器，因此除了投放有毒物质以外，古代恐怖袭击的作用范围较为有限，故而也倾向于选择向特定目标实施精确攻击。另外，行为人一般也不会选择采用纵火的方式向宫殿、城堡等大型建筑物体发动袭击。总之，受技术条件水平所限，恐怖组织或个人采取的恐怖手段的威力难与现代相比；加之缺乏现代社会的新闻媒介出版通道，恐怖氛围的传递与营造亦受到很大限制。③古代恐怖主义活动范围一般局限于本地区、本国家内部。碍于交通、通讯、语言等条件，跨区域、跨国家的恐怖组织很难建立，因此亦无国际恐怖主义存在之余地。④恐怖主义在历史上很早就与宗教产生了联系，这是因为在古代社会绝大部分地区宗教被视为一种有效的社会统治工具，恐怖组织或者个人需要引用宗教教义来作为支撑自己实施暴力和杀戮的正当性理由或者利用宗教作为团结成员、发动群众的精神工具。

古代欧洲的自然正义观、自然法观念与诛弑暴君理论为欧洲地区的恐怖主义提供思想支持。①自然正义观。自然正义与约定正义相区别，智者学派提出的约定正义观是一种相对主义的正义价值观，他们指出："凡是自然的都是不可变更的和始终有效的，例如火不论在这里还是在波斯都是燃烧的，然而人们却看到正义在变化。"也就是说，智者学派区分了客观存在与价值判断，前者具有绝对性、必然性，后者具有相对性、或然性。但是亚里士多德继承了苏格拉底和柏拉图的传统，反对相对主义的真理论，主张存在一种普遍的绝对真理，这种真理就是自然正义。亚里士多德认为，即使正义在不同时代、不同地方以及不同的人看来有所不同，但是不变的自然正义确实存在。他区分了约定正义与自然正义，约定正义是为具体事物所定的，因此约定正义是变化的；自然正义是约定正义的基础，自然正义具有普遍性，对所有人都发生效力，与约定正义相比，自然正义更具有稳定性，自然正义优于约定正义。[1] 古代恐怖主义可能

〔1〕　马雪影："亚里士多德的自然正义"，载《湖北社会科学》2008年第12期。

在自然正义观中找到正当性依据。②自然法观念。自然法产生于古希腊，最初的含义来自于人们对大自然的理解，自然法就是反应自然存在的秩序的法，是法律和正义的基础。古罗马人的自然法观念从斯多葛学派而来，强调自然法就是正义，是人定法（万民法、市民法）之前发生的、由自然理性指定给全人类的法律，它是最根本的法，是衡量一切人定法的唯一标准。西塞罗是古罗马自然法思想的前期代表人物，他认为自然法是真正的法律，是不可废除的、永恒不变的，他说："真正的法律乃是一种与自然相符合的正当理性；它具有普遍的实用性并且是不变而永恒的……人类也只有一个共同的主人和统治者，这就是上帝，因为它是这一法律的制定者、颁布者和执行法官。"在西塞罗看来，非正义的法律不具有法律的性质。因此，自然法是高于一切国家制定的法律，是衡量一切人定法的唯一标准。[1] 自然法反对"正义是强者的利益"理论。柏拉图在《理想国》中阐释了这一理论："难道你不晓得……统治各个国家的人有的是独裁者，有的是平民，有的是贵族吗……难道不是谁强谁统治吗？每一种统治者都制定对自己有利的法律，平民政府制定民主法律，独裁政府制定独裁法律，依此类推。他们制定了法律明告大家：凡是对政府有利的对百姓就是正义的；谁不遵守，他就有违法之罪，又有不正义之名。因此，我的朋友，我的意思是，在任何国家里，情况都是一样的，所谓正义就是当时政府的利益。政府当然有权，所以唯一合理的结论应该说：不管在什么地方，正义就是强者的利益。"[2] 自然法显然不同意"强权即正义"的逻辑，而是主张实证法应服从于自然法，如果实证法违背了自然法，那么应归于无效。③诛弑暴君理论。建立在绝对的自然正义观念与自然法的基础上，古希腊与古罗马时代的思想家认为如果国家与国家制定的法违背了自然法和公平正义，那么人民有权反抗，暴君政体是最坏的政体，株弑暴君理论提示人们诛杀暴君是一种美德。例如，刺杀凯撒大帝的布鲁图斯受到许多人的赞誉，人们视其为反对专制独裁的英雄。西塞罗曾经为其辩护：与暴君之间没有所谓的友谊，只有与之尽可能艰苦卓绝的争斗……因为，正如我们有时候不得不切去身体的一部分以避免伤害我们身体的其余部分一样，那个虽然以人类面孔伪装但却隐藏着野兽般残忍与凶恶的巨人，亦应

---

〔1〕　何勤华、严存生编著：《西方法理学史》，清华大学出版社 2008 年版，第 11−17 页。

〔2〕　［美］唐纳德·帕尔马：《西方哲学导论》，杨洋、曹洪洋译，上海社会科学院出版社 2011 年版，第 252 页。

与我们人类整体隔离。[1] 欧洲中世纪的英格兰著名政治思想家索尔兹伯里的约翰也提出了类似的"诛杀暴君论"。约翰在其诗集《恩特替卡斯》中描绘了"暴君"的形象，他认为暴君是"压迫人民，轻视法律和公平，与他相比，豺狼和老虎都更为温和，……出卖教会，以背叛著称，……有国王的称号实际为人民的敌人，……在他的统治下，没有公平正义，有罪的人没有受到惩罚，不是依靠理性和法律治理国家。"约翰区分了暴君与君主，他认为："正如哲学家所描述的那样，暴君是依靠暴力统治压迫人民的人，而君主则是依法统治。……君主捍卫法律和人民的自由，暴君任意践踏法律，使法律有等于无，使人民沦为奴隶。因此，君主与上帝相似，而暴君与上帝的对立面类似，甚至有类似于魔鬼撒旦的邪恶。"进而约翰在其著作《论政府原理》中阐释了"诛杀暴君合法论"，他指出："奉承暴君是合法的，诛杀也是合法的，不仅仅如此，诛杀是正确的和正义的。""如果暴君被判定为人类的敌人，诛杀已被定罪的敌人是合法的，因此诛杀暴君同样是合法的。"当然，约翰也提出了诛杀暴君的限制条件：①诛杀者的资格条件，对暴君负有效忠义务的人不能实施谋杀行为。"因为誓约或者忠诚而追随暴君的人是不能负责暴君的死亡的。""除掉暴君的最有效和安全的方法，是利用那些受到压迫最厉害的人。"②诛杀暴君的手段限制，"利用毒药杀死暴君是不合法的。"③诛杀暴君必须有充足的证据证明对方是暴君。"立刻推翻暴君是不正确的，用足够的证据指责他的不正义，最后显而易见的可以看出暴君是狂妄的行恶。"④诛杀暴君必须限于"不得已"的情况才允许。"人们只有等待，即使到最后的时刻，只有在他们被压制而没有其他办法的时候人们才能消除暴君。"[2]

第二节　近代恐怖主义

在法国大革命时期，恐怖主义的概念正式产生。当时的法国执政党雅各宾派推行的恐怖政策被认为是人类历史有记载的第一次由政府系统解释并运用恐怖主义战略的实践活动，故堪称近代恐怖主义概念之先驱，领导人罗伯斯庇尔

---

〔1〕 Pamala L. Griset and Sue Mahan, *Terrorism in perspective*, Thousand Oaks: Sage Publications, 2003, p. 2.
〔2〕 赵卓然："索尔兹伯里的约翰'诛杀暴君'理论探析"，载《东岳论丛》2015 年第 5 期。

被称为"恐怖主义之父"。[1] 他指出："作为共和国的缔造者，以恐惧征服自由的敌人，你将是正确的。"[2] "罗伯斯庇尔开创了将恐怖主义作为一种实现政府目的的工具的观念，并且他系统化地运用恐怖主义来镇压政府反对派。罗伯斯庇尔所提出的这种恐怖主义可以被称为政府支持型恐怖主义，即使用暴力维持权力并且排除异己。"[3]

事实上，作为理念的恐怖主义是在法国大革命的发展过程中逐渐产生，且逐步深化的。"在大革命的起初，从 1789 年到 1792 年，以野蛮的暴力为主。恐怖主义的暴力从 1789 年开始出现，作为一种诉求付诸实施，但局限于一定的地域和范围，从治安委员会的命令以及打击大革命敌人的斗争中得到合法性；直到 1791 年，它才作为一项政策，上升到国家的高度。到更晚些时候，从 1793 年开始，这种暴力以权力体系的面孔出现，开始系统性的实施。灭绝仅仅出现于 1794 年最初的几个月，系统地屠杀反叛的旺代人。随后，又连续屠杀了'革命法庭'所认定的'人民的敌人'。"[4]

雅各宾派执政后面临内忧外患的严峻局势促成了其推行恐怖政策。[5] "内忧"是倒台的吉伦特派与保王党人勾结叛乱，制造白色恐怖并于 1793 年 7 月 13 日刺杀了领导人马拉。"外患"是法国大革命引发了欧洲各君主的普遍恐慌与仇恨，英国、奥地利、普鲁士、西班牙、葡萄牙以及撒丁王国等形成了第一次反法同盟。1793 年 9 月 5 日法国国民公会通过决议——"将恐怖统治提上日程"。雅各宾派的恐怖统治可以分为两个阶段，在第一阶段实行经济恐怖和政治恐怖。前者包括颁布全面限价法令、严禁囤积居奇，例如 1973 年 5 月起对粮食和面粉买卖实行管制，各市场都张贴了"谷物最高限价"，对违反规定的"囤积居奇"的人和投机分子都处以死刑。到了 9 月，最高限价法规定商品价格比 1790 年的价格提高三成。弄虚作假者被列入嫌疑分子名单，必要时处以绞刑。所谓"政

---

[1]　Gus Martin, *Understanding terrorism : challenges, perspective, and issues*, London: Sage Publication, Inc, 2003, p. 4.

[2]　Amy Zalamn, "*The History of Terrorism*", Thought Co, March 23, 2017, https://www.thoughtco.com/the-history-of-terrorism-3209374, 最后访问时间：2017 年 9 月 17 日。

[3]　Artuhr H. Garrison, "*Terrorism: the Nature of Its History*", Criminal Justice Studies, 2003, Vol. 16 (1), pp. 39-52.

[4]　［法］帕特里斯·葛尼斐："法国大革命中的暴力与恐怖"，载《学海》2011 年第 2 期。

[5]　Gus Martin, *Understanding terrorism : challenges, perspective, and issues*, London: Sage Publication, Inc, 2003, pp. 4-5.

治恐怖"是指颁布了《惩治嫌疑犯条例》，处决大批嫌疑犯，以维护政权稳定。雅各宾派的国家政治恐怖主义开始于 1793 年 7 月罗伯斯庇尔亲自参加公安委员会并改组该委员之时。公安委员会使国民大会的办事机关掌握军事、外交、行政大权，也有权逮捕人。在加强中央集权的同时，雅各宾派还对敌人采取高压政策。9 月 17 日，国民大会通过了"惩治嫌疑犯条例"。该条例规定：凡行为、关系、言论及著作表现为拥护封建专制及敌视自由者，未能按规定证明其已履行公民义务者，停职或撤销的官吏，前贵族及其亲属均被视为嫌疑犯。为了表明对共和国的公开支持，必须佩带革命的标志，如红色无檐帽和三色标志。该条例公布后，雅各宾派进行了几次大规模的清洗，包括王后在内的一大批旧贵族和反革命被送上了断头台，显示了国家政权的强大威力。雅各宾派的恐怖统治的第二个阶段则实行"宗教国家恐怖主义"，发起"非基督教化"的反宗教运动，鼓励人民摧毁和抢劫教堂，逮捕和处决主教，追捕拒绝宣誓的教士。[1] 恐怖统治的积极一面是捍卫革命胜利成果、阻止反革命复辟，但是消极一面则是出现了违反法制、滥杀无辜、恐怖无限扩大的恶劣现象。例如，为了镇压土伦港叛乱，罗伯斯庇尔曾命令将数百人驱入河水中集体溺死或枪杀，又如处死了王后和吉伦特派成员，为排除异己下令屠杀以埃贝尔为首的激进派并处死主张宽容政策的革命领袖丹东。在描写大革命时期对政治敌人进行严惩的图景的文章中可以清晰地反映出这种恐怖政策的残酷性、擅断性和肆意性。"为了腾空监狱，革命政权决定将普通刑事囚犯释放，以备关押政治犯，于是挨家挨户地搜查，一天就逮捕了近 3000 人；为了确保议会决议有利于革命政权，他们将选举人集中到监狱投票，隔壁就是被屠杀的政治犯的尸体，之所以到屠杀现场办公，就是要协助选举人思考问题，以便作出'正确'的选择；在一个修道院，革命政权一天处死了 120 名被关押的神职人员，并将他们的尸体碎块陈列在附近的小教堂内，同时还展示他们杀死这些人的刀剑上留下的缺口；还有一些自发组织的屠杀活动，革命者迫使狱卒随便押来一些囚犯，由他们自行组成的法庭展开审判，而 200 多个刽子手就在外面等着，尽情地杀戮交到他们手里的死囚。"[2] 据估计，在雅各宾派统治的一年多时间里（1793-1794），约有 17000

---

〔1〕 钟宪章："浅析法国大革命时期的国家恐怖主义"，载《兰州学刊》2009 年第 7 期。

〔2〕 吴长青、姚中秋："壮丽的事业与恐怖的记忆——读阿克顿勋爵的《法国大革命讲稿》"，载《书屋》2013 年第 5 期。

到 4 万人被处死，30 万到 50 万人被捕，其中 20 万人死于监狱的酷刑与饥饿。英国政治家埃德·伯科创造性使用了"Terrorism"一词，来描述这一时期的恐怖统治（Reign of Terror）。[1]

近代恐怖主义犯罪发展时期经历了两次大型的恐怖主义犯罪浪潮。

（一）无政府主义型恐怖主义浪潮

第一次是 19 世纪 80 年代到第一次世界大战爆发前夕的无政府主义恐怖活动浪潮。无政府主义，顾名思义，即反对包括政府在内的一切统治和权威，提倡个体之间的自助关系，关注个体的自由和平等；它的政治诉求是消除政府及社会上或经济上的任何独裁统治关系。对大多数无政府主义者而言，"无政府"一词并不代表混乱、虚无或者道德沦丧的状态，而是一种由自由的个体们自愿结合、互助、自治、反独裁主义的和谐社会。无政府主义思想在西方最早可以追溯到古希腊的斯多葛学派。中国道教的清静、无为的思想也暗合了无政府主义者所追求的理想境地。斯多葛学派的创始人芝诺是第一个提出应建立一个无政府社会的学者。18 世纪的英国政治哲学家威廉·高德温将无政府主义理论系统化、体系化。他指出："法律应当被废除，否则真正的正义终将无法实现；罪恶的国家应该被推翻，一个没有政府的社会才是最理想、最完美。"[2] 无政府主义反映社会中下层群众，特别是小资产阶级和流氓无产者的利益要求。19 世纪下半叶，资本主义大工业在西欧各国迅猛发展，使以小生产为主的小作坊、手工工场纷纷倒闭破产。整个社会处于激烈竞争中，田园牧歌时代一去不复返，大批农民、手工业者破产，社会迅速分化为贫富两个极端。破产的农民和小手工业者不仅沦为靠出卖劳动力谋生的无产者，而且在机器日益广泛地代替人工的过程中大批失业，生活每况愈下。他们怀念并幻想恢复旧日的小康生活，对社会怀有憎恨、绝望和报复心理，逐渐产生了反对政府，建立小生产者社会的无政府主义思想。[3]

俄国、德国、英国、意大利、美国等西方国家的无政府主义者并不满足于口头的宣传，而是用行动践行自己的理想。德国的约翰·莫斯特在 1884 年发表的一篇文章中指出没有行为支持的口头恐吓是没有意义的。皮萨坎则直接提出

〔1〕 Gus Martin, *Understanding terrorism：challenges，perspective，and issues*, London：Sage Publication, Inc, 2003, p. 5.

〔2〕 Pamala L. Griset and Sue Mahan, *Terrorism in perspective*, Thousand Oaks：Sage Publications, 2003, p. 23.

〔3〕 仓理新："无政府主义与法西斯主义"，载《首都师范大学学报（社会科学版）》2001 年第 3 期。

"用行动来宣传"的口号，鼓吹人们使用暴力推翻政府，建立一个没有政府的社会。"行动代替宣传"的理论将恐怖主义视为一种与大众交流的工具，无政府主义者认为大众往往是沉睡的且需要被唤醒，恐怖主义可以作为唤醒沉睡的大众的工具。正如俄国无政府主义恐怖组织"民意党"（Narodnaya Volya）指出的那样："如果 10 个或者 15 个统治阶层的领导核心人物被一次或者同时消灭，那么政府将会在痛苦中瘫痪，同时民众也会被唤醒。"[1] 另外，无政府主义恐怖组织还采用了一种"个别化恐怖主义"策略，即精心确定实施恐怖袭击的组织或者个人目标，避免滥杀无辜、打击扩大。申言之，恐怖分子选取的目标主要是基于其所具有的象征政府意义的名望或身份——或者是政府的官员或者被政府授予某种称号。无政府主义者一般不会滥杀无辜平民。无政府主义者会用"动机正当性"理论来为自己的暴力行径作辩护。"唯一的和始终不变的是要迅速推翻这卑鄙的现存秩序……对一个无政府主义者而言，只要是有助于革命胜利的，就都是道德的。而妨碍革命的才是不道德的和犯罪行为。"[2]

无政府主义型恐怖主义犯罪进入活跃期后，恐怖分子一般采用暗杀、袭击和爆炸等方式。无政府主义恐怖分子制造的最著名的恐怖袭击案件即"茜茜公主遇刺案"。在欧洲历史上，奥匈帝国一直处于欧洲危机的漩涡中，国内民族矛盾尖锐，其王室成员几乎个个都曾遭受过刺杀。但是这个帝国中最有名的人却不是皇帝，而是一位皇后——来自巴伐利亚的茜茜公主。茜茜的一生充满传奇色彩，15 岁的时候，她代替了自己的姐姐，被奥地利皇帝约瑟夫选中，成为这个古老帝国的年轻皇后。1898 年，茜茜到日内瓦旅游。9 月 10 日中午，当她带着侍者向码头走去准备登船的时候，一名叫做卢切尼的人猛然拔出一把又细又长的锥子，对着她的胸部戳去。茜茜受伤倒地，但她很快从地上爬起来，自己走到船上。可是，刚一上船，她就倒了下去。身边的侍者连忙解开她的衣襟，发现胸口上有一个很小的血点。船长命令船掉头回岸，但是茜茜在回到旅馆不久就不治身亡。后来经调查得知，卢切尼是一个意大利无政府主义者，行刺的目的一是为出名，二是出于无政府主义者对王室的仇恨，三是源于意大利人对

〔1〕 Artuhr H. Garrison, "*Terrorism: the Nature of Its History*", Criminal Justice Studies, 2003, Vol. 16 (1), pp. 39−52.

〔2〕 Artuhr H. Garrison, "*Terrorism: the Nature of Its History*", Criminal Justice Studies, 2003, Vol. 16 (1), pp. 39−52.

奥匈帝国的传统的敌对情绪。[1] 其他由无政府主义者制造的恐怖袭击事件还有：俄罗斯的恐怖组织"民意党"在1881年3月13日暗杀了俄国沙皇亚历山大二世。1906年无政府主义者莫拉尔企图用炸弹炸死西班牙国王阿方索十三世与王后，尽管二人幸运逃脱，但该爆炸案还是造成22人死亡，70多人受伤。

（二）反殖民型恐怖主义浪潮

第二次恐怖主义浪潮以反殖民主义为标志，产生于20世纪20年代，目标是驱逐外国或外民族占领者，实现本民族和本国家的独立。恐怖主义在爱尔兰、以色列、塞浦路斯和阿尔及利亚等新国家的建立中都起到了重要作用。最著名的事件是1934年克罗地亚民族分离主义组织"乌斯塔沙"暗杀了在法国马赛进行国事访问的南斯拉夫国王亚历山大一世。这一案件还间接促成了人类历史上第一次国际性反恐合作。该事件的犯罪嫌疑人逃往意大利后，法国要求根据1870年条约引渡嫌疑犯，但该条约包含政治犯不引渡的条款。意大利都灵上诉法院认为弑君及相关罪行是出于政治动机属于政治犯，因而拒绝引渡。以此事件为契机，国际社会开始反恐合作，1934年12月，国际联盟理事会通过决议的方式成立了一个专家委员会负责起草应对恐怖主义的国际公约。该公约草案先后经1935年、1936年和1937年三次修改。在1937年最后一次修改中，委员会将其分离为两个独立的国际公约，即《防止和惩治恐怖主义公约》和《建立国际刑事法院公约》。《防止和惩治恐怖主义公约》要求各国将恐怖主义行为界定为刑事犯罪，并鼓励各国将恐怖主义犯罪排除在政治罪不引渡的例外范围之外。最终有24个国家签署该公约，但只有印度递交了批准书，因而该公约并没有实际生效。《建立国际刑事法院公约》的成立则因第二次世界大战爆发而被中断进程。[2]

这一时期代表性的民族极端型恐怖主义事件还有被称为"'一战'导火索"的"斐迪南大公遇刺事件"。自19世纪中叶以来，巴尔干地区就成为欧洲历次矛盾冲突的焦点地区，有"欧洲的火药桶"之称。奥匈帝国1908年正式宣布吞并波黑地区，其与塞尔维亚的矛盾开始激化。就在这种背景下，奥匈帝国老皇帝约瑟夫的侄子——王储斐迪南大公却选择就在塞尔维亚国耻日这一天出巡波

---

〔1〕 张娟主编：《恐怖主义在欧洲》，世界出版社2012年版，第8页。
〔2〕 古丽阿扎提·吐尔逊：《中亚恐怖主义犯罪研究》，中国人民公安大学出版社2009年版，第19-20页。

斯尼亚，而且在波斯尼亚举行的军事演习就是以塞尔维亚作为假想敌的。1914年6月28日，在观看完军事演习后，斐迪南大公偕同妻子，坐在敞篷车上，在总督和市长的陪同下前往市政厅。当车队行到闹市中心时，埋伏路旁的波斯尼亚青年查卜林诺维奇冲上前去，向斐迪南大公的汽车投掷了一枚炸弹，但没有命中，只是伤了一名随从军官。斐迪南大公故作镇静，命令车队继续前进，在参加完市政厅的仪式乘车返回，车队行使到一个街道的拐弯处时，车速突然慢下来，隐藏在路旁的19岁的塞尔维亚青年普林西波，趁机疾步上前，用手枪对准斐迪南大公夫妇连发两枪，打死了王储夫妇。普林西波是"青年波斯尼亚"组织的成员，行刺后，普林西波被捕入狱，日后死于狱中。[1]

（三）近代恐怖主义基本特征

近代恐怖主义的主要特征如下：首先，恐怖行为的活动范围不断扩大。古代恐怖主义是典型的国内恐怖主义，近代以来恐怖主义的发展则不断突破"民族—国家"的界限，国际性的特征日益显著。这一特征的出现与科学技术进步促进下的船舶、汽车、火车等交通工具的日益发达密不可分。在第一次全球化的影响作用下世界正在急剧缩小，各国家、地区之间关系日趋紧密，恐怖主义不仅能够"跨出"国门，其影响力也逐渐突破了地域束缚。例如无政府主义型恐怖主义最早发端于俄罗斯，其后席卷欧洲，甚至还跨洋过海到了美国。其次，打击对象不断扩大。限于袭击手段之落后，古代恐怖分子实施的恐怖活动的目标主要集中于君主与官吏。无政府主义恐怖分子为了宣传主张、发动群众也将打击目标设定为特定人群，即象征国家机构的个人或组织，避免滥杀无辜招致不满。但是当反殖民的民族极端型恐怖主义浪潮席卷而来时，恐怖活动的"罪恶之手"已经开始伸向无辜平民。特别是在二战后席卷全球的反殖民主义浪潮中，多个地方与国家都爆发了无差别的恐怖袭击事件，造成恶劣的影响，例如在肯尼亚和阿尔及利亚，恐怖分子的枪口不仅瞄准了英国殖民者，还包括一些本地的同情支持者，女性和儿童甚至成为暴力的牺牲品。出现这种现象与民族极端主义引发的狂热民族情绪不无关联。再次，恐怖活动的社会影响力不断扩大。这是因为近代以来新闻媒体通讯诸如报纸、电报的出现与发展，使得恐怖分子开始有意识地运用媒体来宣传自己的主张，从此"让更多人看"成为恐怖分子实施恐怖活动的主要目的之一。故而，有学者指出："恐怖主义更适合被视

---

〔1〕 张娟主编：《恐怖主义在欧洲》，世界出版社2012年版，第8页。

为现代社会的产物，它的特点形成于民族国家的边界，它的成功来自于大众媒体的宣传，从而能够在普罗大众中形成恐怖之感。"[1] 最后，近代恐怖主义是真正的恐怖主义，因为其背后首次具备了理论体系的支撑。无论是法国大革命时期罗伯斯庇尔提出的以"系统运用暴力维护共和国政权"的思想，还是无政府主义者主张"以暴力实现无政府之社会状态"，又或是"民族—国家"主导下、现代国家理念形成后的民族极端主义者主张"以恐怖主义来实现民族独立"，都是融合了体系化的政治观念与暴力恐怖逻辑的极端主义思想。也正是这种极端主义思想方能够使得恐怖主义摆脱混杂了个人情感、宗教情感、原始民族和国家情感等感性与偏激、冲动与仇恨的"泥淖"，从而脱胎换骨成为理性支配下的政治工具。人类不仅看到了恐怖主义的巨大威力，也看到了恐怖主义的巨大威胁。

第三节　现代恐怖主义

20 世纪 60 年代至 1991 年冷战结束是现代恐怖主义时期。国际恐怖主义正式形成于 20 世纪 60 年代，18 世纪以前恐怖袭击主要发生在国内，到了 19 世纪才出现国际化蔓延趋势。故而一般以 20 世纪 60 年代来区分现代与近代的恐怖主义。也有人选择以 1968 年作为分界线，这是因为许多机构如美国兰德公司（RAND）从该年份开始对恐怖主义事件相关数据进行统计。[2] 这一时期基本特征如下。

（一）恐怖主义数量大幅飙升

自 20 世纪 60 年代末以来全球恐怖主义数量大幅飙升，终结了二战后相对稳定与和平的局面。根据我国学者胡联合的统计，在 1968 年至 1997 年的 30 年间，在全球发生的 15 000 多起国际恐怖主义活动中，共造成人员伤亡 40 885 人，其中死亡人数 9562 人；每年造成的伤亡人数在 243 至 6454 名之间波动，年均伤亡人数 1363 名，年均死亡人数 319 人；每起造成的人员伤亡平均数约 3 名（2.66），其中每起造成的人员死亡平均数约 1 名（0.62）；以年

〔1〕　Amy Zalamn, *"The History of Terrorism"*, Thought Co, March 23, 2017, https：//www.thoughtco.com/the-history-of-terrorism-3209374，最后访问时间：2017 年 9 月 17 日。

〔2〕　古丽阿扎提·吐尔逊：《中亚恐怖主义犯罪研究》，中国人民公安大学出版社 2009 年版，第 21 页。

度计，每年每起造成的平均人员伤亡数在不足 1 名（0.56）至 15 名（14.67）之间波动，其中每年每起造成的平均人员死亡数在不足 1 名（0.11）至不足 2 名（1.30）之间波动。总的发展特点是，在 1968 至 1997 年期间，随着时间的推移，每年造成的伤亡人数及死亡人数都呈升降相间的波浪式增长态势（并非逐年增长），平均增长率分别为 4.68% 和 6.58%；每起平均伤亡人数及死亡人数也呈波浪式的增长态势，年均增长率分别为 1.97% 与 3.76%。[1] 根据兰德公司（RAND）统计，在 1968 年全球共发生 98 起恐怖事件，1969 年发生 102 起，1970 年发生 179 起。从 1968 年到 1991 年，全球恐怖主义活动的数量呈不断上升趋势。全球恐怖主义数据库（Global Terrorism Database）的相关数据也可以证明这一趋势。根据该数据库相关数据显示，20 世纪 70 年代共发生恐怖袭击 9183 起，死亡人数达 7029 人，受伤人数达 14 963 人；20 世纪 80 年代共发生恐怖袭击 31 160 起，死亡人数达 69 509 人，受伤人数达 130 629 人。与 70 年代相比，恐怖袭击数、死亡人数与受伤人数分别增长了 3 倍、10 倍与 9 倍。[2] 恐怖主义开始逐步迎来自己的"黄金时代"。

（二）意识形态型恐怖主义泛滥

意识形态型恐怖主义成为这一时期主要的犯罪类型。这是因为冷战期间美苏两国为了全面对抗而不同程度上支持一些恐怖组织，例如德国的"红军派"、意大利的"红色旅"和日本的"赤军"作为战争的替代性措施，恐怖主义成为冷战时期两大阵营斗争的一种特殊手段。恐怖组织的背后往往有大国身影。另外，20 世纪 60 年代欧洲国家经济普遍停滞，社会矛盾凸显，加之亚非拉美社会主义革命蓬勃发展，共产主义思潮风起云涌，从而使欧洲的左翼组织走上了极端道路，进而导致极左型恐怖主义大量滋生。在这一时期，就连北爱尔兰问题、巴以冲突、印度种族冲突也沾染了意识形态色彩。

20 世纪 60 年代以来，一些对社会不满的极左型暴力恐怖组织开始在欧美地区兴起，宣称要以暴力革命、武装斗争的方式制造社会危机，打碎资本主义国家机器，以实现对西方资本主义现代工业文明的根本改造。但是，极左型恐怖主义的产生，是对共产主义理论歪曲、激进和错误的理解，特别是其对无辜者

---

[1] 胡联合：《全球反恐论：恐怖主义何以发生与应对》，中国大百科全书出版社 2011 年版，第 148—149 页。

[2] 全球恐怖主义数据库（GTD），http://www.start.umd.edu/gtd，最后访问时间：2014 年 8 月 28 日。

实施的暴力恐怖行径，应当受到严厉谴责。

从思想根源来看，极左型恐怖主义的崛起与德国"法兰克福学派"为首的"新左派"的产生有很大关联。"法兰克福学派"的代表人物马尔库塞著有《单向度的人：发达工业社会意识形态研究》一书，在该书中阐释了其"人的异化论"的思想。他指出："在当下西方发达工业社会中，人在满足自己不断增长的物质需求的同时，不知不觉地放弃了自己自由选择的权利和独立意志，人被一个完全依靠工具理性的现存社会所控制、所同化，变成一个失去自主精神和批判意识的'单向度的人'，成为一个服从于'虚假需求'、沉溺于舒乐享受的被动主体、被工具理性物化的奴隶。"马尔库塞特别钟情于青年知识分子和学生，因为他们受过良好的教育，具有对现代工业社会异化问题的认识和批判能力，他们还没有被完全纳入"单向度"社会物质生产和社会体系。[1] "60 年代左派激进分子叛乱的最显著的特点是它将美学与政治学结合在一起。两者的目的可以用一句话来表达，即将人的真正本性从资本主义社会政治体制的抑压（更大程度上是资本主义文化）中完全解放出来。"[2] 在具体的行动策略上，极左型恐怖主义组织采用"大拒绝和积极挑衅"方针，即通过革命与现存社会的一切实行彻底的决裂，在和平斗争方式以外，要向资本主义社会发起积极进攻，迫使其撕下自由民主的面纱采用武力镇压，暴露其法西斯专政的本质，唤醒民众的觉醒和反叛意识。

德国"红军派"（Red Army Faction，简称"RAF"）成立于 1968 年的联邦德国，是西欧地区较早成立且具有较大影响力的恐怖组织，主要领导人为安德烈斯·巴德尔和乌尔丽克·迈因霍夫。"红军派"主要由大学生和年轻知识分子构成，自称为共产主义的"城市游击队"，其政治主张是反对越战、反对美国和联邦德国推行的帝国主义、反对资本主义和法西斯纳粹，梦想建立一个平等而没有剥削阶级的社会。"红军派"核心成员约 20 人，普通成员约 200 人，一部分骨干成员曾经在黎巴嫩的战斗营地接受训练。从年龄与性别构成来看，"红军派"成员大多为 20 至 30 岁左右的青年人，一般为女性，大部分是大学生或来自中产阶级。"红军派"主要的攻击目标是象征帝国主义和资产阶级的组织与个

---

〔1〕　余建华等：《恐怖主义的历史演变》，上海世纪出版集团 2015 年版，第 148–149 页。

〔2〕　［苏］迈雅罗："青年与社会叛逆之路：从对抗到恐怖行为"，载《现代外国哲学社会科学文摘》1988 年第 9 期。

人，例如"北约"、美国驻德国代表、联邦德国内部的军政要人和企业家，采取的恐怖手段是绑架、暗杀、爆炸和劫机。1972 年，多次策划、实施恐怖袭击的领导人巴德尔与迈因霍夫等人被捕，"红军派"加强了恐怖袭击活动，意图以此要挟政府释放被捕的领导人。1976 年，联邦德国出台旨在严厉打击"红军派"的《反恐怖法》，同年 5 月迈因霍夫在监狱上吊自杀。1977 年 4 月 28 日，巴德尔被判处死刑，但其在监狱内自杀。同年，"红军派"核心力量在政府打击下消失殆尽，恐怖活动趋于减弱。到了 20 世纪 80 年代，布里吉特·蒙豪普特等新领袖出现，"红军派"重新崛起，并与法国的极左型恐怖组织"直接行动"展开跨国合作，实施了针对德意志银行董事长、德国总理科尔等的刺杀行动。1990 年5 月，德国警方袭击了位于汉堡港口大街的"红军派"组织据点，捕获大量成员，"红军派"至此元气大伤。1992 年，德国司法部部长公开向"红军派"提出和解要求，被捕的组织核心骨干亦表示愿意向国家忏悔。同年 4 月 13 日，"红军派"高层通过公开媒体表示"至此停止向国家领导人和经济界进行攻击"。1998年，"红军派"正式宣布解散，在解散宣言中引用了 19 世纪马克思主义革命家罗莎·卢森堡的名言："我曾在，我存在，我仍在（I was, I am, I shall be.）。"

（三）犯罪手段更趋多样化，劫机型恐怖活动趋多

这一时期恐怖主义犯罪的实施包括绑架、劫持人质、爆炸、袭击、劫机、劫持车船、暗杀等。其中爆炸成为最主要的犯罪方式，这与在古代以暗杀为主要恐怖活动方式的特点有着明显区别。另外，随着科学技术的进步，新的恐怖行为方式产生，劫机就是典型代表。我国学者指出，劫机型恐怖主义犯罪即"针对飞行中或在使用中的航空器或者航空设备进行的毁灭性破坏，造成爆炸、飞机坠毁，或用被劫持飞机作为空对地导弹撞击地面建筑，造成人员伤亡，引起社会恐慌，或者暴力或者暴力威胁劫持飞机从事其他恐怖主义犯罪活动，意在胁迫或者威胁政府或者社会，为达到政治、宗教或者意识形态目的的犯罪行为。"[1] 本书认为，所谓劫机是指运用暴力、胁迫或者其他强制手段强行控制、支配飞行器的飞行和使用，而不应包括直接对飞行器本身发动的暴力性攻击以造成其破损、坠毁。20 世纪发生的劫机型恐怖主义犯罪主要是以劫持飞行器、绑架其机组成员与乘客为手段向有关国家、政府提出满足恐怖组织的政治目的或者释放被监禁的恐怖组织成员等勒索要求或者直接进行政治性叛逃的犯罪形

---

[1]　徐轲："论恐怖主义劫机与反劫机策略"，载《中国民航飞行学院学报》2015 年第 5 期。

式。一般认为，人类历史上的第一次劫机发生在 1930 年的秘鲁，之后产生过几次比较大的劫机浪潮。在 20 世纪 40 年代至 50 年代间，劫机主要发生在东西欧。当时东欧国家局势动荡不安，许多年轻人羡慕西方生活方式，将劫机视为逃往西方的捷径。在 1947 年至 1953 年间，共发生 22 起劫机事件，其中有 20 起属于上述情况。[1] 从 1968 年始，劫机事件大幅上升。据统计从 1968 年到 1972 年，全球共发生 326 起劫机事件，平均每年 65 起。仅 1970 一年内就发生 83 起。在 1968 至 1980 年间，以劫机或劫持车船为活动方式的国际恐怖主义犯罪的数量呈波浪式大幅增长，年均增长率高达 23.01%。据国际民用航空组织统计，仅 1991 年到 1993 年，全世界共发生劫机 62 起，死亡 81 人，伤 215 人。我国自 1977 年发生第一起劫机外逃事件后，在 1993 年前后曾出现多起劫机外逃的事件，行为人多基于向往境外生活方式而劫持飞机向韩国、日本与我国台湾等地逃亡，随后劫机犯罪在我国逐渐减少直至销声匿迹。[2]

巴勒斯坦人为实现民族解放而实施的劫机式恐怖主义犯罪活动在这一时期占据了很大比重，比较著名的是"解放巴勒斯坦人民阵线"与"黑色九月"。1968 年 7 月 23 日一架从罗马飞往特拉维夫的以色列客机被"解放巴勒斯坦人民阵线"组织成员劫持，其目的是逼迫以色列释放 16 名巴勒斯坦解放组织（简称巴解或巴解组织）被俘人员。1968 年 12 月 26 日，一架以色列飞机在雅典起飞时遭到恐怖分子的袭击。1969 年 8 月 29 日，一架美国飞机在罗马起飞后被劫持。1969 年 12 月，一架以色列飞机在瑞士机场起飞时遭到攻击。1970 年 2 月 21 日，"解放巴勒斯坦人民阵线"组织炸毁一架瑞士客机。1970 年 1 月 22 日，一架希腊的飞机被该组织劫持。1970 年 9 月 6 日，该组织同时劫持 4 架飞机，这天被称为"空中劫持星期日"。[3]

20 世纪下半叶出现的劫机浪潮，与"冷战"时期对立营垒对恐怖组织的支持、对劫机犯罪人的庇护、纵容，国际惩治劫机犯罪法律不健全，以及飞机安保制度和措施不完善有密切关联。伴随着苏联解体与"冷战"结束，意识形态型恐怖组织的生存环境日益恶化，以暴力夺取政权的主张受到人们普遍谴责，恐怖组织因缺乏吸引力或者解散或者销声匿迹，直接导致劫机犯罪活动频率降

〔1〕 林泉："对中外劫机犯罪的分析与认识"，载《云南行政学院学报》2007 年第 6 期。
〔2〕 刘昊阳："建立健全航空安保体系遏制恐怖主义犯罪浪潮：'6·29'劫机事件警示"，载《中国民用航空》2012 年第 8 期。
〔3〕 张金平：《中东恐怖主义的历史演进》，云南大学出版社 2008 年版，第 50—54 页。

低。另外，人们对航空安全的重视程度日益提高，劫机犯罪被定义为国际罪行，以惩治和预防劫机犯罪的国际法律体系建立、完备（例如 1963 年在东京通过的《关于在航空器内的犯罪和犯有某些其他行为公约》、1970 年在海牙通过的《关于制止非法劫持航空器的公约》、1971 年在蒙特利尔通过的《关于制止非法危害民用航空器安全的非法行为的公约》等），普遍管辖权原则导致劫机犯罪人"无所遁形"，也使得劫机犯罪的成功率大为降低。劫机已然并非恐怖组织实施恐怖活动的主要行为方式。直至 2001 年"基地"组织策划、实施了"9·11"恐怖袭击事件，"创造性"地将被劫持民用航空器转化为自杀式爆炸袭击的巨大"炸弹"，从而掀开了劫机犯罪的"新篇章"。而 21 世纪以后针对劫机犯罪的防范与遏制，特别是将劫机犯罪与自杀式恐怖袭击相结合的新形式恐怖犯罪，还要取决于科学技术水平的提高、飞机安保制度和措施的完善以及各国家、地区的反恐怖合作。

第四章

当代国际恐怖主义的现状与特征

第一节　当代国际恐怖主义的现实状况

1991 年苏联解体冷战结束，东西方阵营对峙的格局瞬间崩溃，全球化与多极化发展趋势并存，世界各国经济联系、协作更加密切，虽局部地区武装冲突不断，但全球整体态势却趋近缓和，和平与发展被视作当代世界的主题。然而，恐怖主义问题并未像人们预期的一样减少，来势汹汹的恐怖主义浪潮张开了无比锋利的爪牙。以美国世贸中心爆炸案、俄克拉荷马市联邦政府大楼爆炸案、东京地铁化学毒气袭击案和以色列前总理拉宾遇刺案为代表，自 1991 年至 2000 年，全球共发生恐怖袭击 7905 次，因恐怖袭击造成的死亡人数约 2999 人，受伤人数 22 609 人，每起恐怖袭击事件的平均致死率为 0. 379 38，平均受伤率为 2. 860 09。以冷战结束为标志，恐怖主义迎来了迅速发展的新时期。恐怖主义与政治腐败、环境污染被视作 21 世纪人类面临的三大威胁。[1]

一、从“冷战”到“后冷战”：国际恐怖主义的基本变化

毋庸置疑的是，在国际政治学领域内，“冷战后”已为公认的具有划时代意义的标志性概念。20 世纪末，著名的美国政治学家福山在其轰动全球的文章《历史的终结》中指出：“人类意识形态演变之终结系以冷战之结束为重要标志，两极格局对峙的消亡意味着自由民主制度获得了最终的胜利，即便在一些局部

---

[1]　王世雄、胡泳浩：“冷战后恐怖主义的动因分析”，载《世界经济与政治》1998 年第 11 期。

地区仍然存有暴力和冲突，然而世界的未来之路已经非常清晰可见了，和平已经不再是人类难以企及的幻想和美梦，经济与技术问题将是人类今后重点解决的关键问题。"[1] 但是，冷战后时代此起彼伏的暴力冲突证明，这显然是盲目乐观的判断。"冷战结束时的异常欢欣时刻产生的和谐的错觉很快就被证明确实是错觉。在 20 世纪 90 年代初，世界变得不一样了，但并不一定是更加和平。变化是不可避免的，进步却不是不可避免的。20 世纪的其他每一场重大冲突结束时都曾流行过类似的和谐错觉。"[2] 后冷战时代，国际格局发生重大变化，民族、种族矛盾与宗教矛盾代替意识形态之争一跃成为国际社会的主要矛盾，矛盾的激化不断诱发暴力与冲突。与此相呼应，民族极端型恐怖主义犯罪、宗教极端型恐怖主义犯罪及民族、宗教混合型恐怖主义犯罪成为当代国际恐怖主义犯罪的主流类型，并且呈不断增多趋势。冷战之后国际格局的重大变化构成了影响当代恐怖主义犯罪变化的最重要的时代因素。

在冷战时期，美苏争霸、资本主义与社会主义两大阵营间的对垒构成了当时全球国际政治的基本格局与主流旋律。国际社会的架构化约为简单的两极对抗模式，主要矛盾尖锐但趋于集中，其他矛盾受此影响皆被覆盖、压抑。在冷战阴霾下，整个世界反而总体上能够维系一种小心翼翼、谨慎的和平局面。恐怖组织的生存空间在这一时期受到严重挤压，追求目标受到大国制约，类型单一化，多带有意识形态色彩，如意大利的"红色旅"、西德的"红军派"与日本的"赤军"等。当后冷战时代降临，庞大的苏维埃联盟帝国瞬间四分五裂，东西方对峙格局亦随之崩溃、陨灭，两大阵营自动分化为多个以自己利益为导向的新阵营，彼此间利益多有冲突。多级格局从而替代了两极世界，揭开了新时代的新篇章。在这一时期，国际力量对比显著失衡，大国对国际情势的制约力与控制力逐步下降，意识形态的对抗日趋淡化。在一些国家内部，被长时间压抑、遏制的民族、种族与宗教矛盾由于主要矛盾的消失而得以彰显，并如同火山爆发般释放出巨大能量。这些矛盾逐步上升为各国家、地区乃至国际社会的主要矛盾。美国专家巴巴拉·哈弗与泰德·古尔指出："在 1990 年代末期，116个国家的 275 个民族——约占全球人口的 1/5——要么处在其中央政府的暴力压

---

[1]　Francis Fukuyama, "*The End of History*", The National Interest, Summer1989, p. 16.

[2]　[美] 塞缪尔·亨廷顿：《文明的冲突与世界秩序的重建》，周琪等译，新华出版社 2010 年版，第 10页。

迫下，要么公开反叛由其他民族控制的中央政府，要么卷入与其他民族的暴力对抗之中。"[1] 特别是这一时期的民族主义蜕变为极端、反动的民族分离主义，其自身早已不再带有反帝国主义、反殖民主义的进步色彩，而成为争取自治或独立的民族分裂势力。这种力量不具有任何进步意义，对世界的和平与稳定构成了重大威胁，因而难以得到国际社会的理解和同情。在国家机器的强力镇压下，一些难以获得本民族人民支持的民族分裂势力只能采取恐怖主义的手段来牵制政府的决策。旧格局已然崩溃，新秩序尚未建成。秩序混乱的国际社会与国际恐怖主义的爆发有着密切的关系，前者为后者提供了最佳的生存环境与发展空间。此外，由于冷战后时代联合国地位凸显、国际社会法制不断健全、制衡力量多元化等抑制因素增多导致国际社会爆发大规模战争可能性趋小，作为维护国家利益的一种反常方法，恐怖主义被许多国家视为一种辅助手段而受到重视。"国际恐怖主义作为战争的一种转化形式或辅助形式，将会被更多地运用。大战爆发可能性的降低和战争的弱化，会导致恐怖主义的强化，以释放国家间日益膨胀的各种矛盾。"[2]

二、"后冷战"时代的民族、宗教极端型恐怖主义泛滥

冷战后民族矛盾一跃成为国际社会的主要矛盾，由其引发的暴力冲突占世界冲突总数的60%以上，其中很大一部分暴力冲突以民族极端型恐怖主义犯罪的形式表现出来。[3] 民族分裂主义肇始于苏联、东欧地区，因而后冷战时代的民族极端型恐怖主义犯罪也最先发生于这些地区。苏联解体后，各加盟共和国彼此之间在分割财产、争夺领土、处理军事、经济关系方面存在着尖锐的矛盾，典型如俄罗斯与乌克兰针对克里米亚的争夺。在东欧地区，各国内部也存在尖锐的矛盾，如阿尔巴尼亚与希腊、匈牙利与罗马尼亚、罗马尼亚与保加利亚、波兰与立陶宛、希腊与土耳其等，而且这些矛盾经常与民族、种族、领土、宗教等问题交织在一起，极容易引发剧烈的冲突。在上述地区的种种矛盾中，俄罗斯的车臣问题、南斯拉夫的波黑问题和科索沃问题都是威胁该地区安全与稳定的主要因素，也是导致冷战后苏东地区民族极端型恐怖主义犯罪率剧烈上升的重要诱因。

---

〔1〕 王联："试析冷战后世界民族问题的发展态势"，载《国际政治研究》2014年第5期。
〔2〕 王世雄："冷战后国际恐怖主义的新特征及其成因"，载《世界经济与政治论坛》2000年第3期。
〔3〕 张娟主编：《恐怖主义在欧洲》，世界知识出版社2012年版，第13页。

以车臣地区的恐怖主义犯罪为例。受苏东剧变影响，本就蠢蠢欲动的车臣民族分离势力迅速抬头，他们祭起"民族自决"的大旗，宣布建立车臣人自己统治的国家。1994 年，以苏联空军少将杜达耶夫为首的车臣独立运动兴起，并宣布车臣独立。同年 12 月 9 日，俄罗斯总统叶利钦发布命令进军车臣，第一次车臣战争爆发。经过 1994 年与 1999 年两次车臣战争后，车臣境内的大部分武装力量已被消灭，但是其民族分裂活动仍未"偃旗息鼓"，并转化为恐怖主义的极端形式继续存在。特别是 2000 年以后，车臣恐怖分子屡屡制造大型恐怖袭击事件，如 2002 年的莫斯科歌剧院"挟持人质事件"，2004 年造成 396 人死亡的北奥塞梯共和国"别斯兰人质事件"，2010 年 3 月在莫斯科地铁和文化公园制造了 40 人死亡的自杀性爆炸事件，等等。车臣恐怖主义至今仍无法得到彻底根除，业已成为俄罗斯身上一块带血的伤疤与最棘手的问题。在前南斯拉夫，有斯洛文尼亚、克罗地亚的独立运动与暴力活动；在科索沃地区，则是"科索沃解放军"肆虐横行。这些地区的民族分裂势力，为了实现所谓"自治"和"独立"，其手段可谓"无所不用其极"。恐怖主义已成为其实现政治目的的"惯用伎俩"。

肇始于苏维埃社会主义共和国联盟和东欧诸国的这场分裂风暴制造出惊人的"多米诺骨牌效应"，"成功"的范例鼓舞了世界其他国家、地区的民族分裂势力，一时间全球范围内的民族分裂浪潮风起云涌，进而也将民族极端型恐怖主义犯罪推向了全球。在欧洲，有英国北爱尔兰人、法国科西嘉人、西班牙的巴斯克人和加泰罗尼亚人的分离运动，这些分离运动均无例外演化为恐怖主义，给国家和人民带来无数灾祸。

宗教复兴一方面引发了宗教矛盾，同时也加剧了民族矛盾的激烈程度。冷战结束后，由于世界格局更趋多极与多元化，宗教纠纷成为极端民族主义兴起和发展的强大推动力量，民族主义则打着宗教的旗帜进行扩张。在许多国家，特别是在宗教文化成为本民族主流文化（甚至是占统治地位）的国家和地区，民族意识的觉醒不但大大落后于宗教意识，而且一开始就与宗教意识互为一体，甚至被宗教意识所左右和主导。尤其在伊斯兰世界，宗教势力是政教一体并与民族主义相结合的一种力量。各种民族主义势力以宗教旗号为号召，很容易在具有共同信仰的群众中产生共鸣，达到一呼百应的鼓动效果。[1] 20 世纪下半

---

〔1〕　韦长发："冷战后的民族主义浪潮与国际恐怖主义"，载《安庆师范学院学报（社会科学版）》2003 年第 4 期。

叶，全球伊斯兰复兴运动在霍梅尼领导的伊朗伊斯兰革命运动的成功范例推动下，得到全面发展并对世界产生宽广而深远的影响。[1] 奉行"宗教兴则民族兴"的原教旨主义教派使得宗教认同的地位日益超越国家认同、民族认同，成为团结穆斯林人民的最有力的精神力量。故而，在以尊奉伊斯兰教的民族主导的民族主义运动中，以及其与其他民族的冲突之中，也越来越表现出宗教极端主义的特点以及教族之间的冲突。与此相对应，要求政权伊斯兰化，建立伊斯兰国家并为之进行"圣战"的宗教极端主义色彩越来越彰显于这些民族的极端民族主义政治主张以及与之相伴的暴力恐怖活动之中。这种教派冲突在印度及其和巴基斯坦之间、黎巴嫩、巴勒斯坦和以色列、印度尼西亚、菲律宾等地均有突出的表现。90 年代以后的伊斯兰原教旨主义极端性的影响又扩展至巴尔干半岛、中亚和外高加索地区，使前南斯拉夫波黑内战、塔吉克内战、科索沃冲突、车臣战争都表现出浓重的极端宗教民族主义色彩，使民族、宗教冲突更加激烈，暴力恐怖活动更加狂热。"90 年代，大约有 25% 的恐怖主义起源于宗教目的"。[2]

　　在中东的一些阿拉伯国家中，冷战结束后极端民族主义与伊斯兰极端主义相结合，并有泛滥成灾之势。极端民族主义是民族主义思潮和运动走向极端的产物，强调本民族利益至高无上，号召用一切排他性手段建立民族和领域相一致的独立国家，例如为谋求独立建国而采取恐怖主义的巴勒斯坦极端势力。另外，民族分离恐怖主义，也是极端民族恐怖主义的一种，其理论依据主要是民族自决原则，通常表现为非主体民族中某些极端势力为建立独立国家而采取的暴力活动，甚至军事对抗，如土耳其"库尔德工人党"等民族分裂组织。伊斯兰恐怖主义拒绝伊斯兰以外的所有规则，认为"圣战"可以不分场合，不讲条件，不择手段，不顾后果。民族极端主义与宗教极端主义的结合，使得中东恐怖主义多了份"正义"性和"崇高"感，其活动具有明显的狭隘性、复仇性、攻击性和宗教狂热性。在以色列，犹太极端民族与宗教恐怖主义也很突出，以"卡汉集团"为代表的恐怖组织宣扬对巴勒斯坦阿拉伯人的仇恨，号召对自杀性恐怖活动以牙还牙，鼓励"为上帝而牺牲"的攻击和战斗精神，他们甚至期待以色列用核武器消灭所有的阿拉伯敌人，在世界上建立一个全新的君权神授、

---

〔1〕　金宜久主编：《当代宗教与极端主义》，中国社会科学出版社 2008 年版，第 253 页。
〔2〕　王世雄："冷战后国际恐怖主义的新特征及其成因"，载《世界经济与政治论坛》2000 年第 3 期。

政教合一的以色列王国。[1]

　　宗教极端型恐怖主义于20世纪末在欧美地区也开始泛滥。自1994年下半年起，巴黎和欧洲其他国家连续不断的恐怖事件绝不是偶然孤立的行为，而是一个组织严密的、庞大的宗教型恐怖集团在幕后操纵的结果。这个集团成立于1992年，由一批移民至欧洲的阿尔及利亚原教旨主义者组成，包括恐怖组织"伊斯兰拯救阵线"的积极分子和该阵线的武装组织——"伊斯兰武装小组"的军事骨干。他们在短短的3年里就编织了一张从巴黎到萨拉热窝、从布鲁塞尔到华沙、从卡尔斯鲁厄到米兰的巨大的恐怖组织网。他们在欧洲设立了许多秘密小组，招兵买马，训练杀手，并随时向那些公开反对原教旨极端主义的国家如法国采取恐怖行动。[2]

　　民族因素与宗教因素的互相纠葛，首先是因为民族和宗教之间经过漫长的互动交往从而形成并存续的文化链接点，这是民族因素与宗教因素能够相互缠绕、相互依存的基础，也是民族分裂势力能够使宗教成为凝聚群体势力、号召民众战斗的最有力的号角与武器的主要原因。就其内在核心或者本质特征而言，民族实际上与宗教存在不少的关联性。一方面，由于共同的地域、生活与语言对于一个民族的形成来说都是不可或缺的关键因素。故而在民族的初创阶段，自然属性的因素对民族的养成占据了主导性的地位。然而，伴随着地域毗邻相伴的不同民族之间的互动频率增多，特别是技术发展更引致不同民族之间的交往能够跨越空间的屏障、地域的藩篱的时候，族群之间相互交流、学习、互通有无会使得彼此间生活方式、思维理念的趋同或变异，语言也在不断进化。由此可知，在民族的发展进程中，自然因素对其影响越来越小，反而是社会文化更具有决定性，例如独特的符号和象征系统，相对稳定的价值观念和行为方式等。这些特质使得民族日益彰显为一种文化的共同体、精神的共同体。另一方面，不可否认的是，宗教的组织形式与规范制度是在人们的观念确信与根本信仰的推动下建构而成的。为了能够捍卫和延续自己特有的对神的尊奉，人们制定了具有普遍约束性的规则、程序与礼仪，此即宗教的组织和体系的本源。所以，这些有关宗教的被物化的行为、规则、体系与制度皆源自人的信仰与观念。

---

〔1〕　闫文虎："冷战后中东恐怖主义的演变及发展趋势"，载《西北大学学报（哲学社会科学版）》2006年第1期。
〔2〕　邱丹阳："冷战后影响国际关系的新因子——恐怖主义"，载《东南亚研究》2000年第3期。

"宗教是关于超人间、超自然力量的一种社会意识，以及因此而对之表示信仰和崇拜的行为，是综合这种意识和行为并使之规范化、体制化的社会文化体系"。[1] 总之，文化成为民族与宗教这两大历史范畴最大的共同点，这也构成了民族与宗教频繁互动、互相纠葛的基础。

其次，民族与宗教之间相互利用的关系是当代民族冲突沾染宗教色彩的重要原因。如果说文化成为民族与宗教共同的链接点使民族因素与宗教因素相互关联成为可能，那么民族与宗教之间可能存在的相互利用关系则将使这种可能进一步转化为现实。与其他反社会、反文明的势力近似，残忍、暴虐的恐怖主义也难以赢得广泛群体的认同和支持。为了能够吸收更多成员充当暴力恐怖的炮灰与追求一己私欲的踏脚石，恐怖主义就更加需要一种"光明正大"的思想体系作为掩饰，例如宗教的、民族主义的、意识形态的等。正如同以维护宗教利益为核心的恐怖主义组织非常欢迎民族利益的加入以便于获得更多支撑一样，以追求民族自治为目标的恐怖主义组织自然也不会拒绝利用本民族共同信奉的宗教来增强本组织的号召力与凝聚力。"因为宗教的虔诚、信仰的象征、传统的力量可以为民族分离的政治目的提供神圣的光环、文化的色彩、狂热的激情，成为动员和组织民众争取或捍卫本民族利益的最便利和最有效的手段，从而使民族分离主义具有异乎寻常的顽固性和偏执性"。[2] 例如，车臣地区的分裂势力，就将伊斯兰教作为其制造分裂活动资源的工具，许多分裂分子自身并没有真正的伊斯兰信仰，是世俗的政客。杜达耶夫将伊斯兰教视为共和国团结的力量，但他本人对穆斯林宗教仪式并不熟悉，有一次他去维杰诺参观车臣圣地，遇到一群聚集在一起的人。杜达耶夫说："干吗聚在一起？走开，每天祈祷3次！"随从中有人提醒他："乔哈尔，应该是每天祈祷5次才对！"[3]

三、21世纪以来国际恐怖主义的发展

人类步入千禧年之后，恐怖主义的幽灵亦附随而至。2001年美国本土爆发了震惊寰宇的"9·11"恐怖袭击事件，始作俑者"基地"组织及其领导人本·拉登一跃成为国际暴恐势力的领头羊与"众矢之的"，时任美国总统的乔治·布

---

〔1〕 吕大吉：《宗教学通论新编》，中国社会科学出版社1998年版，第79页。
〔2〕 周燮藩："恐怖主义与宗教问题"，载《西亚非洲》2002年第1期。
〔3〕 侯艾君：《车臣始末》，世界知识出版社2005年版，第149页。

什立即宣布与恐怖主义开战，"任何国家绝不应向恐怖分子妥协，我们与恐怖分子毫无和平共处的可能，我们唯一的目标就是将他们消灭"。[1] 美国主导下的反恐联盟先后发动了两次大型反恐战争——阿富汗战争、伊拉克战争，并在全世界范围内搜寻恐怖分子的踪迹，至此人类社会步入联合反恐时代。然而令人意外的是，虽然全世界的各个国家、地区均在不同程度上加强了对恐怖主义的打击力度，严密了对恐怖袭击的防范措施，但是恐怖主义并未在人类的"围追堵截"之下显露疲态，反而"越战越勇"，世界恐怖威胁指数不断攀升，恐怖主义的泛国际化趋势显著，恐怖袭击造成的危害不断扩大，特别是在"基地"组织持续受挫、"日薄西山"的同时，又一个国际恐怖组织"伊斯兰国"在中东地区借国家动荡之机崛起并向全球输出其罪恶的宗教极端主义思想，导致人类美好和平的愿望憧憬再次濒临破碎的危险。

21世纪以来国际恐怖主义的发展出现了许多新的特点：

第一，大型恐怖袭击事件层出不穷。一系列恐怖主义事件的爆发无不暗示着国际恐怖主义活动的再次活跃，也使得国际反恐怖工作的形势更加严峻。21世纪以来发生的代表性的恐怖袭击事件包括：2002年印度尼西亚的巴厘岛连环爆炸案、2004年西班牙马德里火车站爆炸案、同年在俄罗斯的北奥塞梯共和国别斯兰市某中学发生的史上最大规模的人质劫持事件、2005年英国伦敦爆炸案、2008年印度孟买恐怖袭击案、2010年俄罗斯莫斯科连环爆炸案、2011年挪威爆炸枪击案、2013年美国波士顿马拉松赛爆炸案以及2015年新年伊始法国巴黎"查理周刊"杂志社遇袭案等。国际恐怖主义活动呈现出扩散与集中的两种不同趋向，一方面，在欧洲、美洲、东亚、东南亚、中东、俄罗斯、非洲活跃着各异的恐怖组织，越来越多的国家开始受到恐怖主义的威胁，恐怖主义的"癌细胞"正在向全球蔓延；另一方面，恐怖袭击的重点区域依然"热度"不减，伊拉克、巴基斯坦与阿富汗构成了暴恐的巨大"磁场"，吸纳了全球绝大部分的恐怖袭击事件、致死伤事件。自2017年以来，"伊斯兰国"为了缓解其在中东地区举步维艰的困难处境，加紧了对外渗透与极端主义输出，导致全球恐怖活动进入异常活跃期。例如在欧洲，2017年上半年即发生多起恐怖袭击事件，如3月22日英国议会大厦恐怖袭击事件、4月3日俄罗斯圣彼得堡地铁爆炸案，如4月20日法国巴黎香榭丽舍大街遇袭案、5月22日英国曼城爆炸案、6月3日晚英国伦敦连续发

[1] Jonthan Powell, *Talking to Terrorists: How to End Armed Conflicts*, London: The Bodley Head, 2014, p. 15.

生三起恐怖袭击事件等。这些恐怖袭击的共性特征包括：经过精心策划准备，一至二人独立实施，以人员密集的公共场所"软目标"或有政治意义的国家机构所在地"硬目标"为打击对象，造成多人死伤、财产毁损、社会秩序混乱的严重侵害后果等。此外，由恐怖主义给人们带来的心理恐惧与威慑所产生的社会消极影响难以在短时期内消除。2017 年 6 月 3 日意大利都灵发生了大规模群体性踩踏事件，事件起因是正在观赏欧洲冠军杯足球比赛决赛的球迷们误将烟火当作爆炸而四散奔逃从而引发了骚乱与踩踏，该事件最终造成了上千人受伤的惨剧。

　　第二，恐怖主义威胁指数不断攀升。根据数据显示，21 世纪以来衡量恐怖主义威胁的各项指数（如恐怖袭击数、恐怖袭击致死数和恐怖袭击致伤数等）都呈现出持续上升的趋势，这表明在未来很长时间内恐怖主义依然是影响人类和平与生活的主要威胁之一，恐怖主义问题的解决依然是复杂和困难的。根据美国国务院《恐怖主义国别报告》提供的统计数据显示，2001 年至 2010 年，全球恐怖袭击数量为 75 059 次，比 20 世纪最后十年增长了几乎十倍。21 世纪的第一个十年里，因恐怖主义造成的死亡总人数高达 110 627 人，受伤总人数为 284 627 人，远超 1991 年至 2000 年的总和。在 2011 年，全球共发生恐怖袭击 10 283 次，因恐怖袭击造成的死亡人数为 12 533，受伤人数为 328 766；在 2012 年，恐怖袭击数有所下降，为 6771 次，但死亡人数与受伤人数分别达到 11 098 人与 21 652 人。2013 年全球恐怖袭击数量又回升至 9707 次，死亡人数与受伤人数分别升至 17 891 与 32 577。自 2014 年始，全球恐怖主义发生剧烈变动，恐怖威胁激增。全球恐怖主义袭击数总量达到 13 463 次，共计 32 727 名无辜者丧生于恐怖事件之中，与 2013 年相较分别增长了 39% 和 83%，恐怖袭击事件的平均致死率增长了 38%。另外，2014 年共计 34 791 人因恐怖袭击受伤，9428 人为恐怖分子所劫持，与 2013 年相比分别增长了 0.7% 与 201%。2014 年全球遭受恐怖主义袭击数量最多的五个国家分别是伊拉克（3370）、巴基斯坦（1821）、阿富汗（1591）、印度（763）和尼日利亚（662），2014 年全球因恐怖主义袭击致死人数最多的五个国家分别是伊拉克（9929）、尼日利亚（7512）、阿富汗（4505）、巴基斯坦（1757）与叙利亚（1698）。经济与和平研究所（Institute for Economics and Peace）的相关数据也能够证实这一趋势。[1] 根据该研究中心提

---

〔1〕　经济与和平研究所，http：//www.visionofhumanity.org/#/page/indexes/terrorism-index，最后访问时　　间：2020 年 10 月 5 日。

供的 2014 年的数据显示，恐怖主义袭击的死亡人数总量比 2013 年增长了 80%，是近十五年来增长幅度最快的一年，与 2000 年的恐怖袭击致死人数总量相比翻了近九倍。恐怖主义高度集中于伊拉克、尼日利亚、阿富汗、巴基斯坦与叙利亚等五国，2014 年上述五国因恐怖主义而不幸遇难的人数占据同年全球恐怖袭击致死人数总量的 78%。但是恐怖主义的发生越来越具有全球化的普遍性特质，2014 年里共有 93 个国家至少经历过 1 次以上的恐怖袭击事件，恐怖袭击致死人数超过 500 人的国家比 2013 年增长了 120%。2015 年，全球恐怖袭击数量下降至 11 774 次，因恐怖袭击造成的死亡人数为 28 328 人，因恐怖袭击造成的受伤人数为 35 320 人。2016 年，全球恐怖袭击数量维持在 11 072 次，因恐怖袭击造成的死亡人数为 25 621 人，因恐怖袭击造成的受伤人数为 33 814 人。

表 2　美国国务院发布的恐怖主义数据（2000-2016 年）[1]

时间	恐袭数	死亡人数	受伤人数	死亡率	受伤率
2000-2010	82 964	113 626	351 375	1.3696	4.2353
2011-2016	64 070	128 198	188 838	2.0	2.9474

表 3　全球恐怖主义数据库发布（GTD）的恐怖主义袭击数据（1991-2016 年）[2]

年份	1991	1992	1993	1994	1995	1996	1997	1998	1999
数量	4671	5120	4954	3462	3072	3052	3191	902	1328
年份	2000	2001	2002	2003	2004	2005	2006	2007	2008
数量	1379	1403	995	1181	1060	1806	2504	3008	4780
年份	2009	2010	2011	2012	2013	2014	2015	2016	
数量	4715	4782	5007	8480	11 952	13 463	11 774	11 072	

〔1〕　数据来源：美国国务院《恐怖主义国别报告》（Country Reports on Terrorism），https：//www.state.gov，最后访问时间：2020 年 10 月 5 日。
〔2〕　数据来源：全球恐怖主义数据库（GTD），http：//www.start.umd.edu/gtd/，最后访问时间：2020 年 10 月 5 日。

　　第三，"基地"组织与"伊斯兰国"成为近年来活跃在国际社会的最主要恐怖组织。"基地"组织与"伊斯兰国"之间的关系比较复杂。"伊斯兰国"的前身"统一和圣战组织"曾经在2004年宣誓效忠于"基地"组织及其领导人本·拉登，因而更名为"伊拉克'基地'组织分支"。随着伊"基地"组织在中东影响力和实力与日俱增，其独立性也日益增强，其与"基地"组织之间摩擦、抵牾不断，二者关系愈行愈远、甚至"貌合神离"。在2010年以前，"基地"组织依然将伊"基地"组织视为其下级组织，还会命令后者去攻击特定目标，到了2010年至2011年间，"基地"组织与伊"基地"组织已经"破镜难圆"了，"伊斯兰国"频频发表言论批评"基地"组织已经偏离了先知的道路，其对"基地"组织的敌意已经显露无遗。2014年1月，"伊斯兰国"与叙利亚多股反对派武装力量发生激烈冲突，"基地"组织头目扎瓦希里多次提出"和平倡议"但均遭到"伊斯兰国"的无视和反对。2014年2月2日，"基地"组织发表声明，宣布"基地"组织与"伊斯兰国"不存在隶属关系。"基地"组织与"伊斯兰国"关系正式破裂，并且在多地展开势力范围的争夺。除了领导人的政治野心外，"基地"组织与"伊斯兰国"之间存在着许多不同，正是这些区别导致两个恐怖组织"分道扬镳"。首先，行动战略不同。在处理"远敌"（西方世界）与"近敌"（中东的世俗政权）之间关系方面，"基地"组织主张"先远后近"，即先致力于打击西方的"十字军"，然后再推翻西方资本主义扶植的阿拉伯世界的"傀儡政权"，在这一战略主导下"基地"组织在20世纪末与21世纪初的十年里向西方国家发动了大量的恐怖袭击。"伊斯兰国"则主张"先近后远"，即它将在中东地区夺取政治权力与领导视为组织的第一要务，其次才是将"政教合一"的政治权力与制度向全球扩散。因而不难解释为什么"伊斯兰国""建国"后直至2015年7月才宣布向印度、中国、索马里、高加索地区、菲律宾、阿瓦士地区、伊朗、埃及等其他国家或地区宣战，并且"伊斯兰国"一直保持对西方国家的克制态度，直至2016年以来在面临巨大的反恐压力下才频频策动对西方的恐怖袭击。我国学者认为，两大恐怖组织战略目标的区别可以归纳为"'基地'追求政策改变，'伊斯兰国'谋求领土扩张"。"'基地'的战略目标旨在迫使被伊斯兰极端主义者称为'远敌'的国家如美国等改变其针对阿拉伯世界的政策，以维护和巩固伊斯兰信仰共同体（'乌玛'）的荣光。而'伊斯兰国'的战略目标则是开疆拓土，打破第一次世界大战后殖民主义国家缔结的《赛克斯—皮科协定》所划分的中东国家边界，重建'哈里发国家'"。[1] 事实上，早在 2004 年的时候，"伊斯兰国"前身"统一和圣战组织"领导人阿布·穆萨·扎卡维曾提出在伊拉克建立"哈里发国家"，"基地"组织曾明确表示反对，称建立"伊斯兰国家"并不成熟。与此相反，本·拉登也曾将"基地"组织策划、实施的恐怖活动视为建立"哈里发国家"的前奏，但是他悲观地认为自己在有生之年无法看到这个国家。[2] 总之，"伊斯兰国"不同于"基地"组织，自成立之初即将建立"哈里发国家"视作矢志不渝追求的目标并努力试图将其实现。其次，从攻击目标选择来看，"伊斯兰国"主张消灭所有不服从其极端主义教义的人，"任何与西方合作的穆斯林都不是真正的穆斯林，而是异教徒的帮凶，应该被处死"，[3] 其目的在于挑起中东世界的教派冲突并利用这种冲突来开疆拓土、扩大势力范围。因而，"伊斯兰国"号召消灭所有的什叶派教徒；宣布所有不遵守"伊斯兰国"特有的伊斯兰教教义（脱胎于瓦哈比主义）的逊尼派教徒皆为叛教者，不可容忍而且理应处死；摧毁中东地区多元穆斯林社会的概念，自从先知穆罕默德时期以来，中东大部分地区都容纳了基督教徒、犹太教徒、雅兹迪教徒、德鲁兹教徒和库尔德人等各种宗派和少数民族。[4] "基地"组织则试图尽可能团结一切普通穆斯林，不刻意渲染其与什叶派穆斯林的对立，力求建立伊斯兰各教派之间的统一战线"泛伊斯兰联盟"，希望通过"圣战"唤醒"沉睡的穆斯林"，故在确定"异教徒"或"叛教者"时较为慎重，避免打击扩大。本·拉登认为，"导致'乌玛'（穆斯林共同体）分裂的根源是穆斯林群体基于民族、种族以及派系的划分"。[5] 拉登一直强调穆斯林应当共同行动，避免教派内部互相残杀，共同打击西方敌人。因而早在 2005 年"基地"组织就曾告诫扎卡维不要攻击伊拉克什叶派及其清真寺，"对他们应当传道，而非杀戮，除非他们主动发动攻击"，以避免引起穆斯林的反感。[6] "基地"组织的意图在于"争取"，即以对少数敌人的恐怖来争取多数穆

〔1〕　周明、曾向红："'基地'与'伊斯兰国'的战略差异及走势"，载《外交评论》2016 年第 4 期。
〔2〕　刘中民、俞海杰："'伊斯兰国'的极端主义意识形态探析"，载《西亚非洲》2016 年第 3 期。
〔3〕　杨凯："'伊斯兰国'与'基地'组织在东南亚、南亚的扩张比较"，载《东南亚研究》2015 年第 5 期。
〔4〕　［英］查尔斯·利斯特：《"伊斯兰国"简论》，姜奕晖译，中信出版社 2016 年版，第 8-9 页。
〔5〕　周明、曾向红："适当性逻辑的竞争：'基地'与'伊斯兰国'的架构叙事"，载《世界经济与政治》2016 年第 4 期。
〔6〕　刘中民、俞海杰："'伊斯兰国'的极端主义意识形态探析"，载《西亚非洲》2016 年第 3 期。

斯林的支持；"伊斯兰国"的目标则是"威吓"，即通过对一切不服从命令的人施加威吓来迫使其服从。"伊斯兰国"显然是比"基地"组织更加极端的恐怖组织。此外，在攻击方式上，一方面"伊斯兰国"更善于利用新媒体、自媒体发动网络恐怖主义攻宣战，煽动、蛊惑青少年加入恐怖组织，或者刺激个人转化为"独狼"就地展开"圣战"；另一方面"伊斯兰国"拥有庞大的军事武装力量，能够与中东地区的政府部队展开正面的军事对决。与"伊斯兰国"相较，"基地"组织则属于典型的恐怖组织，主要采用爆炸、劫机、枪击等恐怖袭击方式。"基地"组织的恐怖主义网络一般只有几十个或数百名成员，攻击平民，不占有领土，不与军队正面对抗，可是"伊斯兰国"却拥有三万多名武装分子，在伊拉克和叙利亚境内控制着领土，保持广泛的军事能力，控制通信和指挥设施，既能在资金上自足，亦能从事大规模的军事行动。[1] 最后，在组织结构上，"伊斯兰国"是典型的"金字塔式"分层等级结构，对外运用军事武装力量施以暴力征服，对内仿照国家建立的行政管理机构，并对治下人民施以极为严苛的"沙利亚法"。"伊斯兰国"在中央设立了"财政部"、"国防部"、"作战部"、"宣传部"、"内政部"、"通讯部"、"伊斯兰教法部"和"情报部"等多个部门，在地方一度下辖 12 个省，分别为在伊拉克的"巴格达省"、"安巴尔省"、"萨拉赫丁省"、"基尔库克省"、"中幼发拉底河省"、"尼尼微省"和"大区域省"，在叙利亚的"拉卡省"、"阿勒颇省"、"代尔祖尔省"、"大马士革省"、"霍姆斯省"与"哈塞克省"，等等。[2] "基地"组织则呈现网络状结构，其内部由核心机构、分支组织（如"阿拉伯半岛'基地'组织"、"伊斯兰马格里布'基地'组织"、"索马里青年党"、"叙利亚支持阵线"与"呼罗珊集团"等）、"圣战"盟友（如"伊斯兰教法支持者"、"乌兹别克斯坦伊斯兰运动"等等）以及恐怖小组、个人等四个层次、多个部分构成，核心机构负责意识形态的输出、战略战术的宏观指导，其他组织则在当地具体自主灵活地开展恐怖活动。"基地"组织与"伊斯兰国"二者之间的关系表现出既合作又竞争的特点。尽管"基地"组织与"伊斯兰国"在战略战术、攻击目标、攻击方式、组织结构等方面存在差异，但二者在思想根源上皆出自"圣战萨拉菲主义"，终极目标

---

〔1〕 李捷、杨恕："'伊斯兰国'的意识形态：叙事结构及其影响"，载《世界经济与政治》2015 年第 12 期。

〔2〕 王晋："'伊斯兰国'与恐怖主义的变形"，载《外交评论》2015 年第 2 期。

都是要建立政教合一的伊斯兰教国，在面临紧迫的反恐压力的时候，二者会暂时停止纷争、展开合作；但是"基地"组织与"伊斯兰国"毕竟存在"政治路线"的分歧（例如"基地"组织与"伊斯兰国"围绕"谁是正统谁是异端"曾展开激烈的论证），更重要的是双方还要继续争夺"国际'圣战'的领头羊"（截至 2015 年 12 月，已有来自 17 个国家和地区的 34 个极端组织和暴力武装宣布效忠"伊斯兰国"，其中部分组织诸如"博科圣地"之前曾是"基地"组织的下属组织[1]），这就决定了"基地"组织与"伊斯兰国"之间存在难以调和的竞争关系。

第四，传统反恐怖模式受到广泛质疑，恐怖主义的新变化、新特征要求反恐怖模式与理念的更新与进步。恐怖主义的治理是一项非常复杂和艰巨的任务。"反恐战争"即为传统模式主导下的反恐实践活动，具体内容包括两个层面：一是以严厉镇压恐怖主义、追捕和击毙恐怖分子以及摧毁恐怖主义组织为主要内容的遏制性措施；二是以维护相关人员人身安全与基础设施安全为主要内容的保护性措施。[2] 然而，上述反恐策略的制定者在过度关注恐怖主义的打击范围、打击力度与打击结果的同时，均未能将目光扩展至恐怖主义产生与发展背后更为广阔的社会环境，也没有将反恐策略的重心逐渐转移至如何改变有利于恐怖主义滋生的社会条件上来。"政策圈对于通过明晰恐怖主义的根源并基于此对恐怖主义进行解释、理解、预测并预防兴趣不大，而一些分析家并不愿意考虑恐怖主义的根源，因为他们拒绝认为恐怖主义背后还有什么原因或怨恨存在"。[3] 从国际暴恐势力的发展现状来看，特别是通过对"伊斯兰国"为代表的宗教极端型恐怖主义的发展趋向的客观评估，传统的"打击至上"的硬式反恐模式并没有明显减弱恐怖主义对国际与国内社会安全的威胁程度。恰恰相反，强硬的攻击策略反而令部分地区、部分人口变得更为激进化和极端化。"伊拉克战争使全球伊斯兰圣战的吸引力复苏"。[4] "仅仅依靠武力镇压的反恐行为只会

〔1〕 刘乐："'伊斯兰国'组织与'基地'组织关系探析"，载《阿拉伯世界研究》2017 年第 2 期。

〔2〕 Rohan Gunaratna, Jolene Jerard and Lawrence Rubin, *Terrorist Rehabilitation and Conuter-Radicalisation*, New York: Routledge, 2011, p. 1.

〔3〕 曾向红："恐怖主义的整合性治理——基于社会运动理论的视角"，载《世界经济与政治》2017 年第 1 期。

〔4〕 王存刚："当前反恐战争的困境及其原因分析"，载《东南亚研究》2005 年第 4 期。

引发未来更多的暴力恐怖作为回应"。[1] "由于对恐怖主义缺乏历史的审视，对阿拉伯世界政治诉求和伊斯兰传统文化缺乏理解和尊重，美国试图通过单纯军事手段根除恐怖主义，从而身陷囹圄。……单纯采取军事手段打击恐怖主义实质是一种国家恐怖主义行为，其结果只能是滋生和主张新的恐怖主义，从而出现愈反愈恐的困境"。[2] 一方面，武力反恐无法彻底缓和恐怖分子自身携带的紧张感，而难以通过正常渠道解决却在不断淤积之中的紧张感是犯罪分子选择使用暴力予以释放的主要原因。此外，"挫折——攻击"的社会心理学理论模式也能够说明，"以暴易暴"具有促发（而非减少）暴力的更高可能性。[3] 另一方面，犯罪学理论指出，大众传播媒体可以为暴力学习提供途径，从而导致暴力行径滋生社会示范效应。[4] 凭借现代社会无所不在的传播媒介，暴力的声影可以突破各种阻碍直至人的视野乃至内心，从而起到强烈的暗示作用，最终刺激了部分人口选择以暴力作为唯一的回应方式。除此之外，传统反恐模式还有可能"促使"一些恐怖主义组织在部分地区变得更具有吸引力，并能够获得该地区人口的持续支持，从而更具有生命力。"伊斯兰世界社会民众越来越认为，美国发动的反恐战争和伊拉克战争实质上就是针对整个伊斯兰世界的'宗教战争'，伊斯兰世界各国政府支持美国反恐战争的政策行动越来越得不到社会民众的认同，政府和民众在反恐战争上的立场分歧升级为行动上的对立。恐怖主义势力也极力利用伊斯兰世界社会民众的宗教信仰和民族认同，纷纷以'圣战'的名义号召民众在世界各地打击美国"。[5] 这是因为，部分反恐国家在过度强调强硬的打击策略的同时，忽略了对当地政权组织建设能力、社会秩序维持能力与保障人民生活水平能力的培养。而恐怖主义泛滥的地区往往具有政权脆弱、社会动荡、经济发展滞后、失业现象严重等社会问题。强硬的反恐行动不仅未能减轻，反而甚至加剧上述问题的严重程度。在这种情况下，恐怖主义组织作为一种社会组织形态填补了当地的权力真空，替代官方为民众提供秩序、安全、食品、药品等稀缺资源，进而在民众间获得巨大的影响力与吸引力。例如，波

---

[1] Jonthan Powell, "*Talking to Terrorists: How to End Armed Conflicts*", London: The Bodley Head, 2014, p. 16.

[2] 刘忠："美国反恐战争述评"，载《红旗文稿》2012年第4期。

[3] 吴宗宪：《西方犯罪学史》（第三卷），中国人民公安大学出版社2010年版，第898页。

[4] 张小虎：《当代中国社会结构与犯罪》，群众出版社2009年版，第380页。

[5] 张屹峰："反恐战争与美国——伊斯兰世界矛盾的演进"，载《阿拉伯世界研究》2008年第5期。

斯特在对中东地区的恐怖分子调查中，发现很多被访谈的恐怖分子，在他们成长的过程中，始终生活在受压迫的状态，处于较低的政治、经济地位之中，他们缺少工作机会，基本上失去了获得较好的经济条件的机会。在他们生活的社区，对成功的定义就是为了"事业"——自由以及宗教而奋战。他们的自我形象也就与组织的生存状态紧密地联系在一起。而且，从某种程度上，组织给了他们生存的条件与理由。[1] 在南亚的巴基斯坦，斯特思通过调查研究发现，实施"圣战"的恐怖分子一般来自穷乡僻壤的贫困家庭。这些家庭主动将自己的孩子送往极端组织，希望借此获得"真主"的奖赏以取得较高的社会地位。极端组织也会给予这些家庭以丰厚的经济利益作为报酬，资助他们经营生意或者重新建立一个新家。[2] 更令人担忧的是，恐怖主义组织的活动能力未能因为反恐武力打击而得到明显抑制和减弱，恐怖主义组织的宣传广度和强度未能得到有效的干涉和制约，恐怖主义组织的政治意图与政治目标仍然可以成为鼓动反叛者继续"斗争"的旗帜和号角。总而言之，传统反恐模式虽然具有短期效果显著的优点，但是其长期效果难以尽如人意，并且具有极易反弹的缺陷。传统反恐模式的局限"呼唤"新的思维理念的产生。

第二节　当代国际恐怖主义的基本特征

（一）恐怖活动国际化

传统恐怖主义活动具有明显的地域性特点，无论是实施恐怖活动的组织还是个人，或者恐怖行为的发生，又或者恐怖结果的产生，往往局限于某一国家、地域之内，因而这一时期的恐怖主义的典型是国内恐怖主义。恐怖主义之国际化始于 20 世纪的 60 年代，特别是迅猛的全球化进程缩短了世界各国家、地区之间的距离，使得"地球村"不再成为幻想，而这股趋势也推动了恐怖主义的国际化、全球化发展。正如吉登斯指出："全球化的时代是现代性的延伸，是科技与传播方式之间的合作，世界因互联而成为一体。"[3] 科技的进步推动了恐怖

---

〔1〕　Jerrord M. Post, "The New Face of Terrorism: Socio-Cultural Foundations of Contemporary Terrorism", *Behavioral Sciences and the Law*, Vol. 23, 2005, pp. 452-453.

〔2〕　Jessica Stern, "Pakistan's Jihad Culture", *Foreign Affairs*, Vol. 1, 2000, p. 21.

〔3〕　［英］马丁·阿尔布劳："实用普遍主义与全球时代的变迁"，李文珍译，载《中国社会科学评价》2017 年第 1 期。

行为方式的变化和恐怖主义手段的进步，恐怖组织成员的身份日趋复杂多样，恐怖活动能够跨越地理国界的藩篱、超越时空的阻隔，而传播方式的更新则使得恐怖主义制造的"恐怖"能够持续发酵，能够使恐怖组织获得之前难以想象的巨大影响力与国际"声望"。"大众传播和网络技术的发展给恐怖主义的传播带来了新的契机，恐怖主义行动迎合大众传媒追逐爆炸性、刺激性新闻的需求，二者在某种程度上形成了'共生'的关系。而网络技术使恐怖组织能够超越时间、空间的界限，用更加灵活、隐蔽的手段宣传自己的主张，发掘潜在的恐怖分子"。[1] 在当下的全球化进程中，科技使人类社会更加紧密，也使得个体与世界的关系更加复杂——个体对世界的影响力正在扩大，世界对个体的作为更加敏感，恐怖组织也就越容易利用全球化来实现其目标。在利用全球化提供的种种便利的同时，现代恐怖主义也被视为一种反全球化的力量，恐怖主义借助了全球化的"东风"，它也是由全球化催生的"怪胎"。"无论是将国家独立、民族解放作为政治目标的恐怖主义，还是将原教旨主义思想作为意识形态的恐怖主义，都希望捍卫特定地域或信仰特定宗教的人群的权威或生活方式，而不是任由一种没有边界限制、没有可见主导权威的力量来左右他们所想象的政治共同体的政治进程，而后者恰好是全球化的基本要求和主要内容"。[2] 恐怖主义并非凭空产生，它是社会变迁下社会矛盾集聚凝结与激化的产物，全球化下的不同阶层、不同群体、不同国家、不同地域之间的矛盾缠绕扭结并为全球化放大，导致恐怖主义的攻击目标全球化与恐怖组织的泛国家化。在当代，区分国内恐怖主义与国际恐怖主义已然并无实益，"国际恐怖主义"这一概念自身就是对当代恐怖主义特征的最好诠释。

　　恐怖活动的国际化包括以下特征：①恐怖主体国际化。首先，国际性恐怖组织正在增多。据统计目前全球各种类型恐怖组织达 1000 余个，其中绝大部分都是国际性的恐怖组织。其次，恐怖组织成员的国际化程度升高。当代恐怖组织的成员结构更加复杂，包含了不同背景、民族、种族、国籍的人员。2017 年 4 月 13 日，美国对"伊斯兰国"呼罗珊分支控制的阿富汗楠格哈尔地区发射了威力巨大的"航空之母"导弹，造成"伊斯兰国"104 人死亡，确定身份的 100

---

〔1〕　郑博斐："全球化背景下国际恐怖主义组织的传播转型"，载《信息安全与通信保密》2017 年第 4 期。

〔2〕　曾向红："全球化、逆全球化与恐怖主义新浪潮"，载《外交评论》2017 年第 3 期。

名恐怖分子中，包括 44 名巴基斯坦人、33 名阿富汗人、8 名印度人、5 名塔吉克斯坦人、11 名乌兹别克斯坦人和 3 名维吾尔族人。[1] "9·11"恐怖袭击之后，全球强化了反恐打击力度，部分重点国家的国边境管理渐趋严格，国际恐怖组织派遣成员渗透到目标国家的难度显著增加，尤其是部分成员已经被国际组织列为重点防范目标。一些国际恐怖组织纷纷改变战略，转而从目标国家内部招募拥有该国国籍的人员，实现了恐怖组织成员的"本土化"，这一现象被称作"本土恐怖主义"，本土恐怖主义进一步加剧了恐怖组织的国际化趋势。在美国，自 2001 年 "9·11" 恐怖袭击事件后至 2014 年，本土极端势力共策划恐怖活动 74 起，[2] 反而外国恐怖组织对美国发动袭击的危险较小，外国恐怖势力主要通过网络媒介与美国本土恐怖分子取得联系。2006 年，美国联邦调查局主任罗伯特·穆勒指出："今天，恐怖威胁可能来自于和'基地'组织没有关系的个体或团伙，这些人受到暴力吉哈德信息的激励。本土恐怖分子如果说不比'基地'组织更危险，那么至少一样危险。"[3] 在欧洲，"伊斯兰国"等国际恐怖组织则将目光瞄准了法国、德国、英国等国家的穆斯林群体，特别是该群体中为社会边缘化的一部分年轻人，通过网络培训或者诱惑其参加"圣战"训练营的方式，煽动其成为"本土恐怖分子"。②恐怖行为国际化。首先，恐怖主义的实施具有明显的国际化特征。从筹划建立分支、招募培训人员到策划、指挥、实施具体行动，许多大型国际恐怖组织都能够将这些行为分散至全球多个地区、国家予以完成。其次，犯罪合作的国际化。一方面，为了对抗联合反恐阵线，不少恐怖组织选择相互协调配合联合作战，分享情报、武器、人员、技术等条件和资源，从而形成了恐怖犯罪的国际合作网。另一方面，恐怖主义组织还与跨国犯罪集团相勾结、互通有无——恐怖组织向跨国犯罪集团提供保护，跨国犯罪集团向恐怖组织供给物质资源。非洲马里的"基地"组织的分支在 2013 年与拉美的贩毒集团建立了"战略合作伙伴关系"，该恐怖组织为国际贩毒集团在非洲的活动提供庇护，后者则向前者提供必要的物资、设备，如交通供给、药品和电子产品。"基地"组织的另一分支"基地在伊斯兰马格里布"所掌控的区域——非洲萨赫勒更已成为全球重要的毒品走私中心。③恐怖目标国际化。冷

---

[1] 李伟："'伊斯兰国'溃败对国际恐怖主义生态的影响"，载《现代国际关系》2017 年第 8 期。

[2] 臧宏玲、姜键："国际恐怖主义新特点及其全球治理中存在的问题"，载《思想理论教育导刊》2017 年第 7 期。

[3] 杨忠东："美国穆斯林拒绝极端化的经验探析"，载《中国穆斯林》2015 年第 6 期。

战及其以前的恐怖活动主要集中在中东、南亚、拉美和西欧，冷战结束后的恐怖主义异常活跃，开始向全世界蔓延。从非洲的马里、尼日利亚、索马里到中东地区的沙特阿拉伯、叙利亚、伊拉克与巴勒斯坦，从俄罗斯到中亚五国，从南亚的巴基斯坦、阿富汗、斯里兰卡到东南亚的马来西亚、新加坡，以及南美的智利、秘鲁、哥伦比亚，恐怖主义组织与恐怖分子的身影到处可见。由此可见，当代恐怖主义已经是一个全球性的问题。在这股恐怖活动的全球化浪潮下，我国亦不能幸免。除了我国境内频频发生的恐怖袭击之外，我国在海外的公民、企业也成为恐怖组织的目标。近年来，在马来西亚、巴基斯坦、阿富汗、阿尔及利亚、喀麦隆等国家，不断有关于我国公民被恐怖组织绑架、劫持或遭受恐怖袭击的新闻见报。这说明，不仅是我国境内的国家利益，我国境外的国家利益也可能受到国际恐怖主义的威胁，因而加强与世界各国反恐怖主义的联合协作势在必行。④恐怖后果的国际化。恐怖主义所造成的影响跨越国界、波及全球，可谓"牵一发而动全局"。以"9·11"事件为例，该恐怖袭击不仅打击了美国经济，还给全世界各国经济发展带来连锁反应。英国在该事件爆发后放缓了其连续 7 年的经济增长，法国、瑞士和丹麦等欧洲国家都出现了经济大滑坡。专家估计，该事件导致整个欧洲经济增长速度放慢 0.2 至 1 个百分点。联合国当年发布的报告亦指出世界经济因此损失 3500 亿美元，全球 GDP 增长率降低 1 个百分点。[1] 2002 年 10 月印度尼西亚的巴厘岛恐怖爆炸，不仅给印尼的经济造成巨大的损失，还严重影响了整个东盟国家的经济复苏进程。

恐怖主义活动范围、规模不断扩大，必然会导致反恐怖的成本增高。我国学者指出，反恐怖的成本一般包括三个方面：第一，政治层面的反恐怖成本，是指政权或组织因反恐怖成效不佳而引起的公众对其权威性乃至合法性的质疑和反对。第二，社会层面的反恐怖成本是指由于反恐怖的需要，法律、政策、措施所出现的变化会影响到如公民权利、隐私、行动自由等。第三，经济层面的反恐怖成本是指随着对恐怖主义的打击，特别是防范要求的提高，国家不仅在人员、设施、资金等方面加大投入，而且恐怖活动也会对生产、交通等领域造成直接的破坏，安全环境的恶化会造成投资缩减，旅游业萧条等后果。反恐怖成本的提高会成为某些国家的负担，甚至会引发严重的社会问题。[2] 恐怖主

---

〔1〕　崔虎、宋美玲："从经济视角看国际恐怖主义"，载《国际关系学院学报》2009 年第 4 期。
〔2〕　杨恕："国际恐怖主义新特征"，载《人民论坛》2017 年第 1 期。

义的国际化趋势必然提高反恐怖的难度与成本。例如，恐怖主体的国际化导致反恐怖行动困难重重，特别是"本土恐怖分子"令国家安全部门、国边境管理部门难以防范、侦查；又如恐怖行为的国际化将导致跨国恐怖犯罪成为常态化，这将大大考验各国联合反恐怖的行动能力；再如恐怖组织与国际犯罪集团的联合或融合，昭示着反恐怖问题不仅仅是一个刑事对策问题，更主要的是一个社会治理问题，反恐怖的有效性取决于国家对社会矛盾与冲突的解决能力，而恐怖目标与恐怖后果的国际化则说明当代国际恐怖主义问题的根源具有国内社会矛盾与国际社会矛盾的双重属性，这些问题都迫切需要国家与国际组织的共同努力应对。

（二）恐怖区域集中化

恐怖主义的国际化表明恐怖主义日益成为人类社会必须面对的共同敌人，但是与恐怖活动的全球化趋势并行不悖的则是，当代恐怖活动的主要发生区域越来越集中了。美国反恐专家布莱恩·詹金斯指出，自 20 世纪 90 年代以来，国际恐怖主义的重心就开始从西欧、拉美向亚洲和中东地区转移。[1] 进入 21 世纪以来，国际恐怖主义主要集中于一个"动荡弧"和三个"恐怖区域"。所谓"动荡弧"，是指从东南亚经南亚、中亚、西亚直到北非；三个"恐怖区域"分别指大呼罗珊区（包括阿富汗、中亚大部分、伊朗东北部）、"大叙利亚"地区（叙利亚、伊拉克、黎巴嫩、巴勒斯坦等）和非洲萨赫勒地区。"随着国际恐怖主义在全球范围内的肆虐和泛滥，一副以中东、南亚和非洲为主要策源地的国际恐怖主义新版图逐渐形成"。[2] 美国国务院发布的《恐怖主义国别报告》指出，在 2016 年共有 104 个国家发生了恐怖袭击事件，但是恐怖袭击总数的 4/5 集中于伊拉克、阿富汗、印度、巴基斯坦和菲律宾等 5 个国家，另外 2016 年全年因恐怖袭击共造成 25 621 人死亡，其中 75% 的死亡人数（19 216）发生在伊拉克、阿富汗、叙利亚、尼日利亚和巴基斯坦等国家。

恐怖区域集中化现象的发生首先归因于"伊斯兰国"恐怖组织的战略与行动。"伊斯兰国"是近年来实施最多恐怖袭击以及造成最多死伤人数的恐怖主义组织，"伊斯兰国"在 2016 年共策动、实施 1133 起恐怖袭击事件，造成死伤人数高达 16 785 人。为了执行其"先近后远"的战略目标，"伊斯兰国"在中东地

---

〔1〕 廖政军、马菲："全球恐怖主义形势依然复杂"，载《人民日报》2014 年 3 月 26 日，第 21 版。
〔2〕 严帅："当前国际恐怖主义的新特征及其发展趋势"，载《现代国际关系》2015 年第 1 期。

区大肆实施恐怖袭击，例如 2016 年伊拉克共发生恐怖袭击事件 2965 起，其中约 66% 的恐怖袭击事件无人认领，在剩余的能够确定背后主谋的恐怖袭击事件中，"伊斯兰国"策划、实施的恐怖袭击事件占总数的 94%（932 起），只有约 6% 的恐怖袭击为其他恐怖组织认领。不仅仅在伊拉克与叙利亚，"伊斯兰国"与它的附属组织、宣誓效忠于"伊斯兰国"的恐怖集团活跃于全球 20 多个国家和地区，例如西非、阿富汗、埃及、利比亚与也门，上述地区均属于"恐怖地带"和恐袭热点。

其次，恐怖主义不是真空环境下的产物，恐怖主义的滋生必然有其深刻的社会根源要素，恐怖区域的集中化特征反映了恐怖主义泛滥区域存在着严重的社会问题和社会矛盾。第一，恐怖主义与经济因素有关。贫穷是恐怖主义的根源，恐怖主义是穷人的战争，战争是富人的恐怖主义。不公平的国际秩序、国家之间的贫富差距扩大以及呈金字塔型的社会结构是国际恐怖主义犯罪的成因之一。贫困、饥饿与屈辱刺激着那些陷入绝望之中的人们，促使他们"铤而走险"。[1] 依照社会分层结构理论，中间大、两头小的橄榄型社会结构是最科学、合理的社会结构，而这种社会结构又是最稳定、最健康的。[2] 反观当代国际社会，整体社会架构表现为极少数的发达国家占据了社会分层的最顶端，牢牢把握了国际社会的政治、经济大权；绝大多数发展中国家则位居社会结构的最底层，受到顶层国家的压榨与欺凌。这是一种与橄榄型社会结构截然相反的结构——金字塔型结构。毫无疑问，这种社会分层结构是最危险的，也是最容易引起社会动荡的结构。而且，这种社会分层结构不仅见之于国际社会的发达国家与发展中国家之间，而且也广泛见之于国家内部的不同阶层之间——最富有的阶层掌控着整个国家的权力、资源与地位，而最贫困的阶层只能受其摆布、任其欺凌。正如默顿的社会反常理论所揭示的那样，当一个社会特别强调由其文化所定义的目标（如追求物质利益、社会地位、社会名誉等等），但是所有社会成员基于地位、阶层的不同而未能平等地得到由这个社会所提供的实现目标的方法时，就会出现目标与方法之间断裂的情形，这种情形就是社会反常状态。违法犯罪行为的趋多在社会反常状态下的那些缺少能够获得文化目标的制度手

---

〔1〕 兰迪："恐怖主义之罪因"，载《国家检察官学院学报》2014 年第 4 期。
〔2〕 范明强："恐怖主义的社会学诠释"，载《中国石油大学学报（社会科学版）》2006 年第 6 期。

段的群体中表现更加显著。[1] 因此，当长期处于贫穷、困窘、屈辱与绝望的社会最底层人群，意识到他们现在所面临的这种社会不公平状态，是难以依靠正常渠道在现有的社会秩序与社会条件下实现彻底改变的时候，铤而走险就变成一件非常容易发生的事情。对这些极端绝望的人们而言，非法的极端暴力是他们宣泄对社会现存秩序的愤怒或实现某种政治、经济、文化利益最后的也是最好的管道。另外，穷人因贫困而缺少教育，进而导致无知和失去思想上的分辨、免疫与抵抗能力，容易接受极端主义与暴力恐怖思想；穷人因失去对此世生活的憧憬，而更容易接受对来世生活的向往。这样一来，恐怖主义就自然而然地产生了。根据 2009 年《阿拉伯人类发展报告》统计，2005 年阿拉伯国家约有20.3%的人口生活在每天不足两美元的国际贫困线标准之下，其中埃及低于国际贫困线标准之下的人口比例为 41%，也门低于国际贫困线标准之下的人口比例为 59.5%。2005 年，阿拉伯国家平均失业率为 14.4%，其中毛里塔尼亚失业率为 22%，而当年全球平均失业率为 6.3%。同样，美国和平基金会发布的"2015年脆弱国家指数"根据人口压力、难民和流离失所群体、不平衡发展、贫困和经济衰退、国家合法性、公共服务、人权、安全设施、外部干预等指标，对全球 178 个国家进行统计，索马里（第二）、苏丹（第四）、也门（第七）、叙利亚（第九）四个阿拉伯国家进入全球十大脆弱国家的行列。[2] 故而恐怖主义在阿拉伯世界里肆虐横行也就毫不奇怪了。

第二，恐怖主义与国家治理的不足、欠缺有关。"失败国家"理论指出，"失败国家"是恐怖主义的温床。"失败国家"理论最早由赫尔曼与特拉纳于1992 年首次提出，他们认为一些"失败国家"会对国际安全造成威胁，因此需要联合国采用一些"托管"制度以应对这些危机。所谓"失败国家"，是指"已经无法控制其领土并为其国民提供安全保障，无法维护法治和人权，无法提供有效的治理，无法提供公共商品如经济增长、教育和保健的国家"。[3] "失败国家"与恐怖主义的联系则要追溯至 2001 年美国"9·11"事件以后，美国政府认为："现在对美国的威胁越来越多地来自失败中的国家，而非那些想要征服

---

〔1〕 张小虎：《当代中国社会结构与犯罪》，群众出版社 2009 年版，第 474—476 页。
〔2〕 金良祥："中东成为国际恐怖主义策源地的原因分析"，载《阿拉伯世界研究》2016 年第 5 期。
〔3〕 庄礼伟："'失败国家'面面观"，载《南风窗》2003 年第 14 期。

我们的国家。"因此相应的对策是要"对那些'失败的国家'进行国家建设"。[1] 由此可见,"失败国家"理论既是美国对恐怖主义威胁判断的基本依据之一,也构成了美国发动反恐怖战争及其之后推动的一系列国家政策的主导思想之一。"失败国家"理论容易成为一些国家行使霸权主义的理由,但是不可否认的是,"失败国家"现象确实存在一些对恐怖分子具有较强吸引力或者有利于恐怖主义存在和发展的特征。首先,"失败国家"往往缺少强有力的社会管理能力和秩序维持能力,造成政府影响力微弱、国家监管缺失和社会秩序混乱,恐怖组织能够在这样的环境下更加肆无忌惮地存在,且不用担心外部力量的镇压和干涉。例如,非洲地区一直是恐怖主义活动猖獗之地,这与非洲多国国家管理能力低下有密切关联。北非地区恐怖主义犯罪的泛滥肇始于 2010 年的"阿拉伯之春"。在北非之乱中,多国政权发生更迭,这场被西方国家寄予厚望的民主政治运动最终转为愈演愈烈的暴力冲突。在社会秩序荡然无存、社会矛盾不断激化的过程中,恐怖分子找到了实现其政治目标的社会条件。在尼日利亚,恐怖组织"博科圣地"的成员及支持者过万,以致能够与当地政府"分庭抗礼",从而反映出在撒哈拉以南的非洲当地政府的维持秩序能力与打击恐怖主义的能力实在令人担忧。其次,"失败国家"一般缺乏向社会提供公共服务的能力,这容易给恐怖组织以可乘之机。"实际上伊斯兰教团体造就了伊斯兰的'市民社会',它在范围和活跃性上相当于、超过,而且常常取代世俗文明社会中常见的脆弱体制。在埃及,20 世纪 90 年代初伊斯兰教组织建立了一个广泛的组织网络,它填补了政府留下的空白,给大量埃及穷苦人提供卫生、福利、教育和其他服务。1992 年开罗地震后,这些组织'几小时之内就出现在街头,分发食品和毛毯,而政府的救援工作却延迟了'。在约旦,穆斯林兄弟会自觉地遵循发展'伊斯兰共和国的社会和文化基础设施'的政策,……20 世纪 70 和 80 年代,伊斯兰教组织扩展到整个印度尼西亚。到 20 世纪 80 年代初,最大的一个名叫穆罕默迪亚的拥有 600 万成员的组织,组成了一个'世俗国家内部的宗教福利国家',并通过一个精心建立的包括学校、诊所、医院和大专院校的网络,为全国提供'从摇篮到坟墓'的服务"。[2] 提供公共服务本为国家职责,但是当国家

---

〔1〕 程多闻:"'国家'视角下的'失败国家'成因研究——以非洲国家为研究中心",载《国际关系研究》2014 年第 5 期。

〔2〕 [美] 塞缪尔·亨廷顿:《文明的冲突与世界秩序的重建》,周琪等译,新华出版社 2010 年版,第 92 页。

难以履行其职责的时候，必然会出现新的社会组织来填补国家缺位造成的真空。当然，并非所有代替政府职责的伊斯兰公共组织都是恐怖组织，但也确有打着伊斯兰旗号的恐怖组织利用代替政府向社会提供必备公共服务的时候向人们灌输极端主义教义，煽动人们成为恐怖分子。最后，"失败国家"除了在社会、政治和经济的失败以外，还通常具有普遍的贪污和犯罪情况、严重的政治腐败、坚固且低效的官僚制度、失效的司法制度、军人干政、大量人口失业和环境恶化等问题，[1] 这些问题容易导致社会矛盾尖锐化，恐怖组织则会利用这些矛盾挑拨社会与政府的关系、激发人们对政府的愤怒以及唆使人们使用暴力。罗伯特·默顿指出："当制度体系被看作是实现合法目标的障碍时，作出反抗这一适应反应的舞台就搭好了。要转入有组织的政治行动，不仅要降低对主导社会结构的忠诚，还必须将其转向拥有新神话的新群体。这种神话的双重作用在于将大范围的挫折的根源归于社会结构，并描绘出一个可能不会带来类似挫折的替代性结构。"[2] 换言之，恐怖组织为了能够发动群众与其一道实施暴力恐怖，就必然会将群众面临的大范围社会挫折归因于政府的无能与政治体制的失效，并且恐怖组织还会描画一个"理想的天国"作为其成员孜孜以求的奋斗目标，而这一现象的产生与"失败国家"面临的种种困境有着密切联系。

（三）恐怖动机宗教极端化

宗教极端型恐怖主义是目前最活跃和最主要的恐怖主义犯罪类型，从而导致当前国际恐怖主义的主流呈现恐怖动机宗教化的趋向。宗教极端主义与恐怖主义的结合源远流长，但是民族极端型恐怖主义、极左型恐怖主义和无政府型恐怖主义曾经长期占据人类历史舞台的中央。直至 20 世纪末冷战终结，宗教极端型恐怖主义借助全球宗教复兴运动的勃兴在全球范围内爆发，不少曾经与左翼激进势力联系密切的恐怖组织开始有意借助宗教的大旗扩充实力，本·拉登治下的"基地"组织凭借多起针对美国和西方世界的恐怖袭击开始为世人熟悉。"基地"组织的崛起暗示了恐怖主义的性质与形态将发生根本性变革。"本·拉登和'基地'组织象征着一个全球的圣战，一个威胁着伊斯兰国家和西方世界的极端主体团体的网络。事实证明，他们的根基要比大多数人预想的更深入、

---

〔1〕　范立强："'失败国家'与民族冲突"，载《黑龙江民族丛刊》2014 年第 4 期。

〔2〕　［美］罗伯特·K. 默顿：《社会理论和社会结构》，唐少杰、齐心等译，译林出版社 2008 年版，第253 页。

更具有渗透性。在反对苏联入侵阿富汗的圣战中涌现出来的这个新的全球威胁，已经在穆斯林世界全面爆发，并且从中亚、南亚、东南亚波及欧洲和美洲"。[1]进入 21 世纪，美国"9·11"恐怖袭击事件震惊寰宇，恐怖主义爆发的能量令人瞠目结舌，恐怖主义制造的"恐怖"让人不寒而栗。"基地"组织凭借该事件成为国际暴恐的领军人物，宗教极端型恐怖主义逐渐占据主导地位，狂热宗教型恐怖组织取代民族分裂型恐怖组织成为国际恐怖组织的主要形态。

　　目前宗教极端型恐怖主义犯罪的威胁指数、犯罪数量以及造成的伤亡人数，都已跃居恐怖主义各种类型之首位，宗教极端型恐怖主义是最致命、最危险的恐怖类型。美国兰德公司 2014 年 6 月发布的研究报告显示，2010 年至 2013 年间，"圣战"组织数量增加了 58%，"圣战"分子可能高达 10 万人。[2] 自 2013年起，国际恐怖活动进入高发期，恐怖活动的数量一年内增加了 61%，因恐怖袭击造成的死亡人数超过 50 人的国家从 15 个上涨到 24 个。全球恐怖活动的66% 来自"伊斯兰国""博科圣地"、塔利班和"基地"组织这四个受伊斯兰教瓦哈比派影响的极端宗教组织。不同于世俗型恐怖主义，宗教极端型恐怖主义偏爱向手无寸铁的无辜者滥施暴力而不是对特定目标实施精确打击，"既要更多人看，也要更多人死"，因此宗教极端型恐怖主义也是破坏能力最强的恐怖类型。"武装和爆炸是当前恐怖分子袭击平民和私有财产最主要的攻击方式，这主要是因为当前国际恐怖活动的主体是宗教极端型恐怖组织，这类恐怖组织对杀人没有什么道德禁忌，在他们的世界观里，杀害'异教徒'是'纯正'教徒的一种宗教责任，为了践行这种所谓的"宗教责任"，他们甚至可以使用核生化武器"。[3] 为了追求更强大的杀伤力，宗教极端型恐怖主义能够利用高新科学技术。宗教极端型恐怖主义的特征是"立场的极端坚定性与行为的极端残酷性"。[4] 这是由于宗教极端恐怖分子所设定的目标具有超自然性、难以证伪性的特征，在这种目标的感召下，恐怖分子们偏执地确信唯有自己才是蒙受"上帝""真主"启示的人，其他人和整个世界是愚昧无知的，是需要用强制手段来"教育"的；自己从事的暴力恐怖行径则是上天赐予的"神圣"的使命与职责，

〔1〕 ［美］布丽奇特·L. 娜克丝：《反恐原理：恐怖主义、反恐与国家安全战略》，陈庆、郭刚毅译，金城出版社、社会科学文献出版社 2015 年版，第 133 页。
〔2〕 严帅："当前国际恐怖主义的新特征及其发展趋势"，载《现代国际关系》2015 年第 1 期。
〔3〕 马愿："《2016 年全球恐怖主义指数报告》解读"，载《国际研究参考》2017 年第 3 期。
〔4〕 胡联合：《全球反恐论：恐怖主义何以发生与应对》，中国大百科全书出版社 2011 年版，第 73 页。

是毋庸置疑的"正义之举",为了"正义"的事业而奉献自己的全部乃至生命,则是"光荣"的。

宗教与恐怖主义之间的关系颇为复杂。世界上每一种正统宗教无不以追求真和善为终极目标,例如,"讲求两世吉庆,奉献并服务现实社会是伊斯兰正统派人道主义精神的核心,是穆斯林最高精神境界的体现"。"《古兰经》要求穆斯林要以真心和真情善待每一个穆斯林和非穆斯林,在社会交往中要先替他人着想,先人后己,以最优美的态度对待他人"。[1] 伊斯兰极端型恐怖主义完全曲解了伊斯兰教的教义。"打着宗教旗号的极端分子,在宗教名义下犯下种种罪行。他们的目的是政治,不是宗教"。[2] 宗教并不必然催生恐怖主义,但是当代宗教极端型恐怖主义在国际社会的泛滥又表明其肯定利用了宗教的某种特点。我国学者刘义指出,恐怖主义之所以借用宗教的名义,是因为宗教具有"关于善与恶、神圣与世俗、拯救与惩罚等之间的二元对立关系。同时这种关系又在一种终末论信仰的支撑下被神圣化了。这一观念延伸到现实社会中,即形成各种暴力冲突的基础"。[3] 李树盛则认为,宗教的社会控制能力容易为恐怖分子所利用。他指出:"由于宗教本身具有的神圣性和感召性,一方面它可以使人类的生活神圣化,从而强有力地控制信徒的思想和意识形态,可以使人们在其教义的指引下进行社会活动,固然拥有积极一面的作用;但是另一方面这种顽固有力的控制或信仰具备了为极端暴力活动提供精神动力的条件,往往为极端主义势力所看好和利用,甚至会激化引起暴力冲突……"[4]

除了宗教自身具备的二元对立性以及强大的社会调控能力外,宗教能够为暴力提供某种正当性的依据的特点也不应当忽视。"认知失调理论"指出:保持心理平衡是人类的基本需要。如果一个人从自己对价值观念、环境、行为的认识中发现内心的不一致性,即处于认知失调状态。这个人的心理平衡会因此受到扰乱,并产生不愉快、难受甚至痛苦感。个体会因此种心理状态产生的压力

---

〔1〕 从恩霖:"'去极端化'要靠宗教界人士和宗教讲坛'正本清源'",载《中国宗教》2016年第1期。

〔2〕 周燮藩:"恐怖主义与宗教问题",载《西亚非洲》2002年第1期。

〔3〕 刘义:"从身份危机到政治暴力——当代宗教恐怖主义的发生机制研究",载《社会科学》2009年第4期。

〔4〕 李树盛:"宗教因素与当代恐怖主义",载《岱宗学刊》2009年第1期。

而被迫做出一定的行为，以减少或消除这种不一致性。[1] 残酷的暴力活动、无辜者受难的血腥场面以及政府与民众的严厉谴责容易使恐怖分子在"我是正派、公平、善良的人"与"我做了不好的事"之间发生认知失调。为了消除这种不平衡，恐怖分子往往会选择下述三种行为中的一种：①通过改变自己的行为，使之与不一致的认知达到一致。恐怖分子可以彻底放弃恐怖活动，但事实上许多恐怖分子仍会继续犯罪，因此就需要一些其他行为来实现自己的认知一致。②通过改变不一致的认知，使行为合理化。恐怖分子可以直接否认暴力恐怖活动的反伦理性判断，认为恐怖活动是"道义的、神圣的、道德的"；恐怖分子也可以强调某一认知因素的重要性，如强调恐怖活动是如此重要，以至于可以忽略其行为本身的不道德性，即"目的正当性能够消解手段的不正当性"。③通过增加新的认知，使行为合理化。恐怖分子可以增加一些新的认知因素来消除内心的矛盾，如"世界上搞恐怖活动的人很多""搞恐怖活动有利于唤醒尚未觉悟的人民""搞恐怖活动可以打击强大的敌人，有利于维护本民族的正当权益"，等等。[2] 面对认知失调所带来的心理困境，为了克服这种心理不适并且继续保持对敌人残酷和冷血，就需要一种正当性的理由和依据来对以前和未来发生的恐怖暴力进行合理化的阐释与说明。恐怖分子能够通过对宗教的歪曲解释达到这一目标，从而化解内心道德与暴力之间的矛盾、坚定终将胜利的信念，甚至以付出生命为代价亦所不惜。布兰亚·利亚指出："当准备为发动一次恐怖主义运动或参与一个长期的游击战争而进行招募的时候，圣战的理论家们一致同意，意识形态的教化和精神上的准备应该超越身体和军事训练而排在优先位置。为了制造出那种经受战斗磨砺寻求殉教的斗士们（过去的圣战团体中就充斥着这样的人），圣战的恐怖主义者们竭尽全力地把心思放在精神驯化上。"[3] 总之，"对宗教暴力而言，宗教自然至关重要，因为它为之提供了道德制高点、杀戮的正当性、天意之战的想象，使之坚信自己是在从事精神事业"[4]。

21世纪以来，尽管宗教极端型恐怖主义逐渐占据上风，民族极端型恐怖主

〔1〕 ［美］利昂·费斯汀格：《认知失调理论》，郑全全译，浙江教育出版社1999年版，第221页。

〔2〕 兰迪："恐怖主义罪因理论探析：当代犯罪学基础理论的诠释与更新"，载《北京警察学院学报》2016年第5期。

〔3〕 ［美］布丽奇特·L.娜克丝：《反恐原理：恐怖主义、反恐与国家安全战略》，陈庆、郭刚毅译，金城出版社、社会科学文献出版社2015年版，第137页。

〔4〕 范可："宗教暴力、恐怖主义与全球化"，载《江苏行政学院学报》2016年第6期。

义的威力依然不容小觑。民族极端型恐怖主义是仅次于宗教极端型恐怖主义的类型。从2001年到2005年，全球活跃的187个恐怖组织中，民族极端型恐怖组织就有98个，占总数52.5%。2001年到2007年间世界主要的66个恐怖组织中民族极端型或有民族主义背景的恐怖组织占据总数的一半左右。[1] 当代民族型恐怖组织的一个重要特点是具有非常强的适应能力，能够与宗教信仰结合起来，从而组成民族与宗教混合型恐怖组织。例如哈马斯，不仅发誓要将"以色列从地图上消除"，还要建立一个横跨以色列、约旦河西岸和加沙地带的伊斯兰政权。据统计，当前世界上33个主要的恐怖组织中，同时包含宗教极端主义和民族极端主义的恐怖组织就占到15个，占总数的45%。[2] 这也是造成当代恐怖主义以宗教极端型居多的一个重要原因。

（四）恐怖类型多元化

当代恐怖主义的种类更加多样。虽然宗教型、民族型以及宗教、民族混合型恐怖主义占据了目前国际恐怖主义的主流，但是意识形态型、单一议题型、黑社会型、邪教型恐怖主义并没有退出历史舞台，在某些国家反而更加活跃。近年来美国本土最轰动的极右型恐怖主义案件莫过于2008年发生的"刺杀奥巴马"事件。此外，当代恐怖主义的政治目的具体内涵变得更加复杂多样，出现了政治色彩淡化、社会性凸显的新趋势。环保恐怖主义就是新代表。一些激进的环保人士选择用纵火、爆炸、盗窃、故意毁坏财物、恐吓等犯罪方式唤醒公众，制止国家、社会与民众对自然资源的过度利用与破坏行为。代表性的环保型恐怖组织是"地球解放阵线"与"动物解放阵线"。

"9·11"之前环保恐怖主义被美国视为本土最严重的恐怖主义之一，2000年左右时平均每年实施暴力活动多达300件。"地球解放阵线"成立于1992年，其口号是"采取一切预防措施，避免生态环境被伤害"，当然这里的所谓"预防措施"则是恐怖活动。该恐怖组织的主要袭击目标包括：伐木公司的营地和木材加工厂、护林站、新建的加油站和炼油厂、转基因实验室、动物屠宰场、浪费建筑材料和能源的豪宅、耗油量大的运动型多用途汽车、滑雪景区等。1998年，该组织在北美最大的滑雪场科罗拉多大峡谷的威尔公司实施纵火犯罪，导

---

〔1〕 张家栋："恐怖主义与反恐怖：历史、理论与实践"，上海人民出版社2012年版，第104页。
〔2〕 王冬丽、邱玮栋、梁越："刍议极端民族主义与宗教极端主义的勾连机理"，载《民族论坛》2016年第12期。

致 4 栋建筑物和 3 台滑雪升降机被烧为平地。2000 年，又有 9 栋别墅因为建在一片天然桃园而被该恐怖组织付之一炬，并留下"你若建，我便烧"的标语。"地球解放阵线"也会为自己的行径辩解："我们全力抗击的那些人、机构，以及产业，才是真正的恐怖主义者，大型石油公司造成的巨量石油泄露，只是罚款了事，检方不会去突击搜查高管。"[1] 欧洲的动物环保极端主义活动主要活跃在英国，2007 年以后扩散至欧洲大陆，例如荷兰、德国、瑞士与法国。在英国，最主要和最活跃的动物极端组织名叫"制止亨廷顿虐待动物"（Stop Hunt-ingdon Animal Cruelty，SHAC）。该组织将分支机构扩散至欧洲大陆与美国。动物解放阵线继续在欧洲实施暴力活动，但是仅限于偶尔的破坏、威胁与恐吓。尽管近年来动物保护极端主义者的活动正在减少，但是生命科学研究、活体解剖实验室与医药企业仍然是主要目标。另外，一些针对捕猎狐狸行为或者皮毛公司的攻击行为仍被新闻报道。[2]

宗教极端型恐怖主义犯罪的强势崛起导致了欧美国家的极右翼思潮死灰复燃，进而引起极右型恐怖主义犯罪爆发。在欧洲，极右翼势力可追溯至第二次世界大战结束后出现的各式各样的新纳粹组织，如 1946 年成立的"意大利社会运动"、1949 年建立的"德国国家党"等。这些组织经常散布极端民族主义思想，敌视外国移民，但当时并未受到社会普遍重视。20 世纪 90 年代中后期以降，极右翼势力始呈上升趋势，以 2000 年奥地利极右政党自由党进入奥地利联合政府以及 2002 年 4 月法国极右翼国民阵线主席勒庞在法国总统选举首轮出人意料击败社会党候选人若斯潘为标志，极右势力的影响力为欧洲社会瞩目，但当时基于其极端理念依然受到普遍抵制。[3] 近年来，受全球金融危机影响，欧洲地区经济发展停滞，失业人口、贫困人口增加，高福利社会体制难以负荷，难民问题引发争议，加之伊斯兰极端主义在欧洲屡屡制造骇人听闻的恐怖袭击事件，特别是不少恐怖分子属于拥有欧洲国家国籍的穆斯林移民后代，导致不少人将怒火与怨气发泄在这些移民后代群体上。极右翼势力借助这一契机，不再公开鼓吹法西斯主义和种族主义，而是打着为民众谋福祉的旗号，利用社会对伊斯兰恐惧的心理，积极推行反对穆斯林和伊斯兰的政治主张，在欧洲社会

〔1〕　宋铁军："环保恐怖主义：破坏是最好的解决"，载《能源》2013 年第 8 期。
〔2〕　European Union terrorism situation and trend report 2014, http://www.europol.europa.eu，最后访问时间：2016 年 7 月 19 日。
〔3〕　张健：《当前欧洲极右势力抬头述评》，载《现代国际关系》2011 年第 10 期。

掀起了极右翼思潮，取得了较大响应。这一思潮也对极右翼恐怖主义犯罪的增加产生了直接作用。一手制造了2011年7月22日挪威首都爆炸案和"于特岛惨案"的"独狼"恐怖分子安德斯·贝林·布雷维克的犯罪动机旨在"以暴力消灭伊斯兰教、文化多元政策，以保护'单一文化'和纯粹的基督教欧洲"，这属于典型的极右极端主义思想。2017年6月18日晚，在英国伦敦芬斯伯里公园区域的清真寺旁发生一起货车冲撞人群的袭击事件，事件导致1人死亡以及至少10人受伤。在案件发生过程中，有目击者称，犯罪人一边开车猛冲猛撞一边高喊："我要杀光所有的穆斯林。"伦敦市市长进一步证实，该起事件是一起针对特定族群的攻击。英国首相特蕾莎·梅亦指出："本次事件受到伤害的是无辜的穆斯林群众，他们在结束祷告离开清真寺时遭到攻击。"联想到2017年上半年英国发生的多起伊斯兰极端主义实施的恐怖袭击事件（如3月22日英国议会大厦恐怖袭击事件导致包括一名警察在内的5人死亡、40人受伤；5月22日英国曼城体育馆发生自杀式炸弹袭击导致23人死亡、119人受伤；6月3日伦敦桥附近发生恐怖袭击事件导致7人死亡、48人受伤），6月18日发生的恐怖袭击事件显然是一起报复性的极右翼恐怖主义犯罪。

（五）恐怖手段高科技化

"科技今天已经不只是人类能够驾驭的工具了"。[1] 科学技术是一柄"双刃剑"。科学技术与恐怖主义的结合推动了犯罪方式的革新，扩展了恐怖袭击的作用界域，并加剧了恐怖主义的社会危害程度。为了达到政治目的，恐怖主义分子不但会大肆利用各种传统手段制造各类骇人听闻的恐怖事件，而且还会运用现代科技的最新成果来不断增强其犯罪能力。恐怖主义分子很有可能诉诸生物武器、化学武器、核武器等大规模杀伤性武器（weapon of mass destruction，WMD），或者利用计算机网络技术等高新科技手段。

高科技恐怖主义具体包括：①化学恐怖主义。日本邪教奥姆真理教制造的1995年东京地铁沙林毒气事件是目前已知最早实施化学恐怖袭击的案例。化学恐怖袭击的特点是伤害范围广、危害持续时间长、杀伤力极强。化学武器具有极高的致死率，采用化学方式实施恐怖袭击活动，平均每起可造成约117.9人受伤，是采用其他方式实施恐怖袭击活动造成受伤人数的2倍。[2] ②生物恐怖

---

〔1〕　〔美〕约翰·奈斯比特：《高科技、高思维》，新华出版社1999年版，第3页。
〔2〕　张小虎主编：《犯罪学》，中国人民大学出版社2013年版，第208页。

主义。生物武器的制造难度低、成本极小，故而有"穷人的原子弹"之称。作为生物武器的基本原料的微生物或毒素物质，可以从全球约 1500 多个菌种库、数不清的科研单位中找到。加之生物武器所要求的生产设施与生产技术十分简单，这就便利了恐怖分子制造具有杀伤性的生物武器。③核恐怖主义。据报道，冷战之后"基地"组织一直试图通过各种渠道获取制造核武器的原料。[1] 恐怖分子可能采取的核恐怖袭击方式包括：其一，从拥有核武器的国家通过盗窃、抢劫等非法手段获取核武器并制造核爆炸。其二，通过购买、走私、盗窃等方式获取核材料，制造简易核装置并加以引爆。其三，攻击核动力厂与核设施，人为制造核泄漏事故。其四，散布放射性材料，恐怖分子将非法获取的放射源与常规炸药混合制造"脏弹"，投放于人口密集地区，以制造伤害与恐怖。[2] 在上述方式中，以非法手段获取核武器直接引爆的威力最大，但难度亦最大。拥有核武器的国家一般会对核武器采用极为严密的保护方式，恐怖组织与这些国家相比实力悬殊，所以难以通过非法渠道直接获取核武器。散布放射性材料难度相对较小，这是因为放射源相对容易获得。但这种恐怖袭击的威力不大，主要是利用公众缺乏核辐射知识而制造社会恐慌气氛。1995 年车臣恐怖分子就曾在莫斯科某公园放置放射性物质，借此恐吓俄罗斯政府与社会。制作简易核装置与制造核泄漏是恐怖分子最有可能选择的方案。特别是前者更值得关注。据报道，冷战之后"基地"组织一直试图通过各种渠道获取制造核武器的原料。加之一些国家对核材料与核技术管理不严，冷战后全球又曾先后发生两次大型国际核走私浪潮，因此不能排除恐怖组织或恐怖分子以这种方式实施恐怖袭击的可能性。④网络恐怖主义。网络恐怖主义包括两类，以网络作为工具实施恐怖主义与以网络作为目标实施恐怖主义。[3] 以网络作为工具实施恐怖主义包括：其一，实施网络恐怖心理战，网络恐怖主义分子通过网上媒体或自建网站，发布各种各样的恐怖信息和图片，散布虚假恐怖信息，制造恐怖氛围，给人的心理种下恐怖阴影，制造社会恐慌和混乱。其二，进行恐怖思想宣传，恐怖分子利用网络和其他可以联网的信息系统来宣传、煽动并支持恐怖主义思想。其三，组织恐怖活动。恐怖分子借助网络这个平台，在搜集资料、筹措经费、联

---

〔1〕 梁长平：《全球安全治理视野下的核安全》，载《阿拉伯世界研究》2013 年第 3 期。
〔2〕 中国国际战略研究基金会主编：《应对恐怖主义：非国家行为体的核扩散与核安全》，社会科学文献出版社 2012 年版，第 30-34 页。
〔3〕 朱永彪、任彦：《国际网络恐怖主义研究》，中国社会科学出版社 2014 年版，第 43-53 页。

络人员、购买装备、确定目标和展开行动等方面进行组织协调，确保恐怖行动成功实施。其四，利用网络传授制毒、爆破、暗杀、劫持人质等犯罪方法。

（六）恐怖袭击极端化

当代国际恐怖主义的一个重要特征就是袭击极端化。传统的恐怖活动的袭击对象一般都是经过精心选择的，或者是因为受害人的身份、地位，或者是因为受害人所处的地理环境、社会位置，或者是因为受害人实施某种行为或从事的某一活动，代表了恐怖主义所要攻击、毁灭、颠覆、破坏的制度、体制、政权、信念或秩序。恐怖分子并不希望给世人留下"滥杀无辜""残暴无度"的印象，而是希望通过震撼的手法获得社会群众的支持。如果说传统恐怖分子倾向于"更多人看而非更多人死"，那么当代恐怖分子追求更加极端——"既让更多人看也要让更多人死"。恐怖分子希冀的是尽可能制造更多的伤亡，更大的破坏，更彻底的毁灭，唯有这样才能向世界表明自己的立场，证明"我们"与"他们"对立的决绝，证明现存秩序的颠覆是不可逆转的命数。这种恐怖袭击的极端化主要表现为攻击对象的极端化与攻击手段的极端化。

第一，攻击对象极端化。根据安保水平的差异，恐怖袭击的目标可分为硬目标与软目标。硬目标包括政府大楼、军事设施、警察局等，软目标包括汽车站、火车站、地铁、医院、商场、广场等。软目标的安保水平低于硬目标，其开放性、公用性、社会性的特点也决定了难以充分防范恐怖分子的突然进攻。

当代恐怖主义犯罪的袭击目标已经从硬目标转向了软目标。客观原因是各国均显著提升对保护硬目标的重视程度。恐怖组织攻击硬目标的难度越来越大，不得不退而求其次，将袭击目标转向防备相对薄弱的软目标。主观原因是袭击软目标可以取得更轰动的社会效应，制造更恐怖的心理冲击。恐怖分子对豪华酒店、高档购物中心、贵族学校等富人、名流聚集场所的攻击，不仅可以沉重打击上流社会和精英群体，还巧妙迎合了下层人民"仇富"的心态。恐怖分子对一国地标性建筑的袭击，可以吸引国际社会更多关注，还引发民众对国家保护自己安全能力的担忧。特别是一些以反美、反西方为目标的国际恐怖组织，在难以渗透目标国家本土的情况下，也会选择一些当地西方人士聚集的软目标下手。例如，2008 年发生的印度孟买豪华饭店、酒店恐怖袭击案、巴基斯坦伊斯兰堡万豪酒店爆炸案，以及 2013 年肯尼亚高档购物中心暴恐案。在我国，"东突"恐怖势力也将攻击的矛头指向了无辜的平民，例如北京天安门金水桥暴恐案、云南昆明火车站暴恐案、新疆乌鲁木齐火车站暴恐案等。恐怖分子对软目标的偏爱，使得当代恐怖袭击更加极端。

第二，攻击手段极端化。当代恐怖主义袭击极端化表现之一就是自杀式恐怖袭击增多。自杀式恐怖袭击出现于 20 世纪 80 年代，实质性增长始于冷战之后。当代自杀式恐怖主义犯罪在"9·11"后增长势头更为凶猛。目前阿富汗与伊拉克是全球自杀性袭击最集中的区域。自杀式恐怖袭击具有以下特点：①杀伤力强，恐怖持久。据统计，1981 年至 2006 年间，全球 1200 次自杀式恐怖袭击仅占恐怖袭击总数的 4%，造成的死亡人数却占死亡总数的 1/3 左右（32%），约为 14 599 人。[1] ②隐蔽性强，成功率高。妇女、儿童作为"人弹"的案件正在增多，这是因为恐怖组织为了提高成功率，充分利用了安保人员对这两类人员警惕性低、防范意识差，尤其是对妇女搜身检查不便的特点。③保密性强，安全性高。就恐怖组织而言，实施者在袭击中死亡本是袭击计划的一个部分，一则无需准备逃跑方案，二则不必担心实施者落入对手手中从而泄露组织信息。

---

〔1〕 张雪鹏、肖宪："自杀式袭击的发展趋势及原因分析"，载《现代国际关系》2010 年第 5 期。

第五章
我国恐怖主义问题与反恐怖对策

第一节　我国恐怖主义问题现状

当前国际恐怖主义犯罪的发展状况实属不容乐观。面对复杂多变且日益严峻的国际安全局势，我国亦无法置身事外，成为免受国际恐怖主义滋扰的一方净土。特别是 2013 年以来，不仅新疆地区的暴恐活动进入活跃期，内地也接连发生了"10·28"北京天安门恐怖袭击案、"3·01"昆明火车站恐怖袭击案与"5·6"广州火车站恐怖袭击案，自 2015 年以来，温州、沈阳、西安、哈尔滨、石家庄等地方亦出现暴恐分子身影。传统上多集中在新疆特别是南疆地区的恐怖主义活动正在逐步向内地外溢、扩散，我国民众难免感到恐慌。如何应对日趋严重的恐怖暴力活动威胁，已经成为我国目前亟待解决的重大问题。

我国的恐怖主义犯罪活动总体上可分为四类：①民族极端型恐怖主义势力实施的恐怖活动；②宗教极端型恐怖主义犯罪，以诛杀"异教徒"、建立神权政体为目标的、受到宗教极端思想煽动、带有狂热宗教色彩的恐怖暴力行为；③黑社会型恐怖主义犯罪，即为了实现某一政治目的、公然对抗政府的黑社会性质组织实施的极端暴力犯罪；④邪教型恐怖主义犯罪，以"法轮功""全能神"为首的破坏性膜拜团体实施的恐怖行为。[1] 目前在我国，最受关注、影响最大、社会危害性最严重、威胁最紧迫的恐怖主义犯罪，是指以境内外"东突"恐怖势力为代表的民族分裂势力、宗教极端势力与暴力恐怖势力（以下简称

---

〔1〕　徐华炳："中国非传统安全的紧迫问题——恐怖主义"，载《温州大学学报》2005 年第 1 期。

"三股势力"）为了达到分裂国家、实现新疆独立、建立"东突厥斯坦国"的目的，广泛采用爆炸、暗杀、放火、投毒、劫机等暴力或胁迫手段，危害人民的人身及财产权利，侵害国家安全与社会公共安全的具有极端严重危害性的犯罪行为。步入 21 世纪以后，"三股势力"不断兴风作浪、为非作恶，大肆在新疆及我国其他省份实施以暴力恐怖为主要手段的分裂破坏活动，妄图在新疆推翻中国共产党的领导，颠覆社会主义制度，肢解中国统一的多民族国家体制。习近平同志指出："暴力恐怖活动的根子是民族分裂主义，思想基础是宗教极端。"这一判断是对我国恐怖主义犯罪现实状况的最为精准、深刻的把握。依据这一论断可得知，在我国新疆地区，宗教极端势力、暴力恐怖势力与民族分裂势力呈三位一体、相互依赖、相互促进的关系。故我国目前危害最严重的恐怖主义犯罪是民族极端型恐怖主义犯罪与宗教极端型恐怖主义犯罪的混合类型。

　　我国的"民族—宗教"极端混合型恐怖主义犯罪的发展大致经历了两个历史阶段。第一阶段始于 20 世纪 90 年代初期，以 1990 年 4 月 5 日新疆阿克陶县巴仁乡武装暴乱为标志。据不完全统计，在 20 世纪的最后 10 年里，新疆地区的暴恐案件就多达 200 多起，166 人不幸遇难，400 多人受伤。[1] 2001 年美国发生了震惊寰宇的"9·11"恐怖事件，受全球反恐联合阵营的联合绞杀与严厉镇压，我国恐怖主义活动进入蛰伏期。以 2005 年为分界点，新疆地区暴力恐怖活动"复苏"，目前为止仍处于第二个活跃期内。特别是 2009 年发生了乌鲁木齐"7·5"事件，堪称新疆 60 年来发生的性质最恶劣、破坏程度最大、危害后果最严重的恐怖事件。据新疆维吾尔自治区公安厅统计，2012 年新疆地区共发生暴恐案件 190 余起，2013 年发生 200 余起。2014 年以来暴恐活动更加猖獗，大案要案频发，仅 2014 年上半年度新疆公安机关破获的涉恐、涉暴组织就已经超越 2013 年查获的总数。自 2014 年 5 月 22 日新疆地区开展严厉打击暴力恐怖活动专项行动之后，截至同年 11 月 22 日，公安机关共破获危害国家、公共安全暴恐团伙多达 115 个。[2] 2015 年第十二届全国人民代表大会上最高人民法院的工作报告显示，2014 年全国各级法院审结的煽动分裂国家、暴力恐怖袭击等犯罪

---

〔1〕　国务院新闻办公室"'东突'恐怖势力难脱罪责"，载《中国新闻网》http://www. chinanews.com/2002-01-21/26/156158.html，最后访问时间：2021 年 3 月 26 日。

〔2〕　兰泽东："新疆半年打掉 115 个暴恐团伙"，载《人民公安报》2014 年 11 月 26 日，第 1 版。

案件共计 558 件，判处罪犯 712 人，同比分别上升 14.8% 和 13.3%。[1] 2016 年 12 月 28 日，新疆墨玉县县委大院发生重大爆炸式恐怖袭击，4 名暴徒被当场击毙，但另有 1 人死亡，3 人轻伤。2017 年 3 月 5 日中华人民共和国第十二届全国人民代表大会上最高人民法院工作报告指出："2016 年各级法院审结危害国家安全、暴力恐怖犯罪案件 1084 件，判处罪犯 1419 人。"[2] 新疆维吾尔自治区党委书记陈全国同志在 2016 年 12 月 29 日的维护稳定工作会议上指出："要正确认识形势，克服松劲情绪，做到警钟长鸣、警惕长在。要深刻认识到，新疆'三期叠加'的态势没有根本改变，新疆与'三股势力'的斗争是长期的、复杂的、尖锐的，有时甚至是十分激烈的。新疆维稳工作面临的挑战依然严峻复杂，反恐维稳任务依然艰巨繁重，长治久安的深层问题需要被不断破解。"[3]

我国当前的恐怖主义犯罪呈现以下特征：

第一，对象特征。近年来，无辜平民与政府工作人员一直是恐怖势力的主要攻击对象。例如 2013 年"10·28"天安门恐怖袭击事件，恐怖分子的意图"昭然若揭"，那就是通过攻击无辜平民，引发更强烈的轰动效应、制造更普遍的恐慌氛围、引起更广泛的社会关注。党政部门是恐怖袭击的重点对象，特别是作为打击暴恐势力的前沿阵地与主要力量的公安机关，更是恐怖分子的"眼中钉、肉中刺"。吴邵忠认为，恐怖分子将袭击目标对准政府机构，其原因包括减少民众反感、躲避国际舆论指责、甚至争取西方敌对势力支持。[4] 2011 年 7 月 18 日，18 名手持斧头、砍刀、匕首、汽油燃烧瓶和爆炸装置等各种凶器的暴恐分子冲入和田纳尔巴格派出所，疯狂攻击派出所民警。2013 年喀什"12·15"事件中，在疏附县萨依巴格乡执行排查任务的民警遭到多名暴徒的突然攻击。[5] 2013 年以来，喀什、和田与阿克苏等新疆地区接连发生数起袭警案件，造成多名民警与协警牺牲。2017 年 2 月 14 日，3 名暴徒在皮山县城某小区内持

---

〔1〕　"2015 年最高人民法院工作报告"，载人民网 http://legal.people.com.cn/n/2015/0313/c42510-26688031.html。

〔2〕　周强："最高人民法院工作报告"，载《人民日报》2017 年 3 月 20 日，第 3 版。

〔3〕　"陈全国在新疆维护稳定工作会议上强调：坚决克服松懈麻痹思想坚决落实各项维稳措施"，载法制网 http://www.legaldaily.com.cn/index/content/2016-12/31/content_6939133.htm。

〔4〕　吴邵忠："中国境内恐怖主义袭击特点与防范对策"，载刘慧主编：《中国国家安全研究报告 (2014)》，社会科学文献出版社 2014 年版，第 92 页。

〔5〕　"新疆暴力恐怖事件近年回顾：2011 年和田击毙 14 名暴徒"，载观察者网 http://www.guancha.cn/society/2013_06_28_154493.shtml。

刀砍杀群众，公安便民警务站民警 1 分钟内迅速处置，当场击毙 3 名暴徒。案件造成 10 名群众受伤。[1] 综合以上情况，可以预见，国家政府机关与无辜平民仍然是今后恐怖袭击的重点目标。

第二，行为特征。

首先，从行为方式来看，为了实现恐吓社会、胁迫国家的意图，恐怖分子的作案方式无所不用其极，诸如爆炸、放火、投毒、暗杀、劫机、车碾、打砸、砍杀等皆为常用方式。近年来发生的自杀式爆炸袭击、刀斧砍杀、投掷爆燃装置、纵火焚烧、开车冲撞碾压等极端疯狂、残忍的恐怖事件更是凸显了恐怖分子的丧心病狂。例如 2013 年新疆巴楚 "4·23" 事件的暴徒先后将数十名社区工作人员、镇干部、民警以割喉、焚烧等方式杀害。[2] 2014 年昆明 "3·01" 恐怖袭击事件中，暴恐分子更是在短短十多分钟内杀死 29 人，砍伤 143 人。[3] 由于我国实行严格的枪支管理制度，较容易获得的刀具、斧头、棍棒与汽油等依然是暴恐分子的主要武器。基于冷兵器制造的杀伤力实属有限，具有更强破坏力和杀伤力、能够制造更大范围恐慌的爆炸装置更为恐怖分子青睐。2014 年 5 月 25 日新疆各级公安机关启动了 "零点" 抓捕行动，公安人员从南疆各地州被打掉的 23 个恐怖组织中，共收缴 200 多枚爆炸装置。根据新闻媒体披露的情况来看，恐怖组织主要是通过互联网或者手机多媒体卡内的视频资料来学习制爆技术的，原材料则以水管堵头、火柴、化肥等生产生活资料为主，多次少量购买，很难为有关部门察觉。[4] 另外，大型生产、建设场所用于劳动作业、挖掘勘探的爆破设备、设施经过改造也可成为恐怖分子实施暴恐活动的武器，故加强生产部门的危险物品管理与保卫工作迫在眉睫。

其次，从行为手段的选择来看，境内外 "三股势力" 更注重高科技手段特别是互联网的利用。从近年新疆发生的暴力恐怖犯罪事件来看，利用互联网站、微博、语言聊天室，以及 QQ、微信、陌陌等互联网应用和各类移动存储介质实

---

〔1〕 "2017 年新疆暴力袭击案件经过 新疆暴力袭击案件图片"，载六安生活网 http：//www.jxdxjt.com/news/guonei/20170228/3631.html。

〔2〕 "巴楚 '4·23' 暴力恐怖犯罪案件一审公开审理宣判"，载天山网 http：//news.ts.cn/content/2013-08/12/content_8552739.htm。

〔3〕 "昆明火车站 '3·01' 严重暴力恐怖案成功告破"，载新华网 http：//news.xinhuanet.com/legal/2014-03/03/c_119587232.htm。

〔4〕 "新疆公安实施 '零点' 抓捕行动，抓获犯罪嫌疑人 200 余名"，载人民网 http：//leaders.people.com.cn/n/2014/0526/c58278-25064002.html。

施暴力恐怖活动、分裂国家的犯罪活动现象日益突出。境内外的暴恐分子主要通过互联网媒介传播暴力恐怖思想和极端主义思想，煽动民族分裂和宗教狂热，联系发展组织成员，传授制毒、制爆技术，异地培训发展成员等等。根据阿地力江·阿布来提的观察，"9·11"恐怖袭击之前的境外"疆独"网站并不多，但是不到两三年的时间，在国际互联网上比较活跃的"东突"网站就增至 25 个。[1] 根据有关部门掌握的信息，目前由"东突"势力公开开设的宣传网站多达数百个，例如"美国维吾尔协会""东突信息中心""东突流亡政府网站""世维会"网站、美国"自由亚洲"网站、"瑞典维吾尔文化协会"网站、哈萨克斯坦"解放电台"网站等。全球 4000 多个"圣战"网站中，涉及我国新疆三股势力的网站有 1700 多个。[2] 近年来，以"东突厥斯坦伊斯兰运动"（简称"东伊运"）为代表的境外"东突"恐怖组织不断发布暴恐音频、视频，煽动境内维吾尔族对"异教徒"进行"圣战"。这些暴恐音频、视频已成为我新疆境内暴恐团伙、组织实施爆炸袭击的"训练教材"和"行动指南"。受互联网上反动音频、视频的影响，一些人极容易发生思想蜕变，产生狭隘的民族意识和宗教极端思想，从而发展到对国家、社会与民族的不认同，进而走上暴力恐怖犯罪道路。根据新闻媒体报道，在近期发生的暴力恐怖袭击事件中，几乎所有恐怖分子均是在经过宣扬、煽动暴力恐怖的音频、视频资料的"洗脑"，接受了宗教极端思想毒害以后，纠集在一起实施犯罪的。2013 年 3 月 26 日，新疆喀什地区、巴音郭楞蒙古自治州法院公开宣判 5 起案件，案件中的犯罪分子利用互联网、手机及电子存储介质观看、复制、传播恐怖音视频资料，利用互联网寻找"圣战"路线。[3] 2014 年 5 月 22 日发生的乌鲁木齐公园北街早市的爆炸案的犯罪嫌疑人阿卜力孜·达伍提等人是在收听宣扬宗教极端思想和暴力恐怖的音频之后形成了圣战思想，并结成的恐怖组织。

　　最后，从恐怖行为的活动范围来看，一直以来，新疆地区的乌鲁木齐、伊犁、和田、喀什、克州、阿克苏与巴州是暴恐案件发生的"重点地区"，其中南

---

〔1〕　阿地力江·阿布来提："境外'疆独'势力对新疆的网络渗透及其危害"，载《现代国际关系》2013 年第 7 期。

〔2〕　古丽燕："新时期'东突'恐怖活动新动向及对策研究"，载《新疆警官高等专科学校学报》2013 年第 1 期。

〔3〕　"新疆 20 名煽动分裂国家、策划暗杀干警等嫌犯获刑"，载新华网 http://news.xinhuanet.com/local/2013-03/27/c_124508682.htm。

疆的喀什、和田、阿克苏则是"重灾区"。据统计，仅 2014 年的上半年，喀什、和田与阿克苏三地破获的暴恐团伙占据全疆破获的暴恐团伙总数的 85% 以上。但是 2013 年鄯善"6·26"恐怖袭击标志着暴恐袭击蔓延至东疆；北京"10·28"恐怖袭击则显示"东突"恐怖分子已经将目光从新疆转向内地。昆明"3·01"恐怖袭击证实了这一点，西安、石家庄、沈阳、温州等地区发生的涉暴恐案件也证实了这一点。种种迹象表明，新疆恐怖袭击事件呈现出地域流动化、外溢化与扩散化的趋势。造成恐怖主义犯罪外溢的原因主要有两个，一个是"伊吉拉特"式的迁徙遭到有关部门堵截后就地展开"圣战"从而引发暴恐事件，另一个是在新疆地区采取的高强度打压态势下，恐怖分子转而流窜到防范意识与措施相对薄弱的疆外地区，以期制造更多的恐怖事件。

第三，主体特征。暴恐组织成员年龄结构呈现低龄化、文化素质低、法律意识薄弱等特点。①年龄特征。青少年不仅是"三股势力"极力拉拢的对象，而且已成为暴恐活动的主体。2009 年新疆"7·5"事件的参与者中，30 岁以下的参与者占总人数的 81.9%。2012 年新疆发生的 190 余起暴恐案件中，参与人员主要为"80 后""90 后"的年轻人。对参与 2014 年"5·22"乌鲁木齐早市爆炸案的犯罪嫌疑的个人情况进行统计可以发现，涉案 14 名犯罪嫌疑人的平均年龄只有 26 岁，其中有 10 人出生于 20 世纪 80 年代，有 3 人系"90 后"，年龄最大者为 1961 年出生，年龄最小者为 1991 年出生。②性别特征。女性恐怖分子不断增多是目前我国境内暴力恐怖团伙成员组成变化的新动向。2008 年"3·07"炸机未遂案是由一名女性"人弹"实施的。2013 年 6 月至 8 月由新疆公安机关查获的 479 余名恐怖分子中也有女性。北京"10·28"恐怖袭击案与昆明"3·01"恐怖袭击案中各有 4 名、2 名女性参与。种种迹象表明，"三股势力"越来越重视女性的作用，特别是利用女性特有的心理结构、性别优势。在实施暴恐活动方面，女性发挥的作用不容小觑。她们教育子女进行非法宗教活动，鼓动家人参加"圣战"，谩骂异教徒，甚至有的妇女谈恋爱时都要求对方有极端思想。一名因在网络散布谣言、鼓动信教群众参加"圣战"而被抓获的男青年供认，他是希望通过这种方式来讨取女朋友的欢心。③文化特征。恐怖分子的文化素质普遍偏低。2013 年新疆警方通缉的 11 名涉暴恐犯罪嫌疑人中，8 人为小学文化程度，2 人为初中毕业。[1] 古丽阿扎提·吐尔逊对 55 名公开通缉的"东突"恐怖分子的教育背景进行了调查，发现初中和初中以下学历的人数占到总数的 85%。[2] 在伊犁州人民法院审理的"肉扎洪·卡斯马洪等三人煽动分裂国家案"中，1 人为本科学历，其余 2 人为小学学历。在"赛都拉木·吾买尔江等十三人煽动分裂国家案"中，初中学历者为 9 人，其余 4 人为小学学历。但是，目前也有一些高学历的知识分子参与到恐怖活动中。王良指出，新疆 10 个地、州十多所高校中已有 300 多名大学生加入"东突"组织。[3] 在 20 世纪 60 年代，一些恐怖分子中，存在许多恐怖分子来自富裕的中产阶级，更多的恐怖分子还是出自贫困阶级，对于贫困阶级的恐怖分子来说，加入恐怖组织不仅能为自己带来经济利益，还能给家庭带来经济利益。④"独狼"恐怖分子。"独狼"恐怖分子又被称为个体恐怖分子。个人恐怖主义犯罪就是指由不隶属于任何恐怖组织的个人实施恐怖活动的现象。"个人"并不意味着仅限于单独一个人，数人共同实施暴恐活动，但尚未形成组织的，也属于个人恐怖主义犯罪。近几年在我国新疆地区，根据有关部门掌握的情况来看，类似西方国家的"独狼式"恐怖活动已经出现，并且数量明显趋多，且袭击规模较小，几乎难以预警和防备。这种暴力恐怖活动一般呈现为"聚则为匪、散则为民"的"独狼"特征。随着互联网等新媒体成为传播宗教极端思想、暴力恐怖思想以及制枪试爆等方法的主要渠道，新疆地区的暴力恐怖分子滋生快，纠集快，往往一拍即合、说干就干，有的两个人简单沟通后便很快勾结在一起，预谋、策划、实施暴力恐怖活动，甚至也有一个人以杀人等方式实施"圣战"以达到"殉教上天堂"的目的。

第四，主观特征。我国恐怖主义犯罪主体的一个共性，是受到宗教极端主义思想的影响乃至禁锢，典型如"圣战殉教进天堂"。宗教极端主义已经成为我国恐怖主义犯罪动机形成的最主要根源。2013 年鄯善县"6·26"事件的罪犯吾拉音·艾力事后供认其犯罪动机，杀人就是为了换取"天堂"的资格，因为"天堂里有仙女、有美酒，可以喝酒，怎么喝都不醉，流出的汗都是香的，想要

---

〔1〕 "新疆警方公开通缉 11 名涉恐犯罪嫌疑人"，载中国警察网 http://news.cpd.com.cn/n18151/c17695044/content.html，最后访问时间：2015 年 9 月 28 日。

〔2〕 古丽阿扎提·吐尔逊："'东突'恐怖势力个体特征及其发展趋势评析"，载《现代国际关系》2014 年第 1 期。

〔3〕 王良："近年来国内外恐怖活动的特点及应对策略"，载《毛泽东邓小平理论研究》2010 年第 5 期。

什么有什么"。[1] "10·28"天安门暴恐案的案犯供称其参加"圣战"的动机是"天堂有 72 个美女,有琼浆玉液,有 7 个特殊条件可以享受"。[2]

宗教极端主义是"东突"分裂势力在 20 世纪 70 年代以后更加血腥、暴力和恐怖的主要原因。宗教极端主义已成为我国暴力恐怖活动的主要理论根据、思想源泉以及最重要的生存土壤。在我国,"宗教极端主义"特指"伊斯兰宗教极端主义"(Islamic extremism),是伊斯兰原教旨主义(Islamic fundamentalism)派别中激进派的主张。"宗教极端主义的本质不是宗教,而是歪曲教义,企图通过暴力手段推翻现有社会政治秩序,或者通过暴力来支持信仰、生活方式、法律体系的观点、立场和行为,其核心是制造民族分裂和进行暴力恐怖活动"。[3] "就新疆伊斯兰宗教极端主义而言,它不是伊斯兰教,它是伊斯兰教的蜕变"。[4] 宗教极端主义实为当代恐怖主义的根源,具有鲜明的反社会、反文明和反人类特征,是我国恐怖主义犯罪生成的主要的文化因素。宗教极端势力在我国新疆地区的主要活动大致分为三种类型:①以"圣战"为名鼓动信教群众实施暴力恐怖活动;②以"真主唯一"为名煽动信教群众反对国家、政府以及与一切与国家政权有关的事务;③干预人们的日常生活与行为举止,剥夺人们的民族风俗习惯,鼓吹民族歧视、分裂。

新疆宗教极端主义的传播方式有两个:一是非法宗教活动,包括非法传教、地下讲经活动,进行面对面的宗教极端主义思想渗透。传教讲经的对象除了成年信教群众外,还有青少年。宗教极端势力深刻感受到青少年力量的强大,所以把青少年作为其实施分裂破坏活动的主要工具。据调查,青少年甚至年龄更小的儿童通过非法途径学经的越来越多,甚至很多儿童都是被父母送过去的。另外,一些宗教极端分子还在婚丧典礼等人群聚集的公共场所公开进行讲经说教。二是非法宗教出版物,包括书籍、图画以及电子音像制品等。例如赛义德·库特卜的《路标》等各类鼓吹"圣战"的书籍与宣传材料,又如"东突"

---

〔1〕 参见中央电视台《东方时空》2013 年 7 月 6 日节目相关报道,http://www.360kan.com/va/ZcIpcK-Zv82IADT.html。

〔2〕 "新疆恐怖组织活动视频曝光:焚烧数十国国旗",载腾讯网 http://news.qq.com/a/20140824/012891.htm? tu_ biz=1.114.1.0。

〔3〕 中共新疆维吾尔自治区委员会办公厅:《关于进一步依法治理非法宗教活动遏制宗教极端思想渗透工作的若干指导意见(试行)》。

〔4〕 张炳勇、顾秀艳:"伊斯兰宗教极端主义在新疆产生的原因分析",载《新疆警察学院学报》2016 年第 1 期。

分子艾山·买合苏木以及阿富汗、巴基斯坦、乌兹别克斯坦等其他国家恐怖分子的音频、视频资料。近年来，伴随着科技发展，移动硬盘、U 盘、手机存储卡等大容量移动存储介质与现代化电子传媒互联网等成为承载并传播宗教极端思想的新载体。特别是新疆地区，互联网使用者数量激增，加之 QQ、微信、微博等各种网上社交平台的推广应用，为宗教极端主义提供了更加便捷、快速、覆盖面更大的传播途径。目前网络恐怖主义已经成为我国极为严重的安全威胁。

宗教极端势力的具体策略为"先正后邪"。宗教极端势力先从宗教知识讲起，如教育信教群众不抽烟、不喝酒、不淫乱和严守教规等。他们一般还进行扶贫济困的善举，以此获取善良淳朴的教民好感甚至信赖，从而使教民放松警惕。宗教极端势力要求信教群众的衣着穿戴、外貌等方面符合教法规定，言行举止、生活习惯、婚丧嫁娶等皆要符合教法。宗教极端势力步步为营、循序渐进，一步步渗入宗教极端思想，逐渐完成对信教群众的极端伊斯兰化改造，歪曲教义，煽动狂热。宗教极端势力的另一种方式是先教导教民学习阿拉伯语，让发展对象诵读《古兰经》、圣训的阿拉伯原文，从中摘出想要发挥和解读的语句，开始宣扬原教旨和极端思想。由于打着伊斯兰教的旗号，信教群众没有戒备且辨别能力较低，一般群众很难抵制。另外，宗教极端势力将妇女、青少年群体确定为宗教极端思想渗透的重点。例如境内外"三股势力"制定的"母亲工程"和"未来工程"，前者的目标是先"改造"妇女，然后发挥妇女对家庭的影响，使其子女成为"接班人"；后者则以青少年作为传播极端思想的重点对象，妄图通过十数年时间完全掌控青少年。近年来暴恐活动以"80 后""90 后"居多即是这一计划造成的严重后果。[1]

第二节 我国反恐怖的基本策略

一、文化反恐是反恐战略的重要组成部分

恐怖活动的形成机制是极为复杂的，是多方面因素交互作用的结果，可以从政治、经济、宗教、民族、历史及国际环境等多种视角加以考察，而文化是

---

[1] 郭永辉："宗教极端思想何以在新疆渗透"，载新疆维吾尔自治区法学会、中国犯罪学学会主编：《"当前暴力恐怖活动的发展态势与对策策略"研讨会论文集》，2014 年 10 月，第 313 页。

不可或缺的一个视角。恐怖活动虽然是反人类、反文明的现象，但对这种反文明的现象本身也需要文化的解读。"主文化是构造现存社会秩序的基础。由于恐怖主义反对现存秩序，因此恐怖主义必须构造一套新的文化体系反对现存的主文化。在恐怖主义构造出的反文化中，价值观是其核心。要成为恐怖分子就必须认同这种特殊的价值观"。[1] 例如，非此即彼的两极化思维，对世界的扭曲认识，对宗教教义的歪曲理解，对暴力的崇尚，对被害人的非人格化对待，特有的心理纹饰作用机制等。畸形的价值观驱动着恐怖行为的发生。

鉴于恐怖活动成因的复杂性，反恐必须采取综合性的控制策略，政治、经济、文化、法律、外交乃至军事等多元措施齐头并举，并且相互支持和配合，方能取得最佳的反恐效果。这几乎成为学界及政界的共识。其中，文化措施是不容忽视的一个方面。西方有学者指出："对一个社会的成功起决定作用的，是文化，而不是政治。"[2] 可见文化在社会治理中的重要作用。反恐活动亦需要重视文化的作用，发挥文化的力量。

同其他反恐措施相比，文化措施属于一种柔性措施，是在悄然、缓慢的潜移默化过程中发挥作用，不像司法惩治、武力镇压等硬性措施那样，作用是立竿见影、显而易见的。因此，在反恐实践中，文化措施容易被人忽视，其重要性更多停留在文件和口号中，即使在行动中也容易流于形式。

在目前我国暴力恐怖活动升级蔓延，反恐形势严峻的背景下，政府采取断然行动，重拳出击，开展大规模、高强度的严打行动，以震慑极端分子，遏制暴力恐怖活动恶性发展的态势，同时显示国家反恐的决心，增强公众的信心，这是极为必要的。但是，越是在这样的紧张时刻，越应当保持清醒的头脑。必须充分认识反恐斗争的长期性、复杂性和艰巨性，不能对严打的成效抱有不切实际的过高期待，而忽略其他反恐措施的配合与跟进。严打尽管能取得一定成效，但单靠严打无法彻底解决暴力恐怖犯罪问题。一方面，一些恐怖分子受宗教极端主义的洗脑，不惧生死，甚至视死如归，严刑峻法对其震慑作用有限；另一方面，严打尤其是击毙和死刑存在一定的副作用，可能引发更多的仇恨和对立。这在国外是有前车之鉴的。"9·11"后，美国依赖军事手段在一些国家

---

〔1〕 杨隽、梅建明：《恐怖主义概论》，法律出版社 2013 年版，第 82 页。
〔2〕 ［美］塞缪尔·亨廷顿、劳伦斯·哈里森：《文化的重要作用——价值观如何影响人类进步》，程克雄译，新华出版社 2002 年版，第 3 页。

开展反恐行动，结果加剧了矛盾和对抗，出现了"越反越恐"的现象，其教训是深刻的。

　　恐怖活动是恐怖分子的有意识的行为，没有天生的恐怖分子，一个人走上恐怖犯罪的道路，一定是他的思想和心理出了问题。虽然政府决心给暴力恐怖势力以毁灭性打击，但这不意味着将每一个恐怖分子在肉体上消灭掉，这是不可能的，也是不可行的。在反恐斗争中，因紧急情况而击毙的或者被判死刑的只是恐怖分子中的极少数人。对大部分仍然生于世上的恐怖分子而言，如何消除支配其走上恐怖犯罪道路的错误、极端思想，同时，尽力避免社会中的普通人接受这样的错误、极端思想，从而成为潜在的恐怖分子，这是至关重要的。仅靠武力和刑罚显然不能解决这一问题，必须借助文化和教育的力量。正如美国反恐专家詹金斯所言："防范恐怖主义的最有效办法将不是来自更多的监视、混凝土障碍堤、金属探测器或新的法律，而是来自我们自己诸如勇敢、献身精神、爱国心、避免极端主义等的品行力量。"[1] 因此，从长远和全局来看，必须高度重视文化反恐，将其作为国家反恐战略的重要组成部分。通过加强社会精神文化的建设，在有效地改造恐怖分子以及其他持极端思想者同时，提高全民的文化素养和人格水平，增强社会各民族、各阶层的国民意识、爱国情感，促进民族团结和宗教的健康发展，教育公众正确认识恐怖活动的威胁，提高其应对恐怖活动的心理素质，从而构建有利于反恐的"软环境"，提高国家反恐的"软实力"，这就是文化反恐的主要内容。

　　文化反恐问题已经得到我国高层的关注。2010 年 5 月，新疆维吾尔自治区党委提出了"以现代文化为引领"的治疆方略，把文化在新疆稳定与发展中的地位，推到了前所未有的高度。2014 年 5 月 26 日，中共中央政治局召开的有关新疆工作的会议上，提出"用社会主义核心价值体系构筑新疆各民族共有精神家园，坚定占领宣传、文化、教育阵地"。先后于 2010 年和 2014 年召开的两次中央新疆工作座谈会，都强调了文化建设在新疆工作中的地位和作用。高层作出决策之后，关键在于基层的落实。应当制定切实可行的具体方案，并创新相关的工作机制，扎实予以推进。只要坚持不懈地努力，文化反恐的成效会逐步显现出来，其作用也是不可替代的。

---

[1] 转引自胡联合：《第三只眼看恐怖主义》，世界知识出版社 2002 年版，第 263-264 页。

二、去极端化是文化反恐的首要内容

当今世界，极端民族主义与宗教极端主义都是最具破坏性的政治与社会力量之一，在大量的暴力恐怖活动背后，都能看到极端民族主义或宗教极端主义的阴影。在我国，目前最活跃、最具威胁的"东突"恐怖主义势力，与宗教极端主义势力、民族分裂主义势力是密不可分的。众所周知，它们的根子是民族分裂主义，宗教极端主义是其精神指导，暴力恐怖则是其活动方式。

在当前以至未来相当一段时期内，宗教极端主义将是我国面临的最危险的反社会势力之一，而伊斯兰极端主义是其主要表现形式。正是在伊斯兰极端主义思想的毒害下，一些人沦为暴力恐怖分子，犯下惨无人道的罪行。近年在新疆发生的一系列恐怖袭击案件、2013 年 10 月发生的天安门恐怖袭击事件以及 2014 年 3 月发生的昆明火车站恐怖袭击事件，都能看到伊斯兰极端主义的影响。2013 年 6 月 26 日，新疆鄯善县鲁克沁镇发生暴恐袭击案件后，一名落网的年轻嫌犯曾在电视采访中称，自己的杀人动机是通过暴力和杀戮换取进天堂的资格。2013 年 6 月 15 日，新疆和田棋牌室暴恐事件发生后，被抓获的 19 岁的犯罪嫌疑人木尔扎提，也交代自己参与作案是因为接受了所谓"圣战殉教进天堂"的"理论"。可以说，伊斯兰极端主义已经成为恐怖分子最主要的思想基础。

从本质上讲，宗教极端主义不是宗教，而是宗教在自身发展中的异化物，是对原宗教的亵渎和歪曲。宗教极端主义借宗教形式灌输和煽动某些极端主张，以图达到某种政治目的。

关于新疆地区宗教极端主义势力的表现特征，有学者进行了比较全面和深刻的概括：一是极端的非理性。在人生观上，全面否定现实生活的价值和意义，推崇偏狭、扭曲的人生价值，将不惜毁灭自我、滥杀无辜视为"圣战"，作为其人生的最高追求。二是强烈的排他性。在意识形态方面，绝对排斥其他文化和信仰，容不得任何不同思想和主张，甚至与不赞同极端思想的广大穆斯林、本民族人民为敌。在政治制度方面，全面反对现行的社会制度，认为只有由宗教极端势力掌权的社会制度才是合理的制度。在生活方式方面，坚持所谓的"神圣性"而反对世俗性，拒绝社会进步和现代化生活方式。他们罔顾维吾尔族世俗文化与伊斯兰教信仰并行不悖的历史传统，竭力鼓吹社会生活的伊斯兰化。三是极大的迷惑性。宗教极端势力总是表现出对民族、宗教未来的"关切"和

"忧患"，总是打着"纯洁"宗教信仰的幌子，抓住社会现实中的一些不良现象进行煽动和蛊惑。[1]

宗教极端主义是危害破坏民族团结与社会稳定的毒瘤，是催生暴力恐怖犯罪的温床。只有遏制宗教极端主义思想的蔓延，摧毁"三股势力"的思想根基，才能取得反恐怖、反分裂斗争的最终胜利，实现边疆地区的长治久安。文化是民族的灵魂，宗教是文化的重要组成部分。因此，文化反恐的首要任务和内容，就是"去极端化"。"去极端化"既是当前一项迫切的任务，也是治本的措施之一。

所谓"去极端化"，就是动员社会中一切积极力量，综合运用管控、宣传、教育、教诲、矫治等各种手段，阻断极端思想的传播路径，促使一般民众积极抵御极端思想的感染，并使已经感染者放弃极端思想，回归正常的社会生活，从而促进宗教的健康发展与民族关系的和睦，促进社会的稳定、和谐。

从国外看，自20世纪90年代以来，国际恐怖主义迅速发展，许多国家面临恐怖活动的威胁，而伊斯兰极端主义是其最重要的推动力量。为此，不少国家都在实施"去极端化"政策，以控制和削弱伊斯兰极端主义的影响。在我国，去极端化也已经被列为当前反恐工作的重要内容。新疆维吾尔自治区前党委书记张春贤在自治区八届七次全委（扩大）会议上指出，当前最突出的工作就是要深入推进"去极端化"。习近平总书记在第二次中央新疆工作座谈会的讲话中明确指出，"促进民族团结、遏制宗教极端思想蔓延"是当前新疆工作的重点。

"去极端化"是一项宏大而艰巨的社会系统工程。应在政府主导下，动员一切有益力量和有效手段，在最大程度压缩宗教极端思想传播空间的同时，努力健全公共文化服务体系，推动教育发展和文化建设，改进宗教管理模式，有效改造极端分子，促进文化融合与民族团结，从而遏制宗教极端思想的滋生蔓延。

三、文化反恐与去极端化的基本路径

（一）推动教育发展

在一个多民族国家里，国家统一与社会稳定的基础是民族团结，民族团结的前提是文化融合，文化融合则主要依靠教育。所以，发展教育是文化反恐的

---

[1]　马进："现代文化战略是'去极端化'的治本之策"，载《中国民族报》2014年1月10日，第5版。

第一要务。

首先，要加强国民教育，促进各民族群众的国家认同感。这里讲的国民教育，主要是指关于建立国家归属感和国民身份认同的教育，通过教育，帮助公民理解国家的历史文化传统、核心价值观、国家主权及政体结构等，培养公民的国家认同意识和爱国情感。当今世界，重视国民教育是国际通行做法。例如，美国在中小学阶段就注重国民教育，许多学校每天都有升国旗、奏国歌仪式；法国的国民教育偏重宣扬法兰西民族优秀传统，突出法国各个历史时期的光辉业绩，培养作为法国人的民族自豪感和民族自尊心。日本、韩国、新加坡、俄罗斯等国，都以不同方式强调青少年应有爱国情操和民族自豪感。在全球化时代背景下，许多国家在不同程度上出现了国民的认同危机，各国更加关注国民教育，以培养国家凝聚力，增强民族自信。

我国历来强调对青少年的思想政治教育，思想政治教育中也包含爱国主义教育等内容，但传统的思想政治教育模式存在一定的僵化性，在现代社会面临效果不佳的问题，其内容和形式都亟待改革完善。在对传统思想政治教育进行改革的同时，有必要将国民教育单列出来，重点推行。中央倡导的"三个离不开""四个认同"的教育，实质上就是国民教育的核心内容。应当设计更具针对性和生动性的教育方案，尤其是如何结合少数民族和边疆地区的特点，开展有效的国民教育，更是必须高度重视的问题。需要特别指出的是，在专门培养神职人员的经学院教育中，也有必要加入国民教育的内容，以促使民众的宗教认同与国家认同融为一体、并行不悖。

其次，要继续加大对边疆少数民族地区的教育投入。同内地相比，新疆少数民族地区现代教育比较落后，这是制约经济发展的原因之一。同时，经济、文化教育的落后，也为极端主义思想兴风作浪提供了温床。这一现象在南疆地区尤为明显。例如，南疆的喀什、和田和克孜勒苏是新疆经济最落后的地区。根据一项统计，这三地州的贫困人口占全新疆贫困人口总数近80%。自1994年国家开始发布国家级贫困县名单以来，新疆一直有27个国家级贫困县，而其中有19个属于上述三地州。由于经济落后，上述三地州民众普遍接受教育程度低，极端宗教势力更容易入侵，尤其是相当数量的青少年处于法盲、文盲、教盲的"三盲"状态，容易被宗教极端主义思想所控制，从而使南疆成为"三股势力"肆虐的重灾区。最近，政府在教育方面的一个积极举措，就是决定为南疆少数民族学生提供12年义务教育。教育水平的提高，不仅有助于促进就业、发展经济，也有助于抵御极端主义思想的渗透。从实践来看，很多初中毕业就走向社会的年轻人因为思想还没有定型，并缺乏谋生技能，更容易被极端势力控制和利用，让年轻人多接受 3 年的义务教育，会减少他们误入歧途的几率。

此外，要进一步发展少数民族地区的双语教育。语言是人类信息交流、情感表达的工具，也是文化传承与发展的重要载体。在少数民族地区发展双语教育，首先是现行法律的要求。我国自 2001 年实施《中华人民共和国国家通用语言文字法》，第 3 条明确规定："国家推广普通话，推行规范汉字。"第 4 条规定："公民有学习和使用国家通用语言文字的权利。国家为公民学习和使用国家通用语言文字提供条件。地方各级人民政府及其有关部门应当采取措施，推广普通话和推行规范汉字。"

在少数民族地区发展双语教育，也具有多方面的积极意义。第一，少数民族人士掌握国家的通用语言文字，有助于提高自己的社会竞争力，拓展就业空间，获取更多的事业发展机会。第二，有助于各族青少年更好地学习和了解中华文化，生成对祖国文化的认同，增强国民意识。第三，有助于更好地实现各民族间的交流与互动、沟通与信任，促进文化融合和民族团结。近年来，新疆地区不遗余力地推行双语教育，取得很大成效。据报道，2008-2012 年，国家和自治区投入 50 亿元实施双语幼儿园建设工程，在七地州及九县市新建和改扩建双语幼儿园 2237 所。截至 2012 年 9 月，新疆已基本普及学前 2 年双语教育。[1]双语教育是为国家未来奠基的重大工程，应当在更大范围和更高层次推行。

在少数民族地区双语教育的未来发展上，可考虑如下几点：一是出台更多的激励措施，鼓励少数民族人士主动、自愿参与，避免硬性推行。二是要在政府推动外，更多地发挥社会力量的作用。例如，通过政府购买服务的形式，鼓励民间语言培训机构介入。三是要鼓励更多的汉族人士学习少数民族语言。四是建议把普通话和汉字通称为"国语"，避免使用"汉语"一词，这样能更准确地表述其作为国家通用语言文字的法律地位，避免一些人的误解和疑虑。从历史上看，国语一词也是有历史根据的。早在 1909 年，清政府设立了"国语编审委员会"，将当时通用的官话正式命名为"国语"；民国时期，国语的称谓也一直沿用。

---

〔1〕　蒋夫尔："新疆基本普及学前两年双语教育"，载《中国教育报》2013 年 8 月 21 日，第 1 版。

(二) 加强文化建设

"文化是一个民族、国家生存与发展的基因,在国际社会中更是身份的标志。所以文化认同是民族及国家认同的基础,是国家合法性重要的社会心理依据,是其在国际社会安身立命的伟大精神力量"。[1] 文化反恐的重要内容之一是促进一国民众的国家认同和政治认同,而国家认同和政治认同的前提是文化认同。文化认同,是指人们对一个民族共同体内长期以来形成的语言、文化、制度、价值、利益和身份的一种自觉的认可和接受。文化认同是凝聚民族共同体的精神纽带,文化认同的削弱,会导致民族认同和国家认同的弱化。因此,"现代民族国家都通过文化、教育系统及传媒网络,制定相应的法律、法规来培育、塑造社会成员的共同的文化意识和归属感,整合其社会文化心理,确保他们对国家的政治认同忠诚"。[2]

十八大以来,中共中央大力推动以"培育和弘扬社会主义核心价值观、弘扬中华传统美德"为主旨的文化建设,旨在提升国民的精神素养与境界,整合社会意识,凝聚民族精神,提高国家文化软实力。这有利于构建遏制极端思想的文化防线,实现文化反恐的目标。从反恐和去极端化的角度,除了加强对边疆少数民族地区文化建设的投入等之外,还应关注以下方面:

一是要促进文化交流与融合。在一个多元文化共存的社会中,不同文化之间的良性互动,会促进文明的增长与繁荣;但如果缺乏良性的沟通和彼此包容,文化之间的差异也可能演化为不同族群之间的冲突和对立,造成社会的不安与动荡。因此,加强不同文化之间的平等对话和交流,十分必要。自古以来,新疆就是多民族共居、多元文化汇集之地。多元文化的交融促进了新疆的繁荣发展;同时,各民族间生活方式、风俗习惯、宗教信仰等差异,也难免带来一些局部的、暂时的摩擦现象。但这并不是一些西方学者所主张的,属于不同文明体系之间的、不可调和的冲突对抗。在当今高度开放的社会中,加之新疆地区特殊的历史与地理环境,其文化生态更趋于多样性、复杂性,除了不同民族之间的文化差异外,还存在本土文化与外来文化、世俗文化与宗教文化、边疆文化与内地文化、传统文化和现代文化等差异。应当在汲取不同文化的智慧、寻求多元文化和谐共存的前提下,促进各民族的文化融合与文化认同。应当正确

---

[1] 李渤:《民族宗教问题与国家安全》,时事出版社 2013 年版,第 160 页。
[2] 李渤:《民族宗教问题与国家安全》,时事出版社 2013 年版,第 160 页。

对待民族文化、传统文化的传承与创新，守护民族传统文化的精华，同时以开放包容的态度进行扬弃和改造，推进新疆民族文化的现代化。

　　文化建设的具体内容是丰富多样的，这里仅提几点初步建议：①以丝绸之路遗址申遗成功为契机，加强对文物遗存、非物质遗文化遗产的保护，积极展示、推介新疆的文化资源，激发区内各民族人民的文化自豪感。②继续实施"新疆民族文学原创和民汉互译作品工程"，用优秀文艺作品作为民族沟通、文化融汇的桥梁。③在边疆少数民族地区兴办国学教育，弘扬中华优秀传统文化，通过培植传统文化中的"仁爱""中庸""和合"等理念，抵御极端思想侵袭。④举办各种笔会、诗会、文艺采风、文化夏令营、大学生暑期社会实践等活动，为边疆与内地不同民族青少年创造交流机会，促进文化融合与认同。

　　二是文化建设应重在社区、重在实效。文化建设不是抽象的概念，更不是枯燥的说教，必须采取生动、灵活的方式，贴近基层、贴近百姓、贴近生活，方能收到以文化人的效果。故此，文化建设的重心应放在社区，文化资源应向基层倾斜，尤其是对于文化资源十分贫乏的边疆农村地区，在文化设施建设、人员配备与人才培养、优秀文化产品的供给等方面，都要加大投入。文化建设是长期的、艰巨的工程，不可能一蹴而就，应当稳步推进，避免运动化倾向，杜绝政绩工程。同时，文化建设要尊重学术及文艺创作等文化活动的规律，避免过分的意识形态化。应改进文化管理的模式，尝试一定的市场化运作机制，如采取政府对重要文化项目的招标方式，以激发文化工作者的创新活力，从而为社会贡献有价值的文化精品。应鼓励学者进行田野调查，鼓励文艺工作者下乡采风，从生活中汲取创作的灵感和研究的营养，力戒闭门造车。通过开展丰富多彩的文化活动，可以充实人的内心，净化人的灵魂，陶冶人的情操，丰富人的情感，开阔人的视野；而人的文化素养和精神境界的提升，可以增强对极端思想的心理免疫力，构筑强大的反恐精神防线。

　　三是引导公众正确认识恐怖活动及其威胁，培育有利于反恐的社会心理。首先要引导民众理性看待恐怖势力的现实威胁，努力以平常心对待恐怖活动的客观存在。反恐也是一场心理战，如果民众对恐怖活动的危害反应过度，社会弥漫非理性的恐慌情绪，则正中恐怖分子下怀。其次，要帮助民众正确认识恐怖活动的成因。将宗教作为政治斗争手段的暴力恐怖分子，只是极少的一部分人，他们代表的不是穆斯林，也代表不了穆斯林。要启发民众把暴力恐怖分子同伊斯兰教及穆斯林区别开来，努力避免因误解导致的"污名化""标签化"等负面效应以及由此带来的族群歧视与对立现象，以维护反恐的社会基础。第三，要通过各种途径，对公众进行反恐方面的宣传教育，提高公民的风险防范意识和自我保护能力，鼓励公民积极举报恐怖活动线索，从而编织覆盖全社会的反恐、防恐网络。

（三）创新宗教管理

宗教是一国文化的重要组成部分，也社会整合的力量之一。以伊斯兰极端化为代表的宗教极端主义，本身是对宗教的歪曲和异化，与宗教教义是背道而驰的。因此，文化反恐战略中要注意吸取宗教文化中积极的因素，发挥一切宗教界的健康力量，使其服务于反恐和去极端化事业。

1. 要逐步改进现行的宗教事务管理体制。宗教事务管理是社会管理的一部分，但现行的管理体制存在一定问题。目前，我国在各级政府设立宗教管理机构，主要采用行政手段管理宗教活动，宗教团体虽定位为民间组织，但政府实际上赋予其垄断性地位。这使得宗教团体易产生机关化倾向，脱离信教群众，影响其发挥应有的作用。有人指出，现在一些宗教团体存在"组织政治化、作风机关化、上层机关脱离基层教徒、依赖政府办宗教"的问题。由此带来的后果，是一些宗教团体影响力日益弱化，在广大信教群众中的凝聚力下降。新疆地区宗教极端主义的泛滥，同合法宗教团体的作用没有充分发挥不无关系。

宗教事务管理体制改革的方向，应当是将宗教事务由依靠行政管理为主转变为依靠法律管理为主。应适时制定《宗教法》，作为国家处理政教关系和地方各级政府依法管理宗教事务的法律依据。同时，应尽可能释放宗教团体的活力，淡化行政色彩，鼓励其在法律框架下积极参与社会服务，如兴办各种社会慈善、公益事业，参与罪犯及刑满释放人员的帮教等。

2. 在一定范围内宣讲宗教政策、知识。据新疆维吾尔自治区公安厅统计，从近年破获的暴力恐怖案件来看，参与人员中大多都是"80后""90后"，其中，初中以下文化程度的占到95%左右，他们对宗教知识缺乏了解，容易受极端思想的煽动和蛊惑。有鉴于此，在取缔非法地下讲经活动、封堵宗教类非法宣传品的同时，应通过合法途径，满足信教者的信仰需求。有必要在边疆少数民族地区，组织专家及爱国宗教人士，给有需求的人群宣讲有关的宗教政策或知识，包括国家的民族宗教政策，以及基本的宗教知识如伊斯兰教的教义教规等。另外，也可以有计划地出版一些伊斯兰教经书、典籍、常识性读物及视听产品，以引导他们正确理解宗教政策和有关宗教教义，抵制极端思想的渗透。

3. 动员有关力量做好"解经"工作。古兰经存在一些比较艰深、晦涩的词汇，这给翻译者和引用者很大的发挥空间。同时，在伊斯兰教发展历史早期，由于存在不同政治派别的相互争论，有些信息未能得到充分的证实和解释。此外，随着时代的变迁，一些概念需要根据伊斯兰教的精神重新解读。如"殉道"和"圣战"等概念，存在多种理解，需要作出符合时代发展、适应现代文化的合理界定。做好"解经"工作，是一项重大的文化工程。应发动有造诣的伊斯兰学者，宣扬真正的伊斯兰教义，宣扬伊斯兰教中蕴含的温和、理性、倡导和平、团结友善等精神。例如，伊斯兰这个单词本身即为"和平"之意；古兰经教导人类："枉杀一人如杀众世人，救活一人如拯救全人类。"（《古兰经》5：32）伊斯兰教主张通过辩论来传播自己的教义，它反对通过胁迫的方式推广自己的信条。这些伊斯兰教义蕴含的积极内容，对于文化反恐和去极端化有着特殊意义。

除了依靠宗教力量之外，可鼓励各民族学者深入开展伊斯兰文化研究，发掘其中有生命力的文化资源，并向社会加以推介。还可通过举办伊斯兰文化论坛等形式，邀请国内外伊斯兰文化知名专家、学者，探讨伊斯兰文化现代化，探讨治理宗教极端主义的对策。这些措施有利于引导公众理性对待伊斯兰教，营造理解、尊重和包容的社会环境。

4. 促进新疆伊斯兰文化的现代化发展。任何有生命力的文化，包括宗教文化，都不是恒定不变的绝对封闭体系。一方面，随着时代的变化，一种文化体系必须与时俱进，否则就有衰落乃至被淘汰的危险；另一方面，文化在对外传播的过程中，也需要根据传入地区的特定环境进行适应性变化，做到"入乡随俗""随遇而安"。伊斯兰文化作为有着1300多年历史的古老文化，面临今天这样前所未有的开放社会背景，需要随着时代发展而革新变化。回顾历史，伊斯兰教在新疆的传播过程，就是伊斯兰教不断地区化和民族化的过程，而且这一过程直到现在也没有结束。

包括新疆地区在内，我国目前正处于一个深刻的社会转型期，多元文化的碰撞、交流与融合不可阻挡。新疆地区在向现代化迈进的过程中，提出了建设现代文化的目标与使命，而促进伊斯兰文化的现代化发展，是其中应有之义。应当在充分尊重新疆当地少数民族宗教文化、保持其基本特质与文化精髓的前提下，着力推进伊斯兰文化同现代法治文化及中华传统文化的融合，加强不同族群的理解和沟通，从而使得伊斯兰文化吸收新鲜血液和现代气息而更具生命力。历史上，佛教进入中国后，经历了不断的本土化、中国化过程，在此过程中，佛教不仅没有迷失自己，反而借助同儒家文明的结合，得以焕发生机，兴盛发展。就伊斯兰文化本身而言，也有同中华文化成功融合的范例。作为中国最大的穆斯林民族，回族早在明朝就开始了伊斯兰教的中国化探索。这一历史进程主要是透过宗教经典的汉文译著和以儒诠经的方式来完成的。经过明清以来的几百年的持续本土化努力，回族的伊斯兰文化已经具有了鲜明的中国文化特征，实现了宗教认同与国家认同的统一，自身也得以稳固发展。

（四）提高改造效能

为了最大程度地消除极端主义的威胁，需要有效地改造极端分子，使其脱离极端组织、放弃极端思想，重新融入主流社会。这是一项十分艰巨的工作，但必须全力去做，并争取最大成效。在"9·11"之后的十几年中，很多国家都制定了去伊斯兰极端化计划，例如沙特、也门、伊拉克、埃及、新加坡、马来西亚、印度尼西亚、英国、荷兰等国，都推行了这样的计划，有的国家卓有成效。如沙特政府的去伊斯兰极端化，成功地矫正了80%被关押的武装分子，只有5%的刑满释放者重新遭到逮捕。[1] 我国应当学习其他国家的成功做法，制定适合我国国情的去伊斯兰极端化计划，并努力推行。新中国监狱系统曾经成功地改造过日本战犯、伪满洲国战犯等，取得了令世界瞩目的罪犯改造奇迹，在改造宗教极端分子、恐怖分子方面，也一定能有所作为。当然，在开放社会背景下，面对具有宗教狂热、被极端思想洗脑的极端分子，改造工作更加艰巨，更具有挑战性。借鉴他国经验，我国在改造极端分子方面有以下几点值得考虑：

1. 应当对极端思想的来龙去脉以及极端分子走向极端化的过程加以认真研究，在大量的个案分析、实证研究的基础上，制定系统、有针对性的改造计划，并组织最精干的力量，投入对极端分子的改造工作，并不断地评估改造效果，调整改造方案，提高改造的效能。

2. 对极端分子的改造计划应当是综合性的，包括思想教育、心理辅导、情感疏导、人格塑造、行为矫正、宗教教诲、生活帮扶等。多种手段应当相辅相成，并结合极端分子的个体情况有所侧重。鉴于对极端分子改造的特殊难度和复杂性，应当着力培养一批深谙民族学、宗教学、法学、心理学等多学科知识

---

〔1〕 兰德公司编著：《伊斯兰极端化与去极端化》，汪永乐译，公安部西北研究所2013年印行，第326页。

的专家型管教工作者。

3. 要争取社会的支持配合。国外的研究表明，极端分子在脱离极端组织后，能否建立温和的社会关系网络，能否找到合适稳定的工作，能否被主流社会所接纳，这些因素直接影响他重新实施极端行为的可能性。所以，必须寻求各方面社会主体的支持与配合，包括极端分子的家庭成员、社区、企业、非政府组织等。

4. 可以借助宗教力量参与矫正工作。极端分子都有宗教狂热的背景，其极端化过程伴随着对宗教教义的误读和曲解，因此，通过宗教权威人士阐释真正的伊斯兰教义，表明伊斯兰教义是反对恐怖活动的，这对极端分子的思想转化具有特别的作用。例如，沙特、也门、新加坡等国的去极端化计划中，十分注重开展宗教对话活动，即邀请宗教神职人员与服刑的极端分子进行面对面沟通交流，通过阐经说理，促使极端分子改邪归正。这一措施取得了很好的效果，是值得我们效法的。

第三节　总体国家安全观与反恐对策思考

一、总体国家安全观的提出及其对反恐的导向意义

国家安全是一个国家和社会生存和发展的基础和保障。在新的时代背景和世界格局之下，我国国家安全面临诸多挑战，安全威胁呈上升趋势，维护国家安全的任务更加复杂艰巨。为了适应新形势下有效维护国家安全的需要，2014年4月，习近平总书记在第一次国家安全委员会会议上，首次提出了总体国家安全观，并对其基本内容进行了系统阐述。"总体国家安全观"作为新时期维护国家安全的基本理念和指导思想，必将对我国政治、经济、外交、文化、社会等各方面的发展产生深远影响，对于实现新中国的和平崛起和中华民族的伟大复兴具有战略保障意义。

总体国家安全观既立足国情，又放眼国际，在系统总结我国长期以来维护国家安全的理论与实践同时，深刻洞察时代变迁与国际形势变化对国家安全带来的影响，对国家安全的内涵、范畴、关系等作了全新阐释，对新时期维护国家安全的战略路径进行了科学设计。其视野十分开阔，内容极为丰富，为走出

一条具有中国特色的国家安全道路奠定了思想基础。概括而言，总体国家安全观具有以下几个鲜明的特点：

1. 总体国家安全观是丰富、多元的国家安全观。这集中体现在其大大拓展了国家安全的内涵和外延。习总书记在阐释国家安全的范围时，列举了政治安全、国土安全、军事安全、经济安全、文化安全、社会安全、科技安全、信息安全、生态安全、资源安全、核安全等11个具体领域；另外，习总书记在阐述总体国家安全观的内在关系时，又提到了人民安全和国际安全。人民安全和国际安全都具有综合性、广泛性特点，人民安全更具有统摄性意义，难以归属于某个特定领域，但毫无疑问二者都属于国家安全的重要内容。在11个具体领域的安全中，政治安全、国土安全、军事安全属于传统安全，其他安全领域均属于非传统安全。在当代社会中，非传统安全问题的表现复杂多样，给国家安全带来的威胁日益严重，甚至超过传统安全问题。总体国家安全观顺应时代发展，根据新形势下国家安全的新变化，强调了非传统安全在国家安全体系中的地位，从而合理地扩展了国家安全的内涵和外延，深化了人们对于国家安全的理解和认识。

2. 总体国家安全观是多层次、立体化的国家安全观。总体国家安全观涵盖11个具体领域的安全，加之人民安全和国际安全，13个方面彼此联系，相互支撑，同时，各个方面在国家安全体系中又处在不同的层次，地位和作用不尽相同，具体讲，就是"以人民安全为宗旨，以政治安全为根本，以经济安全为基础，以军事、文化、社会安全为保障，以促进国际安全为依托"。由此，形成一个多层次、立体化、全方位的有关国家安全的科学体系。

3. 总体国家安全观是辩证、动态的国家安全观。总体国家安全观注重用整体的、辩证的、动态的视角来观察和把握国家安全问题，体现了唯物辩证法思想和系统论思维。正如习总书记所指出，在国家安全的关系把握上，"既重视外部安全、又重视内部安全，既重视国土安全、又重视国民安全，既重视传统安全、又重视非传统安全，既重视发展问题、又重视安全问题，既重视自身安全、又重视共同安全"。这充分体现了唯物辩证法的两点论与重点论相统一的思想，有助于促进国家安全战略的科学设计，妥当把握和处理相关的关系，从而避免用孤立、静态的眼光看问题可能导致的决策失误。

2015年7月1日，第十二届全国人大常委会第十五次会议通过了新的《国家安全法》。这是我国首部全面规范维护国家各领域安全的基础性法律，该法将总体国家安全观的核心内容予以立法确认，并明确规定国家安全工作应当坚持总体国家安全观。总体国家安全观的提出及其立法化，意味着反恐斗争纳入国家安全战略。恐怖主义作为冷战后兴起的一种非传统安全威胁，被称为和平时期最危险的敌人。同普通刑事犯罪相比，恐怖主义犯罪不仅对公民的生命财产安全构成严重威胁，引发社会恐慌，冲击公共安全，而且往往具有一定的政治诉求，给政权稳定乃至国土安全带来危害；另外，恐怖主义犯罪的成因更为复杂，处置和应对的难度比普通刑事犯罪更大。当今遭受恐怖主义威胁的各国普遍将反恐纳入国家安全战略，而不仅仅是从控制犯罪与维护治安的层面制定反恐对策。在我国，以"东突"势力为主体的恐怖主义活动，其最终目的是实现民族分裂，破坏国家统一，且背后往往有境外恐怖组织及其他敌对势力的操纵或支持，国际化色彩明显，对国家安全造成极大威胁。将反恐纳入国家安全战略，确立总体国家安全观的导向作用，是反恐斗争的现实所需、大势所趋。

《国家安全法》第二章"维护国家安全的任务"对防范和处置恐怖主义、极端主义做了专门规定。2015 年 12 月 27 日，第十二届全国人大常委会第十八次会议通过《反恐怖主义法》（以下简称《反恐法》），该法第 4 条明确规定，国家将反恐怖主义纳入国家安全战略。反恐作为维护国家安全任务的重要组成部分，无论在对策设计、立法规制还是执法与司法操作各个层面，都必须坚持总体国家安全观，这既是政策和法律的要求，也是治理恐怖主义的有效路径。

二、新时期我国反恐斗争的现状与面临的挑战

20 世纪 90 年代以来，随着冷战的结束与国际环境的变化，国际恐怖主义呈现上升蔓延的趋势。受国际国内各种因素影响，我国面临的恐怖威胁也在加大。在我国，恐怖活动的主体是"东突"恐怖组织，其主要特点是：以宗教极端思想凝聚团伙，以暴恐袭击为手段，以实现民族分裂为最终目的。1990 年 4 月，以新疆阿克陶县巴仁乡暴乱的发生为标志，"东突"恐怖势力进入活跃期，从巴仁乡暴乱到美国"9·11"事件发生的十余年时间里，"东突"势力在新疆境内制造了至少 200 余起暴力恐怖事件。"9·11"事件发生后，由于国际反恐合作强化、反恐力度加大，"东突"势力得到的境外支持减少，暴恐活动有所收敛，其主要精力转向传播"双泛"（泛伊斯兰主义、泛突厥主义）思想、发展组织成员等方面。2009 年，乌鲁木齐发生震惊中外的"7·5"暴恐事件，此后"东

突"势力实施的暴恐活动进入新一轮高发期，且暴恐活动的频率、规模、造成的后果都在升级，对国家安全、社会稳定和公民生命财产安全造成威胁。据统计，新疆地区2010年侦破暴力恐怖组织团伙案134起，2011年、2012年侦破暴力恐怖组织团伙案100起以上，2013年、2014年侦破暴力恐怖组织团伙案200起以上。[1] 其中，较大的暴恐案件有"5·22"乌鲁木齐早市暴恐袭击案、"7·28"莎车暴恐袭击案、"9·21"巴州轮台暴恐袭击案等。2013年以前，绝大多数暴恐活动都发生在新疆地区，但随着2013年10月28日北京天安门暴恐案件、2014年3月1日昆明火车站暴恐案件的发生，恐怖袭击的范围从新疆向疆外扩展。

针对暴恐活动升级蔓延的形势，党和政府果断决策，在全国范围内发动了针对暴恐活动的严打专项行动。尤其是在我国反恐的主战场新疆地区，2014年5月23日起开展了为期一年的大规模严打行动（后延长至2015年底）。开展严打的一年间，仅新疆地区就摧毁181个恐怖团伙，96%的暴恐行动都被扼杀在预谋阶段，[2] 暴恐活动升级蔓延的势头基本得到控制。但应当清醒地看到，恐怖主义滋生的土壤不可能在短期内得到铲除，国际、国内的各种因素决定了恐怖活动的威胁依然存在，我国仍处在暴恐活动活跃期、反分裂斗争激烈期、干预治疗阵痛期"三期叠加"的局面，反恐维稳的任务仍然复杂、艰巨。随着反恐力度的不断加大，恐怖势力的组织形式、活动方式等也在逐步调整、变化；另外，在全球化浪潮风起云涌、信息化革命迅猛发展的背景下，恐怖活动的策略、形态与手法出现了一些新的动向，我国面临的恐怖威胁来源也在扩大，这对反恐斗争带来新的挑战。这些挑战主要体现在：

1. 恐怖势力的分散化、松散化趋向使防控难度增大。随着反恐力度加大，恐怖势力为逃避打击，出现了分散化、松散化的趋向，同时恐怖活动的随机化、隐蔽化趋势在增强，从而导致查处打击的难度增大，尤其是近年来"独狼式"暴恐活动趋多。此类恐怖分子不属于某个恐怖组织，不接受外界指令，自己策划、单独行动，行动更加灵活、机动，在作案时间、地点及打击目标等方面，具有很大的不确定性；同时，由于不像有组织恐怖活动那样存在成员之间的联

---

〔1〕 贾宇："中国新疆暴恐犯罪的现状与对策"，载《战略与管理》2015年第2期。
〔2〕 李亚楠："新疆1年打掉暴恐团伙181个　96%摧毁在预谋阶段"，载中国新闻网 http：//www.chinanews.com/gn/2015/05-25/7297589.shtml，访问日期2021年3月26日。

络、沟通，"独狼式"暴恐活动犯罪的线索和迹象难以发现，很难有效加以防范和打击。

2. 全球化加剧恐怖活动的国际化与跨境流动。在全球化时代，人类社会呈现日益开放的状态，加之交通工具、通讯工具、金融工具等日益便捷，不仅一国之内人财物的流动越来越密集，不同国家、地区之间的联系也更趋密切，人员、资金等跨境流动更加频繁。全球化在促进经济繁荣、社会发展的同时，也为恐怖主义的蔓延带来便利。例如，境外恐怖势力加紧对我国的渗透，国内恐怖组织与境外联系交流日益密切。近年来，一些国内暴恐活动明显受到国外恐怖势力的操控。一些国内恐怖分子出境接受训练、参加圣战，有的在境外受训或参加恐怖活动后又潜回国内，继续兴风作浪，还有不少恐怖组织利用跨境金融网络进行恐怖主义融资，为恐怖活动进行物质准备。

3. 信息网络技术的发展催生网络恐怖主义。信息网络技术的迅速发展，对人类的生产、生活等各个方面产生了深刻影响，网络在造福人类的同时，也为恐怖主义加以利用，"网络恐怖主义"的威胁不容忽视。恐怖组织利用网络发动黑客攻击，干扰、破坏重要信息系统，制造社会混乱；利用网络宣传造势、传播恐怖思想、招募人员、筹集资金、传授恐怖活动技能，甚至利用网络发号施令，发动恐怖袭击。在我国，恐怖势力也把网络作为实施恐怖活动的重要手段和平台。如"东突"组织利用网站论坛、QQ 群、博客、聊天室等平台进行网上讲经，宣传极端思想、分裂思想；还利用网络发展成员、策划恐怖活动、传播"圣战"视频和制爆术。

4. 境外利益增多导致我国面临的境外恐袭风险增多。改革开放以来，随着经济的快速发展与对外开放的深化，我国的境外利益不断拓展。境外利益也称为海外利益，即"境外的国家利益"，是国家利益的海外延伸。一国的海外利益主要包括：海外公民侨民的人身及财产安全；国家在境外的政治、经济及军事利益，驻外机构及驻外公司企业的安全；对外交通运输线及运输工具安全等等。[1] 2013 年开始，我国成为全球第一贸易大国。2012 年年底，我国成为世界最大的能源进口国。近十年来，我国是海外投资增长最快的国家。越来越多的中国企业走出国门，到世界各地投资、承包工程、开展劳务合作等。目前，我国有 2 万多家中资企业遍布世界五大洲，在海外的中国劳工超过 100 万人。另

---

[1] 刘新华："论中国的海外利益"，载《当代世界》2010 年第 8 期。

外，我国出境人员已成为世界第一大旅游客源，我国还是世界上最大的留学生派出国。

在境外利益日益扩展的同时，我国面临的境外安全风险也在不断增加，恐怖袭击正是主要的风险来源之一。例如，2015 年 11 月 18 日，中国公民樊京辉被"伊斯兰国"极端组织绑架并残忍杀害；2015 年 11 月 20 日，马里首都巴马科发生的恐怖袭击事件中，中国中铁建公司 3 名管理干部不幸遇害。有效化解境外安全风险，加强境外利益保护，是我国面临的重大问题。尤其是党的十八大以来，我国加快构建开放型经济新体制，推进"一带一路"建设，推行企业"走出去"战略，在此背景下加强境外利益保护更是刻不容缓。

三、总体国家安全观视野下反恐对策的几点思考

从总体国家安全观出发，我们应当从国家安全整体战略的高度去看待和把握反恐问题，应当在理性认识恐怖主义成因、现状及趋向的基础上，用系统思维和辩证思维来思考和设计反恐对策。事实上，自从总体国家安全观提出以来，针对新形势下恐怖活动的态势和动向，我国的反恐对策已经开始转型升级，朝着更加合理的方向调整和变化。无论是从中央领导关于反恐问题的系列讲话和指示，还是从中央到地方出台的有关反恐的政策、举措等方面，我们都可以感受到反恐对策的变化和改进。尤其是《反恐法》的颁布，对反恐的方针、基本原则和具体制度作了系统性规定，鲜明地贯彻和体现了总体国家安全观的精神和理念。通过仔细梳理和研读，笔者将我国反恐对策的调整和变化概括为以下几个方面：

（一）确立综合反恐观：从以惩治为重点的反恐走向以治理为中心的反恐

现代犯罪学理论认为，犯罪原因是多因素构成的一个系统，犯罪是多因素交互作用的产物。恐怖主义犯罪不是单一因素导致的结果，其成因较之普通犯罪更为复杂，牵涉政治、经济、文化、民族、宗教等多种因素，且同一些国际因素密切关联。对恐怖主义犯罪的严厉打击是非常重要的，但是仅靠严打不能根治恐怖主义，过分看重严打的作用，忽视其他反恐措施的跟进与配合，反恐的效果很难持久，甚至会导致一些副作用。以美国为首的西方国家在"9·11"事件后发动反恐战争，出现了越反越恐的结果，就是前车之鉴。我国在反恐对策的设计上，吸取、借鉴了国内外反恐实践的经验、教训，逐步确立了综合反

恐战略，着力采取多元举措，从源头上治理恐怖主义。例如，2014年以来，在对恐怖犯罪进行严打同时，新疆地区还开展了一系列具有治本意义的措施，如在全区范围内发动了"去极端化"宣传教育工作，并组织数十万干部驻村开展"访民情、惠民生、聚民心"活动。这些治理措施对改善基层民生、促进民族团结与宗教和谐起到了积极作用，有力配合了反恐维稳工作。新疆以外的其他省区也都根据中央的统一部署，大力推动反恐宣传教育，强化反恐能力建设，完善防范措施。这说明我国正从以惩治为重点的反恐策略走向以治理为中心的反恐策略，把反恐纳入社会治理的层面予以通盘考虑，通过不断改进社会治理，提升应对恐怖主义的能力。新出台的《反恐法》总则第4条明确规定："……综合施策，标本兼治，加强反恐怖主义的能力建设，运用政治、经济、法律、文化、教育、外交、军事等手段，开展反恐怖主义工作"。这表明综合反恐观得到立法确认。需要指出，确立综合反恐观，对恐怖主义采取综合治理、标本兼治的策略，并不否定打击和惩治的重要作用，只是强调严打仅仅是反恐治理的一个方面，而非全部。在综合反恐观视野下，司法惩治乃至必要情形下的军事打击仍是其中重要环节，尤其在暴恐案件频发、恐怖势力气焰嚣张的情况下，严打作为治标手段同治本措施同等重要。另外，须认识到反恐的综合治理是长期性的工作，需要常抓不懈，而且文化、教育一类的柔性治理措施，其效果不是立即显现的，对此必须保持足够的战略定力，不能因为短期内不能见效或者因为个案而失去信心，放弃努力。

总体国家安全观要求既重视发展问题、又重视安全问题，发展是安全的基础，安全是发展的条件。以治理为中心的综合反恐观，应当体现这一思路，处理好发展与安全的关系。"经验表明，极端主义，无论是民族主义还是极端主义，往往能够在贫穷人口中间找到市场。贫穷人口往往较之富裕人口更容易被极端主义动员，并且容易走向暴力"。[1] 尽管贫穷不是单一原因，但不可否认，我国西北边疆地区极端主义猖獗与暴恐活动多发，同经济落后与贫穷人口较为集中不无关联。而暴恐活动频发，又干扰了经济发展，影响了人民生活水平的提高。在强力反恐同时，不能忽略发展经济、改善民生。反恐有助于为经济发展提供良好社会环境，而经济发展对于反恐亦具有促进意义。

---

[1] 郑永年、杨丽君："中国崛起不可承受之错"，中信出版社2016年版，第240-241页。

（二）确立法治反恐观：从以政策为主导的反恐走向以法治为基础的反恐

党的十八届四中全会提出了贯彻落实总体国家安全观、加快国家安全法治建设的要求。随着《国家安全法》《反恐法》等相继出台，我国的国家安全法律制度体系初步形成。与此相适应，反恐斗争应当确立法治反恐观，实现从以政策为主导的反恐走向以法治为基础的反恐。习近平总书记曾指出，反恐要"高举社会主义法治旗帜"。在全国推进依法治国的背景下，反恐斗争必须在法治框架内推进，要善于运用法治思维和法治方式进行反恐。法治反恐已经上升为立法原则。《反恐法》第6条第1款规定："反恐怖主义工作应当依法进行，尊重和保障人权，维护公民和组织的合法权益。"在反恐问题上存在一种观点，即认为恐怖主义是人类的公敌，挑战社会的底线，因此反恐可以突破法律限制，可以不讲程序，不讲权利，对涉恐人员只能严厉惩处。这种观点是不能成立的，对反恐实践也是有害的。权利保障、正当程序等是现代法治的精髓，不能因为恐怖主义的极端危害就放弃法治的基本原则与价值。当然，基于恐怖主义极大的危险性与反恐的现实需要，有必要在法律上对反恐设置一些不同于普通犯罪的特别规定，这些规定可以对法律中的某些规则有所突破，但其必须得到立法的确认，而不能游离于现行法律体系之外。事实上，当前许多国家在反恐以及打击有组织犯罪方面都有一些特别的法律规定，形成了所谓的双轨制或"一法两制"的立法格局，我国也是如此。例如，2012年修订后的刑事诉讼法，在管辖、律师会见、监视居住、侦查措施、证人保护、违法所得没收等方面，对涉恐犯罪的诉讼程序都有特别规定；2015年通过的《刑法修正案（九）》将涉及恐怖主义、极端主义的一些预备行为、帮助行为独立成罪，较之普通犯罪降低了入罪门槛，使反恐刑事法网更加严密。在《反恐法》中，类似的特别规定不少，如总则规定的反恐不妥协原则、第30条规定的对出狱后的恐怖主义罪犯和极端主义罪犯的安置教育、第53条规定的对恐怖嫌疑人员的约束措施等。反恐实践应力求在安全、自由与人权诸法律价值之间实现平衡。尽管面对恐怖主义的巨大威胁，安全价值应当优先考虑，但这不意味着对其他价值的放弃。

（三）确立常态反恐观：从应急性的反恐走向常态化的反恐

国际国内各种因素的交互作用，决定了恐怖主义的威胁不可能在短期内消除，反恐斗争具有长期性和艰巨性。因此，需要确立常态反恐观，从应急性的反恐走向常态化的反恐。常态反恐观主要有三层含义：

第一，政府应当理性地应对恐怖主义的威胁。对恐怖活动既不能反应不足，也不能反应过度。"恐怖主义是非常真实、主要的威胁，但是在进行反恐怖主义时，代价高昂的过度反应也会成为非常真实的主要威胁。……恐怖主义的目标国需要学习在不过度反应的情况下，如何进行反抗和控制威胁"。[1] 各级政府应构建反恐工作的常态机制，不断推进反恐能力建设，扎实做好日常的防控工作。要改变那种恐怖事件发生后被动应对、局势一旦缓和又松懈下来的局面。

第二，培育民众对待恐怖活动从容淡定的社会心理。要引导民众正确看待恐怖主义的成因以及反恐斗争的长期性，既要使民众树立忧患意识、防范意识；又要增强其对于反恐斗争的信心；既要杜绝轻视麻痹思想，又要避免过度恐慌。

第三，媒体在涉恐事件的报道中应慎重把握有关界限和尺度。在引导社会舆论、培养国民良好心态方面，新闻媒体负有重大责任。而关于恐怖事件的报道，媒体面临着前所未有的考验。在大多数恐怖事件背后，恐怖分子都追求最大的轰动效应，意图摧毁公众的信心，最大程度地制造社会恐慌，引发社会混乱。如果媒体关注度过高、报道频率过大、报道的角度与尺度拿捏不准，可能正中恐怖分子下怀，起到为恐怖活动推波助澜的作用。当然，如果人为地封锁消息，不仅有违客观、真实、及时的新闻规律，损害公众的知情权，而且也会对反恐工作带来负面影响。尤其是在当今这样的"全媒体时代"，任何普通人或组织都可以借助信息网络发声，如果主流媒体保持沉默，不实信息乃至谣言就会占领舆论阵地。所以，针对恐怖事件报道的特殊性，媒体在坚持新闻工作一般规律的前提下，应当确立一套具有针对性的规则和要求，更好地体现媒体在反恐斗争中的社会责任。《反恐法》第63条对涉恐信息的发布途径、报道要求等作了专门规定，这是基于重大公共利益而对媒体报道进行的合理管控，不仅是必要的，也符合国际通例。

（四）确立全民反恐观：从主要依靠国家力量反恐走向国家与社会协力反恐

长期以来，我国的犯罪应对模式主要依赖国家刑事司法力量的作用，在日益开放的现代社会中，这一模式运行成本高而效果有限的弊端日益显现。我国犯罪治理的未来方向，应是国家与社会合作共治，激发社会力量在犯罪治理中的积极作用。[2] 在恐怖主义犯罪治理方面，社会力量的参与更是必要和迫切

---

〔1〕 ［美］布丽奇特·L.娜克丝:《反恐原理：恐怖主义、反恐与国家安全战略》，陈庆、郭刚毅译，金城出版社、社会科学文献出版社2016年版，第432页。
〔2〕 冯卫国:"寻求更加有效的犯罪治理——走向国家与社会合作共治"，载《甘肃理论学刊》2015年第1期。

的。如前所述，当前恐怖活动出现分散化、松散化、随机化、隐蔽化等趋向，无疑加大了防范和打击的难度，给国家专门力量的反恐工作带来巨大挑战。在此情形下，"全民反恐"理念应运而生。所谓全民反恐，就是在反恐工作中，在发挥国家专门力量主导作用的前提下，最大程度地激发和鼓励民众的参与，形成官民一体、协力应对反恐的格局。只有这样，方能有效应对恐怖主义的挑战。正如习近平总书记在第二次中央新疆工作座谈会上指出，反恐工作要"大力提高群防群治预警能力，筑起铜墙铁壁，构建天罗地网"。《反恐法》总则明确规定了"专门工作与群众路线相结合"的反恐工作基本原则；该法第 74 条还对反恐社会力量的建设作了专门规定。

民众参与反恐的途径是多样的，如举报涉恐线索信息、参与群防群治、配合有关机关的调查、处置、协助对涉恐罪犯及接受安置教育人员的帮教等。为了鼓励民众积极、有效参与反恐，首先要加强对公民的反恐教育。当前，我国民众普遍欠缺对恐怖主义的认识、反恐防恐意识及应急自救等能力，这是制约民众参与水平的瓶颈因素。为此，《反恐法》对反恐宣传教育做了专门规定，明确了有关部门、单位的职责，关键在于落实到位，真正把民众的参与热情和积极作用发挥出来，为反恐工作营造良好的社会基础。

（五）确立全域反恐观：从局部地区反恐走向疆内与疆外、境内与境外、网上与网下一体化反恐

全域反恐观指通过拓展反恐的空间范围，最大程度压缩恐怖主义的生存空间。具体而言，从空间视角看，反恐要实现三个方面的一体化：

一是疆内与疆外的一体化。2013 年后，我国遭受恐怖袭击的地区从新疆扩展到疆外，反恐已成为全国性的斗争。尽管新疆仍然是反恐的主战场，但其他地区决不能忽视反恐工作，反恐能力建设与安全防范工作必须持之以恒。尤其是近年来我国高铁、地铁等现代化交通设施建设突飞猛进，恐袭风险源诸多，安保压力增大，应当未雨绸缪，不断提高应对恐怖主义的防范意识与防控能力。另外，虽然城市一直是恐怖袭击的重点目标，但随着城市安全防范能力的不断提高，不排除恐怖主义向农村地区、偏远地区渗透的可能性，而这些地区安保资源与防范能力相对薄弱，今后在反恐能力建设方面需要加大投入。

二是境内与境外的一体化。总体国家安全观要求既重视自身安全、又重视共同安全，不仅要从一国本身出发考虑安全状态，还要从世界全局出发，考虑国与国在维护各自安全中的相互关系，寻求与其他国家的交流合作。在恐怖主

义肆虐全球、全人类面临威胁的情形下，反恐成为各国的共同利益与重大关切；同时，由于恐怖主义的国际性与跨境流动特点，凭借一国之力很难打赢反恐斗争。就我国而言，当前的恐怖主义现象也绝非孤立存在，同境外势力也有千丝万缕的联系，所谓"境外有种子，境内有土壤，网上有市场"。因此，在加强国内反恐力量的同时，必须有反恐的全球视野，走开放的反恐之路，一方面，需要不断强化反恐的国际合作。习近平总书记曾多次提及反恐国际合作的重要性："要并行推进国内国际两条战线，强化国际反恐合作。要充分发挥联合国的主导作用，组成反恐统一战线，进一步加强反恐合作。"另一方面，为了有力维护我国日益增多的海外利益，以及出于国际反恐合作的需要，我国反恐力量必要时可出境执行反恐任务。《反恐法》第 71 条对此作了原则性规定。如何有效执行境外反恐任务，将是未来我国反恐能力建设的重要内容。

三是网上与网下的一体化。伴随网络恐怖主义的兴起，反恐不再局限于传统的物理空间，网络成为反恐第二战场。对于网络反恐必须高度重视，从立法、机制、技术等层面，都要加以改进和完善，以适应网络反恐的需要。《反恐法》第 18 条和第 19 条专门针对网络反恐作出规定，明确了电信业务经营者、互联网服务提供者以及政府相关部门的责任。在合理、有效地管理网络空间，阻断恐怖主义、极端主义网上传播路径的同时，要善于利用信息网络技术，使其服务于反恐斗争。近年来，大数据技术飞速发展，一些国家在反恐活动中开始利用大数据技术，取得了明显成效。我国应当借鉴国外的有益经验，努力培养一批熟悉大数据技术和反恐知识的数据挖掘专业人才，建立多渠道的反恐信息采集网络，并实现反恐信息的资源共享、高效利用和快速反应，从而打赢信息技术条件下的新型反恐斗争。

第四节　论不妥协原则

2015 年 12 月 27 日，我国颁布《反恐法》。该法第 2 条第 2 款规定："国家不向任何恐怖活动组织和人员作出妥协……"这就是《反恐法》中的不妥协原则。如何准确地把握不妥协原则的内涵，对于反恐实践意义重大，这是反恐理论研究中需要认真关注的一个问题。

一、不妥协原则在我国提出的背景及其立法意蕴

进入 21 世纪以来，国际恐怖主义势力呈现日益活跃的态势。以美国"9·11"事件的发生为标志，恐怖主义成为全球范围内的重大关切，反恐成为世界各国的共同主题。在我国，2009 年乌鲁木齐"7·5"事件发生后，以"东突"为主体的恐怖势力的威胁逐渐抬头，暴恐活动频发，且从新疆地区逐步蔓延到疆外地区，给人民生命财产造成巨大损失，给国家安全与公共安全带来严峻挑战。据统计，新疆地区 2010 年侦破暴力恐怖组织团伙案 134 起，2011 年、2012 年侦破暴力恐怖组织团伙案 100 起以上，2013 年、2014 年侦破暴力恐怖组织团伙案 200 起以上。[1] 近年来发生的"5·22"乌鲁木齐早市暴恐袭击案、"7·28"莎车暴恐袭击案、"9·21"巴州轮台暴恐袭击案、昆明火车站暴恐袭击案等，都造成众多无辜群众的死伤，社会影响极为恶劣。为了应对恐怖主义的威胁与挑战，我国在对恐怖活动展开严打行动的同时，努力寻求治理恐怖主义的长效机制，其重大进展之一就是适时出台了首部《反恐法》，对反恐工作的基本方针、主要原则及具体制度作了系统规定，旨在以法治力量推动反恐行动。

《反恐法》第 2 条是关于国家对于恐怖主义基本立场的规定。该条第 1 款规定："国家反对一切形式的恐怖主义……"鲜明地表达了我国反对恐怖主义的基本立场；而第 2 款的不妥协原则，是对这一基本立场的进一步申明和阐释。反恐法总则确立了一系列的反恐基本原则，如综合施策、标本兼治原则，专门工作与群众路线相结合原则，防范为主、惩防结合、先发制敌、保持主动原则，依法进行原则，尊重和保障人权原则，等等。不妥协原则列于上述原则之前，规定于整部法律第 2 条这样一个显赫的位置，体现了其在国家反恐战略中的重要地位和意义。

立法对不妥协原则的规定是高度概括的，对其深入探究、正确领会十分必要。就笔者迄今所掌握的资料来看，对这一原则的研究还没有得到学界足够的关注。目前，对不妥协原则较为权威的解读，当属全国人大常委会法制工作委员会刑法室的有关著述，其编著的《中华人民共和国反恐怖主义法解读》一书对不妥协原则这样阐释："……我国与恐怖主义进行斗争，是不附加任何条件的。

---

〔1〕 贾宇："中国新疆暴恐犯罪的现状与对策"，载中国战略与管理研究会主编：《战略与管理：2015 年第 2 辑》，海南出版社 2015 年版，第 112 页。

在反恐怖主义工作中，不因任何理由而放弃或者改变对恐怖活动组织和恐怖活动人员的一贯立场，不出于利益交换而漠视恐怖主义，或者放弃对恐怖活动组织、恐怖活动人员的追究。这样规定的主要考虑是，恐怖主义是反人类、反社会、反文明的严重犯罪行为，必须依法严厉打击，决不允许与恐怖活动组织和人员进行政治交易或者无原则的妥协退让。"[1] 尽管这并不属于由特定机构通过正式渠道和程序发布的有权解释，全国人大常委会法制工作委员会及其下属的刑法室也不属于立法解释的主体，上述解读实质上还属于学理解释的范围，但由于直接参与相关立法工作，其解读无疑更加贴近立法原意，有助于我们准确理解和把握不妥协原则。

参考上述解读，结合自己的思考，笔者认为《反恐法》中的不妥协原则可以从以下几个方面加以把握：

1. 对恐怖主义采取不妥协原则，是由恐怖主义活动的性质和特点所决定的。作为非国家行为体实施的滥杀无辜的政治暴力行为，恐怖主义活动不仅危害政权稳定与社会秩序，而且践踏基本人权，藐视人间的一切道义规则，挑战人类文明的底线，同一般的刑事犯罪相比，恐怖主义犯罪具有更大的危害性与危险性。所以，有必要对恐怖主义采取强硬立场，对暴恐活动必须无情打击。

2. 不妥协原则的确立，是以立法形式表达了我国对于恐怖主义的一贯立场。我国政府在反恐问题上一直秉持坚定态度，坚决反对一切形式的恐怖主义，无论是国内恐怖主义还是国际恐怖主义，我国都坚决予以反对，并且在反恐问题上不附加任何条件，反对采取双重标准对待恐怖主义。

3. 我国对恐怖活动采取严厉打击的刑事政策，对于正在实施的恐怖活动，必须立即制止，紧急情况下可以对恐怖分子采取击毙等措施；我国刑法对各类恐怖主义活动规定了严格的刑事责任，对所有恐怖主义犯罪行为，必须依法追究刑事责任，不能出于政治、外交等方面的利益需要而逾越法律开脱恐怖分子的责任。

4. 禁止同恐怖组织、恐怖分子进行政治交易或者无原则的妥协退让。一般而言，恐怖活动是具有政治诉求和暴力性质的极端行为，在反恐斗争中，为了一时的、局部的利益而对恐怖势力进行无原则的让步，无异于对恐怖活动的纵

---

〔1〕　全国人大常委会法制工作委员会刑法室：《中华人民共和国反恐怖主义法解读》，中国法制出版社2016年版，第8-9页。

容和变相鼓励，这是不利于反恐大局的短期行为。当然，这是否意味着在任何反恐行动中，都绝对不允许同恐怖分子接触或谈判，也不能做任何形式的让步？对此问题，下文将进一步展开。

综上，在《反恐法》中确立不妥协原则，鲜明地表达我国对待恐怖主义的基本立场，具有政治宣示、政策导向和行动规制等多方面的积极作用。不妥协原则作为我国反恐战略中的基础性理念，其着眼于反恐斗争的全局和长远利益，有利于实现控制恐怖主义犯罪的最大效益。

二、不妥协原则的域外观察：论争与实践

事实上，对恐怖主义的不妥协原则是当今绝大多数国家的立场。除了我国之外，国外也有一些国家在立法中规定了该原则，如《俄罗斯联邦反恐怖主义法》第 2 条规定的反恐原则之一就是：绝不向恐怖分子政治妥协。另外，许多国家虽然在立法上没有作出明确规定，但政府公开宣称奉行对恐怖主义的不妥协原则，例如美国、英国、以色列等。

尽管多数国家都采取对恐怖主义不妥协的原则，但在某些特殊类型的恐怖主义事件中，是否严格坚持这一原则，实际上存在很大的争议，各国的具体做法有所不同，甚至于一国在不同时期、在个案的处理上也不尽相同。这主要是针对劫持人质的恐怖主义事件（以下简称人质事件）。"劫持民航客机、占领外交使领馆、绑架政要或外国游客等恐怖活动事件是最常见的几种人质事件。在人质事件中，恐怖分子总是以人质的生命安全为筹码，迫使政府与其进行谈判，企图要挟政府答应其要求（如释放被关押的恐怖分子、勒索巨额钱财、迫使政府停止反恐怖行动等）"。[1] 1979 年 12 月通过的《反对劫持人质国际公约》，对劫持人质行为是这样定义的："任何人如劫持或扣押并以杀死、伤害或继续扣押另一个人为威胁，以强迫第三方，即某个国家、某个国际政府间组织、某个自然人或法人或某一群人，作或不作某种行为，作为释放人质的明示或暗示条件，即为犯本公约意义范围内的劫持人质罪行。"并非所有的劫持人质行为都属于恐怖主义活动，但劫持人质无疑是恐怖主义常见的策略和手段之一。回顾历史上发生的著名的恐怖事件，不少都表现为劫持人质的形式，如 1972 年奥运会

---

[1] 胡联合：《第三只眼看恐怖主义》世界，知识出版社 2002 年版，第 270 页。

期间以色列运动员被劫持的"慕尼黑惨案"，1979 年美国驻伊朗大使馆被占领的"德黑兰人质事件"，2002 年"莫斯科歌剧院人质劫持事件"，2004 年俄罗斯"别斯兰人质事件"，等等。近年来，全球范围内的恐怖主义更多地表现为武装袭击、自杀式袭击等方式，大规模的人质劫持事件有所减少，但仍时有发生，如 2014 年 12 月 15 日发生在悉尼某咖啡馆的人质事件，2015 年 8 月 7 日发生在马里某酒店的人质事件等。

　　政府在遭遇人质劫持的恐怖主义事件时，往往陷于进退维谷的艰难境地。正如有学者指出，在反劫持战略中，妥协还是强硬，事实上是困扰着绝大多数国家的一个两难选择。[1] 不妥协原则要求政府对恐怖分子采取强硬立场，但这必然加大人质的安全风险；而保护和解救人质，也是政府的责任。《反对劫持人质国际公约》第 3 条规定："……缔约国，应采取它认为适当的一切措施，以期缓和人质的处境，特别是设法使人质获得释放……"1987 年联合国通过的一项决议不仅谴责了所有劫持人质的行为，而且要求政府采取一切的必要措施解救人质。实践中，究竟是武力营救还是通过谈判方式解决，政府面临艰难选择，而不管如何选择与行动，都有可能招致舆论的非议和指责。正如有学者指出："如果政府为了解救人质答应了恐怖分子的条件，这说明它无力保护社会免受恐怖分子的讹诈；如果它拒绝与恐怖分子做交易，并且人质受到了伤害，人们就会指责它无力保护民众生命安全；如果它试图通过武力解救人质，就有可能在期间误伤人质，从而显得政府无能。"[2] 尤其是在人质数量众多、社会关注度较高的情况下，政府更是承受着极大的压力和考验。

　　关于政府在人质事件中是否可以和恐怖分子进行谈判，乃至作出一定的妥协，存在截然对立的意见。一种意见持坚决反对的态度，认为政府不应与恐怖分子进行任何谈判，更不能做任何交易与让步。其理由是：进行谈判本身意味着认可了对方的对等地位，这将赋予恐怖组织不应有的地位和声望；政府在遭受威胁的情形下开展谈判会导致声誉受损；在谈判中有可能作出不必要的让步，这将对恐怖活动起到鼓励作用。另一种意见则认为，任何情况下都拒绝与恐怖分子谈判的一刀切的做法是错误的，谈判并不意味着认可对方的行为及价值观，

---

〔1〕 张家栋：《恐怖主义与反恐怖：历史、理论与实践》，上海人民出版社 2012 年版，第 281 页。
〔2〕 ［法］居伊·奥利维耶·富尔、［美］威廉·扎特曼：《谈判专家：面对恐怖分子的战略、战术与政策》，蔡晋译，社会科学文献出版社 2012 年版，第 63 页。

不会赋予恐怖组织的合法性地位；人质的安危应当优先考虑，只要有一线机会解救人质，谈判就应该进行，如果政府置人质的生命于不顾，将面临道义和政治层面的双重困境；谈判也不必然导致对恐怖分子妥协和纵容的结果，通过训练有素的谈判人员参与谈判，可以把谈判的副作用降至最小；即使恐怖分子的要求根本无法接受，谈判不存在达成协议的可能，通过谈判过程也可以了解劫匪的相关情况并争取时间，配合武力营救行动。

从各国反恐实践看，对上述问题实际上也存在不同的做法。一些国家采取绝对的强硬措施，完全拒绝与恐怖分子进行接触和谈判，但是有可能付出沉重的代价。例如，在1972年慕尼黑奥运会期间，巴勒斯坦"黑色九月"恐怖组织闯入奥运村以色列选手驻地，当场杀害了2名代表团成员，并将另外9名成员扣为人质。一开始联邦德国试图以妥协的方式解决问题，但是以色列坚决拒绝妥协，理由是做出妥协会使全世界的犹太人陷入危险之中。联邦德国警方只得在被动的情况下发起突袭，最终造成人质全部死亡。有观点认为，这种绝对强硬的立场，尽管在当时可能招致严重的损失，但是从长远看是值得肯定的，因为政府的决不妥协态度会使得恐怖势力的图谋落空，再制造类似事件的动机就会减弱甚至消失，因为他们会觉得这样做是徒劳无功的。但是，强硬立场是否真的取得了这样的效果，缺乏实证研究的证明，事实上也很难加以证明。

多数国家在面临人质事件时，对不妥协原则的适用都表现出一定的灵活性，不是采取绝对的不接触、不谈判、不让步的做法，而是根据个案的具体情况采取相应的危机化解措施。即使素以强硬闻名的以色列，在一些人质事件中也采取了谈判的做法。例如在2002年的伯利恒圣诞教堂事件中，巴勒斯坦武装分子将160名人质扣押在该教堂中，在长达39天的劫持事件中，以色列危机谈判小组与劫持者进行了反复的谈判，最终达成了解决方案，避免了大规模流血事件的发生。当然，这个事件有相当的特殊性：首先，被扣押的人质绝大多数都是巴勒斯坦平民，并非以色列人；其次，伯利恒圣诞教堂是犹太教和基督教的圣地，背后牵涉敏感的宗教因素，以色列不得不采取相对灵活的态度来解决该事件。在近年的一些人质事件中，以色列也表现出较为灵活的态度。如在2011年，以色列用1027名巴勒斯坦人交换被伊斯兰抵抗运动（哈马斯）囚禁5年之久的士兵吉拉德·沙利特。再以美国为例，美国政府一直公开宣称"决不与恐怖分子谈判"，其背后的逻辑与理由是，恐怖分子一旦通过谈判获得回报，就会更加在意人质作为谈判筹码的价值，进而对其他美国目标构成更严重威胁。但在应对恐怖主义的实践中，美国实际上并没有将这一原则贯彻始终。在 1979 年底发生、持续到 1981 年初才解决的德黑兰事件中，美国政府就曾通过瑞士等第三国政府公开寻求谈判，而最终的解决也是以美国向伊朗做出一定的让步为条件的。在 1985 年的美国环球航空公司被劫持事件中，时任美国总统里根公开表示绝不与恐怖分子谈判，但实际上他向以色列施加了压力，迫使其释放什叶派囚犯以换取美国人质。在 1986 年的伊朗门事件中，里根总统为解救黎巴嫩真主党劫持的美国人质，决定向伊朗秘密出售武器，该做法被曝光后成为丑闻。"9·11"事件后，美国对待恐怖主义的态度更为强硬，不妥协、不谈判原则得到进一步的强调和奉行。但近年来，该原则又有松动的迹象。2014 年 5 月 31 日，时任总统奥巴马宣布，为争取被俘士兵鲍·伯格达尔获释，打算释放古巴美军关塔那摩监狱里的 5 名塔利班囚犯。据说，奥巴马政府为争取伯格达尔获释，几年前就开始与被认定"恐怖组织"的塔利班开始某种程度的接触。美国有线电视新闻网（CNN）军事分析师、退役将军詹姆斯·马克斯说，虽然美国在公开场合一直坚持不和恐怖分子谈判，但"我们已经和任何形式的坏家伙有过接触，包括塔利班"，而且成功地"游走在这一立场的边缘"。奥巴马的换囚决定引发了很大的争议。一些国会议员质疑，该决定违背了美国政府长期以来坚持的"不谈判原则"，换囚做法可能会提升塔利班的影响和实力，还将让全球恐怖组织更加意识到俘虏美军士兵的价值。[1] 此外，西班牙政府与巴斯克分裂组织"埃塔"（ETA）、英国政府与爱尔兰共和军，也都曾有谈判的经历。

在具体人质事件的处理中，各国在谈判中的尺度把握是有差别的。有的国家在一些人质事件中迫于各种压力，会做出比较大的让步。例如，2007 年发生的韩国基督教传教士及义工被塔利班成员劫持事件中，塔利班组织提出韩国军队撤出阿富汗的要求。韩国政府与塔利班组织就人质问题进行多次谈判。最终，迫于韩国民众的强大舆论压力，韩国政府同意撤军，塔利班随之释放了所有人质。有人曾透露韩国为使 19 名韩国人质获释，支付了 2000 多万美元赎金，但遭到韩国外交部矢口否认。释放韩国人质后，塔利班宣布获得了一场胜利，并表示以后仍会持续进行绑架外国人质活动。可见，过分妥协的做法有着明显的副作用。当然，该事件有着复杂的国际、国内的背景，韩国政府被迫向塔利班让步，不仅是基于人质安危的考虑，还受到了国内民意的左右。

---

[1]　徐超："与恐怖分子谈判引发争议"，载《新闻晨报》2014 年 6 月 2 日，第 A09 版。

　　有的国家在人质事件谈判中，在保持核心原则问题不妥协的前提下，会在其他方面做出一定的让步，以争取达成营救人质、化解危机的目标。典型事例如1972年12月的曼谷事件。4名"黑色九月"成员占领了以色列驻泰国大使馆，要求以色列释放阿拉伯游击队员。经过18小时的谈判，泰国谈判人员在作为调停人的埃及大使的调解下，说服恐怖分子放弃原来的要求，将安全离开泰国作为释放12名人质的条件。这一处理模式被称为"曼谷解决方案"，得到普遍的肯定，但也有人质疑，认为这种让恐怖分子逍遥法外的做法并非理想方案。诚然，抓捕恐怖分子并让人质安全获救是最理想的解决方案，不过，面临复杂、紧迫、瞬息万变的人质事件，面对顽固、残忍、狡诈的恐怖分子，达成这样的理想解决方案极其困难，很多情况下几乎是不可能的。

　　还有的国家在处理某些人质事件中，只是把谈判作为一种战术手段，政府并无意向恐怖分子妥协，谈判目的在于了解敌情，赢得时间，为发动武装解救行动创造机会和条件。例如1996年发生的日本驻秘鲁大使馆被劫持事件。1996年12月17日，正在举行招待会的日本驻秘鲁大使馆被图帕克-阿马鲁革命运动武装分子占领，与会400多人被扣为人质，劫持事件持续达126天。1997年4月22日，秘鲁军警发起突袭，14名武装分子被全部击毙，人质被全部解救，只有一名伤者死于心脏病发作。这一武装营救行动被誉为反恐实践中的经典成功案例。当时，劫匪占领使馆后提出了两个要求，即释放在监狱的同伙、修改政府的经济改革政策。这两个要求显然是政府不可能接受的。但当时秘鲁政府并没有拒绝同恐怖组织展开谈判，而是采用了借助谈判以拖待变，积极进行武装营救的策略。除了允许劫匪前往其他国家外，政府不答应任何条件，并通过大主教、国际红十字会、前人质等与劫匪不断进行谈判，以赢得时间。长期的僵持导致劫匪疲惫不堪，也放松了警惕，从而为解救行动的成功提供了可能。也有一些失败的反劫持行动中，政府一味坚持不谈判、不退让的立场，仓促发动强攻，结果造成惨重损失，引发社会的不满和批评。例如2004年俄罗斯的别斯兰人质事件，2013年阿尔及利亚的天然气厂人质事件等。在这些人质事件中，恐怖组织都提出政府无法答应的政治要求，但是如果政府把谈判作为一种战术方案，利用其对武力解救进行掩护，完全有可能减少武装行动中的人员伤亡。

三、如何贯彻不妥协原则：原则与变通

在借鉴国外处理人质事件的经验与教训的基础上，笔者认为，我们应当正确地贯彻我国反恐法中的不妥协原则，不能将这一原则予以绝对化、机械化的理解，否则，就可能对反恐行动带来负面影响，造成不应有的损失。在坚持不妥协原则的基本精神的前提下，应该根据个案的具体情况，从国家、国民利益最大化的角度出发，在实践贯彻中进行合理、适当的变通，把原则性和灵活性结合起来。尤其是在人质事件中，应当把人质的安全作为重要的考量因素，在坚持原则问题不妥协的同时，应当随机应变，为人质的安全解救做最大程度的努力。具体而言，应当注意以下几个方面的问题：

1. 不能将不妥协原则理解为绝对不接触、不谈判。在面临人质事件时，无论劫持者属于什么类型的恐怖组织，劫持行为出于何种动机、目的，其有何诉求，政府有关机构（一般是警方）与劫持者进行一定的接触是必要的。接触本身并不等于谈判。通过接触，可以了解、收集相关的案件信息，如劫持者的身份、人数、武器与装备情况，劫持地点的情况以及被劫持者的情况，等等。充分了解相关信息，有助于制定有效的处置方案。在接触的基础上，可以根据情况，进一步同劫持者开展谈判。谈判一词有广义与狭义之分，广义的谈判包括一切为解决特定问题而进行的沟通、协商、交涉、商量等，而狭义的谈判仅指正式场合下的谈判。广义的谈判并不意味着承认对方的对等地位，也不意味着一定有讨价还价和妥协让步。这里讲的谈判，应从广义上加以理解。由此理解人质事件中的谈判，并不必然等同于对恐怖主义的妥协和屈服，在坚持原则和底线基础上的谈判，也是同恐怖主义作斗争的一种灵活应变的手段。正如国外学者指出："与恐怖分子谈判也是重要的斗争手段，可以达到削弱、瓦解恐怖组织的目的，并且在特定环境中，挽救无辜者的宝贵生命。"[1]在谈判中，应抓住一切机会，对劫持者进行说服、规劝、疏导，促使其释放人质甚至缴械投降，虽然这极其困难，但只要有一线机会就应该全力争取。"谈判体现了警察和政府对人的生命价值的珍惜，无论是人质、实施营救行动的警察的生命，还是恐怖分子的生命，在能够保存下来的时候，都应该保存下来。即使对那些十恶不赦

---

[1]　［法］居伊·奥利维耶·富尔、［美］威廉·扎特曼：《谈判专家：面对恐怖分子的战略、战术与政策》，蔡晋译，社会科学文献出版社 2012 年版，第 63 页。

的恐怖分子，在解决危机之后可以通过正常的法律程序来解决对他们的刑罚"。[1] 即使在意识到谈判本身无望解决危机的情况下，也应该把谈判作为一种战术手段，通过谈判充分收集有关情报信息，消耗劫持者的体力和精力，降低其戒备水平，为最终的武力解决创造条件。

2. 不能将不妥协原则理解为绝对不做任何形式的让步。如前所述，根据反恐法中的不妥协原则，坚决不能同恐怖组织、恐怖分子进行政治交易或者无原则的妥协退让。但在人质事件的谈判中，为了缓和紧张局势，稳定劫持者的情绪，保护人质的安全，可以在一些非原则性的细微问题上做适当的让步，这并不违背不妥协原则的精神。例如，对劫持者提出的提供饮用水和食物、为被劫飞机加油等，是可以考虑满足其要求的。但是，对于劫持者提出的政治要求或其他突破法律底线的要求，必须坚决予以回绝，例如，释放在押同伙、改变政府的某一既定政策、承认恐怖分子政治主张的合法性、为其提供武器等，这都是不容谈判，更不容交易的。对于劫持者提出的以赎金换取人质的要求，一般也不能答应，因为政府支付赎金会使得恐怖分子认为政府是软弱的，不仅有损政府声誉，而且会使得恐怖分子得寸进尺，为获取高额赎金而制造更多人质事件。近年来，在伊拉克、阿富汗等地，针对西方人士的绑架事件频发，一些国家为了营救本国人质而采取了支付赎金的做法，这虽然促成一些案件中的人质得以释放，但也刺激恐怖分子实施了更多的绑架事件。不过，在某些人质事件中，如果企业或被害人亲属为解救人质而支付赎金的，政府不应禁止。

3. 不能将不妥协原则理解为对任何恐怖犯罪行为人都不能从宽处理。恐怖主义犯罪总体上是一种极其严重和危险的罪行，对其必须坚持严厉打击的方针，这是不容动摇的。我国刑法已经对此类犯罪规定了较之普通犯罪更为严格的刑事责任。在对恐怖主义犯罪的刑事追诉活动中，仍应当奉行宽严相济的刑事政策以及罪刑相适应的刑法基本原则。在具体的恐怖主义犯罪案件中，行为造成的社会危害是因案而异的，即使在同一个案件中，在共同犯罪的情况下，行为人的危险性也是不尽相同的。因此，在法定的定罪量刑标准范围内，应当综合考虑相关的各种情节，作出适当、公正的判决。对于行为人具有法定或酌定的各种从宽处理的情节的，如犯罪中止、坦白、自首、立功、积极认罪悔罪的，还是应当落实从宽处理的待遇，做到严中有宽，不能因为是恐怖主义犯罪就一

---

[1]　杨隽、梅建明：《恐怖主义概论》，法律出版社 2013 年版，第 149 页。

味从重，对案件涉及的从宽处理的情节不予考虑，这有损刑法的公正性，也不利于有效治理恐怖犯罪。

4. 应当把危机谈判作为反恐能力建设的一项重要内容。在我国，虽然恐怖主义的危害呈上升趋势，但同西方相比，大规模的人质事件十分罕见。这一方面说明政府的反恐政策与社会治安管控比较有效，另一方面，这一现象同我国目前的恐怖势力的特性也有关系。我国当前恐怖活动的主体是"东突"恐怖组织，其主要特点是：以宗教极端思想凝聚团伙，以暴恐袭击为手段，以实现民族分裂为最终目的。反恐理论认为，恐怖分子可以分为两类，条件性和绝对性。条件性的恐怖分子倾向于将被害人作为利益交换的筹码，更容易制造人质事件，因而存在谈判的空间。对待这样的恐怖分子，政府即使不愿意展开实质性的谈判，也应当与之周旋，为反劫持行动赢得宝贵的准备时间。恐怖分子提出条件，就势必要给政府一个完成条件的时间。历史上一些成功的反劫持案例，如荷兰特种部队城铁列车反劫持行动、俄罗斯莫斯科轴承厂俱乐部反劫持行动、以色列空降兵部队突袭乌干达恩德培机场行动等，恐怖分子无一不提出政治条件，而特种部队都充分利用了这段宝贵时间筹划作战方案、完成战斗准备，从而营救了大部分人质。绝对性的恐怖势力直接追求对社会目标的攻击和破坏，往往不留谈判的余地。例如，2015 年 11 月 13 日发生的巴黎系列恐怖袭击事件中，正在举行音乐会的巴塔克兰音乐厅被占领，恐怖分子直接用自动步枪对音乐厅内的观众进行扫射，甚至直接将炸药扔向人群，对已经控制的人质则以行刑的方式逐一杀害。这明显属于绝对性恐怖分子，其根本没有以人质换取政治目的的诉求，唯一目的就是通过造成大规模平民伤亡制造社会恐慌，并给政府施压。对于绝对性恐怖分子，由于缺乏时间缓冲，应对难度更大。我国以伊斯兰极端主义为思想基础的"东突"势力，总体看属于绝对性的恐怖组织。在传统的伊斯兰恐怖组织来看，抓捕人质并索取赎金的做法一般是不能接受的，因为其信仰禁止买卖人口。尽管数量、规模、后果等都有限，我国境内的劫持人质型的恐怖事件还是在一定范围内存在的。而且近年来，我国公民境外遭受恐怖主义袭击的事件也呈增长之势。如 2015 年，我国公民樊京辉被恐怖组织"伊斯兰国"绑架并杀害，同年发生的马里人质劫持事件中，3 名中国公民不幸遇难。另外，除了恐怖主义犯罪外，黑社会性质犯罪、个人极端暴力犯罪乃至一些普通的刑事犯罪中，劫持人质也是一种常见的作案方式。为此，我国应当在坚持反恐不妥协原则的同时，把危机谈判作为反恐乃至整个犯罪控制体系建设的一项重要内容，培养一批高素质的谈判专家，发挥其在反劫制暴、反恐维稳斗争中的特殊作用。在反恐斗争中，不仅要重视抓捕、围歼、突袭等显性的斗争，也要重视谈判与心理战这一隐形的斗争。唯此，方能最有效地打击恐怖活动，最大程度地保护公民与社会的安全。

分　论

恐怖主义典型案例

第六章

奥林匹克之悲：
1972年德国慕尼黑惨案

慕尼黑惨案是于 1972 年 9 月 5 日第 20 届夏季奥运会举办期间发生在西德慕尼黑的一次恐怖事件，策划者是巴勒斯坦武装组织"黑色九月"，袭击对象是参加奥运会的以色列代表团，结果在营救过程中警察出现严重失误，导致该代表团 11 人全部身亡。

一、事件概述

（一）背景

1972 年 8 月 26 日，第 20 届奥运会在西德慕尼黑召开。在运动会召开的前一周里，人们多次从媒体上看到关于这次大会的热烈评论：这是一次"和平欢乐的盛会"。诚然，这是当时奥运史上规模最大、耗资最多的盛会，参加的运动员及其代表的国家，超过以往任何一届。以色列也派了一个当时最大的代表团，尽管有些人身上还有在德国纳粹集中营留下的肉体和精神的伤痕，但他们对参加这届奥运会显得兴致勃勃。

运动会开始的一周里，运动员的成绩骄人，人们都沉浸在奥运盛会的祥和与欢乐之中。然而，在这场和平盛会的背后，却有巨大的隐忧：有关决策官员为满足购买先进体育器材的巨大投资需要，缩减了警卫人员和安全设施的开支。对于呕心沥血主办这届奥运会的西德官员来说，他们希望这次运动会能让世人相信，西德已恢复了一个文明国家的形象，人们应抹去二战和希特勒时代 1936 年柏林奥运会所留下的阴影。西德的边防人员和重要的运输站口都普遍放松了对进出人员的检查，这给了恐怖分子一个可乘之机。

（二）过程

1972年9月5日，奥运会出现了残酷杀戮的一幕，巴勒斯坦恐怖分子持枪袭击了运动员村，当场杀害2名以色列运动员，劫持9名人质，比赛全部停止，奥运村一片混乱。当恐怖分子行凶时，世界各大电视台向全世界直播，加重了恐怖气氛。整个事件的全部人质没有一人获救，5名恐怖分子和1名德国警察死亡。在奥运会期间，德国警方自始至终没有得到恐怖分子的详细资料和图像。他们不知道恐怖分子长得什么样，到底有几个人，以至于最后狙击手在机场埋伏去狙击恐怖分子时，把恐怖分子的人数少算了2个人，形成了与恐怖分子对打的局面，最后以彻底失败告终。

1972年9月4日，以色列队没有赛事，大多数运动员在奥运村休息，晚上出去看电影。电影看完了，以色列选手陆续回到了奥运村。5日凌晨约4时，他们还在沉睡，奥运村外面忽然出现了8个模糊的身影，他们拎着沉重的运动包，悄然走向25A门旁边的一段栅栏。

8名"黑色九月"恐怖分子在清晨4时10分，带着冲锋枪、手榴弹，闯入慕尼黑奥运村以色列选手驻地——31号建筑物。他们选择从这里进去，是因为他们先前察看过，而且知道，一些运动员在外面喝醉了，回来时常常攀越这段2米高的栅栏，保安根本不会阻拦。这8名恐怖分子穿上田径服作为伪装。拿今天的标准看，慕尼黑奥运会的安全工作实在是一个笑话：整个奥运村仅用一层薄薄的铁丝网拦住，当运动员回来晚了，他们都愿意翻越铁丝网，抄近路回家。此外，奥运村内没有摄像机、探测器，也没有路障，门口有几个保安，但居然没配武器！这些恐怖分子事前也做了周密准备：一名恐怖分子曾在建设奥运村时当过建筑工，对奥运村了如指掌，另一人事发前一天还潜入了奥运村，详细侦察了以色列运动员居住的楼层。

他们在几个以色列人住的一号公寓套房外站好位置，然后用事先准备好的钥匙打开门。他们的行动被屋内一名以色列运动员察觉。随后，恐怖分子与以色列运动员们展开搏斗。当场击毙了以色列摔跤教练莫什·温伯格、运动员约瑟夫·罗曼，另有9名代表团成员被当作人质关押。奥运会由此被迫停赛。

在双方搏斗中，奥运村治安当局接到过一些路人打来的电话，但没引起足够的重视。4时55分左右，一名没带武器的西德治安警察来察看情况。他打开步话机，朝站在康那利大街31号前缠着头巾的一名恐怖分子咕哝了一句："这到底是怎么回事？"那人没吱声，从公寓后门溜了。

凌晨 5 时，慕尼黑警察局长曼弗雷德·施赖伯在睡梦中被报警电话惊醒，于是慌忙组织人力处理危情。5 时 10 分，西德当局开始了拯救人质的行动。联邦德国总理勃兰特和内政部长汉斯-迪特里希·根舍（Hans-Dietrich Genscher）拒绝了以色列方面派遣一个特别行动小组的请求。对此的解释是，虽然经过激烈讨论，但德国宪法不允许外国部队进驻，德国有关当局认为能独立解决此次人质事件（但事实上德国当时并没有组建和拥有特种部队，对突发事件处理的经验远不如拥有一流特种部队的以色列）。此后，"黑色九月"发表声明，要求在 12 时之前释放被以色列关押的 234 名巴勒斯坦恐怖分子。9 时，国际奥委会主席基拉宁和本届奥运会组委会主席道默发表联合公告，宣布从 9 月 5 日下午起暂停全部比赛。11 时，以色列政府正式拒绝了释放政治犯的要求，但同意考虑将人质转移到埃及开罗再进行相关赎回人质谈判的建议。奥运村市长沃尔特·特格尔（Walther Tröger），联邦德国国家奥委会主席威利·道默（Willi Daume），警察局长兼第 20 届奥运会安全总长曼弗雷德·施赖伯（Manfred Schreiber），巴伐利亚州内政部长布鲁诺·默克（Bruno Merk）和联邦内政部长汉斯-迪特里希·根舍愿意代替人质，但也遭到绑匪拒绝。

12 时，国际奥委会授权埃及籍委员艾哈迈德·图尼与恐怖分子谈判：在释放人质的条件下，保证恐怖分子安全离境，并支付巨额资金，但又遭到拒绝。不过，谈判成功地延后了恐怖分子提出的最后答复期限，改为当晚 10 时许，方法为用两架直升机将恐怖分子和人质运往菲尔斯滕费尔德布鲁克空军基地，然后转机离境。警方原拟乘换机之际，营救人质。当时在机场布置了 5 名狙击手，3 名布置在信号塔上，一名躲藏在地面一辆维护车辆后，最后一名躲在地面的水管障碍物背后，选用五人是因为德国方面根据艾哈迈德·图尼的报告，认为只有 4 到 5 名恐怖分子。但恐怖分子实际上共 8 人之多，而且由于交通堵塞，装甲车迟到半小时。

18 时 35 分，双方进行了第一次直接接触。西德内政部长、慕尼黑警察总监和奥运村村长进入 31 号楼，亲眼看见劫持者孤注一掷的决心，于是决定改变原定冲入大楼营救人质的计划。

于是警方答应歹徒提出的要求，用飞机把他们和人质转送到埃及，并决定在慕尼黑机场实施营救行动。20 时 30 分至 21 时，西德方面派出 3 架直升机。

22 时 30 分许，恐怖分子到达机场，机场中停靠了一架波音 727 客机，警方打开探照灯照亮现场（事后被认为光线仍不足以帮助狙击手辨认目标），恐怖分子头领亚萨（Iassa）前往检查飞机，而人质则继续留在直升机内。警方原计划在机组人员中混入警察协助消灭 1 至 2 名恐怖分子，从未接受任何反恐训练的机组人员们最后拒绝帮助执行，后来全部更换为 16 名便衣特务，然而这批新部队不装备武器，只是负责演戏以使恐怖分子分开以方便狙击，更严重的是在他们行动开始前就自行放弃了任务，导致成员全部撤离了客机也无人知晓的情况。当恐怖分子头领发现波音客机内没有任何机组成员时，他立即折回直升机。这时躲在水管后的一名狙击手首先向亚萨开火，此时约为 23 时。另外 2 名狙击手射出两发子弹，监视直升机驾驶员的 2 名歹徒应声倒地，机场霎时间乱作一团。随后双方展开激战。由于狙击手们没有无线电通讯装置，没有夜视装置和头盔，人数也落后于对方，计划完全失控。第一发射击未击毙亚萨而是击中了陪同前去检查飞机的副手的大腿，他后来也爬回到其他恐怖分子那里。3 名恐怖分子藏身到直升机后面还击，而且由于之前的错误，直升机的停机方向、位置未正确按照计划执行，也造成狙击手的视觉范围被阻挡。战斗持续 45 分钟，直到装甲车到来。

由于恐惧，1 名恐怖分子开始向第一架直升机内的人质开火，并让其他 2 名恐怖分子走出掩护。他跳出去的时候留下了 1 枚手榴弹。此 3 名恐怖分子均被狙击手射杀。手榴弹爆炸，第一架直升机起火焚烧，机内所有人质死亡。第二架直升机的 5 名人质也全部被恐怖分子处决式射杀。

西德在这次营救中也牺牲了 1 名警察，事件以最坏的状态结束。8 名恐怖分子中包括头领亚萨在内的 5 名被消灭，剩余 3 名被逮捕，但在同年的一次劫机事件中，西德政府顺从劫机者的要求，把 3 人移交利比亚释放。

巴伐利亚州警察的调查并不能排除有人质为警方所射杀的可能，但也有可能是恐怖分子自行射杀了所有人质。因为一些尸体被严重烧毁，无法进一步辨认。

1972 年 9 月 6 日举行了对以色列代表团的追悼仪式，中断了 34 个小时的奥运会继续进行。

（三）起因

"黑色九月"绑架这些人质，本意是借此要挟以色列政府，释放被后者关押的 234 名巴勒斯坦人。但是随着事件的发展进程，尤其是在以色列政府表态坚决拒绝与恐怖分子谈判以后（这样做是为了防止潜在的敌人由此受到鼓励，制造更多的针对以色列的恐怖事件），事态急转直下。

按照通常的逻辑，"黑色九月"的这一恐怖行为在政治上可谓得不偿失，因为它使得巴勒斯坦人背负了恐怖主义的坏名声。然而，按照"黑色九月"成员的逻辑，制造这一恐怖事件，在政治上收获很大。当时的许多巴勒斯坦人也完全支持他们的逻辑。

（四）影响

营救行动失败后，世界舆论为之哗然，纷纷指责西德警察无能，抨击西德政府"视人质生命如儿戏"。这次恐怖事件，让西德蒙受了奇耻大辱，也使西德政府对日益增加的国际恐怖活动产生了危机感。

1. 对奥运会等赛事举办的影响。慕尼黑奥运会的血腥一幕也唤醒了主办者的安全保卫意识，使他们看到反对恐怖主义也是举办奥运会举足轻重的一环。在随后的历届奥运会和其他重大赛事中，组织者都提高了安全措施的投资力度。

2. 引起对安全防范的反思。狙击的失败导致了伤亡的扩大。经事后分析，主要原因如下：情报不足未能正确判断恐怖分子人数，虽然在狙击开始前30分钟已确认恐怖分子为8人，仍未及时作出调整反应；狙击手使用的步枪在深夜进行狙击，却没有安装夜视装置；无线电联络设备不足，导致狙击时机无法正确把握；狙击手非专业反恐训练，而来自普通警察，个人技术水平不足；使用的狙击步枪非专业设计，存在问题，导致一次狙击失败后，不能快速进行下一次射击。

该事件使多国政府开始重视对于恐怖分子挟持人质事件的处理能力，并纷纷开始组织负责处理类似状况的军警单位；西德政府接受这次教训后，组织了第九国境守备队，同时开始设计、装备真正专用的狙击步枪。

3. 以色列复仇。以色列在铁娘子梅厄夫人的主持下，集结了由情报特务局（简称摩萨德）特工组成的"死神突击队"，对"黑色九月"幕后成员进行暗杀报复行动，行动代号"上帝的复仇"（或译"神怒行动""天诛行动""天谴行动"等）。行动从1972年10月到1981年8月，历时九年多，暗杀名单上的11名"黑色九月"恐怖分子全部遭到暗杀，不过主要首脑未能暗杀成功，也有一些无辜者被殃及。

1981年8月1日，暗杀名单最后一个目标、惨案主谋阿布·达乌德在波兰一家旅馆遭到枪击，未致命。据文献记载，这是摩萨德特工在没有计划的前提下，偶见达乌德，冲动下开的枪。达乌德于2010年在叙利亚因肾衰竭去世，终年73岁。大批巴勒斯坦人在大马士革郊区的难民营，抬着灵柩，为他举殡。以色列"上帝的复仇"暗杀行动就此结束。

4. 延迟了巴勒斯坦问题的解决。事件发生后，整个西方都认定阿拉法特是这次恐怖行动的幕后主谋。一时间，巴勒斯坦人成了恐怖分子的代名词。因为"黑色九月"组织是在约旦战争后以报复约旦为目标的恐怖组织，成立之时也是阿拉法特同意的，其成员也是巴解下属各派别的游击队，它与巴解有着千丝万缕的联系，不仅美国，而且许多西方国家都认为，"黑色九月"不是一个真正独立的组织，是巴解领导人进行恐怖活动而不承担直接责任的一个工具。[1] 由于这种成见，美国对所有巴勒斯坦人愿同以色列达成协议的愿望表示怀疑。尽管阿拉法特在 1974 年 11 月在联合国演讲中主动提出在 1967 年的边界线的范围内接受以色列的存在，但由于美国因慕尼黑惨案形成的固有观念，巴勒斯坦问题迟迟得不到解决。

5. 削弱了巴解组织的力量。慕尼黑恐怖袭击事件，虽然对以色列、对全世界造成极大震撼，但是由于此事很快便招来以色列疯狂的报复，加之内部的分歧，世界的谴责，这些严重削弱了巴解组织。慕尼黑惨案后，以色列的摩萨德组成了一支"死神突击队"，开始有计划暗杀巴勒斯坦人的活动，尤其是对参与策划慕尼黑恐怖袭击事件的"黑色九月"成员及巴解组织在世界各地联络处的代表进行疯狂报复。据以色列方面讲，巴解组织驻巴黎代表之一的哈姆沙里，他把"黑色九月"突击队员从法国接运到联邦德国，属间接参与了慕尼黑惨案，其于 1972 年 11 月被以色列特工暗杀。不久，驻巴黎的第一巴解组织代表穆罕默德·布亚迪被汽车炸弹炸死。"黑色九月"领导人之一的阿巴德·谢尔、"黑色九月"在意大利的负责人兹米特、据称向"黑色九月"提供武器的巴兹尔·库柏西、即将作为巴解组织驻塞浦路斯代表的扎亚德·穆扎西、"人阵"的一个重要成员米歇尔·穆卡巴尔先后死于以色列特工的追杀。除进行个别追杀外，以色列特工还于 1973 年 4 月对在贝鲁特的巴勒斯坦总部的大楼开展了行动。巴勒斯坦领导人尤素福、卡迈尔、阿德万和卡迈尔·纳塞尔以及楼里的十几个巴勒斯坦人全部遇害。

在慕尼黑惨案 3 天后，以色列向黎巴嫩的"法塔赫"基地发动大规模进攻。以色列强化攻击并使之经常化的结果之一是，阿拉伯反以色列组织成员感到开

---

〔1〕 ［美］哈里·亨德森：《全球恐怖主义：完全参考指南》，贾伟等译，中国社会科学出版社 2003 年版，第 50—51 页。

展游击行动越来越困难了。另一结果是，黎巴嫩从国家利益考虑对阿拉法特施加更大的压力，建立禁止阿拉伯反以色列组织的成员进入的地区，限制巴解组织的活动，以减轻以色列对黎巴嫩的报复，为了防止和黎巴嫩军队的严重对抗，阿拉法特只好尽可能多地让步。其结果是在 1972 年秋一些"法塔赫"军官由于反对阿拉法特与黎当局合作而叛变。在阿尔及利亚大使的干预和调解下，一场潜在的严重危及被避免。主要的叛变领袖阿布·尤素福·卡伊德被流放到阿尔及利亚。阿拉法特转而在叙利亚边境地区，从叙利亚领土发动对以色列的袭击。但是，1972 年 11 月，以色列、叙利亚发生军事冲突，以色列用空军和大炮大规模袭击叙利亚的巴解组织的地区和渗透路线。

在冲突第二阶段，以色列至少击落 6 架叙利亚飞机和 12 辆坦克。以色列想通过给叙利亚以重创让叙利亚阻止巴解游击队在其领土内进行活动。此后，叙利亚政府采取行动拒绝巴解组织成员通过叙利亚领土进入以色列。与此同时，在黎巴嫩的巴解组织与黎基督教派的冲突不断发生。到 1973 年 5 月，黎巴嫩军队介入巴解和基督教派的冲突，使用了重武器，并且出动了空军，致使冲突进一步扩大而且更加激烈。6 月 17 日，双方签订了梅尔卡特协议。该协议对巴解在黎巴嫩各地区武装人员数目、拥有武器的种类做出了限制：在难民营中，巴解人员只能拥有轻武器，不准拥有轻型武器和重武器；禁止巴解游击队员上城镇时穿军服携带武器。在与黎巴嫩、叙利亚矛盾性冲突不断的同时，由于慕尼黑惨案，全世界都谴责这一暴行，巴勒斯坦人的形象受到严重损害。过去坚决支持巴勒斯坦解放事业的国家，也开始疏远巴解组织，沙特甚至开始停止对巴解的财政援助。以色列打着反恐的旗号暗杀巴解组织成员，所在国政府大都睁一只眼闭一只眼。在这样的形势下，阿拉法特开始认识到，由于过激行动而引起国际的谴责，对于巴解组织来说是政治上的失败。他开始转为温和、灵活态度，谋求通过外交及政治途径解决巴勒斯坦问题。但这一转变，又导致"法塔赫"领导层的分歧。1974 年阿布·尼达尔领导一个小派别从"法塔赫"中分离出去，在欧洲四处活动，既杀害犹太人，也杀死很多巴解组织温和派领导人。尤其令阿拉法特想不到的是，正是由于阿布·尼达尔领导的恐怖成员在 1982 年袭击了以色列驻英国大使，点燃以色列出兵入侵黎巴嫩的导火线，使巴解组织付出了惨重的代价。巴解组织不仅遭到重大伤亡，最重要的是失去了黎巴嫩这个基地，武装力量分散到了 8 个阿拉伯国家。造成这一切后果的根源就是慕尼黑惨案。

二、反思：慕尼黑惨案的教训

慕尼黑惨案充分显示了在大型活动中，由于活动影响的广泛性、人员复杂性，基于扩大影响性的目的，恐怖袭击发生的可能性更大。美国兰德公司的反恐专家布莱恩·莱金斯（Brian Lenkins）认为："恐怖分子不仅追求更多人的死亡，他们还想要更多人看到他们的行为。"[1] 慕尼黑惨案对我们来说是一个惨痛又值得借鉴的教训。

（一）大型活动与恐怖主义

现代奥运会已不仅仅是世界上规模最大、参赛国家最多、竞赛项目最全的体育盛会，同时也是资金投入最多、受关注程度最大、影响最深远的国际性活动之一。而且奥运会本身极具新闻价值，一旦有恐怖事件发生，必然会成为媒体关注的焦点，从而使恐怖效应扩大化。这些特点决定了奥运会易成为恐怖袭击的目标。因此，每个举办国都不惜投入巨大的人力、财力、物力来进行奥运安保工作。[2]

在慕尼黑惨案中，运动员在奥运村进进出出都不需要出示身份证，奥运村的围墙是只有 2 米高的铁栅栏，一般人都可以轻易翻过以进入奥运村，巡逻人员也没有配备任何武器，警惕性也十分松散，这一切都直接导致了"黑色九月"行动的成功。

1988 年汉城奥运会，举办方投入了大量人力物力，并制定了各种严密的保安措施。首先，奥运会组委会同 36 个国家的情报部门交换情报，将恐怖分子名单输入电脑随时待查，以阻止这些人在奥运会期间蒙混入境。组委会还特意请来 1972 年负责慕尼黑奥运会安全工作的慕尼黑警察局前局长介绍慕尼黑奥运会流血事件的经过，从中吸取教训。韩国政府制定了出入境管理等 26 个方面的对策，组织了随身保护队、场馆警卫队、运动员村警卫队等 16 支队伍，并参考其他国家为奥运会制定的特别法，颁布了《维护奥运会和平法》。在奥运会开幕的前两个星期，有情报说有人企图炸掉中国和苏联运动员乘坐的飞机，以制造恐

---

[1] Brian Lenkins 早年认为恐怖分子追求更多人看到暴行（并感到恐惧）超过追求（恐怖袭击）造成的死亡人数，但随着"9·11"后的数据研究显示，恐怖分子现今不仅追求更多人的关注，也追求恐怖袭击造成的死亡人数。

[2] 岳虹："全球化背景下的城市反恐——以奥运安保为例"，华东师范大学 2009 年博士学位论文。

慌，并嫁祸于韩国，还有情报说 20 余名恐怖分子准备向参加奥运会的美国和以色列运动员下手。对此，韩国安全部门都做好了准备，对 92 架社会主义国家的飞机采取了特别安保措施，将它们停放在特别的停机场，昼夜巡逻警戒，并用仪器和能识别爆炸物的警犬对飞机实行了彻底检查；此外，韩国还对 15 个社会主义国家以及 12 个国内正发生冲突的国家的参赛选手实行了特殊保护。

　　进入 20 世纪 90 年代以来，随着地区安全形势的恶化和恐怖活动的猖獗，各类大型体育赛事组织者更是将安全问题提到了前所未有的高度。1994 年，美国为迎接世界杯足球赛，加大了安全力度。用目击者的话说：采取的安全措施，听起来像是为打仗而非为运动比赛准备的。

　　2001 年 11 月和 12 月，专门负责美国盐湖城冬奥会安全保卫工作的工作组在内华达州一个由政府资助的军营进行了训练。训练的内容包括一切能够想象到的突发事件：拖车冲撞电线、扣押人质、生物武器袭击、袭击核电站等。为了保证运动员、观众和当地居民的安全，美国人甚至调用了在反塔利班武装战斗中运用的一些高科技武器。共有 5100 名武装人员、7000 名警力和 2100 名消防和急救医护人员专门负责冬奥会约 2300 平方公里范围内的安全工作。此外，当地的商业团体还雇用了 6000 多名私人保安。

　　2002 年韩日世界杯足球赛更是将安全准备工作放在首位。在比赛前，人们看到的是铺天盖地的关于安全准备的报道和实战演习。2004 年雅典奥运会投入的安保费用为 12 亿美元，是慕尼黑奥运会的 600 倍。

　　（二）反恐信息的收集——反恐与人权保护

　　联邦德国警方没有得到恐怖分子的详细资料，他们不知道恐怖分子的模样，根据艾哈迈德·图尼的报告，他们错误地认为只有不到 5 个恐怖分子，但其实恐怖分子一共有 8 人，而警方当时只在机场布置了 5 名狙击手进行伏击，结果行动失败。

　　在反恐战争中，高效的情报工作是反恐战争取得胜利的关键性因素。通过情报可以追踪恐怖分子的行动，及时做好预警工作，精确掌握恐怖分子的动向，从而降低发生恐怖事件的概率与风险。[1] 许多学者认为现今的诸多反恐立法侵害了公民的个人权益，如自由权等。1789 年法国的《人权与公民权利宣言》第

---

〔1〕　李本先、梅建明、李孟军："我国反恐情报及预警系统框架设计"，载《中国人民公安大学学报（社会科学版）》2012 年第 4 期。

1 条即宣布："在权利方面，人们生来是而且始终是自由平等的"。尽管如此，为加强对国际恐怖主义的防范和查处力度，《美国爱国者法》赋予行政执法部门羁押外国人的新的、几乎是无限的权力，扩展了联邦执法部门在刑事侦查活动方面的权力范围，降低获取搜查与扣押令的门槛，使其侦查活动更具自主性，使其可以大肆地搜查、扣留、逮捕、审讯自认为有恐怖嫌疑的人。[1]

就我国而言，我国在 2009 年颁布的《侵权责任法》才首次在立法中明确了"隐私权"。在反恐信息的收集上，个人信息仍然存在较大的泄露风险。以恐怖袭击发生为分界点，可以将反恐活动区分为防范恐怖袭击发生和追究制造恐怖袭击的恐怖分子责任两类。[2] 人权保护的风险主要存在于前者，即通过各种信息渠道获得情报，进行分析以求在恐怖活动发生前控制或消灭恐怖分子。其中，无数的个人信息、财产状况或其他隐私都汇聚其中，显然这种的信息收集不可能也难以获得每个人的授权，一旦信息被用于反恐外的其他用途，有可能对公民造成不可逆转的伤害。

因此，在反恐信息收集方面，我们在尽可能收集反恐需要的信息，打击恐怖主义的同时，也应当注意，一方面，在信息的授权上，应当由现有的公安机关自行授权在一定程度上转变为司法授权或检察院授权；另一方面，在监管和救济渠道上，应当加强人大、检察院对公安机关信息收集行为的监督，畅通反恐信息致损的救济渠道。

---

〔1〕 张宗亮："反恐立法之价值取向——以人权保障为视角"，载《东岳论丛》2006 年第 4 期。
〔2〕 刘铭："大数据反恐应用中的法律问题分析"，载《河北法学》2015 年第 2 期。

第七章

"空中劫难"：
1988年英国洛克比恐怖袭击事件

洛克比空难发生于北京时间 1988 年 12 月 22 日 03：03 分（格林尼治时间 1988 年 12 月 21 日 19：03 分）。当日，泛美航空公司 PA103 航班执行德国法兰克福-英国伦敦-美国纽约-美国底特律航线。它成为恐怖袭击的目标，飞机在英国边境小镇洛克比上空爆炸解体，航班上 259 名乘客和机组人员无一幸存，地面上 11 名洛克比居民死于非命，史称洛克比空难。这次空难被视为利比亚针对美国的一次报复性恐怖袭击，是 "9·11" 事件发生前针对美国的最严重的恐怖袭击事件。此次事件亦重挫泛美航空的营运，该公司在空难发生的 3 年之后宣告破产。

一、事件概述

（一）背景

1989 年 1 月中旬，西方有些报纸报道说，泛美 103 次航班的失事，很可能是以色列的 "摩萨德" 制造的一起惨案。叙利亚国防部长塔拉斯将军在 1 月 21 日接受科威特《火炬报》记者访问时支持这一说法称："以色列'摩萨德'的一名特工将一个藏有炸药的袋子交给一位美军，让他带上飞机，并给他 30 万美元作为报酬。这位特工说，袋子里是价值 50 万美元的钻石，需要偷运入美国。"据一些人士分析，以色列炸毁泛美 103 班机的目的可能是嫁祸巴勒斯坦解放组织，破坏美国和巴解的对话，离间美国和巴解的关系。然而以色列却断然否认此事，并指责叙利亚国防部长的指控是荒谬的。不仅如此，以色列的 "摩萨德" 反而通过一些渠道散布消息说，在以伊拉克为活动基地的一个巴勒斯坦游击队组织中，有一位出身工程师的领导人。多年来此人一直在研制精巧的起爆器和塑料炸药。言下之意是说泛美 103 班机的爆炸失事与这个组织有关。有关塑料爆炸物的来源问题，线索纷繁复杂，互相矛盾，所以根本搞不清楚。

（二）过程

在格林威治时间 19：03，该飞机起飞后 38 分钟，刚刚进入苏格兰领空，飞行于空层 310（9100 米/31000 英尺）时，前货物舱（41 段）里约 280-400 克塑胶炸药被引爆，触发连串事件，令飞机迅速毁灭。

虽然机上的爆炸相对较小——在 220 英尺长的机身旁边炸出一个 20 平方英寸的洞，飞机的解体仍十分迅速。据航空失事调查人员报告，机翼可能在炸弹引爆 3 秒后已跟主要机身分离。

英国航空失事调查局（British Air Accidents Investigation Branch）的官方报告指出，虽然飞机放下了氧气罩，没有证据显示飞机曾发出遇难呼号。由于爆炸已破坏飞行通讯中心、将飞行记录仪的电力截断，即使机组人员对身边发生的事情作出反应，他们的行动并没有被记录下来。

747 客机的神经中心控制所有航行及通讯系统，位于驾驶舱下两层，和前货物舱只有一道隔板之隔。调查人员相信，爆炸力冲破这道隔板、冲击飞行控制线路，令机身的前面部分开始扭动、上下颠簸及偏航。这些突然而猛烈的移动将保护机身前段的加强带（reinforcing belt）拍打向左面一排窗子，并令它开始脱离机身。与此同时，爆炸引起的冲击波打中机身后反弹回爆炸的方向，跟正在从爆炸中心发出的冲击波汇合，形成马赫波（Mach Stem Shock Waves），在机身中来回反弹，随着空气调节喉管传至整个机身，将机身断开。机身的前面部分脱离，乘客和机组人员被抛出冰冷的夜空。机身的主要部分连同部分仍然附在上面、被缚在座位上的乘客继续向前飞，直到机身跌至 19000 英尺、插水式垂直下坠为止。

在随后 2 名被控放置炸弹的利比亚人的审讯中，法官接受苏格兰警方所提供的证据：那个装有爆炸品的棕色硬手提箱，是马耳他航空航班 KM180 上另外托运的行李，由马耳他鲁卡机场（Luqa Airport）运至法兰克福。它由 KM180 转至 PA103A，再在希斯路机场转机。

调查人员推算，那土制炸弹由 280-400 克塑胶炸药（可能是塞姆汀，Sem-tex，一种捷克制的强力炸药）、一枚电池和一个电子计时器组成，藏在一部东芝收音录音机里。虽然找不到任何塑胶炸药，他们在炸弹所在行李集装箱的金属碎片上，发现太安（PETN）和黑索金（RDX）。太安和黑索金是塑胶炸药（包括塞姆汀）的成分。

英国鉴证专家从一颗在洛克比找到的 10 公厘粒子及中央情报局提供的资料——从塞内加尔恐怖分子手上找到一批类似计时器中，鉴定出炸弹的计时装置。中央情报局的资料帮助调查人员追溯出那 MST-13 计时器的来源：一家位于苏黎世的瑞士生产商埃文·保利亚（Edwin Bollier of MEBO AG）。人们在审讯中发现，保利亚在炸弹袭击前向一名利比亚情报官员售出 20 个这类计时器。这些计时器的可设定时间是 1 分钟-999 小时。

空难发生后，美英两国情报机构最终于 1990 年秋天认定这次空难系利比亚航空公司驻马耳他办事处经理费希迈和利比亚特工阿卜杜勒·迈格拉希所为。

（三）结果

洛克比空难无论是对国际政治形势，还是航空业的发展都造成了深远的影响。

1. 利比亚被制裁。1911 年 11 月 14 日，美英两国发表联合声明，要求利比亚交出凶手。利比亚虽然拘留了费希迈和迈格拉希，但拒绝把他们交给美英两国。

为了迫使利比亚交出嫌疑人，联合国安理会曾多次通过决议，对利比亚实施包括空中封锁、武器禁运和外交制裁等一系列制裁。1996 年，美国又通过达马托法，对在利比亚石油、天然气领域年投资 4000 万美元以上或违反联合国对利比亚制裁规定的外国公司实行制裁。

由此，卡扎菲统治下的利比亚遭到了联合国 15 年的制裁。2003 年 8 月，利比亚与美英达成协议，同意对洛克比事件遇难者家属支付总额约 27 亿美元的赔偿。同年 9 月 12 日，联合国安理会以 13 票赞成、2 票弃权的表决结果通过第 1506 号决议，决定解除联合国因 1988 年洛克比空难和 1989 年法国联航空难事件而对利比亚实施的长达 11 年的制裁。

2011 年，辞职的前司法部长穆斯塔法·阿卜杜勒·贾利勒称事件是卡扎菲策划，但没有出示证据。2004 年 2 月 26 日，美国宣布取消对利比亚实施的长达 23 年的旅行禁令，允许利比亚在美国设立利益代表处。2009 年 8 月 20 日，英国苏格兰司法部长麦卡斯基尔宣布释放因制造洛克比空难而在英国服刑的利比亚特工迈格拉希。

2. 对嫌疑人的审判。在国际社会的压力下，利比亚被迫同意交出 2 名嫌疑人，但同时也提出对 2 人的审判必须在英美以外的第三国进行。1998 年，美、英和荷兰同意在荷兰按苏格兰法律对 2 名被告进行审理。

中立地点位于荷兰，苏格兰法庭在前美国空军基地宰斯特营（Camp Zeist）成立。根据英荷两国签订的协议，审讯期间苏格兰拥有该处地方的主权，在苏格兰法律下管治。在各方同意下，1998 年 8 月，联合国制裁暂停（但非解除）。

法庭设有一间审判室、一间监狱和为传媒、死难者家属而设的办公室。审讯期间，基地由苏格兰警察和狱警把守。1999 年 4 月，费希迈和迈格拉希被移交给联合国代表，并前往设在荷兰的苏格兰法庭受审。

审讯在 2000 年 5 月 3 日开始，共有 3 位法官：萨瑟兰（Sutherland）、麦克林（McLean）和高斯菲尔（Coulsfield）爵士，没有陪审团——这是利比亚方面的条件。

法庭于 2001 年 1 月 31 日达成裁决。迈格拉希罪名成立，被判终身监禁，建议最少服刑 20 年。法庭没有解释为何在炸弹袭击当日迈格拉希身在马耳他或他何以使用假名往来不同地方，但他没有采取自辩，故很多人认为他的利益受损。

费希迈被判罪名不成立，并在翌日回到利比亚的家。2002 年 3 月 14 日迈格拉希的上诉被驳回。他被移送到位于苏格兰格拉斯哥的巴连尼监狱（Barlinnie Prison）。他住在一个特别兴建的公寓式囚室，内有数个房间，狱方供他阿拉伯食品。

社会一直有呼声要求上诉及让迈格拉希在一个伊斯兰国家服刑。非洲联盟一个委员会批评迈格拉希定罪的基础。2002 年 6 月纳尔逊·曼德拉探望迈格拉希以示同情。

2003 年 11 月 24 日，根据欧洲人权法要求，苏格兰最高法院将迈格拉希的最低刑期（即可接受假释前的最少服刑年期）定为 27 年，由 1999 年的羁押开始计算。苏格兰检察总长哥连·博伊德（Colin Boyd）在接触美国遇难者家属后提出上诉，称这刑期是"太宽大了"。

2004 年 2 月 24 日，利比亚总理加尼姆（ShokriGhanem）在英国广播公司第四台的访问中说，他的国家所提供的赔偿只是"和平的代价"，及用来保证联合国会解除制裁。当被问及利比亚是否不认错，他说"我同意"（I agree with that.）。他还说没有证据显示，他的国家跟 1984 年 4 月利比亚驻伦敦大使馆外警员伊夫斯·弗兰彻（Yvonne Fletcher）被枪击的事件有关。他的言论在华盛顿及伦敦的巨大压力下，被迫收回。

2009 年 8 月 20 日，英国苏格兰司法部门宣布，释放因制造洛克比空难惨案而正在英国服刑的利比亚特工迈格拉希，理由是他已被确认患有晚期前列腺癌，离生命终止最多只有 3 个月的时间。

英国政府早在 2 年前就已决定，释放洛克比空难凶手迈格拉希，以照顾英国的石油利益。英国司法部长斯特劳当时写信给苏格兰司法部长麦卡斯基尔，通知他英国政府决定把迈格拉希列入转移囚犯协议。斯特劳原本反对把迈格拉希列入有关协议，随着利比亚政府和英国石油公司（BP）就一个大规模开采石油的交易的谈判陷入僵局，斯特劳改变立场。迈格拉希最终没有在转移囚犯协议下获释，但麦卡斯基尔却基于人道立场，在 2009 年 8 月提前释放患末期前列腺癌的迈格拉希。英国政府坚称释放迈格拉希跟石油利益无关，不过，随着斯特劳写给麦卡斯基尔的信件曝光，他提前获释的真正原因再次令人起疑。斯特劳在 2007 年 7 月 26 日的信中，表示他同意不把迈格拉希列入囚犯转移协议。不过，利比亚跟英国石油公司谈判时，坚持要把迈格拉希列入有关协议，斯特劳在 2007 年 12 月 19 日的另一封信中，改变立场。

据美国媒体报道，迈格拉希在机场受到几千名青少年的欢迎。利比亚领导人卡扎菲的儿子赛义夫陪伴他离开飞机。美国总统奥巴马对此发表谈话，批评英国苏格兰司法部门提前释放迈格拉希是一个"错误"，并且要求利比亚政府对获释后的迈格拉希实施软禁。

2011 年 3 月，经过联合国 1973 号决议，由法国率先对利比亚的军事设施进行军事打击。卡扎菲已于 2011 年 10 月 20 日去世。事情的真相或许又会永远无法确认。

当地时间 2012 年 5 月 20 日，"洛克比空难"唯一被定罪者、现年 60 岁的利比亚前情报官员阿卜杜勒·巴塞特·阿里·穆罕默德·迈格拉希在利比亚去世。

3. 事件的真相仍未知。英国媒体的评论说，迈格拉希的死亡标志着"洛克比空难"唯一案犯已经不在人世。不少遇难者家属都认为事实并没有水落石出，因为从调查到定罪再到迈格拉希出狱，这期间发生了太多有争议的事情。一名美国遇难者家属说："他的死完结了一个章节，却没有让整本书可以结尾。我认为，他绝对不是当年唯一涉嫌此事的人。"

英国受害者家属的代表戴维·艾瑞尔甚至认为，迈格拉希是无辜的替罪羊，真正的凶手还躲在幕后，至今仍逍遥法外，他甚至用"洛克比空难第 271 位受害者"形容迈格拉希。

迈格拉希至死都否认自己策划了那次袭击。在"洛克比空难"发生后，最初的证据曾指向解放巴勒斯坦人民阵线（人阵）。据美国媒体报道，人阵被指同伊朗有密切关系，实施"洛克比空难"是为了帮助伊朗寻仇，以报复美国军舰在1988年7月击落伊朗民航客机、造成290人死亡的事件。

迈格拉希本人认为是一位代号"Abu Elias"的情报人员放置了炸弹，苏格兰议员克里斯汀·格拉汗姆（Christine Grahame）认为，这位神秘人物没有进入调查视野，是美国情报当局保护所致。

据英国《每日电讯报》2014年3月10日报道，一名前伊朗情报部门叛逃官员日前表示，震惊世界的1988年洛克比空难的幕后策划者实为伊朗，爆炸由一个叙利亚恐怖组织实施，此番言论为空难提供了新的证据，也对美英两国此前认定的两名利比亚嫌犯提出质疑。

报道称，叛逃人员阿博汉斯姆·麦斯巴赫（AbolghassemMesbahi）为伊朗前情报部门官员。他表示，美国泛美航空103号航班在1988年12月份的爆炸，是伊朗对美国海军用导弹攻击伊朗民用客机的报复行为。麦斯巴赫（Mesbahi）指控爆炸由伊朗时任最高领袖哈梅内伊亲自指挥，并"完全模仿了美军用导弹攻击伊朗空客时的场景"。

据了解，此番言论出自卡塔尔半岛电视台发布的新纪录片"洛克比空难：究竟发生了什么？"在此之前，洛克比空难唯一被定罪者为利比亚前情报官员阿卜杜勒·巴塞特·阿里·穆罕默德·迈格拉希，该定罪是基于利比亚前领导人卡扎菲对美国在1986年轰炸大马士革和班加西的报复行为。迈格拉希已于2012年在利比亚去世。半岛电视台的这部纪录片还透露，洛克比空难由伊朗、叙利亚、利比亚三国在马耳他的一次会议上策划。伊朗在本次袭击中，雇用了叙利亚人艾哈迈德·贾布里勒（Ahmed Jibril）为幕后策划者，他曾是解放巴勒斯坦人民阵线总指挥部（PFLP-GC）的领袖人物。

4. 泛美航空的破产。对于大多数中国人来说，泛美航空出现在新闻里还是因为那场著名的洛克比空难。这场恐怖袭击直接成为压垮泛美航空的最后一根稻草。1991年12月4日，由于大量国际航线长期入不敷出，国内航线毫无起色，再加上巨额空难赔款和海湾战争的影响，泛美航空终于关门歇业。

作为美国曾经的领先航空公司，泛美航空曾是一个时代的标志，也几乎成为美国全球影响力的标志。在20世纪70年代，泛美航空的航线网络遍布全球160个国家，先进的机队、丰富的运营经验和高品质的客舱服务使其颇受青睐。泛美航空可以自信地把自己称为"世界上经验最丰富的航空公司"，它那句著名的广告语"泛美，让天空不再是障碍"，更让该公司闻名遐迩。

泛美航空对新技术的应用和新飞机的引进，是其长期保持远程航线领先地位的主要因素之一。20 世纪 50 年代，泛美航空率先订购了道格拉斯 DC-8 和波音 707 两款喷气式飞机，并于 1958 年开通了由波音 707 飞机执飞的纽约—巴黎航线。20 年后，泛美航空成为波音 747 飞机的启动用户。这款飞机的巨大成功直接奠定了波音在民用航空制造业的霸主地位，而波音 747 也成为泛美航空开拓国际航线的核心力量。1976 年，正是泛美航空的波音 747 飞机创造了当时商用飞机环球飞行的世界纪录。

在冷战时期，一家航空公司要想真正担负起宣传国家形象的职责，仅靠商业上的成功是远远不够的。泛美航空曾经多次参与了具有浓重政治色彩的航线运输任务，其中包括派飞机参与当时西德和西柏林之间的人道主义空运和在越南战争期间为美军提供航班用以搭载士兵前往亚太地区的城市休假。

此外，泛美航空在流行文化中也扮演着重要的角色。其中，一张最著名的照片就是甲壳虫乐队于 1964 年搭乘泛美航空航班抵达肯尼迪国际机场的情景。在著名的电影《2011 太空漫游》中，还有一架以泛美航空飞机太空飞剪号（Space Clipper）命名的太空飞船。2011 年，以复古的航空题材为主线的电视剧《泛美航空》在美国开播，并受到观众的热烈追捧。

时至今日，泛美航空虽然作为运营主体已经不复存在，但它的影响力已经达到了一个航空公司所能到达的顶峰。从某种程度上说，正是泛美航空让美国人真正爱上了洲际旅行。

（四）起因

本次袭击有两个明显动机。第一个动机是美国在 1986 年 4 月 15 号轰炸黎波里（Tripoli）和班加西（Benghazi），令卡扎菲夫妇收养的一名小女孩丧生。第二个动机是 1988 年 7 月 3 日美国巡洋舰温森斯号（USS Vincennes）在波斯湾击落伊朗航空 655 班机，该航班满载的 290 名乘客（包括 63 名儿童）全部罹难；战舰误将客机当作来袭战机对其发射了 2 枚地对空导弹。

二、评析："洛克比空难"带来的启示

洛克比空难真相尽管至今仍旧扑朔迷离，但其影响依旧深远，抛开政治因素来说，这起事件对我们当前的反恐有十分重大的借鉴意义。

（一）航空运输安全

洛克比空难巨大的后续影响，一直到"9·11"事件。而洛克比空难暴露出来的行李安全和行李舱安全问题，也导致了飞机安全条例的修改，无主行李再也无法转运。

由于民用航空器在安全防范上的极端脆弱性，民航飞机逐渐成为犯罪分子攻击的重要目标。[1] 民航飞机一旦遭受恐怖袭击，不仅会造成巨大的人员伤亡和财产损失，最重要的是还会造成严重的社会恐慌，而这恰恰是恐怖主义犯罪所追求的价值理念。20 世纪 60 年代至 80 年代间，国际上以暴力劫持航空飞机和破坏民航设施的事件频繁发生，肆虐全球，严重危害了国际民航的安全，引起了国际社会的极大关注。1984 年 10 月 13 日布莱顿大爆炸，4 死 32 伤，撒切尔夫人侥幸逃脱；1987 年 6 月 1 日，黎巴嫩总理座机爆炸，卡拉米总理身亡；1988 年 8 月 17 日，巴基斯坦总统专机爆炸，哈克总统遇难；而 2001 年 9 月 11 日的震惊世界"9·11"事件导致了 3000 多金融界精英死亡，直接经济损失达 400 多亿美元。

国际法上规定危害国际航空安全犯罪的国际条约主要有四个：1963 年 9 月 14 日在东京签订的《关于航空器内的犯罪和其他某些行为的公约》（简称《东京公约》），1970 年 12 月 16 日在海牙签订的《关于制止非法劫持航空器的公约》（简称《海牙公约》），1971 年 9 月 23 日在蒙特利尔签订的《关于制止危害民用航空安全的非法行为的公约》（简称《蒙特利尔公约》）。以上 3 个公约，被我国称为"3 个反劫机公约"。此外，还有 1988 年 2 月 24 日在蒙特利尔签订的《补充 1971 年 9 月 23 日在蒙特利尔制订的关于制止危害民用航空安全的非法行为的公约的制止在为国际民用航空服务的机场上的非法暴力行为的议定书》（简称《蒙特利尔公约补充议定书》）。该议定书补充了《蒙特利尔公约》的不足，规定了危害国际机场内的人员、设备及其未使用的航空器的犯罪，却由于批准及加入的国家不够法定数而没有生效。[2]

1977 年 6 月 1 日，执行乌鲁木齐至哈密航班任务的一架客机被劫持，这是我国第一起航空恐怖主义犯罪行为，此后又连续发生数十起此类恐怖主义犯罪，比较典型的是 1983 年 5 月 5 日，反革命分子卓长仁、安卫建等 6 人，偷带 3 支

---

〔1〕　唐燕文："我国航空恐怖主义犯罪研究"，华东政法学院 2006 年博士学位论文。
〔2〕　王虎华："危害国际航空安全犯罪的理论与中国的实践"，载《犯罪研究》2002 年第 5 期。

手枪混上从沈阳飞往上海的民航三叉戟班机,中途将飞机劫持到韩国着陆。1993年4月6日,河北省唐山市黄树刚、刘保才劫持深圳至北京的2811号航班逃到台湾,由于台湾当局没有遣返劫机犯,1993年我国连续发生21起劫机案件,创下建国以来劫机案件年发案率的最高纪录。1998年,国际航空公司机长袁斌因个人对单位分房政策不满,将其驾驶的737飞机劫持到台湾。2002年5月7日,大连张丕林在一架北方航空公司"麦道-82"飞机上纵火,造成飞机失事坠海,机上112人死亡。

由此可见,无论是我国还是世界各国,航空业的安全、众多乘客的生命都和打击恐怖主义息息相关。近年来,我国的机场已经逐渐强化了安保措施,对人员所携带的行李进行细致检查,对可疑人员进行情报的快速收集和分析,机场的安保人员数量增多,安保设备也不断升级。但是我们还应当看到,恐怖主义的力量无孔不入,继续加强民航安全的软、硬件升级,强化航空业的专门反恐队伍建设是必由之路。另外,民航业的恐怖主义袭击多为内忧,更应当防范的是外患,必须健全国际反恐交流合作机制、加强情报工作互信。

在国际法方面,洛克比案件属于国际案件,案件背后关涉国际法院与安理会的权力分配问题。国际法院于1946年4月3日成立,属于联合国的主要司法机构,其功能是审理国家之间的争端、解决国家之间的纠纷。国际法院的权力分为两类,一是解决诉讼案件的权力。国际法院受理案件的条件包括自愿管辖、协定管辖与任意强制管辖。二是咨询权,即为安理会等机构提出参考意见,促使国际组织、机构与国家的活动充分遵守联合国宪章的要求。洛克比案涉及利比亚与美、英双方之间的主权国家争端,可以适用国际法院的相关规定。另外,利比亚与美国共同签署了《蒙特利尔文件》,所以国际法院有权对洛克比案进行裁决。

当然,安理会亦有权处理洛克比案。联合国设立安理会的宗旨是和平解决争端,以及维护人类和平。洛克比案昭示了恐怖主义对人类安全与世界和平的巨大破坏力,故此安理会亦有权过问此案。

由此可见,由于国际法院和安理会均有权处理洛克比案,必然导致该案件上出现"管辖权争端"问题。利比亚坚持在国际法院解决该纠纷,美、英两国则希望通过安理会审理此案。双方各执一词,难以达成一致。然而,双方的观点均能够从联合国宪章与国际法原则中找到依据。学理界对此亦争论不休。

本文认为,从历史的角度来看,在联合国建立之初,从未有明确的法律表述指出，国际法院有权审查、监督安理会与联合国大会通过的决议是否可能违背了国际法。这是因为，当时各国认为可以凭借投票机制与大国博弈来制衡安理会的权力，从而避免后者沦为超级大国玩弄权术的工具。然而，遗憾的是，投票机制与大国博弈在相当长的时间里并未取得人们所期待的效果。直至冷战结束后，安理会才真正发挥其应有的效能。时至今日，安理会在维护世界和平、增进人类福祉方面取得了卓越的贡献，但亦存在一些问题。国际法院可以对安理会作很好的补充，以形成合力，共同促进人类的进步。

另外，联合国宪章并未彻底排除国际法院对联合国诸机构的监督职能。安理会是一个政治机构，即便其能够行使一定的执法功能，也不能完全代替国际法院，例如其缺乏对被告人法律权利的充分保障。所以，对于一些国际争端，安理会应交由国际法院管辖，唯有该争端对世界和平与安宁构成严重威胁的时候，安理会才应当迅速行动，从而有效维护国际法的尊严。相反，如果安理会动辄对国家之间的纠纷作出政治决定，而不是交由国际法院审理，那么必然影响国际法院的独立性以及国际法的权威性，最终将严重损害国际法治。

第八章
"末日谎言"与邪教恐怖主义：1995年日本东京地铁毒气事件

1995 年 3 月 20 日，东京地铁发生了臭名昭著的沙林毒气恐怖主义事件，日本举国惊恐，世界也为之震惊。事后查明，这起恐怖袭击事件系麻原彰晃为首的奥姆真理教所为。这是一起恐怖主义与邪教、高科技相结合的典型案例。

一、"东京地铁沙林毒气事件"概览

（一）背景

长期封建专制的历史给日本留下了政教合一、独尊神道教的传统。二战后，在西方民主制度的宪政体制冲击下，日本宗教出现了矫枉过正、过度发展的现象，各政治团体为了自己的利益，对宗教问题视而不见，以致一些邪教组织可以以新宗教的名义自在发展。加之日本经济从 20 世纪 50 年代开始持续高速增长，成为世界上举足轻重的经济大国，但是物质生活富裕后伴随而来的是精神上的空虚，经济泡沫崩溃后，日本经济陷入低谷，社会出现大量失业者，在这种形势下，奥姆真理教等邪教组织便搭乘这种新宗教的便车发展了起来。

奥姆真理教创建者麻原彰晃，原名松本智津夫，1955 年 3 月生于日本熊本县智头地区，在家中 7 个兄弟中排行第四，其父是一个老老实实的扎"榻榻米"草垫子的工匠。麻原生来残疾，一只眼睛有微弱视力，一只眼睛根本看不到东西。6 岁那年，父亲将他送到了盲人学校，在这个学校里，有微弱视力的麻原成了"贵族"，一些盲童想上学校外面的小店去喝冷饮或者吃冰淇淋都得央求麻原带路，这种优越的地位使他养成了霸道的个性。从学校毕业以后，麻原接受了针灸训练，不久就在熊本市开了第一家针灸诊所。1978 年，23 岁的麻原同一位女大学生结了婚，婚后麻原转向经营中药，他自制了一种由胡萝卜、蛇皮及其

他配方熬成的药，据说这种药能强身健骨，具有一定才能的麻原很快使药店红火起来。然而好景不长，1983 年，他的药店被指控贩卖假药而遭警方取缔，他本人也因此被拘留了 20 天，同时被罚款 20 万日元。

麻原彰晃原是新型宗教团体"阿含宗"的虔诚信徒，1984 年，麻原开设了一家瑜伽学校，向人们传授瑜伽功夫，经营地相当成功，他的声誉也越来越高。从这时起，他开始向学生传授他的"救世主"思想，并脱离了"阿含宗"，在东京都内成立了"奥姆神仙会"，开始了宗教活动。1986 年起，麻原几次出国"修行"，回国后自吹在喜马拉雅山上找到了佛教的真谛，并实现了解脱。1987 年，奥姆神仙会改名为奥姆真理教，麻原自命"尊师"开始布教，其教派于1989 年经申请批准被东京都政府确认为宗教团体法人。

"奥姆"一词取自梵语"创造宇宙""维持"和"破坏"这 3 个词语，奥姆真理教的教义是把原始密教、小乘佛教、大乘佛教和秘密金刚教混杂到一起，并加以神秘地解释。其教义认为现世的人是苦难的，并且永远在苦难中轮回。奥姆真理教是要拯救在轮回中遭受苦难的生物，并带领他们进入绝对自由、绝对幸福、绝对快乐的世界，即涅槃的境地。在现实的修行布道中，麻原彰晃总是以一些危言耸听的预言来让他的信徒俯首帖耳，从世界大战爆发到星球的毁灭，地震、海啸、洪水，每一次都是人类无法逃脱的灾难，可每一次都是由于麻原彰晃的超自然法力作用才避过劫波。

为了推行其教义和主张，奥姆真理教于 1990 年组成了真理党，提出废除消费税、改革医疗、改革教育、推进福利等四大政策，参加全国大选，可是以麻原彰晃为首的 25 名候选人全部落选。于是奥姆真理教走向了反面，提出了"与国家对决"，利用"日美即将决战""人类面临最后战争"等谎言为其从事犯罪活动提供理论依据。在麻原的指挥下，教徒们制造枪械、研制细菌武器、试制沙林毒剂，先后在长野县和东京公然使用毒剂，造成大量人员伤亡。为了聚敛资金，他们制造了大量兴奋剂之类的毒品出售，并用绑架、监禁和强行注射药物等手段对付叛教者。为了培养小教徒，他们不仅依照国家模式建立组织机构，甚至还制定了所谓的"真理国建国宣言"，简直荒唐至极。

事实上，在东京地铁毒气事件发生之前，奥姆真理教曾多次因涉嫌绑架投毒案进入警方视线，但均因证据不足而逃之夭夭。1995 年 3 月 19 日，因绑架假谷清志事件，大阪警方出动上百警力对奥姆真理教大阪总部进行了搜查，营救出了被绑架者，并逮捕了涉案信徒。正是在警方对奥姆真理教进行大规模搜查之背景下，第二天，东京地铁沙林毒气事件就不幸地发生了。

（二）过程

1995 年 3 月 20 日 8 时 20 分，日比谷地铁线的筑地车站拨通了 110 报警台，一个急促的声音报告：地铁站内出现异常气味，已经有人中毒！紧接着，霞关、神谷町、惠比寿等 14 个车站相继发出警报，日本历史上罕见的地铁毒气事件发生了。

据一位目击者说，8 点 2 分左右，他看见一名戴深色太阳镜，身高约 1.70 米的男子从惠比寿站登上日比谷线地铁，随后将一个用报纸包着的小盒子放在对面座位下，就匆忙下了车。几分钟后，不知是谁踢翻了这个小盒子，一滩透明的液体从里面流了出来，顿时，一种异常难闻、具有刺激性的气味散发开来，附近的乘客渐渐感觉不适，不少人被呛得咳嗽起来，很快有人开始感觉到窒息，情况严重者痛苦地抓着胸脯，无力地倒了下去，呻吟声、呼救声响成一片，车内顿时一片混乱。列车快到地铁站时，终于有人想到按警铃求救。列车骤急停下，车门开了，乘客们夺门而出，但有几位没走几步，便摇摇晃晃倒下了。霞关站一位工作人员发现了那个可疑的盒子，用手拿起它，准备处理掉，可他走出车厢不到 200 米，便倒在地上，就此再也没有醒来。

一名在医院救治的女职员事后回忆说，她从北千代上了日比谷地铁，车过人形町站时，嗅到一股异味。她先是看着站台上有人倒下，接着她自己也支持不住，便感到呼吸困难，视线也逐渐模糊起来，倒在车内，不省人事，当她醒来时，发现自己正躺在医院急救室内。

在不到 1 个小时的时间内，东京消防厅接到超过 400 个紧急呼救电话，除日比谷线外，千代田线、丸之内线累计共 16 个车站打来电话，纷纷报告发现有人中毒，并均已发现有人死亡。抢救人员迅速赶到现场面前的惨状令他们瞠目结舌：只见各地铁车站月台上、地面出口处，到处或躺或坐着中毒者，有人已神志不清。救生人员立即投入紧急抢救，日本警方也出动大量人力物力投入了抢救行动。东京都警视厅在当天 8 时 42 分成立了"紧急警备本部"，在 9 时成立了"地铁杀人事件特别搜查本部"，先后动员了 1.1 万名警员参加救援、警戒和搜查活动。由于第一批到现场的 30 多名刑事部警官没有准备任何防护服，等匆匆定购的 50 套化学防护服送到现场时已经有数十人呕吐起来，被紧急送往医院。

截至 3 月 22 日，共有 10 人死于这次毒气事件，逾 5000 人受到不同程度的伤害。事发后，日本首相村山富市紧急会见运输大臣和国家公安委员会委员长，指示要尽快查明此事，严防类似事件再次发生。日本警视厅也立即成立了"东京都地铁毒气事件对策室"，全力以赴侦破此案。

经过专家取样化验，事发当日上午11时，警视厅正式向外界宣布，有人在地铁内投放了神经性毒气"沙林"，该事件为一次"有组织的无区别杀人"犯罪事件。此说一出，举世震惊。何谓"沙林"？这得回溯到半个世纪前。20世纪30年代，纳粹德国曾发明出一种神经性剧毒气体，其毒性是氰化物的数百倍，成年人只要吸入零点几微克，就会丧生，这种毒气就是"沙林"。一般认为，日本是不存在"沙林"的，因而化验结果更为此次事件蒙上了一层神秘色彩。

据日本警方分析，那个被人目击把纸包带上列车的男性无疑是最大的嫌疑者，但是，警方事后在地铁日比谷线、千代田线和丸之内线的5辆列车上共发现了6个类似的散发毒气的纸包或塑料瓶，显然投毒者不止一人。东京共有10条地铁线，发生毒气事件的只有日比谷线、千代田线和丸之内线，而这3条线都从日本国家机关集中地霞关通过。通过对列车运行时刻表的分析，警方发现，目前已知被装上毒剂的5辆列车先后在8点09分到8点13分之间的4分钟内由霞关通过，当时正是公务员上班的高峰，警方由此认为，作案者的袭击目标很可能是乘地铁上班的国家机关工作人员。很显然，这是一起不惜杀死无辜平民的、有组织有预谋的恐怖活动。从这次事件中使用事先稀释了的"沙林"毒气，以及精密计算作案时间、同时发难等特征来看，犯罪集团是颇有经验和组织能力的恐怖组织。3月5日，日本横滨曾发生过一起列车毒气事件，但那次是发生在地面电车上，仅造成了11人中毒受伤。这次罪犯根据上次的经验进行了改进，这才造成了如此大的杀伤力。

那么，究竟谁是这次事件的肇事者？日本新闻媒体首先怀疑是极左激进派的恐怖主义行动。但是，日本极左激进派的行动向来"师出有名"，他们习惯在事先或事后发表公报进行宣传。而这次事件发生后，未有任何一个组织站出来承认是自己所为。尽管如此，日本警方显然已经有了自己的目标。

3月22日，也就是毒气事件发生的第3天，日本警方突然大规模出动，2500名机动队警察在自卫队防化部队的配合下，一举查抄了日本宗教团体奥姆真理教的25个机构。这次搜查行动的结果令日本警方自己也大吃一惊：在被严密封锁的山梨县上九一色村的真理教机构驻地，警察和防化部队士兵们用焊枪打开了所谓"真理1号、3号、5号"仓库被锁死的大门，里面的景象使人们惊呆了：只见化学药品及其容器堆积如山，简直像是一家化工厂。仔细一查，药品中有制造沙林的初级原料和各种溶剂，仅直径 50 厘米的金属密封筒就达 600 多个，足见其数量之大。在搜查中，警方还没收了大量机械设备，仅一台分析仪，价值就达 1000 万日元。既有原料，又有设备，警方判断这个组织有能力制造沙林。在搜查中，警方还查获了一架未经日本有关部门登记注册的原苏联造的"米格-17 型"直升机。在该组织所属的医院里，警方还发现了服药昏迷后被监禁的 6 名男女信徒，警方当即逮捕了在场的 4 名医生。

直到 5 月 11 日，东京都警视厅终于掌握了确凿证据：奥姆真理教确系东京地铁沙林毒气案的元凶，该教派"谍报大臣"井上嘉浩为制造这一惨案的直接指挥。

据在押刑事犯、前自卫队队员、奥姆教教徒白井孝久向警方交代，在制造地铁毒气案前一天的 3 月 19 日，井上把白井等 5 名教徒召集到该教在东京都杉井区的据点，向他们布置了如下任务：首先，到一位曾说过对奥姆真理教不利的话的原宗教评论家住址附近安放爆炸物；其次，来到设在东京都南青山的该教总部，故意向里面投放了燃烧瓶，制造奥姆真理教遭袭击的假象；然后才是正戏：井上亲自率白井等 5 人来到东京涩谷区宇田川町的该教据点，与等待在那里的另外几个教徒会合，然后分别携带装有沙林毒气的容器奔向地铁车站，于是一场致 13 人丧生、5000 多人受害的惨剧发生了。

此后，被捕的奥姆教"化学班"负责人上谷正实等又陆续吐露了作案的详细经过，参加这次毒气杀人行动的共有包括主教麻原彰晃在内的 35 人，他们分别担任不同的角色：指挥制造沙林毒气的指挥官，负责购买、制造沙林毒气原材料的药品采购小组，制造沙林毒气的"化学班"以及将沙林毒气放入地铁的"行动部队"。日本警视厅由此判断，麻原彰晃很可能就是这次行动的总指挥。另外，警方还在大规模搜查后断定，沙林毒气是在上九一色村的化学工厂里生产的，从那里查获的塑料袋、塑料袋口粘结机及该厂贮存的化学物品与东京地铁毒气事件查出的化学物质完全一致。据一名在押的真理教成员说，制造毒气事件的主要目的除了对付警方外，还在于通过这一事件向世人证实，麻原所预料的"第三次世界大战将爆发，世界末日将至"的正确性。向本组织总部投掷燃烧瓶等一系列活动，是为了扰乱警方视线，干扰对沙林事件的追查。

5 月 15 日，案情有了重大进展，毒气事件的直接指挥者、奥姆真理教"谍报大臣"井上嘉浩及其他 3 名真理教成员化装在逃时在东京郊区被捕。现年 25

岁的井上系教主麻原的高级助手，曾因涉嫌绑架东京都目黑公证处事务长假谷清志而被警方紧急通缉；此外，1994 年 11 月下旬，他还曾伙同自卫队员潜入东京都警视厅府中驾驶执照考场，企图盗窃驾驶执照记录等文件。在井上身上，警方发现了一个重要的笔记本，上面记载着沙林毒气袭击的 3 条地铁线的时间表和客流量，进一步证实了警方的判断，井上系这次行动的直接指挥者无疑。

井上的被捕，为警方对真理教设在富士山麓的真理教重要据点采取行动扫清了道路。当晚，东京警视厅向法院申请了 40 多张逮捕证，并于次日凌晨开始了一场大搜捕。

5 月 16 日凌晨，2000 多名警察机动队员在漫天大雾的掩护下，直扑富士山脚下的山梨县上九一色村，开始对设在该村山林内的奥姆真理教教会设施进行搜查，此次行动的主要目标是所谓的"第六真理楼"，即教主麻原平时居住的地方。警察强行打开了紧锁的铁门，对楼内所有房间逐一进行了彻底搜查，几十名真理教教徒束手就擒，然而始终不见麻原的踪影。5 个多小时后，搜查队员终于在第六真理楼 3 层地毯下发现了一个秘密房间，它介于 2 层和 3 层之间，面积不足 5 平米，高仅 1 米多，房内四周贴有一层厚厚的铁板，因此极难发现。当搜查队员推开密室铁门时，麻原正席地而坐，作冥想状。这个以异端邪说蛊惑人心的家伙终于落入了法网。上午 9 时 50 分，警视厅总监正式宣布，麻原彰晃因杀人和杀人未遂嫌疑被捕，随即 11 辆警车押解着麻原向东京疾驶而去。

至此，东京地铁毒气事件的犯罪嫌疑人全部落网。奥姆真理教教主麻原彰晃因策划实施了 1995 年东京地铁沙林毒气事件和其他罪行于 2004 年 2 月被东京地方裁判所判处死刑，2006 年 9 月 15 日，日本最高裁判所维持了麻原彰晃的死刑判决，从而结束了为期 10 年零 5 个月的跨世纪审判。麻原彰晃犯罪集团有189 人被提起公诉，其中包括麻原在内的 13 人被判处死刑。

（三）影响

在依法处置直接参与制造东京地铁毒气事件的麻原彰晃等人之后，各种恐怖犯罪活动所依存的奥姆真理教等邪教组织的控制问题也引起了日本当局的高度重视。鉴于奥姆真理教是经东京都政府批准的合法宗教财团法人，日本的《宗教法人法》和《破坏活动防止法》在适用上存在着或多或少的问题，约束的客体无法直接涵盖奥姆真理教这种反社会行为。为此，日本历时 5 年制定出了《关于无差别大量杀人团体管制法》和《破产特别措施法案》来对奥姆真理教等邪教组织进行管制和约束。通过对奥姆真理教的观察处分，奥姆真理教的实力被大大削弱，社会影响力也大大降低，由奥姆真理教引发的社会风波也逐渐平息，全社会对邪教的警惕也大大提高，其后不久出现的邪教"法之华三法行"也很快被发现并被迅速处置。

东京地铁毒气事件不仅暴露出了日本存在的诸多社会问题，打破了日本社会安全的神话，而且对整个文明世界也产生了强烈的冲击。事件发生之后，各国纷纷行动起来，加强了安全检查，提高防卫能力。在韩国首尔，约 3500 名工人被组织起来，对该市所有地铁线路进行紧急检查，政府用广播告诉乘客若发现任何可疑分子应立即报告。法国巴黎地铁系统正培训 300 名快速反应消防队员及营救人员如何处理化学污染，总理办公室及内务部已拟定方案，以使这些营救人员在 6 分钟内抵达巴黎任何一个地铁站。伦敦地铁系统宣布，它有能力在 4 分钟内疏散地铁车站里的人群并设有紧急通风设施。毒气事件在美国也引起了警觉。事件发生的第二天，国会议员布劳德即呼吁，要求克林顿政府从日本东京地铁毒气事件中吸取教训，尽快制定防毒气袭击应急计划，严防类似事件在美国重演。

二、评析："东京地铁沙林毒气事件"的背后

东京地铁毒气事件是奥姆真理教利用沙林毒气所实施的恐怖主义犯罪活动，体现了恐怖主义与邪教、高科技手段的紧密结合，正如我们所看到的，这种结合给整个人类带来了惨痛的后果。为此，有必要对它们之间的关系进行一番了解和研究。

（一）邪教与恐怖主义

邪教脱胎于宗教，当代社会科学家日趋达成一种基本共识，"真正的人性是真正宗教的前提！""人道（尊重人类尊严和基本价值观）是对每种宗教提出的最低要求。"[1] 凡是侵犯人权、危害社会的膜拜教派，应被视为邪教组织。

自 20 世纪 90 年代以来，世界各地的邪教惨案接连不断，可谓触目惊心。这些邪教惨案手段各异，有有组织、有预谋的集体死亡事件，有非法剥夺他人生命的暴力犯罪，也有暴力剥夺人类群体生命、危害社会安全的犯罪活动。世界范围内邪教组织的极端行为，大体上可以分为以下三种类型：

---

[1] Douglas E. Lawson, "A True Religion", The Educational Forum, Vol. 5, No. 1, 1940, p. 70.

1. 极端教旨，集体升天。这一类的邪教惨案主要表现为宣扬极端教旨，引起群体自杀，号称末世来临，人类面临毁灭，只有加入该教，才能得救，升入天国。此类惨案中，受害者笃信邪教教旨，大都"主观自愿"结束生命。

1992 年 10 月，韩国"达米宣教会"宣传世界末日来临，策划集体升天，引起社会骚乱，殃及我国吉林省地区。达米宣教会于 1988 年在韩国汉城（今首尔）建立，创始人为韩国基督教牧师李长林，达米意为"未来临近"，李长林连续翻译美国人波尔斯·考特撰写的《世界末日论》等著作，深受影响。于是自立门户，宣传世界末日论。达米宣教会宣称 1992 年 10 月 28 日 23 时是世界末日的开始，届时耶稣将在空中出现，信奉该组织的人，将被复活的耶稣携举升天，不信的将在尔后 7 年大灾难中受苦，[1] 引发了韩国和我国多地集体祷告，等待升天的现象。

1975 年，美国俄勒冈州成立了"天堂之门"，创始人阿普尔怀特和波尼·特尔丝均狂热崇拜 UFO，自称外星人下凡，上帝派他们到人间来拯救人类。任何追随他们的信徒，必须摆脱尘世的羁绊，必要时甚至抛弃自己的躯壳，登上外星人前来迎接他们的飞碟，升入天堂。1997 年 3 月，阿普尔怀特编造谎言，带领全体教徒用伏特加酒灌服致命的镇静剂苯巴比妥，以塑料袋蒙面，窒息死亡，走上了绝路。

2. 阴谋败露，荼毒生灵。1994－1997 年，在欧洲和北美等地，"太阳圣殿教"组织策划了一系列群体死亡惨案。钢刀、毒药、枪械、炸弹、烈火交织并用的死亡方式，充满黑暗、神秘和恐怖。"太阳圣殿教"于 1981 年在法国成立，创始人为比利时医生吕克·茹勒特和法籍加拿大商人约瑟夫·德·芒布罗，宣称世界末日已临近，征兆无处不在，如臭氧层被破坏、艾滋病蔓延等，只有参加该教，才能摆脱苦难。随着该教内部分化加剧，教主加速策划自杀与谋杀的集体死亡之路，几年间策划了多起集体自杀和谋杀的惨案。

2000 年 3 月，乌干达"恢复上帝十戒运动"策划的系列群体惨案，是当今世界群体死亡数量最大的邪教惨案，全部死亡人数超过了 1000 人，手段野蛮残暴，惨绝人寰。"恢复上帝十戒运动"于 1989 年在乌干达成立，约瑟夫·基布维特尔与克莉多尼亚·玛琳达合伙建立，声称地球将于 1999 年 12 月 31 日灭亡，信徒必须将全部家产献给教主，方可升入天堂，否则将被打入地狱。2000 年世

---

〔1〕　蒋嘉森：《毒瘤——当今中国形形色色的邪教组织》，群众出版社 2001 年版，第 76-77 页。

界末日的预言不攻自破后，教主自知阴谋败露，大开杀戒，在乌干达卡农古镇的教堂放火杀人，被害者超过千人。

3. 抗拒制裁，暴力恐怖。第三种邪教惨案与前两种有很大不同：从邪教惨案的直接起因分析，前两种邪教惨案的导火索主要源于内部因素，而第三种邪教惨案的导火线主要源于外部因素；从犯罪行为的对象和目的来看，前两类邪教惨案的受害者为邪教组织内部成员，而第三类是邪教组织策划的，采取极端暴力手段，受害者殃及外部社会民众，造成了社会性的恐怖气氛。因此，对比来看，第三种邪教惨案犯罪性质更为恶劣，可视为恐怖主义罪行。

1995年3月20日发生的东京地铁毒气事件就是这种类型的邪教恐怖主义惨案，"奥姆真理教"教主麻原彰晃为抗拒警方的查处，在东京地铁制造了特大毒气恐怖事件，犯罪动机险恶，有预谋、有组织地滥杀大批无辜民众，制造社会恐怖，造成13人中毒死亡、5000多人受伤的后果，恐怖主义性质显露无遗，是典型的邪教恐怖主义。

"大卫教支派"也是这种类型的邪教惨案，教主大卫·考雷什极力神化自己，声称为耶稣基督复临，建立独裁专制。他非法囤积大量军火，把卡梅尔庄园建成了武装堡垒，与联邦执法部队正面对抗，负隅顽抗，拒不投降，1993年2月28日，裹胁着众多信徒与其同归于尽。虽然卡梅尔庄园在烈火中夷为灰烬，但是"大卫教支派"的阴魂并未散去，1995年4月19日，美国俄克拉荷马州首府政府办公大楼外墙发生了一起严重的汽车爆炸案，造成200多人死亡、400多人受伤，事后查明，爆炸案首犯蒂莫西·麦克维曾与"大卫教支派"有接触，此次爆炸案是明显的报复行动，决意为"大卫教支派"的殉难者复仇。邪教惨案是此次恐怖主义行为的导火线。

邪教和宗教极端型恐怖犯罪是世界恐怖主义的基本类型之一，在邪教和极端宗教中，其教义已被推至某种极端狂热、反人类、反社会的程度，在这种狂热影响下，犯罪分子采用各种暴力手段，大规模残杀无辜民众，制造社会恐慌，就变得毫无心理压力和负罪感。东京地铁毒气事件和美国俄克拉荷马城大爆炸案就是这种典型的邪教恐怖主义案例。

（二）高科技与恐怖主义

高科技往往作为恐怖主义的手段而存在，传统型的恐怖主义一般采用常规武器进行恐怖主义袭击、爆炸和劫持等，但随着科学技术的飞速发展，恐怖分子也逐渐地将高新技术应用到恐怖活动中。2003年6月17日，英国军情五处处长伊莱扎·曼宁厄姆·布勒在伦敦举行的一个研讨会上说："我们面临一个现实的可能性，即遭到包括生物、化学、放射性等非常规武器的恐怖袭击，恐怖组织使用粗制的某种大规模杀伤性武器向西方某个城市发动攻击只是时间问题。"其实，遭受生物、化学、放射性等非常规武器的恐怖袭击已经成为世界各国都无法回避的威胁。

1995 年 3 月 20 日发生的东京地铁沙林毒气事件就是一起典型的化学毒剂恐怖袭击。沙林最初是由德国化学家 1930 年研制杀虫剂时偶然发现的，二战时纳粹曾在集中营中使用，沙林可阻滞控制运动神经信号传输的酶的合成与分泌，吸入后，轻者恶心呕吐、肌体痉挛，重者头晕失明、脑组织永久性受损，直至死亡。纯沙林一小滴便可有大规模杀伤力。不幸中的万幸是，地铁毒气事件中恐怖分子为操作安全，先将沙林用氰化物稀释而使其杀伤力有所降低，否则东京将发生更惨重的灾难。

从东京地铁沙林毒气事件可以看出，采用高科技手段进行的恐怖袭击，其危害是极为巨大的，我们必须高度重视，并对这些高科技手段有足够的认识和了解：

1. 所谓生物武器是指将生物战剂（病毒、病菌）以特制的释放器具盛装和释放，直接或借助其他媒介导致大范围的人群失能或死亡的非常规性武器。长期以来，生物武器尽管只是零星使用，但是，一些国家对生物武器的深入研究和实验已达到了顶峰。在被美国政府列为资助国际恐怖主义的 7 个国家中，至少有 5 个被怀疑有发动生物战的计划。目前，在世界上可能用于生物武器的 25 种病毒、13 种细菌以及多种基因重组的病毒和细菌中，最受关注的是天花、炭疽和鼠疫。在大多数军事家和反恐领导者的头脑中，炭疽是最具恐怖性的生物战剂。一是因为它的杀伤力极大，二是由于它的潜伏期很短，一旦被确诊往往也到了生命终结的时候，所以它被恐怖分子视为最佳的生物武器。2001 年 10 月，美国就发生了邮件炭疽袭击事件，造成多人死亡或受伤。

2. 化学武器是指将化学毒剂装填于特制的器具（炮弹、地雷、布洒器等）中进行布洒，用以杀伤人员、牲畜并能毁坏植物的非常规性武器。化学武器的毒剂从用途上可分为杀伤性毒剂和牵制性毒剂两种。杀伤性毒剂主要用于杀伤袭击对象的有生力量，代表物有沙林、梭曼、氰化物、光气等，可以造成神经系统、运动系统、呼吸系统等机能障碍，出现缩瞳、呼吸困难、肌肉颤动、流汗流涎以及惊厥等症状；牵制性毒剂主要用于阻碍、迟滞、扰乱袭击对象的行动，代表物有芥子气、路易氏剂、苯氯乙酮等，中毒后往往出现皮肤、眼和呼吸道等的损伤，使人暂时失去战斗能力。1995 年发生的东京地铁沙林毒气事件就是典型的化学武器恐怖袭击。

3. 所谓放射性武器就是指通过爆炸、弹体发射或布洒器飞洒等途径，使放射性物质（包括放射性粉尘、液体等）裸露、滞留在被袭击对象生存的环境中，释放射线直接照射人员，或造成放射性沾染，从而造成人员重大伤亡的非常规性武器。放射性武器的恐怖袭击也是不容忽视的问题。特别是 20 世纪 90 年代以美国为首的北约在海湾战争和科索沃战争中，向主权国家境内投下的大量贫铀弹，不仅造成人员的重大伤亡，同时对人类生态环境造成了灾难性的后果。更严重的是，他们的行动从某种意义上说，起到了示范和教唆的作用，致使一些恐怖分子也开始关注和研究放射性的袭击手段。臭名昭著的"脏弹"，就是恐怖分子利用一些具有放射性的物质制作而成的。放射性物质可以自发地放射出射线，主要有 α 射线、β 射线、γ 射线和中子流。由于射线能量高、穿透力强，可以杀灭细胞，抑制 DNA 合成，引起皮肤溃烂、免疫力降低以及染色体变异，造成遗传性疾病等，被照射者的后代还能出现先天性畸形等情况。

采用生物、化学、放射性物质进行恐怖袭击，杀伤力大、致死率高，影响范围广，具有极度的社会危害性。因此，我们需要引起高度重视，加强防御生物、化学和放射性物质恐怖袭击的能力。

第九章
恐怖主义的"新纪元"：
2001年美国"9·11"恐怖袭击事件

一、"9·11"恐怖袭击事件的背景

20 世纪八九十年代是全球动荡时期，也是恐怖主义猖獗时期，"印航炸弹恐怖袭击""洛克比空难""印度连环爆炸案""俄克拉荷马州爆炸案""埃塞俄比亚航空空难"等恐袭事件造成了巨大伤亡，损失惨重。"9·11"事件发生的根源与美国主导的现有世界体系和国际秩序有着密切关系。冷战结束后，美国一意孤行奉行单边主义政策，凭借其强大的军事力量和技术力量，单方面撕毁和苏联签订的《反弹道导弹条约》，坚持发展 NMD 导弹防御系统。不仅如此，美国在国际社会中还抢夺话语权，充当国际警察的角色，解决国际问题尤其是调解国际纠纷时，不遵循不偏不倚的原则，引起许多发展中国家的不满，尤其是在处理中东问题上，有人甚至把"9·11"事件的发生归咎于美国的中东政策。中东政策中，美国处处偏袒以色列，引起阿拉伯国家的强烈不满，这也是"9·11"事件发生后，数百名巴勒斯坦人上街庆祝的原因。因此，也可以说"9·11"事件是受压迫的弱势力量采用极端方式，向强势力表达不满和谋求利益的一种剧烈斗争形式。

二、"9·11"恐怖袭击事件的经过

（一）劫机准备

在所有的 19 名劫机者中，有 7 人原本就是飞行员，其他人也在各地参加过飞行学校的学习。13 人是在 2001 年 4 月 23 日至 6 月 29 日之间到达美国的。抵达之后，他们立即分散到全美各地，一般居住在比较偏远的城郊，并且都改了

英文名字。在随后的数个月时间里，他们主要在美国的 8 个州活动。这些劫机者出高价弄到汽车驾照，他们租了公寓、设立了银行账户，参加健身俱乐部。他们从网上购买机票，一般到哪儿都是用现金付账。

2001 年 9 月 11 日，19 名劫机者分别同时搭乘飞往各地的美国民用航空飞机，这 4 架客机分别从波士顿、纽瓦克和华盛顿特区（华盛顿杜勒斯国际机场）飞往旧金山和洛杉矶，并在美国上空飞行时被劫持。在劫机过程中，劫机者使用武器刺伤或杀害飞行员、空中乘务员和乘客。

飞机上与外界取得联系的乘客报告称，劫机者使用刀刺伤乘务员，并且在其中 2 次劫机事件中至少有 1 名乘客被刺伤。有一些乘客和机组人员设法使用机舱电话和手机与外界取得联系，并提供了有关劫机的一些细节。这些细节包括：每架飞机上都有多名劫机者；劫机者使用有毒化学喷雾器和刀具，例如催泪瓦斯，胡椒喷雾和小于 10 公分的刀具；一些机上工作人员被刺伤等。下面我们具体来看劫机过程及政府面对恐怖袭击的反应。

上午 7 时 58 分：共载有 92 名乘客的美国航空公司 11 次航班（波音 767）从波士顿机场起飞，飞行目的地洛杉矶。

上午 8 时 00 分：共载有 53 名乘客的联合航空公司 175 次航班从波士顿机场起飞，同样前往洛杉矶。

上午 8 时 13 分：美国航空公司 11 次航班与波士顿航管中心进行最后一次正常通话。

上午 8 时 14 分：美国航空公司 11 次航班没有根据航管中心的命令爬升至 35 000 尺。

上午 8 时 19 分：美国航空公司 11 次航班的一个服务员打电话告诉美国航空，说"驾驶舱没有回应，商务舱有乘客被刺死，我们可能被劫机了"。

上午 8 时 20 分：共载有 64 名旅客及机组人员的美国航空公司 77 次航班从华盛顿机场起飞，也是前往洛杉矶。

上午 8 时 24 分：美国航空公司 11 次航班飞行方向转向纽约。

上午 8 时 37 分 52 秒：美国联邦航空管理局（FAA）波士顿航空中心通知北美防空司令部（NORAD）属下的东北防空司令部（NEADS），美国航空公司 11 次航班被劫持。这是美国军方首次接触有关劫机讯息。波士顿航空中心要求美国军方协助拦截美国航空公司 11 次航班。

上午 8 时 42 分：美国联合航空 93 号航班在延误 40 分钟后，搭载 37 名乘客与7名机组人员从新泽西州纽瓦克机场（Newark Airport）起飞前往目的地旧金山。该航班原定航线十分接近世界贸易中心。

上午8时42分-8时46分：联合航空公司175次航班被劫持。

上午8时46分：2架美国空军F-15鹰式战斗机从马萨诸塞州空军基地紧急升空前往拦截美国航空公司11次航班，但空军飞行员不知道美国航空公司11次航班的正确位置，东北防空司令部（NEADS）在接下来的数分钟设法确定有关飞机位置。

上午8时46分40秒：美国航空公司11次航班（一架满载燃料的波音767飞机）以大约每小时490英里的速度撞向世界贸易中心北楼（WTC1），撞击位置为大楼北方94至98层之间。

上午8时49分：美国有线新闻网开始现场直播世界贸易中心情况，这是全世界第一个报道有关袭击事件的新闻媒体。

上午8时50分：东北防空司令部（NEADS）得知有一架"小型飞机"撞入世界贸易中心。

上午8时50分-8时54分：美国航空公司77次航班正被劫持。

上午9时02分54秒：美国联合航空175次航班（另一架满载燃油的波音767飞机）以大约每小时590英里的时速撞入世界贸易中心南楼（WTC2）78至84层处，并引起巨大爆炸。

上午8时46分-10时29分：至少有20名（主要集中在北楼）被大火和浓烟围困在大楼顶楼的人员从高空跳下。

大约上午9时04分：美国联邦航空管理局（FAA）波士顿空中交通控制中心发布命令，暂停其管辖区内所有飞机的起飞（新英格兰与纽约州东部）。

上午9时06分：美国联邦航空管理局（FAA）禁止任何飞机进入纽约以及附近的波士顿、克利夫兰与华盛顿领空。

上午9时08分：美国联邦航空管理局（FAA）禁止全美国所有飞往或经过纽约领空的飞机起飞。

上午9时21分：纽约市全部隧道及大桥关闭。

上午9时24分：正在佛罗里达州一所小学教室参观的美国总统乔治·布什接到第二架飞机撞击世贸大楼的消息。他在该堂课结束后立即在学校的另一个教室发布了一段简短的讲话称，美国正遭到恐怖分子袭击，美国政府将对飞机失事原因展开全面调查。另外他称事件是"国家的悲剧"。

上午 9 时 26 分：美国联邦航空管理局（FAA）宣布禁止全国所有民航班机起飞。

上午 9 时 37 分：美国航空公司 77 次航班（波音 757）撞入五角大楼西翼并且引起大火。被袭击的部分刚刚翻新过，还没有完全投入使用，但是仍然造成五角大厦西翼百余人丧命。

上午 9 时 45 分：美国关闭其领空，禁止任何民航班机起飞，所有在飞行的班机必须立即在距离最近的机场降落，所有飞往美国的航班即刻改飞加拿大。之后，FAA 宣布禁飞令至少会持续到 2001 年 9 月 12 日午后。禁飞令最终持续到 2001 年 9 月 14 日，期间只有军事及救援飞机被允许起飞。这次是美国历史上第四次停止所有在美商业航班的运作，并且是唯一一次未经计划的紧急措施。在此之前都因国防需要而停飞所有飞机。

上午 9 时 45 分：白宫与美国国会山关闭，周围地段戒严。

上午 9 时 50 分：美联社报导美国航空公司 11 次航班事实上在起飞后就被劫持。一个小时内美国航空公司 11 次航班与联合航空 175 次航班被劫持的消息得到确认。

上午 9 时 57 分：总统布什离开佛罗里达州。

上午 9 时 59 分 04 秒：世界贸易中心南楼倒塌。通过电视台的现场直播，全球亿万观众目睹了大楼的坍塌。

上午 10 时 03 分：美国联合航空公司 93 号航班（波音 757）在宾夕法尼亚州尚克斯维尔东南部地区坠毁，后来的进一步调查显示机上无人生还。估计恐怖分子袭击的地点是美国白宫后国会大厦。

上午 10 时 10 分：五角大楼部分地区坍塌。

上午 10 时 28 分 31 秒：世界贸易中心北楼从上到下坍塌，在撞击点以上的楼层无人生还。北楼之所以要比南楼晚倒塌，主要有 3 个原因：撞击点较高、飞机速度较慢，受影响楼层的防火系统已经被部分更新。"9·11"事件附近的万豪酒店、美国海关、希尔顿酒店等建筑也遭到破坏。

（二）政府应对

上午 8 时 46 分，2 架美国空军 F-15 鹰式战斗机从马萨诸塞州空军基地紧急升空前往拦截美国航空公司 11 次航班，但空军飞行员不知道美国航空公司 11 次航班的正确位置，东北防空司令部（NEADS）在接下来的数分钟设法确定有关飞机位置。

纽约消防局对袭击做出反应也是在上午 8 时 46 分，也就是第一架飞机撞击第一座世贸中心塔楼那一刻。纽约消防局第一消防大队大队长在附近街区目睹了第一次撞击，他也是第一位到达现场的指挥员。

大约上午 8 时 50 分，他按照纽约市消防局的预案，在世贸中心第一座塔楼的大厅内设立了灭火指挥部。

大约上午 9 时，消防局长接管事故总指挥。因为不断掉下的残骸和其他安全因素，他将灭火指挥部从世贸中心 1 号塔楼大厅转移到西街对面的一处场所，一条 8 车道的高速公路。指挥员考虑到了塔楼可能会发生有限的、局部的倒塌，但没有想到它们会完全倒塌。灭火指挥部转移到西街后，仍有一些消防指挥员留在 1 号塔楼大厅内，组成了在建筑内进行灭火的战斗单位的灭火指挥部，他们留在大厅内是十分必要的，这样他们就可以利用一些重要的建筑系统，例如警报控制系统、电梯和通信系统。

几分钟内，消防指挥员就决定集中力量进行营救和撤离。他们派遣消防队员进入楼内帮助数百名被困在电梯、楼梯间和房间内，以及因受伤而无法撤离的人员。他们还命令消防队员确定各层人员全部撤离。

与此同时，紧急医疗服务组织指挥官也开始划定区域，集结救护车，对伤员进行鉴别归类、治疗并送往医院。紧急医疗服务现场指挥员助理在灭火指挥部中担任全部紧急医疗服务的指挥，向灭火指挥部报告情况。

上午 9 时 03 分，第二架飞机撞击 2 号塔楼，指挥员们立即调集另外的消防分队，并从 1 号塔楼调派消防分队。

随着动员升级，调度员命令所有回应的消防分队到世贸中心附近上级指挥员指定的集结地点报到。然而，当这些消防分队接近指定区域时，许多分队并没有到指定区域报到，而是直接进入两座塔楼大厅或事故区域的其他地点。结果，上级指挥员不能准确掌握所有消防分队的具体位置。另外，集结失败导致消防分队在进入塔楼大厅之前，不能得到必要的信息和准确方位。

世贸中心 1 号塔楼大厅内的指挥员和他们派入楼内的分队之间的通信联络是零星的。指挥员们有时可以联络到一些分队，有时不能。一些分队也确认有时可以收到无线通信，有时不能。指挥员们不知道他们的讯息是否传送出去，那些分队是否因为忙于救助行动而没有确认收到信息，或者分队回复了，讯息却没有能够传送过来。由于处在危险中的市民的报告不断传到大厅中的救援指挥部，所以指挥员们决定继续尝试疏散和拯救市民，尽管存在通信困难。

世贸中心 1 号、2 号大厅中的指挥员们也不知道塔楼外面发生了什么。他们没有可靠的消息来源，也没有关于事故区域全面形势的外部信息、塔楼的情形和火灾的发展情况。例如，他们无法收到电视报道和来自盘旋在塔楼上空的纽约警察局直升机的报告。信息的缺乏限制了他们对形势的全面估计能力。

紧急医疗服务机构指挥员和救护车也因为无线通信堵塞而面临通信问题，发生这种现象部分原因是两个紧急医疗服务频道在同一频率上。通常指挥频道是指挥员专用的，城市覆盖频道是救护车和紧急医疗服务派遣使用的。大量救护车反复请求被派遣到世贸中心，使得通信堵塞问题加剧。

无线通信困难是导致紧急医疗服务调度员在 9 月 11 日应接不暇的因素之一。除了要与救护车和指挥员联系外，调度员还要根据通过电话或计算机信息从求救中心和纽约市警察局传来的求救请求而采取行动。他们必须派遣救护车，将行动录入计算机，从众多消息来源中监控信息和接听其他电话。大量的、复杂的关于世贸中心袭击的信息使得调度员们要从他们接到的众多消息来源中核实每件事并迅速采取适当的行动变得非常困难。

上午 8 时 46 分-10 时 29 分：至少有 20 名（主要集中在北楼）被大火和浓烟围困在大楼顶楼的人员从高空跳下。

上午 10 时 35 分：警方接到报告，称华盛顿美国国务院门外的一辆汽车中装有炸弹，后被证实并未发生任何意外。

上午 10 时 39 分：美国总统布什发布命令，在紧急情况下，空军可以击落任何有可能进行袭击的飞机。

上午 10 时 45 分：CNN 报导华盛顿与纽约市已经开始进行全面疏散工作。联合国总部已经清空。几分钟后，纽约市长下令疏散曼哈顿地区。

上午 10 时 53 分：纽约市暂时取消市长选举活动。

上午 11 时 17 分：联合航空公司证实 93 次航班失踪，并表示"非常关注"175 次航班。

上午 11 时 55 分：美国与墨西哥的边境处高度戒备状态。

大约中午 12 时：美国总统乔治·布什抵达位于路易斯安那州的巴克斯达尔空军基地（Barksdale Air Force Base）。他原本在访问佛罗里达州萨拉索市（Sarasota）讨论有关教育政策问题，按原计划此时应已经返回华盛顿。他发表了一个简短的非正式声明，称无法容忍在美国本土的恐怖袭击事件，又说"自由已经遭到袭击，但它会最终得到保护"。

中午 12 时 02 分：阿富汗塔利班政权发表声明谴责袭击事件。

中午 12 时 04 分：洛杉矶国际机场关闭。

中午 12 时 15 分：旧金山国际机场关闭。

中午 12 时 16 分：美国 48 个州的机场停止所有商业与私人航班。

下午 1 时 04 分：美国总统布什在巴克斯达尔空军基地宣布全球美军进入高度戒备状态，随后前往位于内布拉斯加州的战略空军指挥部（Strategic Air Command，SAC）。后来有多名政治评论员批评总统看似毫无目的的漫游。

下午 1 时 27 分：哥伦比亚特区宣布进入紧急状态。

下午 1 时 44 分：2 艘航空母舰开进纽约港，5 艘军舰驶入东海岸。

下午 4 时 00 分：媒体引述联邦情报机构高级官员的分析认为，本·拉登是最有可能发动袭击的人。

下午 4 时 25 分：纽约证券交易所以及美国证券交易所宣布 9 月 12 日星期三闭市一天。

下午 5 时 30 分：此前报导发生火灾的 47 层高楼世贸中心 7 号楼（WTC7）倒塌。大楼内设有专门负责应变类似 911 的紧急状况的纽约市特殊紧急中心。大楼的倒塌也轻度破坏了附近的纽约电话大楼等建筑。

下午 6 时 00 分：CNN（美国有线电视新闻网）和 BBC（英国广播公司）分别报导阿富汗首都喀布尔发生连串爆炸与交火事件。后来报导显示阿富汗北方联盟用直升机袭击了喀布尔机场。

下午 6 时 00 分：伊拉克政府在国营的电视台发表官方声明，称事件是对"美国反人类罪行"的报应。

下午 6 时 54 分：美国总统布什抵达白宫。

下午 7 时 30 分：美国政府否认对喀布尔爆炸事件负责。

下午 8 时 30 分：美国总统布什在白宫向全国发表电视讲话。他在演说中称，"恐怖主义攻击可以动摇我们最大建筑物的地基，但无法触及美国的基础。这些恐怖行动摧毁了钢铁，但不能丝毫削弱美国钢铁般的坚强决心。"这个电视讲话也使小布什总统的民众支持率达到他 8 年任期的最高峰，高达 89.58%。

下午 9 时 00 分：美国总统布什会见国家安全会议全体成员，半小时后又与高级顾问们会面。布什与同僚们认定本·拉登是事件的幕后主使。

三、"9·11" 恐怖袭击事件的影响

（一）对美国经济的影响

"9·11" 事件爆发后，美国经济活动水平急剧下降，大多数美国经济学家认为，恐怖袭击事件已经使美国经济陷入衰退。"9·11" 事件的发生对美国经济造成的影响通过以下 6 个方面得到体现：

1. 美国工业生产水平下降，美联储 2001 年 10 月 16 日公布的统计显示，9 月份美国工业生产比 8 月份下降 1%，这个最新数字说明美国工业生产已经连续 12 个月下滑，是 1945 年以来持续时间最长的一次，与 2000 年同期相比，2001 年 9 月份的工业生产下降了 5.8%。德意志银行证券部的资深经济学家雷希预测说，美国工业生产可能持续下滑，这将严重影响美国的制造业。

2. 零售业急剧下降，即自 2000 年以来唯一处于增长状态的零售业急剧下降。华盛顿地方金融协会一位经济咨询家声称，美国 2001 年 9 月份经济损失达到 250 亿美元。

3. 债券投资风险加大，公司筹资困难。从高风险公司债券与美国国库券之间的利率差大幅扩大可以看出，债券投资者们目前不愿冒风险。据美林公司统计，美国高收益和高风险公司债券同国库券之间的利率差约 9 个百分点，为 1990 年以来的最大差额，恐怖袭击事件后这一差额一度达到 9.63 个百分点。

4. 企业利润和固定资本投资下降。2001 年第三季度美国企业税后利润按年率计算比第二季度下降了 7.1%，企业固定资本投资下降了 9.3%。

5. 失业人数剧增。恐怖袭击事件发生后，航空公司、保险公司、饭店和旅游业以及华尔街银行大幅度裁剪人员，2001 年 9 月份 199 000 人下岗，到 10 月 6 日达到 468 000 人次。失业保险费从 392 000 美元猛增到 450 000 美元。

6. 房地产业成了"重灾区"。根据一份最新的统计报告，美国 2001 年第二季度房屋闲置率从上一季度的 9.5% 上升到 10.8%。

（二）对大国关系的影响

"9·11" 事件对美国的外交政策以及国家关系特别是大国关系有着划时代的影响。约翰·奇普曼说："一个新的战略时代已经来临。美国有了一个新定义的敌人，它既不是旧苏联，也不是悄然复活的中国，而是国际恐怖主义。因此将建立起新的关系，甚至是新的联盟……而这一切可能是持久的。"

首先，"9·11"事件促进了美国与其同盟国的关系，并且赢得了广泛国际同情。事件发生后，世界各国纷纷慰问，从欧盟到北约都发表声明称美国在艰难之际可依赖盟国，并且会采取措施保护美国使馆。法国总统希拉克表示："在这非常形势下，全体法国人民站在美国人民一边。在这悲惨的事件中，法国人民表达对美国人民的完全友谊和团结"。以色列把 9 月 12 日作为全国悼念日。德国总理也明确表示支持北约和美国的集体行动。甚至很多与美国敌对的国家也纷纷指责恐怖袭击事件。美国也利用这一机会与旧盟国更新合作关系，强化在西方世界的凝聚力和领导者地位。

其次，"9·11"事件使美俄关系得到很大改善。布什上任两个星期，就驱逐了 51 名俄罗斯外交官。而"9·11"事件使美俄达成共识，俄罗斯甚至愿意打开自己的禁区中亚领空，与美国进行实质性合作。同时，过去美国一直干涉车臣问题，并且支持车臣，受到恐怖主义沉重打击的美国认识到对有恐怖性质的任何组织与活动都必须持谨慎态度。而且，美国打击阿富汗后要重新建立政权离不开俄罗斯的参与和帮助，为此，我们可以预见，美俄关系借此将会有很大的改善余地。

最后，在中美关系上，"9·11"恐怖袭击事件发生后，中国人民对美国人民所遭受到的人员伤亡和财产损失给予深切同情，并且严厉谴责了恐怖主义的行动，为此，美国政府在新形势下重新认识了中美关系。

（三）对美国对外政策的影响

"9·11"事件十多年来，从后冷战时代美国自信心过度膨胀，到发动全球反恐战争；从入侵阿富汗和伊拉克，到奥巴马总统当选前后的外交转型，再到目前美国在北非和中东的新政治和军事干涉政策，到处可以看到恐怖主义的阴影。"9·11"事件不仅影响了美国对外政策与恐怖主义之间的关系，而且影响了美国所处的国际环境。"9·11"事件爆发后，美国迅速走向全球反恐战争，据统计，美国 10 年反恐战争的总成本高达 4 万亿美元，相当于美国 2005 年至 2010 年累积的财政预算赤字的总和，为此美国国内要求退出反恐战争的呼声高涨。同时，"9·11"事件也影响了美国人的国际观念，过去，美国人对国际问题并不关注，也不将安全问题放到心上。"9·11"事件发生后，为加强其本土安全、防患于未然，紧随"9·11"之后，美国国会进行了大规模的立法来支持反恐行动。例如 2001 年的《美国爱国者法案》这个法案以防止恐怖主义危害为目的，扩张了美国警察机关的权限。根据法案，警察机关有权搜索电话、电子邮件通讯、医疗、财务和其他种类的记录等。法案极具争议性,它极大地增强了联邦政府搜集和分析美国民众私人信息的权力,同时一定程度上侵犯了个人隐私和公民权,但是美国民众对此未加过多干预。

四、"9·11"恐怖袭击事件的"始作俑者":"基地"组织

"基地"组织,是一个宗教极端型恐怖组织,成立于 1988 年,被指策划了多宗主要针对美国的恐怖袭击,其被联合国安全理事会列为世界恐怖组织之一。

"基地"组织于 1988 年苏联入侵阿富汗斯坦后期创立,其最初目的是以此组织为基地,来训练和指挥与入侵阿富汗斯坦的苏联军队战斗的阿富汗义勇军。苏军撤退后,该组织目标转为美国和伊斯兰世界的"腐败政权",消灭全世界入侵伊斯兰世界的西方国家,以建立一个纯正的伊斯兰国家。该组织主要在中亚、中东地区活动,最高领导是以本·拉登为首的中央委员会,下设有 4 个专门职能委员会。训练内容包括学习原教旨主义教义,学习使用轻型武器、使用电脑等。"基地"(qaeda)一词源于阿拉伯语 qaf-ayn-dal,它的直意可以是"基地""营地""家"或者"根本",更重要的是,它还有"组织""原则""方式""方法"和"普遍真理"的意思。本·拉登的精神导师阿卜杜拉·阿扎姆曾写道:"每一条宗教原则都得有人去维护,每个人都应该扛起重任和作出牺牲,这就是我们的根本!"阿扎姆谈的"基地"是"根本"的意思,并不特指某个组织。1988 年年末至 1989 年初,阿扎姆在巴基斯坦的白沙瓦成立了一个名叫"根本"的准军事团体,他们希望这个团体能成为捍卫原教旨主义的"卫道士"。这个团体成立之初的人员不超过 12 人。基地组织被指不仅在 2001 年 9 月制造了恐怖事件,还与 1998 年肯尼亚和坦桑尼亚的美国大使馆爆炸案等事件有关。成员及支持者在欧美的伊斯兰教徒中逐渐扩大,美国当局称,其成员散布在 45 个国家,共同目标之一就是"反对美国"。2011 年 5 月 2 日,美国总统奥巴马宣布基地组织领导人本·拉登已死亡,美国已经发现其尸体。不过拉登的死并没有给基地组织造成多大影响,"基地"组织在阿富汗境内有 10 多处训练基地,对从各国来到阿富汗的成员进行恐怖活动训练。据估计,20 世纪 80 年代以来,在"基地"接受过训练的人有 3 万以上,他们被称为"阿富汗的阿拉伯人"。据悉,"基地"组织核心成员 4000-5000 人,主要由"阿富汗的阿拉伯人"组成。本·拉登通过传真、移动电话、因特网或信使遥控指挥其在世界各地的支持者。"基

地"组织也与世界其他恐怖组织有联系,包括活跃在黎巴嫩南部、埃及、利比亚、也门、叙利亚、菲律宾、埃塞俄比亚的恐怖组织,争取脱离俄罗斯的车臣共和国,和新疆的"东突厥斯坦运动"组织。

五、构建完整的国际反恐怖对策体系:基于对"9·11"恐怖袭击事件的反省

当今世界,恐怖袭击频发,这一定程度上可以说是弱势群体对强权的不满。这也是美国等发达国家需要在以后的发展中深思的一个问题,尤其是对外政策,务必做到不干涉别国内政;严格遵守国际条约的规定;不轻易发动战争,尊重和保障人权。同时,在应对国际恐怖主义犯罪的措施上,务必做好以下几点:

第一,完善反恐立法。首先要完善反恐国际立法,由联合国和其他国际组织主持制定有关打击国际恐怖主义犯罪的国际公约,尤其是尽快明确国家刑事责任,完善国家刑事责任的认定和具体个案的审判规程,不使国家犯罪行为逃避法律的制裁,也保护一些弱势国家免受不当的裁决。同时要完善国内反恐立法。国内反恐立法应坚持有罪必罚原则、维护世界和平原则、预防和打击并重原则以及非政治化原则,此外国内反恐立法要做到专门化、系统化、实体法和程序法并重。各国应加快制定一部专门的反恐法律,内容要全面,责任的承担既要有民事赔偿,也要有刑事制裁。

第二,建立和加强反恐专门机构并提高反恐工作效率。通过"9·11"事件,我们可以看到,技术强大的美国在面对恐怖主义袭击时,其内部情报机构事先都没得到任何信息。因此,各国应整合国内的情报机构,同时组建专门的反恐侦查机构,及时、准确地获取恐怖组织及其活动的情报线索,牢牢掌握反恐怖活动的主动权。

第三,加强反恐国际合作以协调各国反恐行动。"9·11"事件发生后,世界各国纷纷谴责恐怖主义,对美国给予深切同情。面对当今世界的恐怖活动分布范围广,技术力量强,资金供应充裕等特点,各国只有联合起来才能共同应对恐怖活动,降低其发生的可能。同时,也有必要建立专门的国际反恐机构。当前,国际反恐合作存在的主要问题就是:"由于联合国和其他专门机构没有足够的军事力量对恐怖主义实施强制性措施,国际法也缺少一个强有力的实施机制去防止和惩治恐怖主义,各个反恐行动最终还要国家来执行。"由于各国对恐

怖主义认识不一，反恐政策和原则难以达成一致，因此组建专门的国际反恐机构迫在眉睫。

第四，综合使用其他特殊手段以增强打击力度。鉴于国际恐怖主义犯罪的特殊性，我们认为，国际社会应当综合运用政治、经济、军事乃至高科技手段来增强打击力度。同时，应采取标本兼治和打防结合的策略，加强国家间对话以及各国国内的情报、信息和技术防范工作；加强要害部位以及重要人物的安全保卫工作；加强枪支、爆炸物品及核材料等危险物品的管理工作；加强网络管理，尤其是电子网络的安全防范工作；加强金融管理，打击洗钱犯罪，从经济上遏制恐怖主义。

"9·11"事件发生后，西方世界重新定义了其对恐怖主义的理解，那就是更暴力，更黑暗。由政府和安全专家所界定的"新恐怖主义"已经渗透到公共论述和政治学的话语体系中，所带来的影响就是使民众觉得生活在充满风险的社会中；加之近年来，世界各国恐怖主义频发，恐怖主义以其突击性、暴力性让民众不寒而栗，因此加快解决国际恐怖主义犯罪的威胁，成为世界各国都需要重点关注的问题。但是，国际恐怖主义犯罪非一朝一夕形成，也有其悠久的历史背景，因此，在打击国际恐怖主义犯罪的问题上，世界各国还是任重而道远。但是我们相信，"邪不压正"，恐怖主义必将消亡，人类和平与安宁终会实现。

第 十 章

欧洲上空的阴霾: 2004年西班牙马德里火车站 连环爆炸事件

2004 年 3 月 11 日，西班牙马德里市郊火车系统遭到恐怖主义炸弹袭击。此次袭击共在 4 列火车上发生了 10 次的爆炸，造成了 192 人死亡、1500 多人受伤。这是马德里历史上死伤人数最多的一起惨案，也是西班牙二战结束以来人员伤亡最惨重的恐怖袭击。马德里爆炸发生的那天距离美国"9·11"事件正好是"9·11"天，因此这一事件被称为"欧洲的9·11事件"。

一、事件概述

时间：2004 年 3 月 11 日。地点：西班牙首都马德里的 4 列火车。人物："摩洛哥战斗旅"的恐怖分子、马德里火车上的乘客。定性：定时炸弹爆炸恐怖袭击。经过：2004 年 3 月 11 日 7 点 40 分，西班牙首都马德里的一列短途旅客列车（西班牙语称为 cercanías）发生爆炸，当时这辆列车正驶进马德里阿托查火车站，火车车厢被炸得面目全非。而几乎与此同时，在开往阿托查火车站的铁路线上，马德里附近的蒂奥雷蒙多火车站和圣欧亨尼娅火车站也相继发生爆炸。

这次袭击共在 4 列火车上发生了 10 次的爆炸。它们分别是：马德里市中心的阿托查火车站内发生 3 起爆炸，该车站附近发生 4 起爆炸，马德里近郊的圣欧亨尼娅地区和波索火车站分别发生 1 起和 2 起爆炸。另外，还有 3 枚炸弹被安全部门及时发现并安全引爆。

2007 年 10 月 31 日，西班牙国家法院对马德里"3·11"恐怖袭击案进行宣判，认定该事件为一个恐怖主义组织分支所为，判决书并没有具体说明恐怖组织的名称，但大部分证据表明是"摩洛哥战斗旅"（Groupe Islamique Combattant

Marocain，简称 GICM）。2004年4月29日，美国国务院宣布将"摩洛哥战斗旅"列入被禁的恐怖主义组织的增补名单，并已于此前在2002年11月宣布冻结该组织资产。2005年10月，英国也将其列入恐怖主义组织。

伤亡情况：造成192人死亡、1500多人受伤，其中包括14个国家的43名外国人，例如法国、智利、古巴、波兰、秘鲁、厄瓜多尔、摩洛哥、哥伦比亚、几内亚比绍和洪都拉斯等没有中国人伤亡。

二、政府应对

1. 西班牙各政治党派宣布暂停竞选活动。由于西班牙议会和首相选举将于3月14日举行，警方已进入高度戒备状态。

2. 首相阿斯纳尔召开内阁紧急会议。会后他向新闻界宣读一份声明时说，"这是集体谋杀""面对恐怖分子的杀戮，我们不会屈服。肇事者将被绳之以法。我们将全面、彻底、无条件地击败恐怖主义"。内政大臣阿塞韦斯说，安全部门认为是巴斯克民族分裂组织"埃塔"制造了这起恐怖事件，因为爆炸的威力同"埃塔"惯用的爆炸物一样。他说，"埃塔"一直伺机在西班牙制造大屠杀，"不幸的是这次它得逞了"。

3. 谴责极端组织"埃塔"。马德里恐怖爆炸案发生后，几乎所有政治人士都认为是"埃塔"所为。西班牙政府在爆炸案发生后仅几小时就向安理会提交呼吁书，要求谴责"埃塔"。

4. 首相阿斯纳尔取消了同"埃塔"组织的对话。

5. 西班牙政府当日宣布，为连环爆炸事件中的遇难者举行3天哀悼。

6. 2004年3月12日晚，在西班牙多个城市共有1140万人游行，抗议这次袭击，在首都马德里就有230万人游行；西班牙全国人口超过4000万，马德里人口550万。而在维戈，虽然人口少于30万，但游行人数有40万。

7. 西班牙全国加强戒备，防止恐怖分子发动新的恐怖袭击。警察在马德里地铁巡逻，而此前一般由保安负责地铁的治安。在马德里巴拉哈斯国际机场，军队协助警察共同执勤，严密检查过往旅客。西班牙空军提升了空中警戒强度，核电站也加强了安全防范措施。

三、事件调查

3月11日火车站爆炸事件发生后，西班牙内政大臣阿塞韦斯称，他"绝对肯定"爆炸案是恐怖组织"埃塔"所为。

3月11日晚，一名巴斯克极端民族主义分子领导人表示，巴斯克分离组织"埃塔"并没有制造当天发生在马德里的造成至少131人死亡的爆炸事件。他在电台中表示，"哪怕是一个假设"，他也不相信"埃塔"制造了在马德里发生的爆炸事件，他还称这起事件可能是"由一部分阿拉伯反抗势力策划发动的"。

3月11日，英国一家阿拉伯文报纸《阿拉伯耶路撒冷报》称，该报社收到自称是"基地"的电子邮件，承认制造了爆炸。该报已将该封电子邮件转发给了西班牙政府及几家全球主要媒体。美联社说，在该社获得的邮件副本中，用阿拉伯文写的声明落款为"阿布·哈夫斯·马斯里旅"，在随后的括号内又加上了"基地"字样。该声明指出："我们，阿布·哈夫斯·马斯里旅，并没有为你们所谓的平民死亡感到伤心"，声明说，"当你们在阿富汗、伊拉克、巴勒斯坦杀害孩子、妇女、老人和青年时，你们觉得一切OK。（难道）就禁止我们杀你们吗？"声明最后还警告美国，大规模袭击即将来临。

然而，美国情报官员表示，虽然该组织常标榜自己是"基地"分支，但"基地"从未"认过这个儿子"。埃及军事人员也认为，这则声明的写法更像"也门某些恐怖派别""他们仅在精神上依附'基地'"。

3月11日，马德里发生系列爆炸案件几个小时后，西班牙警方很快就在一节被炸毁的车厢附近发现了一个蓝色运动背包，这个背包被清理现场的救护人员同爆炸案受害者的遗物放在了一起。但警方搜查发现，这个包中装的是一个没有爆炸的炸弹和铁钉等增加炸弹杀伤力的物品。炸弹没有爆炸的原因是其引爆定时器的时间设定出现了错误。

原来，恐怖分子计划利用手机对总共5个背包炸弹进行定时起爆，结果因为疏忽，这个蓝色背包中的手机的时间被设定为晚上7：40，而不是计划中的早上7：40。3月11日早上，4个背包炸弹都按照恐怖分子既定的时间同时被引爆，造成了200多人死亡、1450人受伤的马德里爆炸惨案。而那个定错时间的背包炸弹自然是没有爆炸，完好无损的待在原地。没有引爆的炸弹含有大约22磅白色塑料炸药。

美国纽约前拆弹组负责人麦克·怀特指出："实施马德里爆炸案的恐怖分子使用的定时器是一种相当精密便捷的系统，所有手机的时钟是由一个中央卫星控制系统统一调节的，可以实现同步引爆或者间隔 10 秒引爆等各种爆炸方案。"恐怖分子实在是一时粗心大意，才导致蓝色背包炸弹没有爆炸。

警方还在运动包里发现了大量的螺丝与螺母，它们被放置在炸药旁，作为"弹片"使用。专家认为，在自制炸弹中发现螺丝与螺母，说明那些恐怖分子的目的是杀害无辜的平民。

最终，通过背包中作为定时器的手机，马德里警方追查到了马德里的一家手机商店，而这家商店的主人正是爆炸案的重要嫌疑人贾迈勒·祖盖姆。此人被怀疑同"基地"组织有染，警方也是据此断定，马德里爆炸案与"基地"组织有关。而如今，西班牙警方相信贾迈勒·祖盖姆和其他 17 名在西班牙和德国被捕的嫌疑人是"基地"组织恐怖主义网络欧洲分支的成员，目前这个网络仍然处于活跃的状态。

而据媒体披露，马德里爆炸案中使用的一些工业用黄色炸药是恐怖分子在案发前几周从西班牙北部一个矿井买来的。当恐怖分子挟带炸药开着一辆偷来的汽车返回马德里时，被两名巡警逮个正着，不过疏忽的警察只是指出了他们违反交通规则的问题，检查了驾照，核对了车牌，却因为丢车失主还没有挂失而没能发现这些人开的是一辆赃车，更没有检查车上的货物。最后恐怖分子就这样安然无恙地回到了马德里，顺利地制造了爆炸案。

3 月 11 日晚间，西班牙内政部长阿塞韦斯紧急召开新闻发布会说，警方已在马德里市内发现一辆装有 7 枚雷管炸弹和一盘录有阿拉伯语磁带的汽车。他说，这辆汽车有可能与当天的爆炸事件有直接联系。他还透露，磁带内没有"威胁的语言"，但许多说法都提到了宗教。与先前咬定"埃塔"不同，阿塞韦斯说，"主要嫌疑人仍是'埃塔'，但我们必须谨慎地不放过其他可能。"

3 月 13 日，西班牙内政大臣阿塞韦斯宣布，警方逮捕了 5 名与马德里连环爆炸事件有关的嫌疑人，其中包括 3 名摩洛哥人和 2 名印度裔西班牙人。另外还有 2 名印度裔西班牙人正在接受盘问，还不能确定是否与爆炸有关。阿塞韦斯说，"这 5 名嫌疑犯可能与摩洛哥极端组织有关。"

3 月 16 日，西班牙警方表示，他们已经确认了 6 名摩洛哥人策划了马德里火车站系列爆炸案。据西班牙当地报纸报道，这 6 人中，有 1 人已经被逮捕。

3 月 17 日，西班牙报纸报道，西班牙警方经过初步调查后认为，本月 11 日在马德里制造旅客列车连环爆炸血案的凶犯可能是与"基地"组织有密切联系的"摩洛哥战斗旅"。报道引用相关调查材料说,"摩洛哥战斗旅"去年曾在摩洛哥制造了卡萨布兰卡连环爆炸事件。今年 2 月,该组织在西班牙北部布尔戈斯省西班牙炸药联盟工厂获得了炸药。本月 11 日,该组织的 6 人将每包 12 公斤左右的 13 包炸药安放在马德里的 4 辆近郊区旅客列车里,然后引爆了炸药。西班牙警方说,参加马德里爆炸事件的 6 名摩洛哥嫌疑分子中只有索甘姆 1 人被逮捕。西班牙还有不少"潜伏"下来的"摩洛哥战斗旅"成员。

3 月 29 日,英国《泰晤士报》报道,西班牙马德里"3·11"大爆炸的调查于 28 日获得重大突破。调查发现,西班牙巡警曾在事发前拦截到一辆违反交通规则的汽车并对它进行了检查,但随后却又允许它继续上路。殊不知,这辆汽车装载的正是马德里大爆炸的炸药和几名恐怖分子。这一疏忽最终酿成了马德里火车站的惨案。

据透露,车上的几名恐怖分子从亚斯图里亚斯的一名有犯罪前科的前矿工手里购得了这些炸药。这名提供炸药的犯罪分子叫乔斯·埃米罗·苏阿雷兹·特拉索拉斯,他是出于金钱和吸毒的目的将这些偷来的炸药贩卖给这些恐怖分子的。这辆偷来的汽车于 2 月的最后一个星期在西班牙阿维莱斯镇装载上这些炸药。

3 月 30 日,西班牙内政部宣布,名为"阿布·哈夫斯·马斯里旅"的伊斯兰极端组织为这起连环爆炸案主要嫌疑目标。该组织被认为与"基地"组织有联系。"阿布·哈夫斯·马斯里旅"已宣称对爆炸负责。该组织自称是"基地"组织分支,基地在摩洛哥。

3 月 31 日,西班牙法官胡安·德尔奥尔莫签发国际通缉令,在全球范围内搜捕涉嫌参与马德里"3·11"连环爆炸案的 6 名嫌疑人。内政部当天公布了这 6 人的照片和姓名等资料,他们分别是摩洛哥人贾迈勒·阿米丹、赛义德·比拉哈、阿布丹纳比·康哈、穆罕默德·阿科查、拉希德·阿科查和突尼斯人萨尔汉·法克海特。

4 月 1 日,西班牙公布的法院文件显示,一名遭国际通缉的突尼斯人是涉嫌制造马德里火车站爆炸事件的恐怖团伙的头目。目前该案的调查重点已经被放在了"摩洛哥战斗旅"上。西班牙法院方面文件指出,突尼斯人萨尔汗是"参与袭击的不同类型的嫌疑人的领导者和协调员"。西班牙法官胡安·德尔奥尔莫 3 月 31 日发布逮捕令,全球通缉西班牙爆炸案 6 名嫌疑男子。萨尔汗就是其中之一。

4 月 2 日，一名铁路工人在距离马德里以南大约 60 公里的一条铁道下面发现 10-12 公斤炸药，炸药与雷管和一条 130 多米长的电缆相连。炸弹专家发现，该炸药与 3 月 11 日炸毁马德里列车的炸药相似。内政大臣阿塞韦斯说，这个爆炸装置也是同一个恐怖组织成员安放的。

4 月 3 日晚，在马德里南郊莱加内斯镇进行的搜捕行动中，至少 4 名恐怖嫌疑分子拒捕自杀身亡，其中包括涉嫌策划马德里连环爆炸案的主要疑犯塞尔汗·本·法尔克海特。一名特警警官在战斗中丧生，另有 15 名警官受伤。警方在恐怖分子的据点发现了 200 支与炸毁马德里列车的炸药同类的雷管，此外还有 10 公斤炸药。阿塞韦斯认为，疑犯正准备发动更多的袭击，因为许多雷管已经与炸药相连。

4 月 4 日，西班牙报纸《阿贝赛报》报道，该报 3 日收到与基地有关的极端组织"安萨尔"的传真信件。信中说，要将西班牙变成一个"地狱"，除非西班牙停止支持美国以及撤出在伊拉克和阿富汗的军队。信中还指出："除非满足我们的要求，否则我们将对你们宣战，将你们的国家变成地狱，让你们的鲜血像河水一样流淌。"这封信用阿拉伯语手写而成，署名是阿布·阿夫贾尼，是"安萨尔"组织的成员。

4 月 5 日，西班牙内政部发言人说，这封信件的确具有一定的可信度，它可能来自"与近期发生的事件有直接关系的人"。此外，美国情报部门官员表示，虽然在马德里爆炸中有恐怖分子被炸死，警方也逮捕了一些疑犯，但是恐怖袭击威胁在西班牙仍然存在。

四、案件审理

2006 年 4 月 11 日，西班牙国家法院开庭审理这起恐怖袭击案件。首批受审的是 116 名嫌疑人中的 29 人，其中包括 15 名摩洛哥人、9 名西班牙人、2 名叙利亚人以及阿尔及利亚人、黎巴嫩人和埃及人各 1 人。

在这 29 名恐怖袭击策划实施者及合作者中，主要被告有 5 人，他们被指控犯有 191 项谋杀罪、1755 项企图谋杀罪以及 4 项恐怖主义破坏活动罪，其他犯罪嫌疑人分别被指控参加恐怖组织或为恐怖活动提供合作。一个名叫苏亚雷斯·特拉索拉斯的西班牙前矿工因向恐怖分子提供炸药被指控的罪名最多，除上述谋杀和谋杀未遂罪外，他还被指控对 1 名在抓捕恐怖分子时被炸死的特警队员负有责任，并犯有与非法武装组织合作、危害公共健康、伪造证件、盗窃和非法买卖炸药等罪，包括他妻子在内的另外 8 名西班牙人也因非法倒卖炸药被送上被告席。

法官德尔奥尔莫在长达 1460 页的案卷中称，长达 2 年的调查取证证实，"3·11" 恐怖袭击案的幕后黑手是 "摩洛哥战斗旅"。该组织在西班牙有 2 个分支机构，一个分支机构直接参与了恐怖袭击，另一个分支机构事后帮助罪犯逃逸。这些恐怖分子通过互联网接收一个名为 "全球伊斯兰传媒" 组织提供的信息。2003 年 9 月，他们收到该组织的一份报告，这份报告怂恿他们在西班牙大选之前实施恐怖袭击，以迫使西班牙政府从伊拉克撤军。在对这份报告作了具体研究之后，恐怖分子策划了震惊世界的 "3·11" 爆炸事件。但德尔奥尔莫说，没有证据表明西班牙民族分裂组织 "埃塔" 与 "3·11" 事件有关联。

2006 年 11 月 6 日，意大利米兰重罪法院判处 "3.11" 爆炸案的一名嫌犯、埃及人鲁巴伊·奥斯曼·赛义德·艾哈迈德 10 年监禁。艾哈迈德又被称为 "埃及的穆罕默德"，于 "3·11" 爆炸事件后 3 个月在米兰被捕。他是第一个因涉嫌这起爆炸案而被判刑的嫌疑犯，被指控涉嫌参与策划该爆炸案，并被认为与基地组织在欧洲的分支机构有关。11 月 17 日，艾哈迈德被引渡到马德里，接受西班牙法院对他的审判。

2007 年 2 月 15 日，"3·11" 恐怖袭击案的 29 名被告在西班牙国家法院接受庭审。2 名摩洛哥人和 1 名埃及人被控指挥策划了这起连环爆炸案，被控犯有 191 项谋杀罪、1824 项企图谋杀罪和参与恐怖组织罪以及 4 项恐怖主义破坏活动罪。另外 2 名摩洛哥人和 1 名叙利亚人被指控实施了爆炸，检方指控他们犯有与上述 3 人同样的罪行。被告还包括 1 名西班牙前矿工，他被指控盗窃炸药出售给恐怖分子用以实施 "3.11" 恐怖袭击，同时还被指控对在莱加内斯镇围捕恐怖分子行动中 1 名警察殉职和 18 人受伤负责。其他 22 名被告分别被指控参加恐怖组织或与恐怖活动合作。

2007 年 10 月 31 日，西班牙国家法院对震惊世界的 2004 年马德里 "3·11" 恐怖袭击案进行宣判。28 名被告中，2 名摩洛哥人被法庭认定为恐怖袭击实施者，犯有 191 项恐怖主义杀人罪、1856 项企图杀人罪以及恐怖主义破坏活动罪和伪造证件罪等，分别被判处 4292 年和 42 922 年监禁。1 名当时向恐怖分子提供炸药的西班牙矿工被判处 38 976 年监禁。另外 18 名被告分别被判处 3 年—23

年不等的监禁。

法庭还因证据不足对 7 名被告免除刑事处分。

法庭认为，该事件为一个恐怖主义组织分支所为，但判决书没有具体说明恐怖组织的名称。同时法庭表示没有证据表明，西班牙巴斯克民族分裂组织"埃塔"参与了这次爆炸。

2007 年 10 月 31 日，西班牙国家法院法庭宣布这次恐怖袭击受害者或家属将得到 2 万~150 万欧元的赔偿。

五、评价

（一）"3·11"事件的定性

西班牙马德里"3·11"事件是一起典型的炸弹爆炸恐怖袭击。此次事件是由"摩洛哥战斗旅"（Groupe Islamique Combattant Marocain，简称 GICM）组织策划的一起恐怖袭击事件。

（二）"3·11"事件的影响

西班牙首都马德里 3 月 11 日发生的火车连环爆炸案震惊了世界。这一事件直接导致西班牙政局发生重大变化，但其影响已远远超出了西班牙一个国家。西班牙"3·11"事件对西班牙政治格局、欧洲的反恐战略和欧洲一体化进程产生了巨大影响。

1. 影响西班牙政治格局。"3·11"事件直接导致西班牙人民党在 2004 年 3 月 15 日的大选中败给在野的工人社会党。舆论认为，人民党失利的主要原因是在伊拉克问题上过于"亲美"的立场引起选民的普遍反感。西班牙当选首相萨帕特罗在 2004 年 3 月 19 日明确表示，将在 7 月 1 日前撤回驻扎在伊拉克的 1300 名西班牙士兵。这一立场的转变无疑是对以美国为首的"主战"阵线的冲击。

2. 欧洲重新审视反恐战略。美国发生"9·11"事件后，欧洲虽表示了广泛同情和支持，但恐怖威胁毕竟远离欧洲大陆，因此欧洲国家并没有认同美国提出的"先发制人"等反恐战略，"隔岸观火"的心态在一些国家一直存在。

西班牙"3·11"爆炸案击碎了欧洲人恐怖威胁远离欧洲的幻想。人们不得不承认，以大量屠杀无辜平民为特点的国际恐怖活动已登陆欧洲，并成为对欧洲人最大的安全威胁。一些分析还认为，"3·11"事件导致西班牙政府下台一事可能会鼓励国际恐怖分子在欧洲其他地方采取新的行动，以恐怖活动的方式来影响未来的政党选举等类似政治活动。

　　面对如此严峻的形势，整个欧洲展开了反恐"总动员"。法、德、意等欧洲大国大声疾呼，团结协作，共同反恐。欧盟召开首脑会议，重新审视反恐战略，制定加强反恐的措施和相关行动计划。

第十一章

校园悲歌：
2004年俄罗斯别斯兰
人质绑架事件

2004 年在俄罗斯发生的别斯兰人质事件是俄罗斯境内的车臣分裂势力制造的一起大规模人质劫持恐怖主义事件，这次事件共造成了 331 名人质死亡，958 人受伤，是人类历史上反劫持人质行动中最大的一次伤亡。这种惨痛的教训，值得我们认真学习和反思，以避免悲剧重演。

一、事件经过

（一）背景

别斯兰人质事件是车臣恐怖主义、分裂势力与俄罗斯斗争的一部分，两者之间存在着严重的民族矛盾和宗教矛盾。

1. 民族矛盾。民族问题一向是俄国一个突出的问题。俄罗斯民族直到 13 世纪末才建立单一的莫斯科小公国，而此前，俄国的许多少数民族早已建立了自己的国家。沙皇俄国历经 370 多年的扩张、兼并才逐步建立了一个横跨欧、亚两洲的庞大的俄罗斯帝国。沙皇俄国推行残酷的民族压迫政策，把俄国变成了"各族人民的监狱"。

苏联时期，苏联政府对少数民族虽也采取了一些保护性措施，但由于受历史上大俄罗斯沙文主义的影响，在对待少数民族特别是北高加索少数民族的政策上也有混乱和过激之举：①频繁变更民族行政区划。十月革命胜利后初期，苏维埃政权为便于统一管理，曾于 1920 年将北高加索地区的车臣、印古什等 7 个民族联合起来，成立山民苏维埃社会主义自治共和国。但时隔不久，苏联政府感到，成立山民自治共和国并非安全之举，随即将其再划分为几个实体，特别是把两个民族联合为一个实体，如车臣—印古什自治州、卡拉恰伊-契尔克斯自治州等。苏联政府这样做的原意是想集中控制，而实际上造成了两个民族处于相互监视的状态，彼此对立。②强制实行农业集体化。20 世纪 20 年代，苏联政府不顾当时农村的落后状况和农民的思想实际，超前实施集体化政策，强迫农民加入集体农庄，用低价强制收购或没收富农的粮食，限制富农的选举权，致使高加索地区出现违抗当局命令甚至组织反苏维埃政权的活动。③强迫民族迁移。卫国战争期间，苏联政府以"投靠德国法西斯""出卖祖国"为由，将车臣、印古什等 11 个"不忠顺"民族迁往中亚和西伯利亚，并剥夺他们的政治权利。其中，被驱逐的车臣人达 38.7 万人。1957 年后，被流放的民族虽被恢复名誉，并被允许返回家园，但他们的民族自尊心受到了极大伤害。④实行过激的民族融合政策。从人类学和民族学角度看，苏联政府实行民族融合政策有一定的进步性，但在具体做法上，有违背少数民族意愿、操之过急之举，如向少数民族地区大量迁移俄罗斯人、乌克兰人等斯拉夫民族，强制推行俄语，同化少数民族。这些做法也引起了车臣等民族的不满。

独立后的俄联邦政府并未认真吸取历史教训和谨慎对待北高加索各少数民族，在管理上仍然是高压有余、关爱不足。俄当局热衷于内部的权力斗争，不注意同北高加索地区的领导人建立密切关系，不关心该地区经济、文化的发展，对那里日积月累的政治危机也视而不见，致使该地区人民生活水平日益下降、社会矛盾激化、局势动荡不安。此外，俄联邦的一些媒体经常发表种族歧视言论，指责北高加索人是俄联邦犯罪率高的"祸首"。旧仇新恨导致车臣等民族对俄罗斯人的不信任和仇视情绪加深，并产生强烈的民族分离思想。在叶利钦当政期间，一些地区特别是北高加索的民族分离活动此起彼伏。普京执政后，为了加强中央的权力而对地方推行弹压政策，虽然从表面上看，地方和民族地区的分离倾向比过去有所缓和，但仍严重存在。在北高加索，民族纠纷和矛盾尤其错综复杂。车臣反政府武装正进行困兽之斗，为争取"独立"而疯狂挣扎。其头目之一巴萨耶夫宣称对别斯兰人质事件负责。车臣非法武装分子实施惨无人道的恐怖活动固然有其历史原因，但主要原因是两次车臣战争的重拳打击逼得他们狗急跳墙。此外，在北高加索地区，由于宗教信仰、种族原因及领土争端，北奥塞梯人与印古什人的关系一向剑拔弩张；卡巴尔达-巴尔卡尔共和国的局势也不太平，俄特种部队在那里展开行动，打击当地的武装叛乱分子；在卡拉恰伊-契尔克斯共和国，民族间争权夺利的斗争依旧；在达吉斯坦共和国，恐怖活动频频发生，犯罪率居高不下，南部势力和北方反对派对峙，阿瓦尔人与达尔金人的冲突一触即发。这一切使得北高加索的局势变得十分不稳定。车臣、印古什等民族中的恐怖分子选择北高加索的北奥塞梯共和国制造恐怖事件，其目的就是在民族纷争、局势动荡的地区散布民族仇恨，挑起全面战争，从而催生新一轮民族分离主义，破坏俄联邦的统一。

2. 宗教矛盾。俄联邦是一个东正教和伊斯兰教并存的国家，其中信仰伊斯兰教的居民约有 1800 万人，主要居住在俄中部伏尔加河流域和南部高加索地区（鞑靼斯坦共和国信伊斯兰教的人数最多）。从总体上看，俄联邦境内的伊斯兰教属于正统的温和派，因而能一直与东正教和睦共处，维持着俄联邦的稳定。

18 世纪末至 19 世纪上半叶，伊斯兰教（逊尼派）开始在车臣和印古什广为传播。苏联时期，当局对车臣、印古什人的伊斯兰教活动曾采取过限制性措施，如禁止朝圣和对遵守斋戒、青少年读《可兰经》等进行"粗暴的无神论批评"。

戈尔巴乔夫的"民主改革"为恢复宗教活动提供了宽松的条件，而苏联解体、社会主义意识形态的消失进一步促使伊斯兰教广泛而深入地渗透到车臣的社会政治生活中。车臣共和国的舆论工具经常进行宗教宣传，在社会和劳动集体以及政府机关开会时履行宗教仪式已成惯例，许多高级官员也在驻地附近的清真寺参加集体祷告。1993 年 2 月，杜达耶夫通过制定宪法草案把伊斯兰教定为"国教"。这样，"伊斯兰原则"逐步在车臣社会扎根，宗教宣传把人们从对社会问题的注意力中吸引过来。

"宗教极端势力"的发展使其逐步成为以杜达耶夫为首的极端势力进行民族分裂活动的意识形态工具。1991 年 11 月初，俄联邦中央决定在车臣实行紧急状态，并试图取缔"车臣全国大会"。以杜达耶夫为首的民族极端分子则在群众中进行宗教煽动和政治动员，很快组织了有 6 万多人的国民卫队与俄军抗衡。鞑靼斯坦和北高加索地区的一些共和国积极声援车臣，由 14 个民族组成的高加索山地民族联合会宣布志愿人员总动员，准备以武力支持车臣。

在第一次车臣战争期间（1994–1996 年），"宗教极端思想"为车臣分离势力"争取民族独立的斗争"提供了政治和宗教理由；为"消灭和驱赶异教徒而进行圣战"的思想在车臣社会特别是青年中弥漫；民兵们戴上写有《古兰经》名训的绿色袖章，宣布自己是伊斯兰战士，并发誓不惜自己的生命为伊斯兰而战。宗教极端分子通过"洗脑"和威胁、恫吓，甚至使印古什和达吉斯坦两个共和国的部分居民也站到了杜达耶夫政权一边。

　　1996 年俄、车签订《哈萨维尤尔特协定》后，车臣非法武装借机加紧推行伊斯兰原教旨主义，使车臣共和国伊斯兰化，企图以宗教为幌子，以恐怖为手段，加快分裂俄联邦的进程。经过几年的经营，车臣实际上已成为宗教极端主义的"圣地"，其扩张野心不断膨胀。在此情况下，车臣宗教极端势力萌发了在车臣和达吉斯坦建立"神权政治国家"即大伊斯兰共和国的想法。于是，他们铤而走险，于 1999 年 8 月发动了入侵达吉斯坦共和国的武装叛乱，引起了第二次车臣战争。

　　值得一提的是，国外宗教极端势力的渗透和扩张也为车臣宗教极端势力的发展和车臣危机的加深起了推波助澜的作用。20 世纪 80 年代后期，随着伊朗伊斯兰革命的成功，宗教极端势力开始向世界穆斯林地区渗透和扩张，伊斯兰氛围浓厚和战略地位极为重要的北高加索地区的共和国便成了国际宗教极端势力争夺的目标和利用的工具。于是，一批西亚和阿拉伯国家的宗教人士纷纷来到车臣等共和国，积极宣传宗教极端势力的教义，大力发展瓦哈比教派力量。

　　除进行传教活动外，他们还积极介入车臣事务，资助车臣非法武装，并派出伊斯兰"圣战者"赴车臣作战。在第一次车臣战争中，来自国外的宗教极端分子在车臣帮助训练武装人员达 1 万余人。第二次车臣战争爆发后，本·拉登为车臣提供了 2500 万美元的资助。他还在阿富汗建立训练车臣"圣战者"的基地，并向车臣非法武装头目巴萨耶夫提供武器和补给品。约旦出生的车臣非法武装"司令"哈塔卜自 20 世纪 90 年代初车臣要求"独立"时就来到车臣，帮助发展车臣非法武装。

　　在车臣，民族分离势力和宗教极端势力融为一体，并与国外宗教极端主义相勾结，以恐怖手段进行民族分离活动。第一次车臣战争期间，当车臣非法武装被俄军赶到山区陷入困境时，他们就以恐怖活动进行反抗，于 1995 年 6 月制造了惊人的布琼诺夫斯克市人质事件，将 100 多名市政机关工作人员和 800 多名医护人员及伤病员扣为人质。第二次车臣战争爆发前后，他们又多次进行恐怖活动，仅 1999 年就制造了至少 15 起恐怖事件，造成 338 人死亡、550 多人受伤。事后查明，此次别斯兰人质事件也是车臣民族分离势力和内外宗教极端势力所为，参与别斯兰人质事件的除车臣、印古什、奥塞梯、俄罗斯等 9 个民族的恐怖分子外，还有 10 名来自阿拉伯国家的宗教极端分子。俄情报部门的官员称，"基地"组织参与了别斯兰人质事件。为此次恐怖活动提供经费的是宗教极端教派在车臣地区的领袖之一阿布·奥马尔·赛义夫是"基地"组织驻车臣的代表，掌管从境外流入车臣的资金。宗教极端主义车臣恐怖主义分子的思想基础，在车臣的国外瓦哈比教派势力经常用宗教极端思想来激励充当"人弹"的车臣妇女，宣传"英雄般牺牲的人"死后可以进入天堂、会见死去的丈夫或兄弟。2004 年 8 月 24 日在俄罗斯发生的两起坠机事件就是车臣女性自杀性爆炸者所为。

（二）过程

2004 年 9 月 1 日上午 9 时 30 分，1 名代号为"上校"的匪首指挥数十名武装分子，分乘 3 辆卡车闯入别斯兰市第一中学，将参加开学典礼的 1200 多名师生及家长驱赶到学校体育馆劫为人质。这群绑匪要求俄从车臣撤军，停止车臣战争，提出与北奥塞梯和印古什共和国总统直接对话，释放当年 6 月 21 日、22 日印古什恐怖袭击事件中被逮捕的 24 名"战斗人员"，否则将杀死所有人质。

此次绑架行动由车臣非法武装头目巴萨耶夫策划，战地指挥官穆罕默德·叶夫洛耶夫直接实施，并得到了国际恐怖势力的资金、人员支持。

事发后，俄强力部门在现场成立了由联邦安全总局领导负责的应急指挥中心，俄军警迅速包围学校，俄军驻北奥第 58 集团军第 19 摩步师的数个摩步连参与封锁学校。俄联邦安全总局和内务部所属的阿尔法、信号旗等特种部队也于第二天先后抵达。俄时任总统普京当时正在休假，接到报告后立即中断休假，返回莫斯科，在机场紧急召集高层召开专门会议，确定了"确保人质安全、谈判与武力两手准备""政治解决是首选，准备做必要妥协；不到万不得已，不发起强攻"的基本方针。为此，北奥塞梯伊斯兰穆夫提、别斯兰市检察长和儿科医生罗沙利先后与绑匪进行了接触，同时俄当局积极争取国际社会的同情和支持。2 日晚，在印古什前总统奥舍夫调解下，匪徒释放了 26 名妇女和儿童。3 日上午，根据与绑匪的电话约定，普京的车臣问题顾问阿尔哈诺夫及联邦副总检察长等人从莫斯科飞抵别斯兰市，准备进行谈判。

在劫持人质的过程中，绑匪曾打死了十余人，经谈判，绑匪于 9 月 3 日中午允许俄方将尸体移走。但当救援人员进入校园搬运尸体时，体育馆内的匪徒不小心触发了爆炸物引信，挂在馆内篮球架上的炸弹突然发生爆炸，造成屋顶部分坍塌，此时学校内开始出现混乱。当绑匪试图将体育馆内的人质转移到食堂时，不少人质借机向屋外逃生，匪徒随即向逃跑的人群开枪扫射。为保护人质安全，俄军警在情况不明和现场一片混乱的情况下发起攻击，压制绑匪火力，以掩护人质逃离，随后从多个方向发起攻击。约一个半小时后校园内的战斗基本结束。整个解救行动中，俄军当场击毙匪徒 30 人，但俄方也付出了惨重的人员伤亡代价。

人质逃出校园后，救援工作随即展开。学校周围预先配置的数十辆救护车、上千副担架投入使用，共有 700 多人被送往别斯兰市及北奥首府弗拉季高加索市的 4 所医院。

绑匪混杂在人质群中逃出校园后，部署在学校附近的驻北奥俄军第 19 摩步师、内卫部队第 26 旅和北高加索军区第 58 集团军特种作战营等部队加强了对别斯兰市火车站、汽车站、发电厂等重要目标的警戒，并进行了拉网式搜查，清查漏网残匪和里应外合者，抓获了 1 名潜逃的恐怖分子。同时，俄军在北高加索地区展开了反恐专项行动，重点对来往车臣的人员、车辆进行盘查，加强对边境和重要目标的管控，当地内务部也在全市设立检查站，控制交通要道，清查漏网残敌。

（三）影响

别斯兰人质事件的发生，对俄罗斯的政治和社会产生了重大的影响：

1. 普京的地位和政府形象受到严峻考验。别斯兰人质事件使得民众的担心和恐慌甚于以往，社会舆论质疑普京是否能够带来稳定。虽然由于没有与之抗衡的势力，普京的政权基础没有崩溃，但民众对普京的信赖和拥戴程度降低了，政界和舆论界的评价也有所改变。俄祖国党 9 月 6 日发表声明说，鉴于别斯兰人质事件，必须解散内阁、改组强力部门，正是他们的疏忽导致了众多平民和儿童的伤亡。俄共中央委员会也发表声明说，悲剧的根源在国家内部。虽然这两个政党都主张更换政府，但俄共首先指责的是总统普京，而祖国党则要求普京惩罚下面的责任人。不过，也有人认为该事件对普京有利：武装分子用儿童做人质酿成死伤，将更加激发俄罗斯人支持普京的强硬政策，更紧密地团结在他周围以寻求保护，更坚定地支持军队在反叛地区发起的军事行动。

2. 对经济发展产生了负面影响。据俄《消息报》9 月 3 日报道，连续发生客机坠毁、莫斯科地铁爆炸及北奥塞梯人质事件后，已有 1/3 的外国人取消了原定的俄罗斯之行，这是 10 年来俄最严重的旅游危机。如果出现安全问题，改革、经济效率和经济更新自然会退居次要地位。政治和社会的不稳定会影响投资者的情绪，从而使资本外流、改革速度放慢，不排除国家直接干预经济和收缩部分改革的可能。要打击恐怖活动、加强安全措施，首先要增加强力部门的经费，从而可能增加税收，影响国家经济发展速度。

3. 为普京采取强硬手段打击分裂势力营造了良好的国际氛围。别斯兰事件后，国际社会纷纷谴责极端分子的恐怖罪行，并对俄政府的行动表示不同程度的支持。美总统布什到俄驻美使馆表示慰问，称人质危机将成为世人对恐怖主义行径的最惨痛回忆。虽然欧盟作为一个整体所发表的声明，在谴责恐怖分子的同时也批评了俄政府处置不当，但作为欧盟主要成员国的法、英、德、意几国元首，在致电普京或者发表声明时都仅仅是严厉地谴责恐怖分子。这些反应说明国际社会的主流对俄打击车臣分裂分子的行动是认可的，俄今后采取强硬手段打击恐怖分子时将更加放开手脚。正如法国《世界报》所说，在人质事件后，普京在车臣政策上将不会有任何顾虑了。

4. 使俄罗斯对欧美的防范和不信任加深。荷兰外长博特代表欧盟发表声明，说欧盟希望俄当局解释惨剧是如何发生的。俄政府对此作出了强烈反应。9月7日，普京在接受英国媒体采访时愤怒抨击了那些呼吁俄罗斯与车臣分离主义者谈判的人，并反问道："你们会和本·拉登谈判吗？"事实上，由于在北高加索地区存在的利益冲突，欧美国家此前一直对俄施加压力，敦促其通过谈判以和平方式解决车臣问题。人质事件促使俄进一步看清了车臣武装势力背后的国际因素，对欧美的不满和疑虑有增无减。9月4日，普京在发表全国电视讲话时说："有人觉得俄罗斯作为全球最大的核武器国家之一仍对他们构成威胁，而支持恐怖主义只是除去这个威胁的手段之一。"西方独立军事分析家费根豪尔说："谁怕俄国的核武器？这些武器针对谁？是西方，而不是本·拉登。"普京的讲话将西方国家与针对俄罗斯的恐怖主义活动挂钩，标志着俄罗斯可能会调整外交政策，加强与欧美的斗争与抗衡。

5. 在意识形态领域，俄排外主义和孤立主义倾向有所加强。俄罗斯RLA商业分析机构的一份研究报告指出，分离主义的目标就是要使俄分崩离析，因此反恐斗争事关俄罗斯的前途和存亡，而别斯兰人质事件将重新塑造俄罗斯人的统一目标和理想，民众的民族主义情绪会进一步强化。据报道，别斯兰人质事件之后，俄罗斯右翼骚扰车臣族人和其他有色人种的事件有所增多。

二、"别斯兰人质事件"的经验与教训

此次别斯兰人质事件之所以会造成如此重大的伤亡，恐怕是与俄当局所采取的处置措施和处置过程中存在的失误脱不了干系的，这些措施和失误值得我

们仔细反思：

1. 反恐防范体系和情报工作依然落后。2002 年的莫斯科文化宫大规模劫持人质事件之所以能够发生，是与俄罗斯政府的反恐防范体系和情报工作方面的疏漏直接相关的，这种大规模的劫持人质事件本应作为一个典型案例，引起俄罗斯当局的高度重视，然后采取措施完善反恐体系和加强情报工作，从而有效地避免类似大规模的恐怖性劫持人质事件的发生。然而，这种更大规模的劫持人质事件还是发生了，这不得不让我们怀疑俄罗斯的反恐防范体系和情报工作。在这次事件中，据俄媒体透露，匪徒早已选定学校作为袭击目标，事前多次侦查踩点，并在校舍维修时装扮成维修工人将大量武器弹药分批运进了学校，这种情况足以显示学校管理上的疏漏和失误。在清理现场时，俄当局在校园内一个舞台下发现了大量枪支弹药，经认定，这些武器就是车臣匪徒于 2004 年 6 月从印古什共和国内务部军械库抢来的。长途跋涉地运输这么大规模的枪支弹药进入学校，俄罗斯的管理部门和情报部门竟然没有在此过程中的任何一个环节发现可疑之处，实在有些说不过去。而且，在事发前，包括外国人在内的数十名匪徒携带大批枪支弹药在北奥境内聚集活动，这种异常现象竟然没有引起俄情报部门的高度关注和跟踪，俄管理部门也未采取高度的戒备措施，实在有些让人难以接受。此外，从事发到战斗打响的 52 个小时里，俄情报部门始终未能摸清恐怖分子的人数、部署、武器、爆炸物位置等相关情况，进攻行动带有很大的盲目性，这也是情报工作不力的一种表现。综上所述，在这次事件中，俄有关部门的反恐防范措施和情报工作是让人诟病的。

2. 针对突发事件准备不足，仓促作战。在这次事件中，虽然决策层制定了"两手准备"的基本策略，但是决策层和应急指挥中心仍然寄希望于和平解决，单方面认为谈判时间会很长，所以对武力解决的决心和准备不足。特别是在俄当局设想的解救模式下，俄当局对突发事件尚未制定周密的行动预案，参战部队也未做好随时战斗的准备，所以当体育馆内发生突发性的爆炸事件时，俄指挥部门和作战部队都事先准备不足，只能仓促作战，各作战单位之间分工不清、配合混乱，最终导致人质和作战部队的大量伤亡。这次处置过程说明了无论主观上如何判断事件进程，客观上都要做好谈判和武力的双手准备，制定全面、周密的行动预案，特别是要做好应对突发事件的准备工作。

3. 现场管理混乱。面对这种大规模的劫持人质事件，俄管理部门本应在现场实施严密的封控，形成多层、立体、严密的围控部署，从而保障事件现场的正常秩序和解救工作的顺利开展。然而，在本次事件现场，虽然有大批军警，但是并没有实施严密封控，人质家属、群众和记者可以近距离围观，周围的交通要道、重要路口、制高点等仍然处于半开放状态。据媒体报道，在体育馆内突发爆炸后，最先冲入学校的不是军警，而是孩子们的父亲。在部队展开强攻后，部分人质家长也跟随进入学校，从而严重影响了作战部队的行动，也造成了一定的误伤。同时，在战斗过程中，多名匪徒竟然趁乱冲出了外围防线。外围的这种混乱状态足以显现俄当局在此次事件处置过程中现场管理的失误和不当。

4. 疏忽对媒体的控制和引导。恐怖事件相关传媒是一把双刃剑。现代传媒向公众报道恐怖事件，是为了满足公众的知情权，然而这种传播和报道也将恐怖主义气氛带到了世界各地，诱发了社会恐慌，不自觉地帮助恐怖分子实现了他们所期望的制造恐怖的目的。同时，现代传媒不仅是政府当局与群众之间信息沟通的桥梁，也是恐怖分子获得他们所需信息的渠道。所以，在一些恐怖事件的处理过程中，新闻媒体的报道应当受到一定程度的引导和控制，否则，传媒就会变为恐怖分子的武器，为敌所用。在这次别斯兰人质事件的匪徒中就有专人收集相关报道，包括指挥部所在地点、军警的布防、坦克和装甲车集团以及人质中有哪些重要人物等，这给恐怖分子提供了大量信息。莫斯科一家报纸的记者再三向当地教育部门询问人质中有没有高官的子女，就是因为这则报道，恐怖分子找到了北奥塞梯议长马姆苏罗夫的儿女。因此，在恐怖事件中，需要对传媒进行一定程度的控制和引导，把握好报道的度，立足长远利益和国家、社会利益，不能盲目地追求短期利益和点击率。

第十二章

人间惨祸：2005年英国伦敦"7·7"连环爆炸案

2005 年 7 月 6 日，伦敦在新加坡的申奥中获得了 2012 年的奥运会主办权，英国举国欢庆。八国峰会同时也在英国举行。7 月 7 日，恐怖分子制造了骇人听闻的伦敦公共交通系统连环爆炸案，3 条地铁和 1 辆公共汽车遭受自杀性恐怖袭击，造成了 56 人死亡、700 多人受伤的人间惨剧。人们称之为"7·7"事件，这是继美国"9·11"事件和西班牙"3·11"事件之后，人类社会遭受的又一次重大恐怖袭击。

一、伦敦"7·7"连环爆炸案情阐述

（一）案情概述

时间：2005 年 7 月 7 日。地点：英国伦敦地铁及公交车。人物：英国伦敦乘客、4 名袭击者。4 名袭击者分别是：哈西卜·默·侯赛因，19 岁，住在利兹市霍贝克；谢赫扎德·坦维尔，22 岁，住在利兹市的比斯顿；穆罕默德·西迪基·汗，30 岁，住在西约克的蒂斯伯里；杰梅因·林赛，19 岁，住在艾尔斯伯里。定性：自杀性恐怖袭击。经过：7 月 7 日清晨，他们四人在卢顿会合后，登上了前往国王十字街的火车，每个人身上都携带着装有爆炸物的帆布包。到达国王十字街，他们按照计划进入地铁站，分别乘坐地铁驶往不同的方向接近预定目标。

上午 8 点 50 分，杰梅因·林赛在皮卡迪利线从国王十字街驶往拉塞尔广场的 311 次地铁的第一节车厢的尾部引爆炸弹，当场造成 27 人死亡。谢赫扎德·坦维尔在环线从利物浦大街站驶往奥尔德盖特的 204 次地铁的第二节车厢尾部

引爆炸药，造成 8 人死亡、100 多人受伤。穆罕默德·西迪基·汗在环线从埃奇堆尔路站驶往帕丁顿的 216 次地铁第二节的前部引爆炸药，造成 7 人死亡、120 多人受伤。哈西卜·默·侯赛因本欲在国王十字街北向地铁线路实施爆炸，后因当日北向地铁线路故障，暂时关闭，导致其放弃此计划。后期再在 9 时 47 分在塔维斯托克广场与上沃本交界处的一辆 30 路双层公共汽车的上层尾部引爆炸药，造成 14 人死亡。

原因：英政府有关恐怖袭击事件的调查报告认为 4 名攻击者发动袭击的主要原因是对英政府外交政策的不满。

伤亡情况：四处爆炸共造成 56 人死亡（包括 4 名恐怖袭击分子）、700 多人受伤。死者名单中包括一名华人周弗圆（音译），其出生于毛里求斯，父母均为广东梅州人，在英国一家公司从事会计工作。

（二）案件解读

2005 年 7 月 14 日，英国《太阳报》披露了 4 名自杀式爆炸者的身份及生活详情。以下便是伦敦爆炸案 4 名自杀式爆炸袭击者的详细情况：

第一名自杀式爆炸袭击者：教师穆罕默德·西迪基·汗。

自杀式爆炸袭击者穆罕默德·西迪基·汗在伦敦爆炸案发生前曾在西约克郡的一所小学内任教。利兹市议员伊巴尔说："这样的人担任教师让我很担心，我们必须调查他是如何得到这份工作的，这一点很重要。我们有必要切断学校和社区内其他部分与他那样的极端分子的联系，找到那些控制他们的人。"

现年 30 岁的穆罕默德·西迪基·汗据信是通过他妻子哈斯纳的影响力获得这份职业的。目前，28 岁的哈斯纳正怀着他们的第二个孩子，她曾是社区特教官员。穆罕默德·西迪基·汗的专长是帮助那些残障儿童。学校工作人员形容他说话轻柔，非常有耐心，而且特别受小孩子们欢迎。

他的妻子在生下他们第一个孩子后离职，但他仍继续每周数天的工作。上星期二，他向学校请假以便在 48 小时之后参加伦敦爆炸案。邻居们昨晚称，穆罕默德·西迪基·汗夫妇是一对非常安静的夫妇。一位不愿意透露姓名的女士称："他们看起来是一个快乐家庭。哈斯纳来自一个印度家庭，印巴后裔结合的家庭并不多见，但他们并不介意。他们都是穆斯林，她有时会戴面纱，他则留着胡子。他们还给他们的女儿理了光头。有许多穆斯林男子曾到访他们的家，但他们在这里只住了 6 个月，也不经常去清真寺，还没有成为社区的一部分。"

第二名自杀式爆炸袭击者：曾盗窃商场的哈西卜·侯赛因。

当地人昨天称，巴士爆炸袭击者哈西卜·侯赛因是一名"寡言少语的呆子"，他肯定是被人洗脑后才参与伦敦爆炸案的。哈西卜的校友称，这位性格温和、身材高大的 18 岁年轻人是在两年前探望在巴基斯坦的亲属后变得对伊斯兰教感兴趣的。他回到英国后开始穿穆斯林传统服装，并留起了胡子。

一位邻居昨晚说："就他的年纪而言，他的身高非常高，他与其他年轻人一样喜欢在公园里踢足球和打板球。他有一个名叫伊姆拉恩的哥哥，伊姆拉恩的性格更加外向，但哈西卜则有点内向。"另一位邻居说："我认为他是一个寡言少语的呆子。他不是这里最聪明的孩子，他开始身穿穆斯林服装并总是待在他的房间里。伊姆拉恩也曾去过巴基斯坦，但那并没有产生像对哈西卜那样的影响。这个年轻人肯定是被人洗脑了，因为他干下了这么可怕的事。他杀死了那些人，也给自己的家庭带来了悲剧。为什么他要做这样的事？肯定有人给他洗脑以让他做这样的事。"哈西卜·侯赛因的一位姨妈说，他的家庭仍处于震惊状态。她说："我们都感到非常震惊。一些家庭成员甚至不相信他已经死了。他的父母一直在哭泣，几乎说不出话。他们一直以为自己的儿子是一个好男孩。"

警方在 30 路公共汽车爆炸案现场找到了哈西卜·侯赛因驾驶证和信用卡的残骸。一名前同学称，哈西卜·侯赛因是一个很安静的男孩，但如果遭到挑衅，他会进行反击。这位同学说："他非常高大而且很强壮，他曾打过几架，他通常会取得胜利。我不认为学校里会有许多人想向他挑衅。"

第三名自杀式爆炸袭击者：热爱体育运动的谢赫扎德·坦维尔。

谢赫扎德·坦维尔在访问巴基斯坦归来后数个月之内由一位热爱体育运动的年轻人变成了一位自杀式爆炸袭击者。22 岁的谢赫扎德·坦维尔甚至不让他父母知道他的极端信念。他出事的消息昨天重创了他的家人。他的家人认为，他是被人洗脑了。与哈西卜·侯赛因一样，谢赫扎德·坦维尔也曾因为在公共场合闹事而遭到警方警告。但是认识他的人对他参与爆炸事件感到震惊。一位前校友说："没有人会相信他参与了爆炸案。当他在学校时，他的英雄是泰森，而不是本·拉登。他很信仰宗教，但对政治没有兴趣。他喜爱体育活动。他是一名板球狂。他喜欢拳击和美国式摔跤。他曾是校足球队队员，在三级跳和跳远方面的成绩也非常好。"另一位前同学说："他非常友好，有礼貌，在学校里也很受尊敬。他的智力非常突出。我们曾努力学习以获得好成绩，但他看起来一点都没有费劲。他的家庭对他在完成作业方面很严格。他是一个安静的人，但也很有幽默感，他总是在微笑。我不能相信他参与了伦敦爆炸案。他的观念很西化,他的打扮也很西方化。我们知道他信仰宗教并朗读过古兰经,但你没有什么证据可以指责他是恐怖分子。"

谢赫扎德·坦维尔的家人昨天透露,他去年晚些时候曾到巴基斯坦去学习古兰经。他在回国后越来越对宗教感兴趣,每天要在一个清真寺祈祷五次。他的舅舅阿米德说:"他的父母对他感到很自豪,对他认真学习宗教感到很高兴。他曾前往巴基斯坦,但他是去学习有关宗教的知识,而不是去恐怖训练营。我们认为极端组织肯定一直在秘密地向这一社区出口极端想法。除非他的心智被毒化,否则他不会参与爆炸事件。"

第四名自杀式爆炸袭击者:杰梅因·林赛。

第四名自杀式爆炸袭击者是一名来自牙买加的穆斯林极端分子。这位名为杰梅因·林赛的极端分子,在国王十字车站附近的地铁上引爆了身上的炸弹,至少有25名乘客在爆炸中丧生。警方7月13日通过比对DNA证实了他的身份。

(三)制造爆炸案的幕后组织

在爆炸发生的当天,便有一个以前名不见经传的组织"欧洲'基地'圣战秘密组织"以"基地"组织名义声称对事件负责。该组织在一个网站上发表声明声称袭击事件系其所为,并警告意大利和丹麦从伊拉克和阿富汗撤军。其声明说:"阿拉伯国家的英雄战士们,现在是向英国政府进行报复的时候了,以回击英国在伊拉克和阿富汗的大屠杀行动。我们的穆斯林游击队员对伦敦发动了神圣的袭击,现在轮到伦敦充满恐惧和恐怖了……我们曾再三向英国发出警告,现在履行了我们的承诺。""我们仍向丹麦政府和意大利政府发出警告,如果他们不从伊拉克和阿富汗撤军,就将受到同样的惩罚。"

7月9日,又有一自称为"阿布·哈夫斯·马斯里旅"的组织在一个阿拉伯语新闻网页上发表声明,称伦敦系列爆炸案是其所为,并声言要对伦敦这个"异教徒之都"发动更多的袭击。声明说:"我们不是说说就算了,我们的袭击并没有停止。感谢真主,'阿布·哈夫斯·马斯里旅'的穆斯林游击队员在异教徒之都发动了一场又一场袭击。"

9月1日,在半岛电视台播放的录像带中,"基地"二号人物扎瓦赫里宣布对7月7日伦敦连环爆炸事件负责。美联社指出,这是"基地"首次明确宣布对"7·7"爆炸案负责。另外,录像带内容包括"7·7"爆炸案4名"人弹"之一穆罕默德·西迪基·汗的最后告别声明。

在录像带中,扎瓦赫里没有直接指出实施爆炸的是"基地"组织,仅表示这些爆炸事件是对英国外交政策的直接回应，也是英国拒绝 2004 年 4 月"基地"向欧洲提出的停战建议所造成的直接后果。同时，扎瓦赫里威胁要对西方国家发动更多灾难性袭击，以报复美国总统布什和英国首相布莱尔实施的政策。

另外，据半岛台的新闻播音员介绍，录像带内容包括一名"人弹"的"遗嘱"。穆罕默德·西迪基·汗操着英国约克郡口音说，他受到了"基地"领导人拉登、扎瓦赫里和"基地"伊拉克分支领导人扎卡维的鼓舞。他说："只有你们停止轰炸、用毒气攻击、监禁和虐待我们的民众，我们才会停止战斗。"

曾有一段时间人们普遍认为是"基地"组织发动了此次袭击，直到 2006 年 4 月 9 日，英国《观察家报》披露的一份政府调查报告说，伦敦"7·7"恐怖袭击是由 4 名热衷于殉道的英国人发动的自杀式爆炸袭击，与"基地"组织没有任何关联。

报纸援引的在数周后公布的英政府有关恐怖袭击事件的调查报告说，这 4 名攻击者根据互联网上的信息策划了一个"简单而花费很少"的袭击。爆炸袭击并没有得到"基地"组织的直接帮助和支持，尽管其中 2 名攻击者曾经去过巴基斯坦。报告排除了"7·7"事件中存在第 5 个攻击者的可能性，并认为 4 名攻击者发动袭击的主要原因是对英政府外交政策的不满。

二、伦敦"7·7"爆炸事件的应对措施

（一）启动战时内阁
英国《太阳报》网站 2005 年 7 月 8 日报道说，接获消息后，首相的助手们匆匆闯入唐宁街 10 号内阁每星期例会会场报告。由于首相布莱尔正在苏格兰主持八国集团首脑会议，副首相约翰·普雷斯科特立即召集战时内阁开会。战时内阁开完会，主要阁员通过秘密通道转移到战时内阁防爆地下掩体内。

（二）启动反恐预案
自 2001 年 9 月 11 日美国遭遇恐怖袭击后，英国财政大臣戈登·布朗便每年专拨 20 亿英镑预算用于反恐。接获伦敦发生爆炸消息数分钟后，战时内阁下令实施代号"竞争"的反恐预案。

英军接到在伦敦街头采取行动的命令，以防首都遭受袭击。警察、消防员、护理人员以及各家医院进入完全戒备状态。

（三）现场紧急措施

1. 爆炸发生后，英国军队、警方迅速派人员赶赴现场协助维持秩序，疏散群众，将伤者送往医院紧急救治。200 名消防员和 40 辆消防车奔赴现场，头戴防毒面具、身穿防护服的救助人员在地铁隧道实施救援。

2. 同时由于担心再次遭受恐怖袭击，英国也加强了全面戒备预防，英军进入战时戒备状态，保护首都。警察、消防员、护理人员以及各家医院进入完全戒备状态。

3. 伦敦警察厅向控制室增派人员，监控和协调应急处置。由防爆和司法方面组成的专家小组也随时待命。

4. 伦敦急救部门一方面派出 100 多辆救护车将伤员送往医院，另一方面派出医生和护士赶往现场。医护人员给伤员贴上标签，以确定轻重缓急。伦敦 7 家医院转入重大事件运行模式。

5. 此外，伦敦还对通信与交通实行临时管制。爆炸后，伦敦中心交通停运，地铁站关闭，地铁内部人员全部疏散。为防止恐怖分子利用移动电话遥控炸弹，警方要求电信公司暂时中断所有民用通信。同时，伦敦市政府宣布，暂停伦敦市中心（1 号区）所有公共汽车的运行，这在英国历史上是第一次。

6. 伦敦市政府还向市民提出紧急要求：停留在原地，不要乱跑；伦敦市区外居民，非紧急事务不得进入市区；所有通信网络全力支持 999，非紧急情况不得随便拨打 999；受伤先自救或向药剂师求助；车辆紧张情况下叫出租车；非紧急情况不得打扰警方；外地居民几天内最好不要前往伦敦。

（四）首相发布讲话，效仿丘吉尔，安抚民众

7 日，回到伦敦的布莱尔马上向内阁成员及相关负责人了解最新情况。不久后，唐宁街 10 号的首相府内，身着黑色西服、神情忧郁的布莱尔站在媒体面前，发表了一席 "丘吉尔式" 讲话。

"那些人（袭击者）想用对平民的屠杀来体现他们的价值，这正是展示我们坚强决心的时刻。" "……我们都知道他们想干什么。他们希望通过屠杀无辜人民来让我们变得懦弱，让我们不敢去做我们想做的事……他们绝不会成功。" "他们想胁迫我们，我们不为所动；他们想改变我们的国家、我们人民的生活，我们不会改变；他们想分裂我们的人民，打击我们的决心，我们也不会被分裂，我们的决心依旧坚定。" "对于英国人民来说，这是非常让人伤心的一天；但是，我们将继续我们自己的生活。"

布莱尔还说，伦敦警方正在对系列爆炸事件展开全力调查，争取在最短的时间内将恐怖分子绳之以法。

（五）设立爆炸救济基金

伦敦市长利文思通 8 日在举行的记者招待会上宣布，为了救助在 7 日发生的伦敦连环爆炸中受伤人员和遇难人员家属，伦敦市政府将与英国红十字会共同设立一项爆炸伤亡救济基金。

利文斯通说，一伙恐怖分子试图通过爆炸袭击恐吓伦敦人，他们不分种族、信仰、职业和国籍地对无辜者发动肆无忌惮的野蛮袭击。利文斯通表示，为了帮助那些在恐怖爆炸中失去亲人和遭受重伤的人们，所有伦敦人都会愿意伸出救助之手。他说，救济基金募集的款项将由英国红十字会代为收集和管理，并向遇难人员和家属分发。

三、伦敦"7·7"爆炸事件案件调查

爆炸发生后，一度有人猜测，这次袭击是由来自欧洲大陆或者北非的恐怖分子干的。但刚退休不久的前伦敦大区警察总监史蒂文斯勋爵 10 日表示，伦敦"7·7"爆炸事件"几乎肯定"是英国出生的恐怖主义分子所为。他在接受《世界新闻报》采访时称，约 3000 名在英国出生、并在英国长大的人参加过"基地"组织的训练营。调查结果不幸被他言中。

英国安全部门军情 5 处、军情 6 处、军队爆炸专家与警察 2000 多人启动了英国迄今最大规模的情报调查。8 日夜间，侦破专家到地铁国王十字站 100 英尺的地下，用棉签搜集爆炸残留物，以确定炸药的类别。侦破专家至今已调集了 12 000 条闭路监视录像带，检查了 6000 多条，总共将检查 25 000 条。警方记录下 1000 名目击者的陈述，获取了 350 个证据和 3500 个正式的反恐热线电话。同时，西班牙、美国等多国反恐专家也协助调查。

由于几名"人弹"多是新人，没有犯罪记录，寻找他们如大海捞针，但爆炸后第五天就取得了重大突破。鲁顿火车站和国王十字地铁站的录像捕捉到的 4 人行动镜头，对警方破案起了关键作用。

7 月 12 日，经过几天调查，英国伦敦警方确定，制造伦敦连环爆炸事件的 4 名恐怖分子已经全部在爆炸中丧生。警方在爆炸现场附近发现这些嫌疑人的个人证件，他们全是英国人。

2005 年 7 月 14 日，英国警方首次公开承认伦敦连环爆炸案是自杀性袭击，同时确认了两名袭击者的身份。伦敦警察厅反恐部门负责人彼得·克拉克说，在奥尔德盖特车站和利物浦大街站之间的地铁列车上引爆炸弹的是一名 22 岁的男子，名叫谢赫德·坦维尔；袭击双层公交巴士的疑犯名叫哈西卜·侯赛因，年仅 18 岁。两人都是巴基斯坦裔英国公民。

2005 年 7 月 16 日，伦敦警察厅发表声明，确认另外两名"人弹"嫌犯身份，同时公开了 4 名嫌犯 7 月 7 日早晨聚在一起的画面。在艾奇韦尔路站引爆炸弹的人名叫穆罕默德·西迪基·汗，现年 30 岁。罗素广场站和国王十字站之间的地铁列车爆炸者名字叫赫尔马因·林赛，19 岁。

爆炸发生后，英国政府在谴责宗教极端分子的同时，以团结大多数的原则十分谨慎对待国内穆斯林的组织。英国首相布莱尔一再表示，不能把发动爆炸袭击的人同英国的穆斯林社区联系起来。他 13 日在议会发表讲话时表示，最近发生的伦敦爆炸案并不是孤立的政治事件，而是由极端和邪恶的意识形态造成的，其根源在于对伊斯兰教的曲解。20 日，布莱尔把全英穆斯林社团领袖们请进唐宁街 10 号，与三党领导人一起对话，要求穆斯林社团承担起反对曲解伊斯兰教义的责任。英国境内有 150 万名穆斯林，其中一半在英国出生。炸弹攻击者是英国本地生长的穆斯林的消息，对主流穆斯林社区是一大打击。英格兰北部的利兹是一个由多民族构成的地区，那里有很多穆斯林人口。当地居民说，他们生活在一个和谐的多元文化社会当中，他们的社区并不是窝藏极端分子的社区。在约克郡地区居住的穆斯林因此提高了警惕。一位当地居民说："有些极端分子到这一地区来开过几次会。他们尽可能反对这些人。他们不能把这些人从穆斯林社区中扔出去，但是他们已经告诉人们远离这些人。"另一位居民说："爆炸是不对的。因为如果他们是真正的穆斯林的话，就不会去炸无辜民众。"

英国穆斯林理事会发表了一份声明，表示对有英国青年穆斯林参与令人发指的炸弹袭击而感到苦恼和震惊。声明重申，伊斯兰教义当中没有任何教条会把攻击者的行为合理化。他们进一步承诺与警方密切合作。

四、伦敦"7·7"爆炸事件的补偿问题

2005 年 9 月 21 日华夏时报报道，由于英国政府犯罪伤害赔偿计划存在不足，爆炸受害者可领到 1000 英镑至 25 万英镑的赔偿款。在伤势非常严重的情况

下，赔偿委员会可能考虑增加赔偿金额，但总的赔偿款不能超过 50 万英镑。

一家律师事务所个人伤害部门的负责人摩尔称，伦敦火车事故受害者所获的民事赔偿金额曾高达 100 多万英镑，"爆炸案引发的许多官司的赔偿金都远远超过这个最高赔偿。目前的赔偿计划意味着如果你是恐怖主义的受害者，那么你获得的赔偿金将远低于公路事故和铁路事故的受害者"。

2005 年 10 月 4 日，英国刑事损害赔偿管理局宣布，伦敦爆炸案受害者 3 日获得了第一笔国家赔偿金。管理局说，他们 3 日寄出首批两张支票，随后将有22 名受害者得到总共 40 万英镑（约合 70 万美元）的国家赔偿金。管理局执行主席韦伯称，凡是在爆炸案中感觉自己受到伤害的人都有资格提出申请。

五、世界各国在伦敦"7·7"连环爆炸事件后采取的防范措施

伦敦恐怖袭击牵动着世界的神经，各国领导人在对伦敦市民表示同情的同时，也纷纷下令提高了防范等级，具体防范恐怖袭击的措施也各有不同。

意大利政府对于防范恐怖袭击的回应非常积极，立刻采取了防范措施，其中包括更为严格的出入境检测措施，暂缓执行了申根协定中关于人员自由流动的条款。对于身份可疑的入境者，警察可以不经请示将其扣留 24 小时，扣留时间是现在的两倍，情报部门也可以更充分地接触电话公司或者网络服务公司的服务记录。对于被怀疑对恐怖行为进行经济扶持的公司，政府有权没收其资产。此外，意大利政府还调集了近 2 万名军警，对 1.4 万个需要保护的目标执行 24 小时警戒任务，特别是在地铁站与机场均派出了对炸药嗅觉特别敏感的警犬值勤，加强了对过往人员的检查。

美国宣布把全国的防恐安全警戒等级从三级的"黄色"提升到二级的"橙色"。此外，美国还实行了更为严格的移民政策，申请入境的男士必须说明自己在过去的 10 年中曾经去过哪些国家。

日本政府的防恐对策联席会议决定，为加强机场海关检查力度，严控交通、自卫队营地以及核电站等重要设施，要求在全国所有铁路的主要车站、新干线全部车站增设监视摄像头，并且增派大批巡警，频繁地定期检查监控录像。同时，在东京的主要地铁站，车站内的垃圾箱被全部撤去，设立透明垃圾箱取而代之。巡警们也换上了显眼的反光背心，以增加威慑力。

法国政府在伦敦地铁发生爆炸数小时后，即在全国全面提升安全警戒级别。

在总理德维尔潘的要求下，法国安全警戒级别从橙色提高到红色。法国安全部队加强了对地铁、轻轨以及公交车的监视，广播还要求乘客不要离开自己的包裹。法国内政部长萨尔科齐亲临火车站，对巴黎开往伦敦的"欧洲之星"进行安全检查。法国国防部长阿利奥-马里女士表示，法国像其他国家一样感到恐怖威胁迫在眉睫，军队已经加强了对战略重点和一些重要设施的安全警卫。另外，政府宣布将在 2007 年普遍采用生物签证。除了提取指纹外，还将取眼底血管图和面部照片，届时的签证将变成一张电子卡。

德国国家安全部门正在紧张地搜索德国本土范围内与伦敦爆炸案嫌疑犯背景相似的恐怖分子。安全部门的官员已经将目标锁定在大约 300 名伊斯兰极端分子以及大约 600 名支持者身上。一位高级官员表示："对于我们来说，伦敦大爆炸证明，我们的担心并不是杞人忧天。而且，这不是只用武力手段就能解决的问题。"在德国安全部门提出的一系列预防措施中，有一条跟中国古代大禹治水采用的"疏甚于堵"的方针类似——把长时期的种族融合和大一统作为根本的解决之道。

加拿大多伦多地铁系统内安装了很多摄像机，但其摄像品质难以帮助调查人员有效辨认影片中的人物。如果未来多伦多地铁内发生同样的恐怖袭击事件，这样的摄像机可能对破案毫无用处。多伦多交通局的保全处总监法丝称，交通局正在研商如何更有效地利用摄像机保卫地铁站，目前部分有录制功能的摄像机已得到升级，但并未覆盖地铁站内的所有区域。

六、伦敦"7·7"爆炸事件的评析

（一）定性：自杀性恐怖袭击——"人体炸弹"

伦敦"7·7"爆炸案是一起典型的人体炸弹式自杀性恐怖袭击。英国的一份关于伦敦"7·7"爆炸事件的调查报告显示，此次爆炸事件是一场以穆罕默德·西迪基·汗为主谋、以出于对英政府外交政策的不满而制造的恐怖袭击，与"基地"组织没有直接联系。

根据自杀性恐怖袭击的主要方式一般而论，自杀性恐怖袭击采取的是自我爆炸方式，即袭击者使用炸药、炸弹等爆炸物以及其他易爆物品与被袭击目标同归于尽，如加以区分的话，根据载体的不同大体可分为以下三种类型：飞机炸弹、汽车炸弹、人体炸弹。人体炸弹袭击者通常将炸药或炸弹藏在自己的身

上，如腰间或所携带的手包或背包中，并掺杂大量铁钉或钢珠，以加强杀伤力，引爆时多利用手机引爆。伦敦"7·7"连环爆炸案中4名自杀袭击者是将炸弹放到背包里，手动进行引爆的一起自杀性恐怖袭击。

（二）伦敦"7·7"爆炸事件的影响

1. 对英国的影响。

（1）反思"伊拉克战争"。虽然2006年英国政府调查报告显示，"7·7"爆炸事件与"基地"组织无关，但调查报告未得出结论之前，2005年9月1日，在半岛电视台播放的录像带中，"基地"二号人物扎瓦赫里宣布对7月7日伦敦连环爆炸事件负责。其声称爆炸事件是"基地"对英国外交政策的直接回应，也是英国拒绝2004年4月"基地"向欧洲提出的停战建议所造成的直接后果。

英国追随美国参与伊拉克战争，被普遍认为是"7·7"爆炸事件诱因之一。英国外交政策智库——皇家国际问题研究所的一份报告指出，伊拉克战争使得英国和反恐联盟都陷入极大的困境。而反美情绪的强化，为"基地"组织的招募、筹资和宣传工作创造了有利条件。报告说，伊拉克战争为"基地"组织训练恐怖分子提供了一个理想场所，而且还分散了把本·拉登绳之以法的人力物力。报告猛烈抨击英国做美国"跟班"的反恐战略，称这种战略的结果就是把自己置于高风险之下。当时《卫报》的一项民意调查显示，2/3的英国人认为7月7日的伦敦爆炸案同布莱尔支持美国领导的伊拉克战争有关。

（2）对民众的心理影响。毫无疑问，伦敦地铁爆炸恐怖袭击给伦敦市民心理带来了严重的创伤，短期内难以恢复。八十高龄的英国女王伊丽莎白二世同样展现着英国人的勇敢和勇气。白金汉宫当天即降半旗志哀，女王第二天亲自到医院探望爆炸受伤者，她说，恐怖攻击不会改变英国人的生活方式。10日，女王照旧主持了纪念反法西斯战争胜利60周年大型庆祝活动，她不仅出现在白金汉宫阳台上，而且乘坐敞篷马车穿过整条皇家大道，与数万群众见面。7月14日，女王在白金汉宫花园与普通百姓见面的茶会也照常举行，7000名客人甚至不用安检。这给伦敦市民和全世界的人带来了鼓舞和勇气。

2. 对全球反恐格局带来的影响。爆炸不仅把英国从欢乐的顶峰推向了悲伤的谷底，还震惊了当天上午在英国格伦伊格尔斯开幕的2005年八国集团峰会。八国集团峰会会场距离伦敦很近，峰会的首脑们立即表示了共同反恐的决心，英国首相布莱尔就伦敦遭恐怖主义系列袭击发表声明，出席八国峰会的领导人几乎都站到了布莱尔周围。布什总统重申了他一贯的立场——反恐战争将继续进行。法国总统希拉克称，世界各大国必须团结打击恐怖主义。世界仿佛又一次到了联合打击恐怖主义的时候。伦敦爆炸的恐怖袭击事件应该是国际恐怖势力对国际反恐阵营的一个宣战，是国际恐怖势力蓄谋已久的一次总爆发，目的不在于向某个国家的政府提出什么要求，而是在于向国际社会展示他们的存在和力量。

八国组织在一份声明中说："这不仅仅是对一个国家的攻击，而是向所有国家、任何一个地方的文明人民的挑衅。"

伦敦 "7·7" 恐怖袭击事件也使一些国家产生了其他的想法：在苏格兰 "鹰谷" 出席八国集团首脑会议的意大利总理贝卢斯科尼 8 日出人意料地宣布，意大利将从今年 9 月起从伊拉克撤离部分士兵。

3. 对全球经济的影响。在伦敦 "7·7" 事件爆发后，英镑跌至 19 个月新低；纽约原油期货价格从高位回落，影响超 "9·11" 事件；股市暴跌，在伦敦市场，股指当日还是惨不忍睹，在东南亚市场，伦敦发生爆炸的消息令一些仍未收盘的股市涌现出巨量卖盘的情形；债券市场却由于经济不确定性的提高而大幅走高。周四欧洲国债大幅走高，市场对于恐怖主义的担忧情绪一度将德国国债和英国国债价格推至历史新高，此后有所回调。但从长远来看，伦敦 "7·7" 事件并没有对全球经济造成持续的影响。

（三）伦敦 "7·7" 连环爆炸案的经验教训

1. 使圣战分子 "本土化" 的移民政策问题。正如巴基斯坦驻联合国大使穆尼尔·阿克拉姆在 2005 年 7 月 17 日所说，伦敦爆炸案是由英国的内部问题引发的。他指责布莱尔的对外政策，还批评英国社会没有与其穆斯林融为一体。他说："由于是内在的问题，所以，重要的是不要把责任归咎于别人。你的中东政策、你对伊斯兰世界采取的政策以及你的社会问题，都是与这次爆炸事件有关的问题。"他说："你必须反省一下，看看你是怎样对待穆斯林社会的，为什么穆斯林社会无法与英国社会融为一体。"

而实际上英国伦敦对待移民的政策十分宽松，移民的后代在这种宽松的社会环境与家庭穆斯林传统教育的思想碰撞下，不能较好地融入欧洲世界。这给极端组织招募他们提供了绝佳的外部条件。英国之类的欧洲国家有接受北非和巴基斯坦移民的传统。这些移民的孩子（其中许多人没有工作且住在城郊或市中心拥挤的少数民族聚集地）常常觉得自己与伦敦或巴黎宽松自由的环境毫不相干，他们有一种被抛弃和百无聊赖的感觉。法国情报研究中心主任埃里克·德纳塞说："今天的欧洲面临欧洲化的圣战形式。生长在欧洲的年轻人看着像正常的欧洲人，但是他们却有着满腔怒火，言行举止完全适合欧洲的圣战者这一称谓。"

2. 情报的收集与重点目标的保护问题。在"7·7"伦敦爆炸案发生几个月前，沙特阿拉伯曾告知英美两国政府，称该国警方逮捕了一名年轻的沙特男子，该男子承认其正在海湾地区为今夏在伦敦发动恐怖袭击而募集资金。据沙特方面掌握的信息，该男子筹备的这次袭击将使用爆炸物，时间是今年夏天，地点定在伦敦的人流密集地带，4 名袭击者中包括英国公民。但这个情报没有足够引起英国警方的注意。就在事发之前的 6 月份，英国情报机构认为没有任何发生恐怖活动的迹象，并将警戒级别调低了一级。

此外，当八国峰会在英国召开时，警方力量大量投入到苏格兰的会议安保之上，忽视了对首都伦敦的保护，未能做到两者兼顾。甚者，对于在 2004 年 3 月 11 日，西班牙马德里通勤车地铁发生爆炸恐袭之后一年的时间里，英国明显放松了警惕，缺乏对地铁这样的重要目标的保护措施。

3. 反恐应急体系的建设问题。英国在伦敦"7·7"爆炸案之前已经依据美国"9·11"反恐应急体系构建了较为完善的反恐体系，但是在此次事件中，反恐应急体系依然显现了严重的问题。举例说明：此次伦敦事件中政府对通信与交通实行临时管制。爆炸后，伦敦中心交通停运，地铁站关闭，地铁内部人员全部疏散。为防止恐怖分子利用移动电话遥控炸弹，警方要求电信公司暂时中断所有民用通信。正是因为通信的管制，救援力量不能得到统一的调度，各方协调不顺畅。在地铁站附近的一家医院居然迟迟没有收到出车救援的通知。同时，由于交通管制，从伦敦外地赶来的警察和救援力量大部分堵在了路上，甚至为此承担了昂贵的拥堵费。由此可以窥见英国反恐应急体系依然存在着大量的弊端。

4. 伦敦对国际恐怖主义持有的双重标准问题。欧洲国家指责英国政府允许宗教极端分子自由出入的政策，为一些极端组织提供了宽松的活动空间，是"养虎为患"。法国曾批评英国政府与恐怖分子残余进行秘密交易，两者达成了"你不犯我，我就对你的某些行为睁一只眼闭一只眼"的默契，并指出这是一种短视行为，因为国际恐怖主义组织有自己的行动日程表，尽管其实力遭到了沉重打击，但一旦有可能，国际恐怖主义组织会毫不犹豫地放弃一切，制造流血事件。伦敦爆炸案就是证明。

早在"9·11"事件之前，英国伦敦便被世界讥讽为"伦敦斯坦"，因为许多极端组织在伦敦设有落脚点，出版宣传手册和通信刊物并为海外激进组织提供财政和宣传上的支持。据统计，至少有十几个组织及其英国的支持者被列入了"9·11"事件后颁布的一份黑名单。有好几个国家就此类组织向英国外交部提出过外交抗议。尽管如此，英国依然我行我素。因此，对恐怖分子的两面政策、双重标准使得英国的极端组织、激进分子的活动异常活跃，为恐怖分子本土化提供了土壤，使得伦敦反受其害。

第十三章

全球"恐怖进行时"：
2008年孟买连环恐怖袭击案

一、案件背景

在 2008 年这一时间段，恐怖主义势力还是以本·拉登领导的"基地"组织为代表，本·拉登依然站在恐怖主义的高台上策划着各种恐怖袭击活动。恐怖主义虽然在以美国为首的"反恐联合"打击之下，势力范围和发展空间受到压缩，但由于其骨干力量并没有受到实质打击，所以"基地"组织依然在寻找各种机会，继续增强自身实力和自身影响力。恐怖主义之所以成为世界的难题，主要是因为它不以某一方式或在某一地区进行发展。恐怖组织通过歪曲宗教教义，蛊惑世界各地的信教民众，以其极端思想为指导，进而吸引大量恐怖分子或极端宗教分子和无知教徒为其战斗。激烈的宗教矛盾和地区冲突，使中东、南亚等地区成为滋生恐怖主义的沃土，导致"基地"组织分支在中东、南亚等地区活动猖獗。巴基斯坦与印度两个国家就是导致这一地区成为滋生恐怖主义的沃土的原因。这两个国家不仅有着宗教方面的矛盾，更有着领土争端的矛盾，而且两国政府之间相互指责，两国国民之间也经常产生矛盾情绪。

"虔诚军"在 1990 年成立，是"基地"组织的南亚分支之一，是南亚最大、组织恐怖活动最频繁的恐怖组织，其曾发表声明称组织组建的目的就是在南亚建立伊斯兰国家，并终结印度在克什米尔地区的控制。现该组织被联合国定性为国际恐怖组织，主要在巴基斯坦境内活动，并且在巴基斯坦控制的克什米尔地区组建了几个武装训练营地。印度政府曾经指控"虔诚军"多次对印度军事及民事设施实施恐怖袭击活动，其中最有名的就是 2001 年议会恐怖袭击案和 2008 年印度孟买连环恐怖袭击案。"虔诚军"最早被印度、美国、英国等国家列为恐怖组织，虽然巴基斯坦也将其列为恐怖组织，但印度和西方国家普遍认为巴基斯坦的情报机构一直给予其帮助和保护，这可能就是其能够在巴基斯坦境内长期存在的原因。

孟买是印度的金融、文化中心，拥有 1800 余万人口，是印度第二大（仅次于加尔各答）城市和印度最大海港，是印度马哈拉施特拉邦的首府。孟买贡献了全印度工人岗位的 10%、征收所得税的 40%、征收关税的 60%、中央征收特许权税的 20%、印度对外贸易的 40%。孟买是印度的商业和娱乐业之都，拥有重要的金融机构——诸如印度储备银行、孟买证券交易所、印度国家证券交易所和许多印度公司的总部。作为仅次于加尔各答的工商业大城市，孟买拥有全国最大的棉纺织中心，纱锭和织机均约占全国的 1/3。孟买不仅有印度教的庙宇，还有许多清真寺和基督教、天主教的教堂，是一个宗教汇集的地方。由于印巴之间的地区矛盾和激烈的民族矛盾，孟买这一地区存在更多非传统安全的威胁。由于其经济的发达、交通的便利和文化的融合，这里成为世界上富人、名人甚至是国家领导人的聚集地。正是由于其极其重要的地位，"虔诚军"的领导者选择在这里发动被后来评价为"印度 9·11"的恐怖袭击，这次的袭击由 10 人完成，经历了 59 个小时，造成了 177 人死亡、256 人受伤的严重后果。

二、案件经过

2008 年 11 月 26 日晚 8 点半左右，10 名不明身份者，身穿黑色 T 恤，肩背巨大黑色背包，内装枪支、已装弹的弹夹、手雷、定时炸弹卫星电话、GPS、毒品及毒品注射器、食物等，在印度孟买近海劫持两艘渔船，杀死船员，悄悄向贫民窟卡瑞得渔村靠近。登陆后分为 5 个双人组，按照原定的计划奔向了准备实施恐怖袭击的地点。

2008 年 11 月 26 日晚 9 点半左右，第一声爆炸从孟买最大的中央火车站传来，火车系统是孟买的主动脉，这个钢铁长龙每天承载着运输大量过往人员的任务，新修的月台有 12 米宽，依然拥挤不堪。人口密集又疏于防范，自然成为恐怖分子的首选。两名枪手背着黑色的背包进入火车站的洗手间，出来后从两个主进站口分头夹击，手持 AK-47 自动步枪一边走一边向人群疯狂扫射，短短几分钟内，就有 40 多人死亡。站内设施被炸弹引燃，浓烟刺鼻，有人在惊恐地高声呼救，有人伏地默念临终祷告。这时附近的警察开始向这个地方汇集，但在当时，孟买警察在执勤时配备的只有木棍，而且在警械库中也只有少数的几把手枪和几把像鸟枪一样打一枪压一颗子弹还时常卡壳的步枪，根本无法与恐怖分子的自动步枪抗衡。炸完火车站，两名歹徒窜进附近的卡玛妇幼保健院，里面有医院管理者、服务者、新生的婴儿及待产的婴儿 400 余人，恐怖分子四处寻找卡玛医院入口时，与追随而来的大批警察发生交火，虽然印度警方的装备落后，但人多势众，还是对这两名恐怖分子的心理造成了影响，恐怖分子感觉抵挡不过，随即抢走一辆警车妄图逃窜，恐怖分子开动警车，驶向一个满是新闻记者的路口，然后，两个恐怖分子一起向警察开枪。在警察局后面 200 米的一条街上，他们打死了那 5 名来不及调兵遣将的高级警官。警方对被劫的警车进行围堵，并花费了三四个小时才将一名歹徒击毙，而另一名恐怖分子被击昏抓获。被抓的恐怖分子名叫穆罕默德·阿吉马·卡萨布，被恐怖分子在逃跑时击杀的一名反恐高级官员名叫卡卡里，他是一名相当有经验、年富力强的反恐专家，但还没等他施展拳脚，就被乱枪射杀，同车 4 名警员也无一幸免。孟买反恐力量立刻陷入群龙无首的状态。在对卡萨布进行紧急审讯时，卡萨布指认出本次恐怖活动的组织者和他们的训练者是"虔诚军"拉赫维。印度警方的一切行动都在电视媒体的直播当中，但他们还不知道，这次恐怖袭击的组织者也在观看直播，并根据警方的行动，对恐怖分子进行远程指挥。

与此同时，另外 8 名恐怖分子分别在著名的列奥波德咖啡馆、泰姬玛哈酒店和奥布罗伊酒店、孟买纳里曼犹太人活动中心发动袭击。

列奥波德咖啡馆于 1871 年开张，是来到孟买的外国人常去休闲的地方。这天晚上咖啡馆在正常营业时，两位 1.75 米左右的年轻人走进列奥波德咖啡馆，他们相互把手放在对方肩上，脸贴得很近，谈笑风生，在得知这个咖啡馆很有名的信息之后，其中的一个人从背包中拿出了手雷，向咖啡馆里扔了过去，这时咖啡馆里客人被震惊了，纷纷涌向出口，桌椅被撞翻在地，场面一片混乱。而在出口处，两位杀手从容不迫地拿出自动武器，向着慌乱的人群进行扫射。这时每个人都在尖叫，包括开枪的人，到处充满了恐怖的声音。瞬间，有 11 人尸陈于地，28 人惨遭重创，两名恐怖分子对咖啡馆里的人进行射杀后，跑向了距离咖啡馆不远的泰姬玛哈酒店，与其他两名同伙汇合。

奥布罗伊酒店是孟买顶级的五星级酒店之一，当晚已是人来人往。这时两名恐怖分子走进酒店，在酒店大厅杀害了 9 名员工和 3 名顾客，并在酒店放起了大火。然后，他们走向酒店著名的寿司餐厅。在餐厅里，他们又枪杀了 13 名用餐者。枪声过后，整个餐馆安静得可怕。酒店的旅客都纷纷反锁上房门，惊恐地从窗户向外张望。恐怖分子在茶室引爆炸弹并将餐厅中幸存的人聚拢起来，一共 15 名人质，其中有土耳其商人萨芬和他的妻子米尔顿。由于火光中的烟气熏得这两名恐怖分子实在受不了了，于是他们就将这 15 名人质从安全通道的楼梯当中向上驱赶，在驱赶的过程当中 15 名人质有 10 名趁着烟雾逃跑，当恐怖分子发现人质在自己眼皮子底下逃掉的时候，大为恼怒，准备将剩余的这 5 名人质就地杀害。

泰姬玛哈酒店被誉为"象征印度的自尊和财富的印度最佳酒店"，这次凶手是 4 个人。酒店监测视频显示，其中两位是刚刚在列奥波德咖啡馆枪杀了 11 个人的恐怖分子。因为列奥波德咖啡馆距离泰姬玛哈酒店只有一个街区，距离不足百米，两队人马于是在酒店大厅的游泳池碰了头。他们每人带了一支突击步枪、一把手枪、数枚手雷、数百颗子弹，以及足够几天吃的干果和坚果。他们悠闲地踱着步子，枪杀每一个进入他们视线里的人。恐怖分子同样被幕后的组织者要求在酒店里点火，很快酒店里火光四起，而且这座建筑物着火的图像很快传遍世界。在恐怖分子对泰姬玛哈酒店实施暴力过程中，被恐怖分子围困的人员也在想办法逃走，利用床单等从酒店的窗户中逃出，通过这个方法，泰姬玛哈酒店被围困的人员逃出了 200 余人。

最后一组恐怖分子的目标是孟买的纳里曼犹太人活动中心，这个中心集教堂、教育中心、戒毒中心和旅馆等多重功能于一体。恐怖分子的指挥官曾对他们三令五申："在这个地方，你杀一个人，抵得上在其他地方杀 50 个人。"在这里恐怖分子找到了正在打理活动中心的"拉比"〔有时也写为辣彼，是犹太人中的一个特别阶层，是老师也是智者的象征，指接受过正规犹太教育，系统学习过《塔纳赫》《塔木德》等犹太教（Judaism）经典，担任犹太人社团或犹太教教会精神领袖或在犹太经学院中传授犹太教教义者，主要为有学问的学者〕夫妇，活动中心的其他人则躲在一个房间里，恐怖分子只找到躲在其他地方的几个人，随后恐怖分子开始不断向活动中心大楼外的普通民众进行扫射。由于卡萨布被抓获的消息已经被媒体报道出来，恐怖分子的指挥官指示恐怖分子提出和印度当局交换人质的要求，于是纳尔曼犹太人活动中心的恐怖分子强迫一名女人质——诺曼打电话给以色列领事馆。

在经过漫长的一夜后，孟买当地政府请求印度中央政府调动的国家卫队反恐特种部队终于在 2008 年 11 月 27 日凌晨到达连环恐怖袭击的现场，并且为这次行动取名为"黑旋风"。

三、案件处置

国家卫队反恐特种部队身着黑色服装,又称"黑猫"反恐特种部队。"黑猫"的到来并没有迅速控制局势。孟买中央火车站和泰姬玛哈酒店在 2008 年时,已经被联合国列为人类文化遗产,所以"黑猫"特种部队只能使用轻武器对恐怖分子进行打击,而恐怖分子使用 AK-47 自动步枪和手榴弹,肆无忌惮地对赶来支援的 400 名特种部队队员进行打击。局势还在不断地发生变化。

在纳里曼犹太人活动中心,恐怖分子控制了 5 名人质,提出交换被活捉的恐怖分子的条件,通过人质诺曼给以色列领事馆打电话,要求以色列政府保护其国民,向印度政府施压。在这种情况下,救援陷入僵局。等到第二天的凌晨,藏在地窖、没被恐怖分子发现的一对母子躲藏一夜后,冒死冲了出来,告诉特种反恐部队里面的人质已经被全部杀害,这时特种部队已经没有后顾之忧,在各个有利地点布置好狙击手、确定恐怖分子的确切位置、取消电视直播后,采取行动对恐怖分子进行攻击,在很短的时间内,反恐特战队员就将两名恐怖分子击毙。

奥布罗伊酒店中的恐怖分子出去后,他们把背包落在了关押土耳其商人萨芬夫妇的房间里,由于其手雷和装满子弹的弹夹大都在背包里,所以出去后的恐怖分子已经没有多少子弹了,两夫妇通过酒店的电话告诉外界现在恐怖分子的状况,反恐特种部队的队员就开始对奥布罗伊酒店的每个房间进行清查,很快就将恐怖分子击毙,扫除了酒店的安全隐患。

泰姬玛哈酒店是联合国认定的人类文化遗产,所以在这里的清剿活动是最为惨烈的。在这次行动开始之前,藏在酒店"王子会议厅"的 200 多人中,其中一个印度某部部长通过电话接受新闻媒体的采访,不顾这些人的安全。这次恐怖活动的领导人在直播当中知道这一情况后,立即打电话通知恐怖分子搜寻藏匿的这些人,不幸中的万幸,在恐怖分子没有找到这些人的时候,反恐特战队的清剿行动已经展开了。这次行动是由印度国家安全卫队反恐特别行动队的中队长桑迪·尤尼克里什南领导的,在进入泰姬玛哈酒店进行清剿时,反恐队员只能使用冲锋枪等轻型武器,而恐怖分子则使用手雷等对反恐队员进行反击,并且恐怖分子利用手雷的火力压制,在手雷爆炸之时进行换弹和掩护撤退、实施游击战，给反恐特种部队队员造成了很大的麻烦。经过数小时的战斗，反恐特种部队终于将这 4 名恐怖分子绞杀，历经 59 个小时的恐怖袭击宣布结束，而这位年轻的中队长也付出了生命的代价。

印度警方的现代化装备急需补充。孟买的这次连环恐怖袭击事件使印度警方的弱点暴露无遗。这些事件证明，缺乏装备和训练的印度警方无法在袭击事件发生之后做出快速反应，对恐怖活动进行制止。而这一反应时间，就是救助受害者生命最为宝贵的时间。其次，与恐怖分子等作战的印度警员身穿有缺陷的防弹背心，装备第一次世界大战时期的武器，许多警员头戴塑料头盔，身穿用于抵抗棍棒石头而不是子弹的防护服。相比之下，印度警方所面对的恐怖分子装备的是 AK-47 自动步枪、手榴弹和炸弹。因此导致了不少警员遇害。

单纯地依靠武器并不能有效地应对穷凶极恶的恐怖分子，反恐力量之间的协作能力也很重要，恐怖事件发生后到反恐特种部队到达的时间整整有 9 个小时，而造成这样结果的原因是审批程序的繁琐和调派运送反恐特战队员的飞机不能及时到达，在这 9 个小时里，恐怖分子肆无忌惮地对普通的民众和弱小的警方进行屠杀。

反恐斗争要注重预防。从印度警方的现实处置和事前预防上来看，这两者印度都没能做好。反恐斗争以预防为主，况且在恐怖活动频发的印度，按照常理来说，应该在预防恐怖袭击方面相比其他国家做得更好，但事实并非如此。在孟买连环袭击发生前，美国、英国和印度三国的情报机构通过科技监控的手段追踪到了重要情报，但是三个国家并没有整合彼此的情报，而是在恐怖袭击发生后才共享了彼此收集到的监控信息。从现实的处置状况上看，印度警方没有做好应对恐怖袭击的预案，这才致使恐怖分子在实施恐怖袭击时肆无忌惮。

四、案件结果

唯一被活捉的恐怖分子卡萨布是个关键人物，印方称卡萨布供认自己是巴基斯坦人。此前，卡萨布也曾表示希望能够给父母写封信。对此，印度警方表示他们正在通过法律程序验证卡萨布是否可以获得允许。卡萨布想让年老的父母明白自己如何被"虔诚军"误导。此前，印度方面已将"虔诚军"列为孟买袭击案主谋。卡萨布是家里 5 个孩子中的老三，他的父亲在巴基斯坦东部城市木尔坦附近开车，他的大哥阿夫泽尔在拉合尔当劳力，母亲努尔-艾拉伊是一名家庭主妇。另外姐姐已经结婚，而小妹和弟弟与父母住在一起。

参与审讯的孟买警察局副局长巴拉提透露，卡萨布来自一个农村的贫穷家庭，连小学也没上完。他说："我们已经确认并进行了反复核实，我们知道他的父亲经营一个食品摊。卡萨布目前被关在一个秘密地点，他在巴基斯坦境内武装营地接受了数个月的军训，接受训练的最后一个营地位于巴控克什米尔首府穆扎法拉巴德附近。卡萨布和其他 9 名枪手是从接受同样严格训练的 24 人中挑选出来的。他们观看了伊拉克、阿富汗、巴勒斯坦领土的冲突录像，恐怖分子头目对他们使用了'基地'组织和'虔诚军'传统的洗脑灌输方法。"

五、案件审判

本次事件中，10 名恐怖分子有 9 名被击毙，活捉的这名恐怖分子为穆罕默德·阿吉马·卡萨布。2010 年 5 月，印度法院以谋杀罪和发动战争罪等 86 项罪名判处卡萨布死刑，但他随后提出上诉。2012 年 8 月，印度最高法院维持此前的判决结果。法官表示，卡萨布必须被判处死刑，他最严重的罪名是向印度政府宣战。

2014 年 12 月 30 日，巴基斯坦警方逮捕了被控为 2008 年孟买激进分子袭击案主谋的嫌疑人拉赫维。在此数小时前，巴基斯坦法院刚就此人的拘留申诉作出裁决，准许其保释。伊斯兰堡警方说，拉赫维因被控绑架一名巴基斯坦人遭正式拘押。

六、孟买恐怖袭击事件的原因

第一，国家内部的深层次矛盾是造成印度孟买恐怖袭击的主因。教派冲突严重、宗教极端主义组织众多、分离主义势力活跃、地区经济发展失衡等是印度难以解决的深层次矛盾。印度 90% 的人口信奉印度教，10% 的人口信奉伊斯兰教，而且大部分集中在印控克什米尔地区。早在 1947 年印巴分治后，印度的印度教和伊斯兰教信徒就形成了两大利益集团。穆斯林抱怨处境不如印度教徒，而印度教则认为政府给了穆斯林太多的优惠政策和资源。20 世纪 80 年代后，双方利益争夺更为激烈，伊斯兰原教旨主义组织就在印度策划了多起爆炸案。

第二，印巴边境的冲突和印度与犹太人的亲近关系（本·拉登与希特勒在对待犹太人方面有同样的情怀），促使"基地"组织的南亚分支机构急于对印度和犹太人实施暴力,一方面阻碍两方的关系,另一方面通过制造影响,给印度的金融经济发展以重创。

第三,印度和巴基斯坦对"基地"组织的打击力度增加,给"基地"组织的发展造成了困难。所以"基地"组织通过对印度实施恐怖袭击,挑拨印巴之间的关系,转移印巴两国在打击恐怖主义的注意力,从而缓解"基地"组织的压力。

第四,孟买是印度经济金融中心,这里还聚集着英、美等西方国家的富人和名人,并且这里还有犹太人的活动地点,在这里实施恐怖活动,可以造成更大的经济损失和影响力。根据统计,这次袭击给印度和以美国等西方国家为主导的反恐联盟以打击。

七、孟买恐怖袭击事件的特点

孟买恐怖袭击事件具有以下特点:

第一,多个恐怖袭击手段综合运用,明目张胆。在这次袭击中,连环爆炸、武装袭击、人质劫持等手段同时出现,据孟买警方公布的作案过程,恐怖分子分三路活动。一路拿机枪朝路上行人扫射,去火车站投掷手榴弹,逃窜到医院杀人,另外两路分别去饭店和犹太教中心,实施爆炸、枪杀并劫持人质的活动。同时,与以往不同,恐怖分子不是偷偷摸摸,而是明目张胆地活动,他们直接对车站内拥挤人群开枪扫射,进攻马哈拉施特拉邦警察总部,与警察发生枪战,这种面对面、不加掩饰的恐怖行为也是从未有过的。

第二,计划周密,熟练运用高科技手段。这次的恐怖袭击持续长达 59 个小时,把整个孟买搅了个天翻地覆。现在回头看,从前期的路线勘探到实施过程中的一系列行动没有被外界的反击打乱阵脚,无一不体现着恐怖分子已经为袭击作了大量详细周密的计划。恐怖分子劫持印度渔船顺利登陆且没有被海岸警卫队发觉,事先已经摸清了印度在海岸防卫上的薄弱区域,袭击地点从咖啡馆到火车站,再到医院,快速的步伐让印度警方始终显得很被动。在与警方的长时间对峙中,恐怖分子不仅拥有精良的武器,甚至有补充能量的食物,这些都充分说明这次恐怖袭击是经过长期策划、精心准备的。高科技手段的使用,也让恐怖分子在与警方的战斗中占了上风。在对孟买恐怖袭击事件调查中,警方发现,恐怖分子首先利用谷歌地图研究了孟买城市布局和地形,了解清楚各条道路情况，选择出最佳潜入路线。在发动袭击过程中，恐怖分子随身携带着GPS全球定位系统，并通过网络和卫星电话听从国外策划者的实时指挥，避开传统的反恐怖通信监控。相比之下，印度警方显得势单力薄，许多印度警察没有配备步话机，突击队没有夜视和热感应装备，不能精确找到袭击者和人质的位置，使反恐行动的效果大打折扣。

第三，训练无知少年，使用注射毒品，保证任务顺利进行。这次的袭击者不是那些为了宗教理想而战的成熟的人，虽然他们有一些恐怖分子共有的极端思想、宗教信仰，但他们只是一些未成熟的孩子。从截取的恐怖分子与幕后组织的对话当中，我们可以发现，恐怖分子甚至没有见过商店、电脑、自来水等一些日常性的东西，而他们实施恐怖袭击，只是通过被曲解的宗教信仰来指导他们的行动，通过注射毒品保证他们在短时间里保持战斗状态。根据这些恐怖分子的认知状况甚至可以推断出他们根本就不知道毒品及其危害。

第四，里应外合、远程遥控。恐怖分子到达孟买的这一系列行动表明，恐怖分子在印度境内得到了一些人的帮助，这些人很有可能就是宣布对此事件负责的"德干圣战者"组织。而且组织这次袭击的恐怖分子通过电视直播，观察恐怖袭击进行的状况，并根据反恐力量的调配等，对恐怖袭击进行远程遥控，这些都是以后在反恐实践中需要注意的问题。

八、反思：正视恐怖主义威胁，正确处理恐怖主义

（一）恐怖主义是人类共同的敌人，对待恐怖主义的态度一定要严厉

在本次连环恐怖袭击当中，有印度、以色列、美国、英国、意大利、新加坡等多个国家的公民遭到伤害，而其他国家没有公民死亡或受伤的原因并不是恐怖分子对其他国家的躲避，而是本国公民没有在袭击现场，从此我们可以看出恐怖主义反人类、反社会的本质特征。从恐怖分子实施的恐怖行为当中，我们也可以看出，他们针对的是所有能看到的人，采取的是极端暴力的手段，将人的生命视为草芥，所以在应对恐怖主义时，态度一定要严厉，采取措施要用最严厉的方式，并且不能有一丝犹豫，这也是每个国家针对恐怖主义专门建立反恐特种部队，并且配备本国所能提供的最好的装备的原因。

（二）对待恐怖主义一定要严格定义，而且不能采取双重标准

从"9·11"开始，美国对恐怖主义近乎疯狂的打击，确实在一定程度上压

制了恐怖主义势力的发展，但致使很多无辜的穆斯林遭受误害，这就引起了整个伊斯兰世界的强烈反对，而很多极端分子借此机会加入或自行组建组织反对以美国为首的西方社会对伊斯兰世界的干扰，更有甚者就像孟买的这次连环恐怖袭击，不分人种、不分国籍、不分信仰地将其他人杀害，所以要严格地对恐怖主义进行定义，不能仅凭一国的利益，而将其他国家的合法组织定义为恐怖组织，这样只会滋生更多的恐怖主义。另外，定义恐怖主义不能采取"双重标准"，即不能仅依据一个国家的界定，将其他合法组织或团体定义为恐怖组织，还需要注意的一点是，更不能因为本国的利益，而借机利用或保护恐怖组织，让其伺机发展。孟买的这次连环恐怖袭击事件，就是由于巴基斯坦对"虔诚军"态度的不明确，才使其肆无忌惮地对其他国家的其他公民进行袭击，造成这样严重的结果。

（三）反恐要精诚合作，而不能单独行动

《中华人民共和国反恐怖主义法》第一章明确表明了我国的反恐态度，而且在第七章中也明确规定了我国要进行国际反恐合作，表明了我国已经深刻地认识到了反恐合作的重要性。美国作为世界上的唯一超级大国，拥有令世界其他国家羡慕的武力、物力、财力。在进行 10 余年的反恐斗争之后，终于还是选择了反恐合作，通过与盟友和其他一些国家进行情报交流等方式退出反恐的第一线。现阶段我国积极地参加国际反恐组织和反恐条约，寻求反恐的"盟友"，积极汲取其他国家在反恐斗争中的经验教训，维护我国的国家安全和公民的生命财产安全。

第十四章
右翼极端主义的崛起：
2011年挪威恐怖袭击事件

一、事件概述

2011 年 7 月 22 日，挪威极端分子布雷维克制造了骇人听闻的奥斯陆爆炸枪击事件，布雷维克不仅在挪威政府办公楼前引爆了炸弹，还在挪威于特岛枪杀了几十名参加夏令营的青年。当地时间（欧洲中部夏令时间）22 日 15 时，奥斯陆市中心的挪威政府总部办公楼群 H 楼与 R4 楼之间发生数次强力爆炸。爆炸使挪威政府的 H 楼与 R4 楼两栋建筑严重受损，周边建筑的窗户玻璃几乎全部震破。挪威警方控制现场后确认爆炸现场至少有 7 人死亡、15 人受伤，并于后来确认爆炸由汽车炸弹引起。

当爆炸产生的硝烟逐渐散去，警方开始清理现场，而人们紧张惶恐的情绪还未消散之时，位于挪威首都奥斯陆西北 40 余公里处的于特岛又发生了血腥的枪杀事件。事后调查表明，极端分子布雷维克在制造了奥斯陆政府大楼爆炸后，又伪装成警察在当地时间晚 21 点 30 分左右持枪闯入于特岛的一处青年夏令营，肆意开枪屠杀参加夏令营的青年。根据挪威政府公布的数据，奥斯陆政府大楼爆炸和于特岛枪击事件共造成 77 人死亡，这是挪威自二战结束以来伤亡最为严重的暴力事件。这次爆炸袭击事件让挪威这一北欧宁静、富庶的童话般的国度也深切地感受到了社会安全问题所带来的恐慌，就如媒体所言，挪威从"天堂"跌入"地狱"。

事件发生之后，关于事件的性质是否为恐怖袭击，挪威政府并没有在第一时间予以认定，这一方面源自挪威政府所掌握的信息还不够全面，另一面也因为北欧国家历来平稳安定，恐怖势力发展并不活跃。于特岛枪击事件发生后，挪威警方逮捕了极端分子布雷维克，7 月 24 日，挪警方宣布安德斯·贝林·布雷维克已供认制造了奥斯陆爆炸案及于特岛枪击案，同时这两起事件为其一人所为。7 月 25 日，布雷维克因为被控犯有挪威法律中的"颠覆或破坏社会基本运转罪"和"致使群众严重恐惧罪"，及实施刑法中规定的恐怖主义行为，被决定暂时拘押 8 周，其中前 4 周单独关押以配合司法调查。在挪威司法机构对布雷维克调查的同时对其进行了精神状况鉴定与评估，但于后来的庭审过程中，布雷维克的辩护律师拒绝了挪威检方将布雷维克送入精神病治疗机构的要求，同时坚称布雷维克心智健全，应当被送进监狱或者无罪释放。布雷维克在案件审理过程之中也明确表示承认制造了奥斯陆爆炸案及于特岛枪击案，故最终极端分子布雷维克被判处 21 年监禁，而这 21 年已是挪威刑法中的最高量刑。

虽然在挪威爆炸枪击事件发生后，国际上也有恐怖势力宣称制造了此次袭击，但挪威的调查结果揭示了这次爆炸枪击事件不同于发生于其他国家和地区的恐怖袭击事件，而是一起由自己国家内部的极端分子制造的恐怖袭击事件。

首先，这起事件的制造者布雷维克是一名典型的带有极端政治思维的狂热分子。在对布雷维克的调查中，挪威官方及媒体发现了众多显示其政治极端的材料，例如布雷维克于袭击当天在互联网上以化名发布了名为《2083——一份欧洲的独立宣言》（2083 – A European Declaration of Independence）的宣言，在其中他毫无保留地描述了自己极右的激进主义意识形态。此外，袭击前他还通过互联网上传了袭击策划的视频，视频中布雷维克详细介绍自己将要发动的袭击，其称将会身穿警服行动，而行动的人数不需要多，只要一两个人。同时布雷维克在视频中还讲述如何用化肥制造炸弹，如何通过建立农业公司来收集大量的化肥。布雷维克的袭击独白足以说明其就个人制造恐怖袭击早已经做了充足的准备。

其次，挪威爆炸枪击事件的目标选择极具政治倾向。虽然爆炸和枪击的受害者都是普通的群众，但挪威此次袭击事件中，奥斯陆爆炸地点的选择和于特岛夏令营的选择都有着明确的政治意义。布雷维克选择在挪威政府建筑群进行爆炸袭击，挑战挪威现任政府的意图非常明确。其采用了威力巨大的汽车炸弹进行大范围的袭击，而爆炸的地点也紧邻包括挪威首相办公室在内的政府 H 楼及其他重要政府部门如挪威石油和能源部、挪威财政部等所在的办公楼。制造爆炸之后，布雷维克前往距奥斯陆 40 公里外的于特岛，袭击了举行夏令营活动的挪威工党青年团。挪威工党是挪威第一大党，其在对外政策上较为开放，主张挪威加入欧盟，强调和美国等国家的合作。挪威工党的很多主张与布雷维克的极端主义思想存在冲突，这应当是其选择挪威工党青年团作为袭击目标的重要原因。

再者，奥斯陆的爆炸枪击事件是典型的独狼袭击。经过挪威官方的调查，最终确定布雷维克为袭击事件的制造者，同时该事件与其他国际恐怖势力并无关联。布雷维克在其发表的袭击宣言"欧洲独立宣言"中自诩为"骑士"，并声称在西欧地区有多达80名同他一样的"骑士"，他们均单独行动，以"出其不意"地发动袭击。

二、事件起因

奥斯陆爆炸枪击事件同其他严重的恐怖袭击事件不同，布雷维克制造袭击的动因并非同"基地"组织、IS组织等一样为宗教极端或宗教狂热，而是一种特殊的极右激进主义。这种极右激进主义包含了多种右翼极端思想。布雷维克在其袭击宣言《2083———一份欧洲的独立宣言》中就充分地展现了他的复杂的排外的世界观，这其中包括反对外来移民的右翼民粹主义、反对伊斯兰教的宗教对立思维、反对开放多元的文化保守主义，其世界观以"基督欧洲"为出发点，对外排斥并充满暴力倾向。

布雷维克策划袭击事件已有多年，其袭击宣言也是经过长久"酝酿"的产物。在其袭击宣言中，布雷维克表达了明确的政治诉求，即包括挪威所在的欧洲，文化应当是单一而非多元的，外来的文化不应当被接纳，与其理念相悖的人都是欧洲的"叛徒"。布雷维克将很多欧洲国家的领导人认定为应当被铲除的对象，因为他们的政策使得其他地区的多元文化伴随着移民涌入欧洲。其认为欧洲的政治文化应当学习东亚的日韩两国，实现单一的国家政治文化。布雷维克在袭击宣言中指出，其作案动机就是要通过暴力的方式在挪威引发一场反对多元文化主义的革命。在反对多元文化的价值观下，布雷维克将伊斯兰教认定为主要的攻击对象。布雷维克主张欧洲应当是基督的欧洲，穆斯林文化不应当在欧洲生存发展，其在袭击宣言中自诩为十字军的后裔，要将所有的穆斯林赶出欧洲。

有意思的是布雷维克在其袭击宣言中模拟新闻采访自问自答了一份内心独白。在叙述为何策划袭击时，布雷维克谈到了波黑战争中，挪威政府参与的以北约为主导的对波黑塞尔维亚族的空袭打击，其认为波黑塞尔维亚族信仰东正教，北约对宗教同胞的打击让其不能接受。从此点可以明确地发现布雷维克的宗教对立思维基本建立在基督欧洲基础上。同时，布雷维克提到挪威政府允许其他地区移民以各种方式进入挪威，在他看来采取如此开放政策的挪威政府是懦弱的，挪威应当是挪威人的挪威，外来的移民不应当被接受。在独白中，布雷维克对于文化多元主义同样表达了否定的观点，其认为文化多元论最终会灭亡，并在文化多元论消亡的过程中，必须采取行动来保证挪威国家政治文化的单一性。同时，布雷维克表示对于移民并没有绝对的怨恨和仇视观念，移民政策的取消和已有移民的清理是可以接受的结果。显然布雷维克的价值观中有纳粹主义的影子，而这种带有纳粹主义思维的民族文化情结是典型的狭隘民族主义的体现。为了维护自己的民族文化而排外，布雷维克因此选择了通过暴力宣示的手段策划制造了恐怖袭击。在内心独白中，布雷维克讲到其在十六七岁时开始接触右翼激进势力，其加入了挪威进步党的青年组织，接触了反移民和反市场自由化的理论。但由于偏激的理论，其时常被攻击，甚至有时会被贴上纳粹主义的标签，这种社会反对的压迫氛围让其彻底右翼化，开始反对多元文化。布雷维克认为传统欧洲正在逐渐被其他地区移民及其所带来的文化所占据，移民不仅是在欧洲生活，更逐步进入欧洲的政治经济生活的核心，成为欧洲社会中心的一部分，所以他主张文化保守主义，主张欧洲原住民权利，主张激进的右翼革命运动。同时，还不忘在自白中宣传自己的思想，鼓励具有相同思想或思维倾向的欧洲人像他一样采用具体的行动来抵御外来文化，保护欧洲的政治文化的单一。通过布雷维克内心自白，我们可以发现其并非幼稚单纯的恐怖袭击者，而是有着丰富思考和明确价值取向的极端主义狂热者。就如美国《时代周刊》所评论，布雷维克的内心独白"令人印象深刻，沉着而平静的回答使人感到不安"，其实令人不安的并非是布雷维克的思维，而是欧洲社会现实存在的以布雷维克为典例的右翼思想。布雷维克并非是仅有的独特的疯子，就像他在内心独白中所讲到的，他的极端思想也是来自于社会已有思想的影响，而他的袭击行为更像是这类思想"营养过剩"的表现。

通过新闻媒体对布雷维克相关信息的报道，以及对布雷维克极端思想的分析，我们发现布雷维克的右翼极端主义并非个例，在欧洲社会普遍存在，而他仅是将这种思维转化成暴力袭击的第一个狂热分子。在布雷维克策划实施这次恐怖行动的过程之中，互联网络起到了重要的作用。而通过互联网络的信息资源，我们可以发现欧洲各国正在逐渐发展兴起的一种右翼思潮，正是这种思潮影响着布雷维克走向了极端暴力的方向。欧洲的右翼思想反对对外开放和文化多元，反对全球化和欧盟扩权，坚持社会基督教信仰，反对穆斯林移民和伊斯兰文化，有些时候带有暴力倾向。在有些媒体和学者的眼中，甚至在一定程度上带有纳粹主义的色彩。其实，欧洲现在出现的右翼思想更多的是欧洲思维中的民族国家理念的错误发展。欧洲历史中上一次典型的广泛的右翼主义思潮存在于二战时代。战后，欧洲达成了避免再次大规模战争的共识，摸索出以建立欧洲联盟为模式的政治理念。然而欧盟的成熟与发展虽然消除了沙文主义和白人至上的观念，但却在欧洲带来了另外一种新的隐忧，建立在民族国家理念上的现代国家政治体系如何有效保障国内民族利益的实现就成为争议的焦点，于此，新的排外的右翼势力开始在欧洲抬头。

三、警惕：欧洲右翼极端思想的复兴

欧洲右翼思想的兴起首先源自欧盟体系下欧洲民族国家认同的缺失，同时这种思想被带入社会政治生活。欧盟体系下的欧洲并非协调发展的欧洲，各个国家的经济社会发展有好有坏，实力较强国家对其他国家的影响仍旧突出。不同国家都面临着较大的福利压力，面临着移民涌入带来的文化冲突，面临着不同宗教团体之间的信仰冲突，而袭击全球的金融危机则加重了这些冲突在社会中的表现。此时，右翼的思维开始在欧洲大规模出现，甚至各个国家都出现了右翼政党的兴起，人们日常生活中对于移民文化和宗教对立的讨论被这些政党带入社会政治生活。人们开始偏激地批评外来文化和多元文化主义，开始回归保守的欧洲至上的理念，开始排外地寻求单纯的民族国家理念。正是在这样浓厚的社会政治言论营造的仇恨氛围中，例如布雷维克的思想偏激者走向了极端暴力，以袭击无辜者的方式来引起社会震动，煽动民族对立，宣扬狭隘民族观念。

其次，狭隘的民族观念和国家认同的缺失加剧了欧洲的民族对立。欧盟体系下各个国家之间人民的移动较少受限制，不同国家都由多元复杂的民族构成。同时，经济发展迅速、社会福利较高的欧洲吸引了众多的外来移民，移民不仅融入了欧洲的日常生活，还开始寻求参与欧洲国家的政治经济生活，这使得欧洲的狭隘民族主义观念迅速发展。不同民族和不同文化背景之间的民众开始出

现对立和排斥的情况，极端分子尤甚。例如布雷维克就对挪威国内的移民有着敌视的态度，其带有纳粹主义的思维妄图通过驱赶移民的方式来实现纯粹的民族国家。民族的对立在欧洲普遍存在，只是大多数情况下民众对待这个问题并没有激进的态度，但近些年欧洲右翼政党的崛起则从侧面说明了社会对于外来民族文化的担忧。在采取开放移民政策的北欧，人们安逸舒适的生活似乎正被难民和经济移民的涌入所打断，我们所能见的是丹麦、荷兰、瑞典、芬兰和挪威等国的右翼思想越来越有市场，典型的体现就是社会思想中对于右翼的政党排斥正逐渐消去，而右翼政党也越来越活跃。

右翼思想本身存在着狭隘性和极端性，不应当成为社会思想的主流，但其在欧洲社会却又悄然兴起，除了狭隘民族国家观念的再一次起势和宗教文化对立思想的泛滥，欧洲国家右翼政党的活跃也是重要的原因。实际上在布雷维克制造奥斯陆袭击的 2011 年，欧洲各国的右翼团体还仅仅徘徊在国家政治的边缘。随着欧洲近两年恐怖袭击事件的频发和难民问题的发酵，右翼思想开始成为欧洲各国右翼政党参加国家政党斗争的有效武器。欧洲右翼政党往往带有民族极端主义的色彩，在多数情况下反对欧洲一体化，主张把自己国家的利益置于欧盟共同利益之上，在社会文化中不主张多元，反对移民输入和文化输入。布雷维克制造的恐袭事件所蕴含的欧洲极端民族主义的思想在近两年欧洲所面临的难民危机下迅速发酵，部分右翼政党发迹。例如，2018 年奥地利选举中奥地利右翼民粹主义政党自由党的表现就颇具代表性。很多声音都认为奥地利自由党最近取得的"胜利"可以看作是极端民族主义抬头的重要标志。4 月 24 日奥地利总统首轮选举，自由党候选人诺贝特·霍费尔夺得 36.4% 的选票，领跑选举。作为右翼党派的奥地利自由党长期以来很难对传统的中左翼政党的执政地位构成威胁，但困扰欧洲的难民问题却给了奥地利自由党非常大的运作空间，严格控制和否定解决难民问题的政治态度给予自由党非常广泛的社会支持。从36% 的选票可以得见，难民问题在欧洲推动了右翼思想的传播，难民问题所带来的社会风险成为民众倒向右翼主义的重要推动。奥地利全国仅有不到千万的人口，却在难民潮中接纳了数十万的难民，这让奥地利民众普遍担心自己的境遇，担心自己工作的稳定性，担忧国家负担的增加和社会福利的减少。自由党虽然是典型的右翼民粹主义，但在利益问题上奥地利群众并不会考虑过多。

欧洲国家之所以出现右翼势力抬头与欧洲民众长期的社会优越自信同社会危机的矛盾有关。难民危机虽然推动了右翼极端主义的发展，但我们必须认识到在难民危机爆发以前欧洲社会已经广泛存在右翼思想，布雷维克制造奥斯陆枪击爆炸事件就是最好的证明。欧洲国家，特别是北欧地区的发达国家由于领先的经济发展水平和极高的社会福利，民众一直处于一种较为闲适的生活环境，社会优越感强烈。但金融危机所体现的经济的不确定性打破了人们的固有认知，经济问题、国家债务问题、欧盟统一性问题、移民增加问题，加之近年的难民问题，导致欧洲社会出现了一种较为消极的失败主义情绪，正是这种情绪导致了民众的右翼思想的泛滥，人们希望回归原本较为封闭的民族国家形态，扭转欧盟一体化下主权国家的权力丧失局面，维持各民族对国家主权、政府政策及经济的主导权，从而摆脱统一的多元化的欧洲所带来的不确定因素。这种封闭保守的思维最为显著的体现就是狭隘民族主义，国民产生盲目排外情绪，排斥外来移民，排斥外来文化。例如奥地利自由党的欧洲右翼政治势力就是借助了民众失望与不满的情绪，以一种复古的甚至是带有开历史倒车色彩的国家主义和民族主义的政治宣言赢得了民众的信任，并在社会中大肆制造右翼思想的氛围。当然在对待右翼政党和右翼思想时，也不能过于偏激地否定，而要明晰他们的政治诉求，毕竟没有一个政党会像布雷维克一样采用一种偏激的类似纳粹的方式来实现自己的诉求。如前文所述，在布雷维克的自白书中，其明确表达了对于外来移民的态度，即将移民送回原居住地，而非诉诸暴力在社会中抹去移民色彩。大多数的右翼政党都有这样的思维，这其实是一种保守的民族国家理念，目的在于维护本地人员作为国家社会决定力量及社会资本所有者的地位，保护国家文化的主体性和可延续性。出于从民族国家的认同感而产生的排外的文化价值理念，欧洲民众明显地对外来文化的冲击有着一定抗拒，而北欧国家尤甚。以布雷维克为代表的挪威本地人认为外来移民及文化的输入正在改变他们原有的生活方式，富庶、闲适的挪威式生活受到了冲击，移民文化动摇了挪威原有的社会价值观，而更有像布雷维克一样的典型基极端主义者则同时认为包括伊斯兰教在内的多元文化撼动了基督教社会的根基。这些移民的生活方式、宗教信仰、文化传统和挪威本地人格格不入，成为真正使挪威人感到威胁的事情。因为以挪威为代表的北欧世界总有想凭借丰富的经济社会资源创建一个与世隔绝的"世外桃源"的心态，被外界打扰、生活方式受外界冲击是挪威人极不愿意看到的。而这种社会优越感则随着欧洲右翼政治势力的崛起被更多的欧洲国家和群众接受，以本土文化为主导的欧洲排外的社会情绪在难民问题和经济问题严峻的欧洲成为自然而然的现象。

　　右翼思想本身并不会带来诉诸暴力的实现方式，例如欧洲的右翼政党都是通过参加国家政治选举的方式实现自我的政治诉求，其对于布雷维克制造的恐怖袭击事件也都持批评和否定的态度。从布雷维克个体角度出发，奥斯陆枪击爆炸是一个偏激的极端主义分子制造的事件，但其背后所显现的却是欧洲右翼极端主义和暴力思维的威胁。现代欧洲国家基本保持开放、多元的文化价值观，在难民问题和英国脱欧问题等现实威胁下，欧洲国家无法在社会思想上有效缓和右翼思想的崛起争论。但应当明确，当右翼思想发展到极端的暴力恐怖袭击时，欧洲社会的国家机器应当为其所担负的社会安全与稳定职能高效并具有预见性地运转起来。回顾奥斯陆爆炸枪击事件，挪威政府反恐工作中的失误无疑助力了这个社会悲剧的产生。

四、应对：极端主义狂潮已然逼近

　　布雷维克制造的爆炸枪击事件给欧洲世界提了个醒，极端民族主义等狂热分子也会制造恐怖袭击。反恐不仅要预防现有的恐怖组织，还需要注意各种偏执的极端主义者，而挪威消极的反恐预防态度正是造成这次悲剧的重要原因。挪威有不少带有极端思想的右翼分子，对于这部分人挪威政府并没有及时进行有效的监控分析，仅将其认定为一种非主流的社会思想而缺乏对于这种思想泛化及走向偏激的预防。另外挪威并没有较高的反恐警觉性，当奥斯陆政府办公区域遭受爆炸袭击后，挪威政府的注意力全部集中在了爆炸区域和城市，并没有对其他重点单位或活动进行保护，这使得布雷维克得以在制造爆炸后再在于特岛枪杀无辜青年。试想若挪威政府在爆炸后及时结束该青年营活动，则于特岛的悲剧就可避免。奥斯陆枪击爆炸事件还体现出挪威反恐情报工作的不足。布雷维克在袭击之前通过网络发布了一段视频，视频包括了其袭击的宣言，并详细披露了袭击的想法和策划细节。但挪威警方和相关部门并没有进行实时、有效的网络情报筛查工作，使得网络信息情报被遗漏。挪威全国仅 500 万左右人口，有效的网络监管非常容易实现，若网络情报工作到位，此次惨剧亦是可以避免的。

　　奥斯陆的爆炸枪击事件虽然是一个本土极端主义分子所制造的带有政治宣言色彩的独狼式的袭击事件，但其背后反映出的是欧洲社会普遍存在的右翼极端主义思想及以挪威为代表的欧洲国家司法在面临恐怖主义危机时的软弱。右翼极端主义思想演变成极端主义袭击，布雷维克个例的出现不是结束，而是这种社会风险的开始，欧洲现存的难民问题和英国脱欧问题都会迅速推动右翼极端思想在欧洲的发展。欧洲社会应当在警惕右翼思想及右翼政党兴起的同时，关注以布雷维克为代表的极端狂热分子，防止其通过互联网或其他媒介联合起来，避免更多的因右翼极端主义而起的恐怖袭击悲剧。

第十五章
"独狼"滥觞：
2013年美国波士顿马拉松
暴恐事件

一、案件背景

自 2001 年发生在美国的 "9·11" 事件以后，恐怖主义开始进入世界各国的视野。美国对于那些能对自身安全产生威胁的恐怖组织和恐怖分子进行了严酷的打击，更是针对 "9·11" 事件的策划者本·拉登进行了长达 10 年的追捕。在此期间，美国开始进入反恐战略阶段，2001 年 10 月，美国时任总统布什签署了 "消灭我们生活中的恐怖主义威胁" 的文件。在制定反恐战略初期，美国本着 "先发制人" 的理念，将恐怖主义者对美国发动的袭击作为一种战争对待，从而在最短的时间里，消灭袭击美国本土的 "基地" 组织及其主要领导人。美国军队通过两年多的海外军事打击，将 "基地" 组织的生存空间迅速压缩，但没有找到 "基地" 组织领导人本·拉登。在强势打击无果的情况下，2003 年美国选择绕过联合国出兵伊拉克，将战火的硝烟带入了中东地区，在以后的几年时间里，美国的反恐战略由于国内支持度的下降和塔利班战术的不断改变而不断地进行调整。

2011 年 5 月 1 日，"世界恐怖主义之王" 本·拉登在美国反恐特战队的袭击下，失去了生命，他的死对世界恐怖主义的发展产生了深刻的影响，也给美国反恐战略调整提供了前所未有的契机。在这 10 年的反恐战争中，美国对恐怖主义的打击已经力不从心。2011 年年末，美国开始执行在两线的撤军计划：执行阿富汗撤军计划的第一步和 "完全" 撤军伊拉克计划。将国内反恐安全作为国家最重要的 "反恐战场"，保障本土安全并将网络反恐纳入反恐战略中来。美国将本土安全纳入到反恐战略中来，意味着其已经感受到了恐怖主义对国内的威胁。虽然美国在国土安全反恐方面做出了很多的努力，也阻止了很多恐怖袭击的发生，据美国国会研究局 2013 年 1 月发布的报告统计，2009 年 5 月至 2012 年 12 月，美国破获 42 起涉嫌策划、资助国内恐怖活动的案件，但 2013 年 4 月 15 日美国波士顿马拉松的爆炸事件还是在人群聚集的马拉松活动中发生了。这一事件不仅对波士顿居民造成了现实的损失，也是对美国政府在这一时期反恐工作的打击，更是对世界反恐怖主义事业的一个警醒——恐怖主义并没有进入缓和阶段，而是一直蛰伏在暗处，寻找时机，实施恐袭。

二、案件起因

（一）犯罪嫌疑人的基本状况

本次实施恐怖袭击的两名恐怖分子是有车臣血统的 26 岁移民塔梅尔兰·察尔纳伊夫（Tamerlan Tsarnaev）和他 19 岁的弟弟焦哈尔·察尔纳伊夫（Dzhokhar Tsarnaev）。这家人早年从吉尔吉斯斯坦逃难到俄罗斯，由于在车臣生活艰难，焦哈尔·察尔纳伊夫 8 岁时随父母从俄罗斯以难民身份移居美国波士顿，哥哥塔梅尔兰·察尔纳伊夫暂时留在俄罗斯，4 年以后才去美国和家人团聚。兄弟二人住在波士顿附近的社区，塔梅尔兰曾是一名优秀的拳击手，体重 200 磅（约合 90.7 公斤），定期在敬师综合武术中心打拳击，而且喜欢电影《波拉特》。他没有固定的伴侣，曾因攻击女友被逮捕。在 2012 年 9 月 11 日焦哈尔·察尔纳伊夫获得美国国籍，在被捕前是马萨诸塞州达特茅斯大学（UMass Dartmouth）的一名二年级学生，其高中就读于坎布里奇林奇和拉丁高中（Cambridge Rindge and Latin）曾担任摔跤队队长，毕业时获得了 2500 美元奖学金。

（二）选择恐怖主义的原因

1. 家族背景。二战期间，斯大林宣称车臣人民背叛了苏联，将车臣民族从北高加索的家园强行迁往中亚和西伯利亚等不毛之地。数以万计的车臣人，在这场大规模驱逐行动之中或之后丧生。最终，察尔纳伊夫（Tsarnaev）家族定居在吉尔吉斯斯坦首都比什凯克不远处的一个小镇托克莫克（Tokmok）。直到 1957 年赫鲁晓夫执政时期，长达十余年的流放才得以终结。存活下来的流亡者中，大多数人选择返回家园，重归故土，重建身份认同，还有些人依然漂流海外。不管漂流到哪里，车臣的民族精神总是永恒不变，那就是"绝对独立"。

1991 年苏联解体，车臣民族主义反抗军针对俄军发动了两场可怕的独立战争，都宣告失败。结果，一部分叛军遭覆灭，另一部分则投靠了俄国。而车臣以及周边地区（达吉斯坦、印古什）存留下来的反抗军如今都带有原教旨主义的色彩，以"全球圣战"为口号，发动绑架、暗杀和爆炸袭击。

犯罪嫌疑人的父亲，安佐尔·察尔纳伊夫生于车臣，大部分日子居住在吉尔吉斯斯坦，2002 年带着妻儿移民到美国波士顿，当上了一个汽车修理工，一家人有时会去坎布里奇普罗斯佩克街（Prospect Street）上的清真寺。起初，安佐尔和妻子祖贝达特，还有两个儿子塔梅尔兰和焦哈尔，似乎和他们的亲戚一样精力充沛，有着强烈的进取心。有机修专长的安佐尔修理汽车。他的妻子把位于富人区剑桥的一套减价出售的公寓变成了一个简易美容院，以诱人的价格提供面部按摩服务。两个儿子兴致勃勃地适应他们的新家。但在过去的这 4 年当中，就在他们的大家族成员实现自己的美国梦之时，生活在剑桥的察尔纳伊夫夫妇的经历却很不幸。由于收入变得微薄，一家人靠福利救济生活。母亲祖贝达特被控从百货公司偷东西。

2. 个人原因。

（1）塔梅尔兰·察尔纳伊夫可疑的人生轨迹。塔梅尔兰·察尔纳伊夫先前接受一家地方报纸采访时说："我喜欢美国，美国有许多工作机会，这是俄罗斯所没有的。在这里，人们如果想工作就有机会赚钱。"塔梅尔兰在 2010 年曾告诉一位摄影师："我没有一个美国朋友，我不理解他们。"塔梅尔兰 2007 年以难民身份获得美国绿卡，但是由于有殴打女友的不良记录，他申请美国国籍遭拒绝。塔梅尔兰曾梦想代表美国出战奥运会，出人头地，但因为没有美国国籍，其奥运梦想破灭。塔梅尔兰后来先后遭遇辍学和失业，被击毙前靠领救济金生活。2012 年，塔梅尔兰的母亲祖贝达特因涉嫌偷窃被迫回到俄罗斯，这令他更加仇视美国。塔梅尔兰称自己是"非常虔诚"的穆斯林，烟酒不沾。同时他还抱怨社会"不再有价值标准，人们无法控制自我"。察尔纳伊夫兄弟时刻没有忘记自己的穆斯林身份标示。他们或许通过与宗教极端分子接触，或许在网上受恐怖主义分子宣传影响，成为宗教极端分子。

2006 年，他开始在邦克山社区大学上学，但在接下来的 3 年中，他似乎更热衷于聚会，而不是学习。祖贝达特说，她开始鼓励大儿子更多地关注宗教，以给生活找到更健康的核心，因为他总是深夜才从聚会回家，身上散发着烟酒味。因此，母亲和儿子开始一起学习《古兰经》。兄弟俩移民美国前，曾在俄罗斯达吉斯坦定居两年。俄罗斯情报部门相信，塔梅尔兰当时与车臣武装头目乌马罗夫有直接接触。两兄弟在美国下手，很可能受到乌马罗夫的诱导。俄罗斯曾把塔梅尔兰和乌马罗夫的关系通知美国联邦调查局，美国联邦调查局对塔梅尔兰展开长达 5 年的监视，但最终觉得他没威胁而放虎归山。

塔梅尔兰在视频网站 YouTube 的个人频道上留下了一系列鼓吹宗教极端主义和暴力"圣战"的视频，其中就包括伊斯兰传教士法伊兹·穆罕默德的激情演说，这位激进传教士有黎巴嫩血统，出生于澳大利亚，也做过拳击手。

美国政府记录显示，塔梅尔兰 2012 年 1 月 12 日从纽约肯尼迪国际机场出境，前往俄罗斯，7 月 17 日返回。现在还不清楚他在这段时间内的活动。美国共和党众议员达娜·罗拉巴克尔说，塔梅尔兰很可能在海外接受"极端势力"培训。

（2）焦哈尔·察尔纳伊夫的美国式生活。自幼移民到美国的焦哈尔比较容易接受美国文化。在高中末期，父母敦促他合理安排大学申请，他学习只是为了回避父母，同时焦哈尔把精力投入到摔跤中，他成了剑桥摔跤队的联合队长。在深夜，焦哈尔对其他一些青少年的习惯越来越感兴趣：消费酒精和吸食大麻。朋友说，焦哈尔的夜生活包括大声放德雷克和弗伦奇·蒙塔纳的说唱歌曲，开车到安静地点，和朋友们一起吸食大麻、大笑、谈论爱情。

焦哈尔在审讯中表示哥哥是袭击主谋，他们背后没有国际恐怖主义组织支持。焦哈尔在一家社交网站的个人主页上分享了一些充满暴力血腥场面的视频。焦哈尔的极端思想可能受到哥哥的很大影响，他非常崇拜自己的哥哥，行动可能受到哥哥的控制。焦哈尔曾在社交网站发布日志称："我即将结束自己的生命，我其实也不想这么干，我是被逼的。"这一系列的数据表明，焦哈尔走向恐怖道路的内在原因是家族面临的问题对他潜移默化的影响，外在原因是他哥哥对他的影响。

三、案件详解

2013 年美国当地时间 4 月 15 日下午 2 点 51 分，在波士顿国际马拉松的终点站、肯尼迪图书馆先后发生两起连环炸弹袭击，一起位于费尔蒙科普利广场酒店终点线观礼台附近观众区，另一起位于一家体育用品店，造成 3 人死亡、260 余人受伤，3 名死难者分别是美国的 8 岁男孩马丁·理查德和 29 岁的妇女克里斯蒂·坎贝尔，以及 23 岁的中国女留学生吕令子。波士顿马拉松爆炸案发生地点是该市的旅游景点，在比赛的当天更是聚集了大量的人群。爆炸发生时，大批比赛选手正在冲向终点，现场的气氛也非常热烈。当时的人群都在为运动员们欢呼，就连安保人员也在关注着冲到终点的运动员，没有注意到察尔纳伊夫兄弟的诡异动向，就在这时兄弟二人在不同的地点、在相近时间里引爆了自制的炸弹。在第一次爆炸之后，恐慌的人群还在尽自己所能帮助在爆炸中受伤的人们，在很短的时间之后，第二次爆炸发生了，这一爆炸冲破了人们的本能防线，让原本恐慌的人们感到了绝望。

四、紧急应对

(一) 现场处置

混乱的现场状况。波士顿连环爆炸伤亡人数较多，其犯罪技术是从"基地"组织在网上发行的一本英文杂志《Inspire》中学到的，即所谓粗糙的"高压锅炸弹"，使用的两枚炸弹主要由炸药、铁钉、螺丝帽和大型高压锅组装而成。炸药来自 2013 年 2 月塔梅尔兰在新罕布什尔州锡布鲁克购买的鞭炮，通过某种玩具汽车的遥控装置引爆。"高压锅"炸弹组成材料易于获取、制作方法简单，在阿富汗、印度、尼泊尔和巴基斯坦等国的恐怖活动中被广泛使用。利用从烟火店购买的"原材料"而自制，因而爆炸杀伤力较大。爆炸现场死伤者血肉模糊，多是被利器割伤，有的被炸掉小腿，有的被炸掉了胳膊，场面惨不忍睹！

美国警方反应迅速，救助现场有条不紊。在连环爆炸袭击发生之后，波士顿的警车、救护车、防爆车、消防车迅速赶到现场支援，各救援力量并然有序地开展救援工作：警方迅速封锁现场，疏散人群，并观察、寻觅犯罪嫌疑人；救护人员立即对伤者进行紧急救助，将伤员送往附近医院救治；交通警察实施道路管制，检查过往行人；城市上空设立禁飞区，实施空中管制；排爆专家通过电磁屏障干扰，预防波士顿沃特敦镇实施爆炸，并迅速展开地毯式的搜查，查找是否还有未引爆的炸弹；公交系统则派出巴士，疏散居民。美国波士顿警方采取的现场救援措施主要是：控制现场、抢救伤员、在现场搜寻可疑分子、对附近道路进行交通管制、防暴排爆、疏散人群。

(二) 综合运用各种手段、迅速锁定恐怖分子

美国警方一方面在对现场进行紧急救助的同时，另一方面也在通过各种手

段锁定恐怖分子。美国现场公众提供的大量现场照片帮助还原了事件发生时的场景，美国联邦调查局（简称 FBI）及一线情报人员综合运用调查取证、网络查询、Twitter 搜索、Facebook 网查和录像监控等手段，多方获取犯罪嫌疑人的资料。特别是波士顿警方组织人力，迅速调集所有监控设备和现场录像，逐一核查、核对，对出入现场的所有人员进行动作和表情审核，查找犯罪嫌疑人。爆炸案调查者从数万个证据中梳理，最后在附近百货公司的监控录像以及当地电视台的录像中查出线索。通过视频分析，焦哈尔和塔梅尔兰两人与其他观看比赛的人员行为不同。从录像中看出，大多数观众的注意力集中在比赛现场上，目光投放在比赛上，而这两人表情冷酷、东张西望、神情诡秘、爆炸发生后神态恍惚、不知去向，这与恐怖分子的特征极为相似。据此发现目标后，查找其历史记录，原来塔梅尔兰曾于 2011 年进入过 FBI 的视线，但因没有发现其从事恐怖主义的活动而未对其采取措施。这一次锁定目标后，18 日下午 FBI 正式公开了两名嫌犯的照片和视频。

（三）围歼恐怖分子

在对恐怖分子的身份进行核实之后，美国警方迅速对恐怖分子塔梅尔兰·察尔纳伊夫和焦哈尔·察尔纳伊夫进行监视，并在网上和电视上公布了两人的照片，两名恐怖分子在实施爆炸之后并没有仓皇逃跑，而是像平常一样，二号恐怖分子焦哈尔更是回到学校的宿舍，像往常一样对待自己的同学，在 18 日 FBI 公布两人的照片后，二人才开始仓皇逃窜。

美国警方起初并没有发现两名恐怖分子的踪迹，但在 18 日晚 22 时左右，嫌犯二人在波士顿邻近的剑桥镇一家便利店抢劫，而正是这次抢劫，暴露了他们的行踪。22 时 20 分，警方又接到报警，通报有人在麻省理工学院的校园内"听到枪声"。校警肖恩·考里尔随即出警，考里尔在与嫌犯二人遭遇时，身中数枪倒在自己的车内，两名嫌犯销声匿迹，不见踪影。晚上 23 时 30 分，警方接到报告，两名持枪男子抢劫了一辆奔驰越野车，当时司机仍在车上。逃跑至一处加油站，嫌犯二人将司机放下后继续逃逸。19 日凌晨 2 时左右，接到司机报警后，警方追上了这辆被劫持的黑色奔驰车，与嫌犯展开交战。为防止误伤，警方尽量接近罪犯，在追捕途中，两名恐怖分子不时向警方投掷爆裂物。在沃特敦镇双方展开枪战，当时双方相距 70 米，交火时间持续超过 10 分钟。交火中，一名交警和嫌犯塔梅尔兰受重伤，焦哈尔立刻返回黑色奔驰车、放弃救助自己的哥哥，全速向西方逃窜，而且在逃跑过程中，开车从哥哥的身体上轧了过去，塔梅尔兰因此遭受重伤，在送往医院的过程中不治身亡。4月19日晚，水镇的一名居民向警方报案，发现有血迹通向自己家的后院，在当地时间10点30分，各路警察约有9000人，很快聚集在疑犯藏身的地点沃特敦镇，合力搜捕这名疑犯。全副武装的警察手持自动武器，在镇里展开大搜查，每一个街区、每一栋建筑物都不放过。经过拉网式搜索，龟缩在沃特敦镇一艘游艇中的焦哈尔在与警方对峙数小时后，因中弹被活捉，追捕行动结束。

五、案件结局

美国检方在2013年6月发布声明称，19岁的焦哈尔被控使用大规模杀伤性武器致人死亡、对公共场所实施爆炸致人死亡等严重罪名，多达17项罪名的最高量刑是死刑，其余罪名可被判无期徒刑等刑罚，美国联邦陪审团起诉焦哈尔30项罪名，其中大部分和爆炸案有关。焦哈尔当天否认了这些罪名，包括使用大规模杀伤性武器致人死亡的罪名，焦哈尔在法庭上用俄罗斯口音说"我没有罪"。之后，在法官叙述其罪名时，他又不断重复说"我没有罪"。整个法庭庭审只持续了短短7分钟。

在两年之间，焦哈尔几乎从未在公开场合表态，即使在庭审过程中面对控方搜集到的爆炸现场血腥证据和让陪审员落泪的证人证词，他都表现出满不在乎的样子。只有反对死刑的修女培贞在为辩方作证时，说焦哈尔已有悔意。这些都表明焦哈尔尚未认识到自己的罪行给他人带来的严重伤害，但在2015年6月24日，在对焦哈尔进行审判的时候，他声调有些颤抖地低声说道，我很后悔夺走这些生命，很抱歉给你们带来如此的痛苦以及我所造成的无法挽回的损失。"我祈祷你们能够释怀和康复。"焦哈尔·察尔纳伊夫24日被正式宣判死刑。

六、案件评析

（一）定性

波士顿的这次连环爆炸恐怖袭击是一种典型的"独狼式"恐怖袭击。所谓"独狼"恐怖主义也称"个体"恐怖主义。"独狼"一词发端于20世纪90年代初期的美国"白人至上主义者"阿历克斯·柯蒂斯（Alex Curtis）。1993年，他呼吁"白人至上分子"采取单独行动，以任何手段清除非白色人种，并将这种"独自采取行动的战士"称为"独狼"。根据美国联邦调查局的调查和事后焦哈尔的供述，他们这次实施的连环爆炸袭击没有接受任何恐怖组织或恐怖势力的指挥，是自发策划、实施的袭击行动。

（二）原因

波士顿连环爆炸恐怖袭击采取"独狼式"恐怖袭击方式的原因有内部和外部两个方面。内部原因：美国在实施国家反恐怖主义战略过程中，与很多伊斯兰国家产生了矛盾，并且在打击恐怖分子的过程中，许多穆斯林遭受无辜的杀害，这使得遍布世界各个国家的穆斯林对美国的这种反恐措施感到不满，一些极端思想者更是积极加入恐怖组织，以此反抗美国的这种行为，这就在一定程度上壮大了恐怖主义的势力，那些由于各种原因而不能加入恐怖组织的极端主义者，他们实施恐怖活动的方式就像此案例当中的"独狼式"袭击。外部原因：美国对恐怖主义的打击，使得恐怖组织的发展受到极大的阻碍，恐怖组织在组织小规模袭击的同时，鼓励那些分布在世界各地的恐怖分子和极端主义者采取各种方式，实施恐怖袭击，恐怖组织通过在互联网当中发布暴力视频和极端思想解说等煽动潜在的恐怖分子，又通过互联网将那些制作简易、破坏性极大的杀伤性武器的方法传授给这些潜藏的恐怖分子。所以从外部原因看，波士顿的这次连环爆炸恐怖袭击是美国挤压恐怖势力发展的结果。

第十六章

非洲恐怖主义：2013年内罗毕恐袭案

一、事件综述

肯尼亚，东部非洲最为西化，同时也是该地区发展最好的国家之一。在最近 10 年逐步解决了国家政治动荡等危险形势的情况下，却又陷入了恐怖主义侵袭的困境。多发的恶性恐怖袭击事件正在逐步侵蚀着肯尼亚本就薄弱的经济发展和社会安定，地区动荡也在不断地带给肯尼亚难以解决的反恐问题。

在肯尼亚发生的恶性恐怖袭击事件中，首都内罗毕的购物中心袭击事件极具代表性。购物中心袭击事件，又称为肯尼亚商场枪击案。2013 年 9 月 21 日上午，一伙武装人员袭击了肯尼亚首都内罗毕韦斯特盖特购物中心，并与警方发生交火。至 2013 年 9 月 24 日晚，肯尼亚总统肯雅塔宣布购物中心袭击事件结束，该事件共造成 240 人伤亡，其中 72 人死亡。随后肯尼亚索马里"伊斯兰青年运动"在其推特上宣称对此次袭击事件负责。此次事件是肯尼亚恐袭事件中极具代表性的一个，不仅因为其造成的重大人员伤亡及财产损失，更在于以索马里青年党为代表的非洲东部恐怖势力组织开始采取在重要城市单位武装屠杀平民的极端暴力袭击方式。

回顾整个袭击，持续时间之长不同于之前在世界其他地方发生的恐怖袭击，其带给笔者的第一感觉是此次袭击更像是一次颇具规模的武装冲突。2013 年 9 月 21 日上午，武装分子从多个商场入口进入韦斯特盖特购物中心，向人群开枪并投掷手榴弹。之后，武装分子又同赶来的肯尼亚军警交火对峙。9 月 21 日下午，肯尼亚军队出动直升机和装甲车向事发现场运送士兵，并向购物中心内发射催泪弹。该日傍晚，武装分子在购物中心一家超市内点火，军警试图靠近，但遭到火力回击被迫撤退。此后，肯尼亚军警始终无法控制商场并消灭恐怖分子，与此同时以色列、美国和英国等国家的人员也参与到解救人质的行动当中。直至 2013 年 9 月 24 日晚，肯尼亚总统肯雅塔发表电视讲话宣布肯尼亚军警针对袭击内罗毕韦斯特盖特购物中心的恐怖分子的行动已经结束，事件共造成 240 人伤亡，包括 61 名平民、6 名军警和 5 名武装分子在内的 72 人死亡。另有 11 名嫌疑人被逮捕。袭击结束后，肯尼亚请求国际刑警组织通缉有"白寡妇"之称的英国恐怖组织嫌犯思韦特。国际刑警组织亦联合英国、美国、以色列等其他国家协助调查肯尼亚袭击事件。在恐袭仍旧持续的同时，2013 年 9 月 22 日，自称对内罗毕袭击事件负责的索马里青年党公布 15 名恐怖分子名单，其中包括 6 名美国人、1 名英国人、1 名肯尼亚人、2 名索马里人、2 名叙利亚人和 1 名瑞典人等。

　　肯尼亚购物中心袭击事件是肯尼亚境内近些年发生的最为严重的恐怖袭击事件，上一次肯尼亚境内出现如此伤亡的袭击还要追溯到 1998 年美国驻肯尼亚大使馆遇袭事件。在此次袭击事件中，肇事者索马里青年党不仅迅速在网上发声认领袭击，还通过互联网媒体"直播"袭击过程。索马里青年党在其发文中表示，发动此次袭击的目的在于报复肯尼亚政府出兵索马里并支持索马里过渡政府镇压包括索马里青年党在内的索马里反政府武装。同时青年党还警告，如果肯尼亚政府不从索马里撤军，其将在肯尼亚境内发动更多袭击。很显然，索马里青年党制造袭击事件有着明确的政治目的，即施压于肯尼亚政府，妄图迫使肯尼亚于索马里问题上改变态度与方式。

二、事件起因

　　作为一次典型的恐怖袭击，事件背后却是复杂的地区政治与安全问题。肇事者索马里青年党，是臭名昭著的恐怖武装组织，成立于 2004 年，具有浓厚的宗教色彩，是索马里境内最大的反政府武装，在袭击发生的 2013 年其效忠于"基地"组织。索马里青年党的前身为"伊斯兰法院联盟"，是 90 年代索马里政治动荡时出现的带有宗教色彩的地方派别武装。自成立之日起，该组织就是信奉宗教极端主义的宗教极端组织，在控制了索马里东部和南部大片区域后，该组织提出要建立包括邻国埃塞俄比亚和肯尼亚境内的索马里人聚居区在内的"大索马里"。之后，迫于安全形势，埃塞俄比亚出兵。"伊斯兰法院联盟"失利并分裂，其内部坚持强硬路线的青年人从原组织中独立，组成现在的索马里青年党。由于长期的战乱和无政府状态，索马里青年党在索马里控制了大部分地域，由于"大索马里"思想的影响，索马里青年党的活动往往涉及包括肯尼亚在内的周边国家，这给肯尼亚带来了严重的安全压力。

索马里与肯尼亚是邻国，肯尼亚东北部与索马里接壤，索马里的任何国家动荡和安全隐患都可能通过边境传递到肯尼亚。索马里长期战乱和无政府状态对于肯尼亚首先带来的是众多的索马里难民，肯尼亚东北部地区已经成为非洲东部重要的难民聚集地。伴随着难民进入肯尼亚，肯尼亚境内难以避免地存在包括索马里青年党在内的恐怖势力及宗教极端思想，除此以外还有大量的民族冲突。因此，干预索马里局势对于肯尼亚国家安全来说是重要且必须的选择。2011 年，肯尼亚以清剿在肯尼亚境内制造多起西方游客及人道主义志愿者被绑架事件的索马里青年党为由，向索马里出兵，同其他非盟国家一起打击索马里青年党。肯尼亚于 2011 年选择的出兵理由其实恰合肯尼亚的国家利益，肯尼亚作为非洲重要的旅游国家，旅游业的收入在国民经济中占有重要的地位，马赛马拉草原、安博塞利国家公园等都是非洲著名的旅游胜地。而国家安全和地区安全对于旅游业来说至关重要，索马里局势的变化将直接影响肯尼亚的旅游收入，故肯尼亚选择了出兵干预索马里局势。此外，肯尼亚出兵索马里更源于对肯尼亚东北部地区的保护，肯尼亚东北部索马里族裔较多，发展较为滞后，索马里青年党等势力容易于此兴风作浪，这是肯尼亚不愿意看到的。另外有消息称肯尼亚北部图尔卡纳湖附近发现了大量的石油储备，这对于肯尼亚发展非常重要，故肯尼亚出兵干预索马里成为必然的选择。

2011 年肯尼亚出兵索马里实际上起到了相当好的效果，肯尼亚将索马里青年党武装从肯尼亚边境地区驱赶出了肯尼亚，并在索马里给予青年党重创，攻陷了青年党众多的城镇和据点。对于索马里青年党，其本身并不具备正面与肯尼亚军队作战的势力，同时还要面临非盟其他国家的军事压力，因此转而采取袭击的方式成为索马里青年党的行动变化。肯尼亚内罗毕商场恐袭事件就是基于这样的地区背景。索马里青年党制造这次大规模袭击事件的出发点就在于报复肯尼亚对于其的打击，并通过恐袭的形式妄图施压肯尼亚政府，以让肯尼亚撤军。

在这次袭击事件的目标选择上，索马里青年党可谓"别有用心"。选择商场进行袭击有着很强的社会效应，能够制造较大的社会影响和社会恐慌。同时，索马里青年党选择的这个商场比较特殊，韦斯特盖特购物中心在内罗毕是一家较为高档且国际化的购物中心，5 层楼中汇聚着 80 多家国际名牌专卖店，有着超市、餐馆、银行、电影院、赌场等设施。其主要的消费人群是肯尼亚当地的富人和在肯尼亚工作、旅游的外国人。于这样的商场发动恐怖袭击，不仅能够对肯尼亚造成较大的打击，还能在国际社会上起到较大的影响力，以此给肯尼亚政府施压。另外，遭受袭击的韦斯特盖特购物中心是以色列人在肯尼亚的地产，不排除持有极端宗教主义的索马里青年党刻意为之。按常理，这样大型的商场设计应当是较为安全可靠的，但在这次事件中，缺乏安全预警的商场一旦被突破就完全被恐怖分子所利用。购物中心有较多的楼层且有复杂的结构和设施，恐怖分子在全副武装进入商场后能利用商场的地形障碍与肯尼亚军警对峙。从一定意义上说，这可能也是恐怖分子选择在商场行凶的原因。

三、反思：肯尼亚反恐之路，迷雾重重？

解决索马里青年党等恐怖组织问题，肯尼亚要面临的挑战还有很多。首先，肯尼亚国内复杂的民族情况成为了解决索马里青年党问题的首要障碍。肯尼亚国内的恐怖主义威胁主要来自东北部与索马里接壤的地区，在此地区有众多的索马里族裔，他们或是原本就生活于此，在肯尼亚独立之前，肯尼亚东北部就是英属索马里的一部分；或是由于索马里历年的战乱外迁入肯尼亚，例如 20 世纪 90 年代索马里内战后不少索马里难民通过索肯边境进入了肯尼亚。生活在肯尼亚东北部的索马里族裔与索马里国内一直保持着十分紧密的联系，这一是出自同一民族的原因，二是出自肯尼亚国内对于东北部社会经济发展的罔顾以及肯尼亚国内部分民族与索马里族裔的冲突与对立。而反观索马里南部，为索马里青年党主要的活动及控制区域，这为索马里青年党在肯尼亚的发展提供了便利。肯尼亚的索马里人在生活中基本保持着自己原有的宗教信仰和生活习惯，而这些习惯是与索马里境内的族裔一致的，在生产生活及政治思维上他们有着相向性。所以索马里青年党等极端组织势力在肯索边境的渗透有着天然的民族基础，故而索马里族裔的活动区域均存在着相当的恐怖主义风险。

其实，肯尼亚东北部索马里族裔与肯尼亚其他民族的冲突在历史中一直存在，在肯尼亚独立时，肯尼亚北部的索马里人就有脱离肯尼亚并加入索马里的诉求，但在肯尼亚的坚持下没有成功。独立后的肯尼亚政府在处理东北部索马里族裔问题时犯了民族主义的错误，将这部分索马里族群边缘化，边缘化不仅体现在国家政治生活中，更明显地体现在肯尼亚的经济社会发展中。肯尼亚作为不发达的非洲国家，自身基础设施建设并不发达，肯尼亚东北部索马里族裔聚居区更是缺少公路、学校和医院等最为基本的现代化基础设施。在解决贫困问题和处理经济社会发展资源问题上，肯尼亚政府也未向东北部地区倾斜。这导致该地区常年受着贫穷的压力，社会事业严重落后，基本社会秩序构建落后。这带来的不仅是民族和政治上的对立，更是潜在的严重的社会动荡风险。肯尼亚若不能合理有效地解决索马里族裔生存发展等民族问题，则在应对索马里青年党等恐怖组织时就会面临缺乏社会群众基础的尴尬境地。

解决索马里青年党等恐怖主义问题，肯尼亚面临的挑战还包括肯尼亚国内日益严重的宗教对立情况。肯尼亚有四千多万人口，宗教多元，以基督教为主，基督徒占了国家人口的70%以上，穆斯林人口大概在10%上下。但肯尼亚国家的宗教分布非常特殊，穆斯利族裔主要集中在肯尼亚东北部地区，例如索马里人就是穆斯林。宗教的对立与相争在世界上的各个国家都有体现，但由于邻国索马里作为一个伊斯兰国家充满着动荡和武装暴力，在肯尼亚穆斯林群体和基督教群体的对立并不是很好解决的问题。首先源自两个群体在肯尼亚社会生活中所处的情况完全不同。肯尼亚的基督徒在人口总数中占有绝对的数量，并且在肯尼亚国内的政治经济生活中，基督教群体保持着领导的地位。对于穆斯林群体，其处于少数，但在不断地追求着属于自己的社会存在与社会地位。在肯尼亚的穆斯林群体民族组成较为一致，社会情况相似，所以其团结求进，这对于基督群体来说是一种现存的威胁。例如在肯尼亚国家的教育体系下，不同宗教学校之间的对立已经在群众的社会生活中产生了重要的影响。肯尼亚国家的教育并没有完整的现代化体系，其教育发展主要源自西方传教士所建立的宗教学校。在宗教氛围十分浓郁的肯尼亚，教育的管理在于不同的宗教教会和组织，所以基督学生和穆斯林学生的人数或者情况的变化都将引起严重的社会宗教对立，这是其他国家所未有的。基督教和伊斯兰教都在通过教育来争夺下一代，而现在的情况是穆斯林群体正不断发展，越来越多。所以，在肯尼亚宗教的对立情况也是影响恐怖主义问题解决的重要社会因素。

虽然肯尼亚国内基督徒和穆斯林的对立在当下有更趋激烈的趋势，但穆斯林群体和基督教群体本身的对立并不会造成冲突和流血。肯尼亚所面临的宗教对立问题还有其他的因素，一方面源自不同宗教民族的对立，另一方面则来自极端宗教的影响。2015 年 4 月 2 日，肯尼亚东北部加里萨镇的莫伊大学发生了震惊世界的恐怖袭击事件，索马里青年党的恐怖分子在校园内肆意开枪，屠杀非穆斯林的学生，造成了包括 142 名学生在内的 148 人死亡的惨剧。这次恐怖主义的屠杀是极端宗教主义的恶果，索马里青年党不仅因为他们的极端的宗教思想屠杀了众多非穆斯林的学生，更让肯尼亚的基督群体和穆斯林群体走到了极端对立的边缘。事实上，由于索马里青年党的恶行，不少的肯尼亚基督徒早已改变了对穆斯林群体的看法，索马里青年党已经成功地在肯尼亚挑起了不同宗教之间的纷争。同时，以索马里青年党为代表的恐怖主义一直在索马里及其周边国家宣传极端的"大索马里"主义思想，以图建立一个严格按照"伊斯兰教法"来管理的索马里民族的宗教国家。"大索马里"主义经过一二十年的发展，在现今的索马里族裔中很有市场，肯尼亚境内的索马里族群也不例外。所以肯尼亚政府不得不面对这样一种情况，肯尼亚东北部地区的民众并不排斥索马里青年党，虽然他们并不真正认同索马里青年党的理念和恐怖主义行为。这对于肯尼亚应对恐怖主义威胁是非常重要的一个情况，肯尼亚政府必须要在国内解决基督群体和穆斯林群体之间的矛盾与对立，缓和国内的基督群体和以索马里族裔为代表的穆斯林群体之间的紧张关系。否则，宗教问题不解决则恐怖主义问题就不会被清除，穆斯林群体和基督群体的隔阂将会为极端宗教和恐怖主义提供最为舒适的温床。

肯尼亚所要面临的第三个挑战来自其极差的社会治安和居高不下的犯罪率问题。肯尼亚国内不论是首都内罗毕抑或是东北部地区，由于民族成分复杂，宗教信仰多元，整体教育水平落后，经济社会发展迟滞，贫困、失业问题突出等情况，社会治安情况极差。加之邻国索马里、苏丹等长年处于战乱和武装冲突状态，肯尼亚枪支泛滥，这为恐怖主义的发展和恐怖活动的实施提供了便利的社会条件。恐怖组织可以在肯尼亚国内就地招募、训练人员，可以从肯尼亚国内直接获得武器、爆炸物等装备。以肯尼亚首都内罗毕为例，贫富区域区分明显，帮派问题严重，犯罪率居全国之首。同时作为最临近索马里的重要国际城市，内罗毕不可避免地已有大量的恐怖势力，借助帮派等便利条件，恐怖袭击发生的预防处理更为困难。

除了社会治安问题，肯尼亚必须解决自身社会经济发展问题，尤其是肯尼亚东北部索马里族裔和穆斯林群体所在地区的社会经济发展问题。经济问题是摆在肯尼亚面前的首要社会问题，也是解决肯尼亚恐怖主义和极端主义蔓延的首要问题。肯尼亚要解决恐怖主义问题需要足够的财力投入，以支持军队对索马里青年党的打击以及军警在反恐预防中的开销，这是当下肯尼亚反恐面临的基础性问题。同时，肯尼亚要加大对肯尼亚东北部地区发展的投入，以尽快让在肯索马里族裔及穆斯林群体融入肯尼亚主流社会，这是肯尼亚建立起整个社会反恐意识，以及与恐怖主义和极端主义争夺群众不可缺少的一环。现代化教育体系、和平的宗教教育、反恐教育则是肯尼亚解决恐怖主义威胁必须走且要坚持走的道路。肯尼亚必须在教育问题上加大投入，改变宗教管理学校教育的模式，减小宗教在教育中的影响力。

就肯尼亚的这次商场袭击事件来看，肯尼亚的应急处理缺失和反恐能力不足体现得较为突出，这不仅体现在肯尼亚军警的反恐处置能力上，也体现在肯尼亚国家的反恐情报、人员训练、装备水平等问题上。肯尼亚作为东部非洲发展较好的国家，反恐能力如此不足，其他非洲国家的反恐能力更是可想而知。

首先，内罗毕的商场袭击时间的处理直接显示了肯尼亚军警较差的反恐能力。面对被包围的人数不多的恐怖分子，在已有人质伤亡的情况下，肯尼亚军警的应对处理直至控制商场清理恐怖分子足足用了几天时间，这在任何一个现代国家都是不能接受的。虽然肯尼亚政府也通过谈判等方式试图营救人质，但在恐怖分子明确拒绝并与军警发生激烈交火的情况下，军警的攻击行动持续了多天，足以说明肯尼亚军警在面对相关情况时一是缺乏经验，二是缺乏训练，而后者更为重要。缺乏训练的肯尼亚军警多次攻击未果，甚至被躲在商场的恐怖分子压制并击退，又明显体现出了肯尼亚军警的装备水平不足，面对火力较强的恐怖分子并无有效的应对，这是肯尼亚军警反恐能力较差的又一体现。当然，肯尼亚军警水平较差与肯尼亚国家的经济条件有关。肯尼亚军警部门装备的落后在一定程度上源自肯尼亚政府财政限制，出兵索马里打击青年党对于肯尼亚来说已是不小的负担，因而肯尼亚军警尤其是警察部门缺少现代装备来应对恐怖主义威胁也就不足为怪。另外限制肯尼亚军警反恐能力的因素在于肯尼亚国内的军警数量并不能有效满足肯尼亚反恐工作的需要，肯军警的经费和待遇等问题都将直接影响肯尼亚的反恐处置能力。

其次，内罗毕商场袭击事件反映了肯尼亚反恐情报工作的缺失。这主要体现在三个方面。其一，此次袭击事件有情报预告。一方面，肯尼亚国家情报局于 2012 年曾警告内罗毕有涉嫌属于索马里青年党的武装分子正在策划制造袭击，而目标包括韦斯特盖特购物中心在内。另一方面，有媒体报道以色列曾警告在肯以色列公民拥有的建筑可能会遭受到恐怖袭击。就袭击前肯尼亚关于恐袭预告的情报工作是否出现了问题，肯尼亚内政部长兰库曾拒绝回答并表示，情报问题需要保密，不能公开讨论，肯尼亚议会专门委员会会调查恐怖袭击曾有预警的问题，这又从侧面印证了肯尼亚的情报工作确有疏漏。其二，袭击事件的过程表明参与袭击的恐怖分子拥有强大的火力，这样多的武器弹药如何在肯尼亚流动并进入首都的商场，最终成为制造恐怖袭击的工具，没有相关的答案，肯尼亚的情报工作不足显而易见。其三，就索马里青年党发布的恐怖分子名单来看，15 名人员中包括 6 名美国人、1 名英国人、1 名肯尼亚人、2 名索马里人、2 名叙利亚人和 1 名瑞典人等，而肯方掌握的材料仅包括直接参与了袭击的几名恐怖分子的情况。这一方面说明肯尼亚情报工作还不够全面细致，另一方面也说明肯尼亚在就索马里问题的反恐情报工作中与其他相关国家的合作仍然缺乏。

最后，肯尼亚商场袭击案反映出肯尼亚的反恐机制并不健全。肯尼亚面对索马里青年党等恐怖组织采用的是针对性的打击方式，即直接出兵干预和打击。这样的反恐方式看似有效，让索马里青年党失去了一系列据点和城镇，但这样的方式对于国内的安保和预防是不利的，因为肯尼亚并没有全面建立起国内的反恐体制。面对潜入国内的恐怖组织和袭击变得毫无头绪与准备，有被敌绕后，被动挨打的意味。这一方面反映出肯尼亚边检的失职，来自索马里的恐怖分子能够轻易地潜入肯尼亚国内，也难怪有声音指责肯尼亚边检人员腐败，放恐怖分子入关。另一方面体现出肯尼亚并没有针对国内可能出现的大规模恐怖袭击事件做出相应的预案，2015 年发生的大学校园袭击事件就是有力的证明。肯尼亚反恐的针对性打击措施并没有建立预防恐袭的制度，肯尼亚的反恐行动多数情况下是事后的积极动作，然而这对于反恐工作来说是没有多大意义的。另外，肯尼亚的反恐机制缺少协调合作。如前所述，肯尼亚情报部门已经知悉恐怖袭击可能会发生并发布了预警，但肯尼亚警方并没有做出应有的反应。

四、建议：非洲反恐应着力于标本兼治、软硬兼施

那么，饱受恐怖袭击困扰的肯尼亚又该如何应对当下的危机，与肯尼亚相似的其他非洲国家又该何去何从呢？笔者认为，应当从以下几个方面发力应对。

　　第一，肯尼亚面对的恐怖主义威胁与中东一些地区相似，恐怖主义问题是严重的地区安全问题，反恐必须要从地区安全和地区政治纠纷的解决处着力。索马里青年党作为一个较大的恐怖主义武装组织，是地方政治动荡和安全失衡的产物，同时在它产生的过程之中，外来的极端宗教和恐怖势力起到了重要的作用。索马里青年党的存在不仅是对肯尼亚国家的威胁，也是对与之相邻的索马里及埃塞俄比亚等国的威胁。事实上，埃塞俄比亚、乌干达、坦桑尼亚、卢旺达、布隆迪等都在同索马里青年党斗争，但是这一区域内的国家并没有有效的合作，这直接影响到各国反恐行动的效果。肯尼亚必须要和地区的其他国家合作联动，在军事打击及反恐情报等工作中要加强合作，实行统一的反恐战略，共同发声，相互支持，以求解决索马里青年党问题。此外，索马里动荡的国家政治安全局势是孕育培养该地区恐怖主义的基本条件，肯尼亚要同地区内其他国家、同非盟、同世界其他地区国家合作，共同探寻有效解决索马里政治问题的方案。

　　第二，肯尼亚所面对的恐怖主义威胁有着自身独特的民族问题、宗教问题及社会经济发展问题。肯尼亚必须综合考虑国内的情况，着力于经济社会发展和基础设施建设，着力于解决东北部地区索马里族裔国家归属感问题，着力于缓和以索马里族裔为代表的穆斯林群体和国内基督教群体的矛盾问题。肯尼亚必须认识到反恐工作也是社会工作，没有良好的社会环境作支撑不会得到预想的效果。肯尼亚需要加强警察队伍的建设，充分发挥警察在维护社会安全稳定中的作用，解决犯罪率居高不下的问题。另外，肯尼亚需要加强边境管控，严防恐怖分子偷渡入境。同时，肯尼亚要加强社会枪支管控，在周边国家均处于动荡冲突时，枪支管控将会对抑制恐怖势力发展起着关键作用。

　　第三，肯尼亚需要加强国家反恐体系的构建和全面提升反恐能力。反恐工作是复杂的社会工作，军事打击只是一种有效方式。肯尼亚需要树立起预防恐袭的观念，制定各级别的反恐预案；需要完善情报工作，加强情报能力和情报共享能力；需要进行有序的反恐演练，提高军警在处理袭击时的能力；需要加强反恐教育和宣传，在各民族和各宗教信仰的群众中树立起普遍的反恐理念。这是肯尼亚解决民族冲突和宗教冲突情况下恐怖主义泛滥的有效方式。

　　第四，肯尼亚反恐需要寻求更多的国际合作。在此次肯尼亚商场袭击案中，出现了西方国家恐怖分子参与的情况。故肯尼亚在面对地区性的安全威胁时，除了与地区内其他国家开展多方面的交流合作，还需要加强与其他地区国家特别是与西方国家的合作。合作可以是情报合作、反恐人员培训、反恐技术设备等多个方面。这不仅将会提高肯尼亚国家的反恐能力，更能为肯尼亚在地区安全和反恐事务中争取更多的话语权。

第十七章
"恐怖"就在身边：
2013年北京"10·28"
恐怖袭击事件

北京"10·28"恐怖袭击事件是"东突"恐怖组织策划的又一起严重的恐怖事件，引起了国际社会的广泛关注，给我国的国家安全与社会稳定带来了相当的威胁。通过此次事件，我们必须认清当前"东突"恐怖组织的新特点，提高应对"东突"恐怖组织的能力，加强我国的反恐工作。

一、北京"10·28"恐怖袭击事件的始末

（一）事件详情

2013年10月28日中午，一辆黑色吉普车在从天安门南池子南口驶出后，并未进入机动车道，而是突然迅速右转闯入长安街人行便道上，并立即加速由东向西疯狂飙行，冲撞、碾压行人后，撞向天安门金水桥护栏后起火。案发后，警方在车内发现汽油及盛装汽油的装置、两把砍刀、铁棍，车上还发现印有极端宗教内容的旗帜。在新疆等地公安机关配合下，北京警方先后将5名同伙抓获。经初步审查，嫌疑人供述了他们与作案人相识、结伙策划并实施暴力恐怖活动的情况，并称没想到他们在北京制造暴力恐怖行动后仅仅10余小时，警察就将他们抓获。警方已在嫌疑人暂住地发现"圣战"旗帜、长刀等物品。

10月30日，北京市公安局发布消息告知社会称："警方初步认定，'10·28'事件是一起经过严密策划，有组织、有预谋的暴力恐怖袭击案件。"

（二）事件影响

截至2013年10月28日，据初步统计，事件已造成5人死亡、40人受伤。肇事车内共有3人死亡，另有2名游客死亡。截至2013年10月31日14时，42

名伤员中，除 2 人伤重抢救无效死亡外，25 人已实施手术治疗，8 人进入重症监护病房治疗，3 名病情较轻伤者经处理后离院，10 人已达到出院标准。本次事件不可抗拒的外力作用，对金水桥的部分构件也造成了破坏性的伤害。

（三）事件处理

事件发生后，天安门分局民警闫小森奋不顾身采取紧急措施，迫使该车撞停在金水桥二桥护栏，在他第一时间冲上去欲抓捕嫌疑人时，被车内瞬间爆燃的火焰烧伤。闫小森不顾伤痛，立即按照一报直报的规定，用电台将情况第一时间报告值班领导，同时直接拨打 110 报告市局指挥中心。市局指挥中心在市局领导指挥下，第一时间将事件上报中央及相关部门。中央相关领导同志迅速赶到现场进行处置，迅速判断该事件为暴力恐怖袭击案件。北京市公安局立即启动冲突预案，天安门分局等单位民警、消防官兵、辅警，不顾个人安危，全力以赴投入到灭火、抢救伤员、秩序维护等工作，在最短时间内恢复了现场秩序。市局新闻办等单位及时跟进，全力做好新闻报道和事件控制工作，最大限度消除了负面影响。与此同时，市局迅速组建“10·28”专案组。这一系列的事件处理过程极大程度上保障了人民群众的财产和人身安全，也维护了社会的稳定。

有关部门对于抓捕的犯罪嫌疑人也进行了处理。2014 年 5 月 30 日乌鲁木齐市人民检察院已将“10·28”案件 8 名犯罪嫌疑人以组织、领导、参加恐怖组织罪和以危险方法威胁公共安全罪向乌鲁木齐市中级人民法院提起公诉。乌鲁木齐市人民检察院审查认为，涉案 8 名犯罪嫌疑人行为已构成组织、领导、参加恐怖组织罪和以危险方法威胁公共安全罪。2014 年 6 月 13 日，北京“10·28”严重暴力恐怖案相关涉案犯罪嫌疑人在新疆乌鲁木齐中院公开审理。2014 年 6 月 16 日，新疆乌鲁木齐市中级人民法院对北京“10·28”暴力恐怖袭击案件一审公开宣判，分别以组织、领导恐怖组织罪和以危险方法危害公共安全罪，判处 3 名被告人死刑。以参加恐怖组织罪等，分别判处其他 5 名被告人无期徒刑和有期徒刑 5 年至 20 年不等。2014 年 8 月 24 日，经最高人民法院核准，乌鲁木齐、阿克苏、喀什、和田四地中级人民法院依法对犯有组织、领导、参加恐怖组织罪，故意杀人罪，放火罪，非法制造、储存、运输爆炸物罪，以危险方法危害公共安全罪的 8 名罪犯执行死刑。8 名罪犯涉及北京天安门广场暴力恐怖案，阿克苏地区抢夺枪支、袭警案，喀什地区非法制爆案等 5 起案件。

二、北京"10·28"恐怖袭击事件的特点

（一）恐怖分子采取自杀性爆炸恐怖袭击

传统恐怖分子在利用爆炸、纵火、暗杀等手法制造恐怖事件后，一般都想逃离现场、保存性命、逃避法律制裁。而自杀式袭击的杀伤力更强，更容易引起社会关注和民众恐慌。自杀性爆炸恐怖袭击具有隐蔽性强、破坏力大、影响范围广、袭击方法简单等特点，因此，这种袭击方式被世界各国的恐怖分子所运用。在北京"10·28"恐怖袭击中，3 名恐怖分子驾驶车辆通过碰撞、碾压等方式造成游人大量伤亡后，迅速撞向金水桥，点燃车内汽油，妄图引起车内所载汽油爆炸，从而制造更大范围的伤亡，制造恐怖气氛。它与"9·11"事件中"基地"组织利用民航客机制造恐怖袭击以及巴基斯坦等地频繁发生的自杀式汽车炸弹袭击，在性质上具有明显的共同点。

（二）恐怖分子的政治目的明确

恐怖分子的犯罪行为并非是个体行为，他们有目的地实施一系列暴恐活动，借助在人员密集场所和公共场所实施犯罪活动，来达到制造社会恐慌、引起舆论关注、影响社会稳定的政治目的。在过去十多年中，"东突"恐怖分子的袭击目标主要为政府工作人员及无辜群众。为了追求更大的恐怖效应，引起更普遍的关注和更大范围的恐慌，"东突"恐怖组织已经不满足于在相对偏远的地区制造恐怖事件，而寻求在中心城市，袭击那些更有重大的政治、经济、文化意义的重点目标。在"10·28"事件中，"东突"恐怖分子驾车从新疆深入到首都北京，把天安门广场的游客和建筑物作为袭击目标，其主要目的就是要制造更强烈的轰动效应，引起更大范围的恐慌，其嚣张气焰和目的明确性表露无遗。

（三）恐怖分子策划过程的周密性和作案工具的简单化

从过去"东突"恐怖分子发动的恐怖事件来看，在制造事件之前，恐怖分子很少对其行动进行长时间的策划，一般都只做短期的谋划，甚至是激情作案。但在此次恐怖袭击事件中，警方调查的相关资料显示，"东突"恐怖分子在制造恐怖袭击之前，就开始着手策划工作。这个策划工作需要解决的核心问题就是：由谁、在哪个地点、通过哪种方式、针对什么目标实施恐怖袭击。围绕这些问题，"东突"恐怖分子提前在 9 月份便对相关目标及路线进行了观察，选择了在具有极大影响力的地点实施恐怖袭击的方案，而且采用自杀式的爆炸恐怖袭击

方式。这些特点充分说明,"东突"恐怖组织在获取资金、组织动员、行动策划等方面已具备了更强大的能力。与"东突"恐怖组织在 20 年前或者更早时候的低级阶段相比,"东突"恐怖组织在现阶段具有更加明显的周密性特点。

从此次袭击事件的整个过程看,作案工具只有吉普车、汽油、砍刀、铁棍以及印有极端宗教内容的旗帜,目前在市场上是完全可以买到的。用于爆炸的汽油属于日常燃料,在各地加油站通过分次购买可以获得。印有极端宗教内容的旗帜在普通家庭就可以制作。从单个工具看,它们在特定的地点并不能完全发挥其应有的作用,但是上述工具经过组合后,完全可以发挥极大的破坏作用。比如,吉普车可以将作案人员和用于施暴的汽油顺利运载至案发地,并充当滥杀无辜的利器。汽油可以用来自杀和点燃车辆,在一定条件下可以充当爆炸物。砍刀和铁棍可以滥杀无辜,也可以在被现场警力围困时用来自杀、劫持人质或与警方对峙。印有宗教极端内容的旗帜可以在成功施暴后,宣示其组织意图,制造政治影响。因此,我们就可以看出此次袭击事件的作案工具非常简单。

(四)恐怖分子的组织结构向家族化发展

近年来,恐怖分子多采用招募家族成员方式,在"10·28"恐怖袭击事件中,直接参与者来自同一个家庭。这说明"东突"恐怖组织正积极利用家庭、家族纽带关系,招募组织成员,构建恐怖组织网络。

(五)恐怖分子组织由边疆转向内地

以往"东突"暴恐活动主要集中在我国新疆的南疆地区。但随着现代社会科技的飞速发展,"东突"恐怖活动的范围也逐渐向内地蔓延,因此造成的人员伤亡数量逐年上升,恐怖活动的影响也不断加深。恐怖活动的区域已从南疆延展到新疆全境,甚至转向了内地。在此次恐怖袭击中,"东突"恐怖分子从新疆开车到天安门制造事端。从目前的发展及未来的趋势可以看出,"东突"恐怖分子正积极地向内地发展其恐怖势力。

三、北京"10·28"恐怖袭击事件的启示

(一)完善相关的反恐法律法规

长期以来,"应急性强而机制性弱、政策色彩浓而制度色彩淡"[1] 是我国

---

[1] 倪春乐:"比较与借鉴:论恐怖主义犯罪追诉中的恐怖组织认定",载《中国人民公安大学学报(社会科学版)》2012 年第 1 期。

反恐立法中存在的主要问题，不仅制约着反恐法律制度体系的系统化建构，而且影响着反恐实践的推进。当前，"面对恐怖活动的高发性、复杂性、国际性和危害严重性等特征，传统法律框架难以对其进行有效的防范和惩治，难以满足反恐怖工作的实际需要"。[1] 因此，不论从世界各国的反恐经验来看，还是从我国的反恐实践需求来看，完善反恐法律制度体系，是坚持制度反恐和法治反恐的必然选择。

除此之外，在政治、军事、经济、文化等各个领域的相关法律中均相应增加涉及反恐的有关内容，构建一个综合的反恐法律体系。构建反恐法律体系，既要治标，加强反恐能力建设，有效打击和惩治恐怖活动犯罪，更要治本，通过促进经济发展、维护社会稳定、实现公平正义，从根本上清除恐怖主义滋生的土壤。可考虑在我国宪法中，增加反对恐怖主义的内容。此外，在我国民法、刑法、行政法、民事诉讼法等相关法律中增加有关内容，在各自领域内配合反恐法的实行，形成一个以宪法为根本、反恐法为核心、其他法律法规和部门规章加以配合的有机联系整体。同时，国家应该加强法律的宣传工作，让广大人民群众知法、守法，不与极端暴力势力同流合污，谨慎自己的行为。在遵守法律的前提下，自由愉快地进行社会主义建设。

（二）应提升爆炸现场的控制力

1. 提前预防，启动应急预案，建立权威、统一、高效的指挥体系。自杀性爆炸袭击具有突然性，难以应对。因此，警力就必须加强战法演练，确保一有报警，迅速到位，迅速处置。具体来讲，需要把握以下几点：一是要实时更新区域的道路交通和地形状况，掌握重要目标、敏感地区的人员类型、安保力量、建筑种类等详情，为反爆炸行动提供详实的资料支撑；二是在平时广泛搜集预定任务地区相关情况的基础上，针对爆炸事件发生后可能出现的交通堵塞、爆炸现场建筑和周围公共设施可能遭破坏程度等，加强对相关装备的体系化训练，确保一旦发生爆炸事件，各装备能够协调一致地发挥功能；三是要落实制度，明确分工，遇有情况时，立即出动。特别在重要时段或遇有重大任务时，要保证警队人员全体在位，并加强对所属区域巡逻，确保一有苗头，立即处置。

恐怖袭击事件应建立权威、统一、高效的指挥体系，避免多头指挥、接力指挥，甚至指挥缺位。现场指挥官应承担战术筹划任务，具体负责决策的贯彻、

---

[1] 赵秉志："中国恐怖活动犯罪的防治对策"，载《光明日报》2014 年第 11 期。

实施。决策层不具体指挥战术实施，但是各参战单位对现场指挥官要绝对服从，保证现场秩序绝对稳定。

在"10·28"恐怖事件中，应急管理果断及时，总体处置非常成功，但这同样不能掩盖街面治安管控等基础性预防工作存在的问题。天安门前有密集的车流，广场上游人来自四面八方，为管理和预防工作带来巨大困难，但维护社会治安稳定是职责所在，不能回避存在的问题。所以预防的重要性就体现出来了。

2. 对爆炸现场进行封锁隔离。爆炸事件发生后，巡逻警力在接到报警或发现情况后要在第一时间封锁隔离现场，在北京"10·28"恐怖袭击事件中，北京警方在快速封锁隔离现场的基础上，及时与地铁公司联系，对地铁1号线天安门东站采取临时封站措施，对1号线天安门西站B口采取出、入口封闭措施，有效减少了过往人员数量，为快速疏散现场群众创造了条件。

3. 利用媒体稳定人心，减少社会不利影响。危机的发生，其本身是重大的新闻事件，各路媒体都将迅速出现在危机现场，搜集报道所需要的资料。政府与媒体如能形成良好的互动关系，将既能最大程度上实现公众知情权，又能利用媒体向社会传递正面信息，缓解公众紧张焦虑的情绪。同时，媒体独有的设备和视角优势也可能弥补政府某些方面的不足，甚至会在危机管理中发挥关键作用。媒体的作用主要体现在以下几个方面：第一，直观、全面、多角度地实时发布现场情况以及救援进展情况，为政府做出决策、调动资源提供重要依据；第二，向全国，尤其是涉案地区传递政府和执法部门的权威声音，增强民众的安全感，指导民众加强自我保护，避免造成二次伤害；第三，协助执法部门提供证据和开展调查，除提供媒体拍摄的大量高清晰度的视频和照片外，还把公众提供给媒体的大量资料转交给执法部门。可以说，媒体的参与为危机事件的成功处置与案件的最终侦破发挥了关键作用。

在北京"10·28"恐怖袭击事件发生后，西方媒体就对此次事件进行了歪曲报道，甚至在头条发出"是恐怖主义还是绝望的呐喊？"的讯息，公然将此次事件与所谓新疆民族矛盾相联系，并将主要诱因归结为目前存在的一些社会问题，严重影响了我国政府的形象。对此，我国相关媒体及时将案件的侦破情况公布于众，让人民群众认清事件的真相，有效击破和制止了谣言的传播。除此之外，官方依托人民网、搜狐网等官媒和民媒，在事发后一个半小时左右，便发布了第一条描述案件现场的简要消息，第一时间稳住了现场态势，稳定了社会群众心理，其引控工作就是一个成功的范例。

（三）发挥反恐情报工的作用

反恐情报是反恐斗争取得成功的关键，建立符合本国国情及反恐现状的情报体系，是预防恐怖活动、打击恐怖活动的重要保障，同时为反恐活动指明方向。建立健全反恐情报组织系统，要借助多方力量，完成信息整合。面对恐怖主义活动，要预防与武力打击相结合，而带有前瞻性的预防，才是重中之重，是消除恐怖主义活动的主要措施。反恐情报组织系统的重要性突显，准确、有效、及时的情报在反恐活动中至关重要。

打击"东突"恐怖势力，应当强化反恐情报的主导及预防作用。离开了反恐情报的主导作用，反恐工作就会无的放矢。强化反恐情报的作用，需要做好反恐情报的共享，对情报信息系统的建设进行统一规划、信息资源统一配置，建立和完善情报采集及分析机制，定期组织情报信息交流，通报恐怖活动情况，建立情报分析评估机制，预测判断发展趋势，使反恐情报在反恐各职能部门之间上下贯通、左右互联，最大限度地发挥反恐情报的作用。具体是，一要提高反恐情报侦查、搜集能力。情报信息是反恐胜利的重要前提和基础，也是便捷通道。要立足国内，放眼国际，密切注视国内暴恐动态，及时获得第一手情报，及时获得深层次、内幕性的情报信息，为第一时间反恐做准备。二要提升反恐预警能力。认真研究暴恐袭击的时间特点，针对安全防范的薄弱环节以及可能出现的各种后果，做好防范处置准备。三要加强武警、特警、公安等反恐力量的快速反应能力建设。要切实强化武警、特警、公安等反恐力量的责任担当和使命担当，增加配备高新武器，实现装备升级，将暴恐袭击消灭于萌芽，最大限度减少群众伤亡。

（四）加强反恐力量的建设

面对"东突"恐怖组织的嚣张气焰，反恐部门要充分备战，保持高度戒备。目前，可以在我国的西部地区展开对恐怖分子的武力打击，特别是在新疆、西藏地区的恐怖分子。加强反恐力量的建设，可参照国外的优秀经验，赋予反恐部队特殊的地位和待遇，加强队员的使命感和自豪感，稳定队伍，提升战斗力，整合反恐力量，打造一支素质过硬的专业反恐队伍。打造专业部队，成立特警学校。借鉴国外特警训练的先进方法，理论学习与实战经验相结合，一切从实用性及战斗性出发，适当从国外引进实战经验丰富且教学能力突出的优秀教师，为队员提供讲学及辅导训练。针对我国国情及反恐现状，对可预见和不可预见的复杂情况进行灵活多变的训练，培养反恐特警的灵活应对能力，在对特警队员训练的同时，还要加大对指挥领导层面的反恐指挥演练，从而打造一支自上而下团结一致、协调统一、技术过硬、能力超强的反恐精英部队。

（五）加强群众的自我防范意识

恐怖主义犯罪势力给很多人带来灾难和挥之不去的伤痛。中国人口众多，特别是人口稠密的城市，一旦发生恐怖袭击事件，就可能造成重大伤亡。但在我国目前社会应对恐怖威胁的心理准备还不够，民众防范恐怖袭击的意识还比较薄弱，相关部门应加强群众安全教育工作。首先，充分利用传播媒介做好宣传工作。充分利用网络媒体资源，制作安全教育影片，中央12套的普法栏目剧就是一个很好的平台，通过小故事帮助广大人民群众树立安全意识。但单凭一个电视节目，很难满足复杂严峻的安全形势需要。有关部门需不遗余力，继续努力。其次，相关部门应定期开展安全教育工作，城市应定期适当地举办以安全为中心的主题讲座。广大农村村民委员会应切实履行自身职责，教育群众做好安全防范工作。最后，群众要提高自身安全防范意识。在一些可能发生极端暴力安全事故的地域，提高警惕。一旦发现自己和他人的安全受到不法分子的侵害，立即向公安部门求助。民众掌握必要的反恐常识和自救技能，使自己的人身和财产免受伤害。中国政府既要加强民众的自我防范意识，又要通过群防群治，提高全社会的防范能力。

（六）加强国际合作，整合反恐资源

世界主要国家几乎都面临着恐怖主义威胁，加强合作，共同反恐是大家的共识。随着我国的综合国力不断提升，在国际事务中扮演的角色也越来越重要。目前，我国在加强国际合作，共同打击恐怖主义方面做了大量努力，参加了一系列国际和地区的反恐条约和组织，在实际工作中也取得了一定效果。接下来，我国应继续加强同世界各国联系，加快反恐走出去的步伐，加强与世界各国的沟通与合作，积极拓展新的合作方式，发挥我国在国际和地区事务中的重要作用，积极倡导建立国际化的反恐合作平台，参与制定国际化的反恐公约。在参与反恐国际合作时，要始终坚持并积极主动向国际社会表明我国在反恐问题上的坚决态度和鲜明立场，加强自身宣传，提高国际社会认同感，让国际社会认清"东突"恐怖组织的真面目，赢得国际支持，特别是新闻宣传的官方机构。如"10·28"事件中，一些西方媒体对事件进行了歪曲的报道。这一事例告诉我们必须加强国际合作。

　　从我国近年来的反恐实践来看，一方面，恐怖活动犯罪的隐蔽性特征更加凸显，恐怖活动犯罪组织和个人往往打着幌子，从事与恐怖活动犯罪相关的行为，导致恐怖活动犯罪本身的侦破难度进一步加大；另一方面，受人力、财力、物力等多方面的限制，国家的专业化反恐资源已难以满足应对恐怖活动犯罪日趋高发的态势需求，导致国家层面的反恐工作越来越被动。因此，整合社会化的反恐资源成为当前我国反恐实践中应对资源困局的必然选择。

　　恐怖袭击事件近两年在我国越来越猖獗，造成了巨大人员伤亡和财产损失，严重破坏了我国正常的社会生活秩序。在反恐形势如此严峻的今天，我们应当对恐怖袭击事件有一定的认识。

第十八章
中国反恐,任重道远:
2014年昆明火车站暴力恐怖事件

近年来我国境内多次发生恐怖袭击活动,严重影响人民群众的正常生活。自2013年以来,恐怖袭击活动范围有扩大的趋势,影响恶劣,需要对其重视。其中2014年昆明火车站"3·01"暴力恐怖事件影响颇深。

一、昆明"3·01"暴力恐怖事件的回顾

(一) 事件经过

昆明火车站"3·01"暴力恐怖事件是多名受极端宗教思想影响的新疆维吾尔族青年,流窜到内地,选择人员密集的昆明火车站,针对无辜群众,精心组织策划实施的一起严重暴力恐怖事件。2013年8月至12月期间,该团伙中的6名成员在新疆认识,意图参加"圣战"。期间,6人先后流窜至广东、甘肃以及云南红河等地,多次寻找非法出境通道,但最后都失败了。2014年2月,6名团伙成员结识了库尔班夫妇,因具有共同的极端宗教思想,8人多次观看"圣战"视频,24日至26日期间,该暴恐团伙购买长短刀,并制作"圣战"旗帜。27日,团伙部分成员因涉嫌偷越国(边)境被沙甸公安机关抓获,3月1日中午,库尔班等5人怕事情败露,于是商定按原计划当日在昆明火车站实施暴力恐怖袭击。3月1日17时许,上述5名暴恐分子从沙甸乘客车出发,20时29分,抵达昆明火车站西侧,21时10分,进入昆明火车站临时候车棚,12分30秒,用匕首刺杀旅客,14分许,5人在火车站广场取出事先准备好的长刀,打出两面旗帜,分成两组对无辜群众进行砍杀,公安民警多次警告无效,21时33分警PTU7号处突车赶赴现场,在鸣枪示警无效后,果断向5名暴恐分子开枪射击,当场击毙库尔班等4人,帕提古丽被击伤后抓获。

（二）事件结果

事件发生后，当地公安、特警、消防等部门应急力量到达现场，数十辆警车以及大批警力前往现场处理。昆明火车站前几个十字路口已经戒严，从昆明火车站往外 150 米左右的主干道被封锁。警方在对火车站内及周边人员进行排查，以保障群众的安全。与此同时，警务人员在击毙暴徒的现场进行取证。据警务人员介绍，数名砍杀路人的暴徒已经被处置，受伤群众已被送往医院救治。该事件最终导致 29 人死亡，143 人受伤。昆明暴恐事件的 143 名伤者中，包括多名民警、外出打工者和返校大学生。其中，大理学院、云南大学旅游文化学院均为 3 月 1 日、2 日两天开学，两校均有学生在此次事件中受伤。云南省第三人民医院有一位警察伤情极危重。此外，该院还有一名危重病人是来自广西南宁的孕妇，已怀孕 6 个月，已脱离休克状态，但胎儿仍处于观察阶段。2014 年 3 月 2 日，伤员分别收治在昆明 11 家医院，其中重伤 73 人，轻伤 70 人。收治伤员最多的是昆明市第一人民医院，该医院共救治 71 名伤员。其中，到达医院已确认死亡 12 人，经抢救无效死亡 1 人，尚有 54 人继续救治中。截至 2014 年 3 月 3 日，有 12 名伤员仍然处于危重状态，其余伤员病情平稳。这样的伤亡情况必须准确、及时地发布。这样做的理由有四：一是死伤人数是事件重大程度的标志，人民有知情权；二是死伤人数是标示罪犯罪行深重程度的因素，也是随后严厉打击组织、指挥、参与此次恐怖活动分子的一个重要依据；三是激起人民同恐怖势力作斗争的一个重要动员令；四是依信息公开条例的规定，这应是政府主动公开的信息，必须依法公开。从这个意义上讲，这实际上是一个不应争论的问题。

二、昆明"3·01"暴力恐怖事件的特点

（一）前期准备的缜密性

值得注意的是，恐怖分子在实施暴恐活动前做了充分的准备，如购买刀具、制作"圣战"旗帜和面具，以及确定作案场所和拟定具体路线。因此，恐怖分子才能够以隐蔽的方式进入火车站内，并通过突然发动的攻击，在极为短暂的时间内造成了大量的人员伤亡。另外，恐怖分子之所以确定在昆明策动恐怖袭击，也是经过深思熟虑的。昆明是旅游胜地，外来游客极多，此前从未发生严重的恐怖事件，防备力量可能比较松懈。这都是恐怖分子选择昆明所考虑的重

要因素。

（二）事件针对的是无辜群众且目标明确

在昆明火车站"3·01"暴力恐怖事件中，据一对亲历者夫妻回忆，1日晚9时左右，在昆明火车站广场的铜牛雕塑前，人群突然开始混乱，有人尖叫，四处散开。有多名暴徒持刀随意砍杀无辜群众。他们回忆，当时急于往外逃，所以没有注意暴徒具体样貌和人数，不过有几个是穿统一的黑色大衣，现场伤亡人数较多，很多人被砍伤。还有正在售票大厅购票的一人回忆："当时只听到有人喊'砍人啦！砍人啦！'，一下子就乱了，到处跑，我跑出来几百米后就报警，不过我同学已经被砍伤了。"

该起事件具有明确的攻击对象、攻击手段和攻击目的，在公共场合实施暴恐活动，达到了在国际上造成严重的恶劣影响及后果，给国内造成严重恐慌的最终目的。因此相关部门在加强政府机关的防范工作时，也要加强公共场合的治安工作，加强恐怖主义预防知识的宣传，增强人们的反恐意识，一旦发现恐怖分子的苗头及时制止，确保广大人民群众的生命财产安全。

（三）事件实行者心狠手辣，手段残忍

暴恐分子通常会进行有组织、有针对性的训练，手法多样令人发指。如"3·01"暴力恐怖事件中，大多数死伤者被砍杀的部位都是胸部、颈动脉等人体的致命部位，受害者同一部位遭到反复砍杀，遇难者几乎都是一刀致命。由此可见暴恐分子经过严格且残忍的训练。

（四）实施的工具杀伤力大

刀斧具有体积小、隐蔽性强、杀伤力大等特点，便于携带隐藏，购置方便，行凶时迅速突然，能在短时间内造成大量人员的伤亡。在"3·01"暴力恐怖事件中，暴恐分子竟能在短短的12秒内挥刀捅向7名群众，50秒内疯狂挥刀13次，造成12名无辜群众伤亡，足以说明他们实施的工具杀伤力极大。

（五）事件组织者呈家族化发展趋势

在此次"3·01"暴力恐怖事件中，我们不难看出暴恐分子大多是一些受极端思维影响、极端言论蛊惑的普通人，他们大多来自同一家庭，同一地区，他们生长生活的环境闭塞，很少能够接受主流世界观、价值观的熏陶。他们实施恐怖袭击往往是由于身边某一家人或朋友先受到了极端分子的蛊惑，产生了民族仇视情绪，之后仇恨社会、报复社会的思想就像瘟疫一样在家人和朋友之间蔓延。当激进的思想逐渐渗透、负面的情绪逐渐积累，他们开始一起观看各种恐怖袭击的资料时，这个家庭和朋友圈就变成了一个小有规模的恐怖集团。恐怖分子家族化发展趋势提醒人们，在日后工作中需防微杜渐，不留给恐怖主义任何发展空间；要顺藤摸瓜，当查明一起恐怖事件、查处一名恐怖分子后，要对其身边的人多加关注，对恐怖分子要绝不姑息，对其他人员也要加强思想教育。

三、昆明"3·01"暴力恐怖事件的教训

（一）相关法律不健全

随着经济社会的迅速发展，恐怖活动的复杂性、隐蔽性和跨国性等特征日趋明显，反恐怖工作对法律的依赖也越来越强，仅仅依靠现有法律来调整，已经不能完全满足新形势下我国惩治与防范暴力恐怖犯罪的迫切需要。现行法律不能有效区分暴恐犯罪与普通刑事犯罪。在昆明"3·01"暴力恐怖事件中，相关人员还没有意识到这是一起暴恐袭击事件，如果在相关的法律文件中，明确将该类行为视为暴恐行为，给暴恐案件一个准确定位，那么在处置这类案件时就不会措手不及。例如：劫持人质、暴力袭击、劫持交通工具等犯罪只能以其他罪名界定，尤其对于企图逃往境外的暴恐犯罪只能以偷越国（边）境罪处置，无形中削弱了反恐的威慑力。

（二）反恐意识不强，对暴恐活动认识不足

在"3·01"暴力恐怖事件发生以前，很多暴力恐怖案件大多发生在新疆地区，这就造成了群众在看见这起暴力恐怖事件发生的过程中，以为只是打架斗殴，多名群众报警也仅称有人打架，在暴力恐怖分子追砍过程中，仍有部分群众迟疑观望。有些群众在危险来临之时，对行李物品恋恋不舍。有些群众慌不择路，造成大量的拥堵，给暴恐分子可乘之机，可以看到人民群众本身对突发的犯罪缺乏判断力、缺乏反恐的意识，在遇到暴恐犯罪时更是缺乏应对能力。

暴恐分子从边疆向内地流动，随时随地发动"圣战"。此后，宗教极端势力、民族分裂势力、暴力恐怖势力为主导的暴力恐怖在新疆猖獗不断。随后暴恐活动重心已逐步向更多地区渗透，特别是一些省会及重要城市。昆明"3·01"暴恐事件发生以前，普通大众一直认为暴恐事件离自己很远，认为只有新疆才有暴恐事件，对暴力恐怖袭击缺乏警惕性。还有警察在处置突发事件时，不能对事件的性质、态势做出正确的评估，无法采取有效措施并控制事态。首

先，在本事件中，先期赶到的处置人员在接到群众报警后没有意识到事件严重性，潜意识里认为是一般的治安案件，因此在选择处置方式及方法时出现了麻痹大意的情形。其次，对于暴徒在行凶过程中猖狂挥舞刀斧以及打出"圣战"旗子这种带有明显恐怖标志的案件，民警没有做出正确的预判和事态评估。这些足以说明群众对暴恐活动认识不足。

（三）反恐实战能力不强，行业监管不到位

虽然昆明"3·01"严重暴力恐怖案件得以快速处置，但是也暴露出铁路部门和地方基层公安机关日常应急准备不足、临场处置经验缺乏等问题。我方人员不能在相对安全的距离范围内使用所携带的警棍、钢叉制服暴徒。其主要原因，其一是自身训练不足或训练松懈，更有甚者没有经过严格的训练就直接上岗。其二是领导对培训队员的警务技能战术训练不够重视，开展具有针对性的专业训练不足。这都可以反映出反恐实战能力不强的问题。

在"3·01"暴力恐怖事件中，暴徒能够顺利采购管制刀具密谋暴恐活动，这反映出社会管理中特种行业严重缺乏有效的监管。日常工作中，要严格枪支弹药、危爆物品、管制刀具、散装汽油等重点物品源头监管，抓好生产、销售、运输等各个环节的日常监控检查，特别是火车站、机场、汽车站、大型商场或娱乐场所等地，还需加强安保力量，在遇到突发状况时，能有效地组织人群疏散、维持安保。还有互联网监管缺失，导致各类信息缺乏有效筛查。暴恐分子常利用网络、影音视频、非法书籍学习和研究宗教教义和思想，以及学习危爆物品制造等，通过不断地渗透洗脑，原本的民族宗教思想被扭曲为极端的民族宗教思想，即暴恐分子实施的"圣战"。暴恐事件发生后，有关部门对媒体、媒介没能进行有效的监管，致使不法分子非法传播一些影响社会安定团结的言论制造社会恐慌，或者宣扬传播民族极端思想。

（四）基层基础工作不到位

新闻媒体对昆明"3·01"暴力恐怖案件现场群众进行事后采访时，多数群众表示，根本没有意识到是恐怖犯罪，事态严重后，也不知道如何应对。这充分暴露出反恐工作宣传教育开展不深入，没有从暴力恐怖犯罪的特征、危害、对策等方面对群众进行普及性和全方位的宣传教育。

四、昆明"3·01"暴力恐怖事件的启示

（一）强化立法，健全机构

对于法律来说，一方面要赋予反恐怖机关以更多的权力，便于其在侦查恐怖活动时能够通过窃听、跟踪、秘密讯问等特殊方式及时获取线索，发现和制止恐怖袭击。如美国前总统布什就曾经签署秘密命令授权国家安全局对境内人员的通信进行窃听。另一方面要完善法律，加大惩治恐怖分子的力度，包括美国在内的许多西方国家法律都规定可以对恐怖分子处以死刑，英国的北爱尔兰还曾制定了无需陪审员即可对恐怖分子进行审判的法律制度。这些对于我国来说都是可以借鉴的。

对于机构来说，一方面要积极健全各级反恐怖指挥协调机构，如美国设有反恐怖主义联邦委员会，在中央情报局内设有反恐怖主义中心，联邦调查局内设有国内反恐怖联合行动中心和反恐怖主义处，2002 年 11 月又在合并 20 多个联邦政府机构的基础上建立起国土安全部，专司国内安全及防止恐怖活动。俄罗斯也在国家安全部内设有反恐怖主义活动局，全面协调国内反恐行动。另一方面要组建训练有素、精干内行的快速反应部队，以特种作战方式应对恐怖活动。其中，一些特种部队人们已耳熟能详。如美国的"海豹"特战队，其曾于 2011 年 5 月成功击毙了本·拉登；俄罗斯的"阿尔法"特种部队，其参与处置了 2004 年 9 月的别斯兰人质事件；德国的边防军第九大队，其曾在不到 5 分钟的时间内击毙恐怖分子，解救了一架被劫持的波音客机上的全部人员。这些对于我国来说也是可以借鉴的。

（二）加大对暴恐势力的打击力度

我们必须明确，在当今和平年代，恐怖势力是人民的最大敌人，对他们绝不能采取怀柔的政策，必须以铁腕、铁血的态度，最严厉地打击日益强大的恐怖势力。

（三）建立一支能够立体作战的强大反恐队伍

这支强大的立体的全方位的作战队伍，应当包括下列内容：

1. 建立专业反恐力量。每省份都应建立一支由公安特警、武警、民兵和人民解放军的应急部队组成的反恐防恐武装力量。现在各地各种反恐防恐演习，正在加强这方面。现场打击恐怖势力的力度当然要大，该开枪时应毫不犹豫地

开枪，但应把握两点，一是准确确定射击对象确实是恐怖分子，二是开枪时确保不伤及无辜群众。

2. 构建系统情报体系。必须打进恐怖组织内部，进行潜伏性侦查，以摸清敌人的底牌，能做到有所预防。被动就会挨打，这是一条铁律。拿这次事件为例，暴恐分子一定准备了不短的时间，而我们一点信息也没有，才造成这么大的死伤后果。美国反恐能力突出，同强势的情报体系不无关系。这是我国目前非常薄弱的环节，必须尽快加强。

3. 建立一支反恐研究机构。这个机构要求是一支精英型的团体，要有丰富的反恐经验的人员，要有高水平、高智商的理论研究人员，这些研究人员应当有权获得全面的反恐信息，要有能力收集、借鉴国外一切成熟的反恐经验，方能提出既符合一般规律又符合我国国情的反恐防恐对策，以指导实践。没有理论指导的实践，是盲目的实践；而盲目的实践，是不会有太高效率的。

4. 必须形成对恐怖势力的心理包围战场。应建立反恐热线，时刻接受人民群众提供的可疑信息，把恐怖势力置于人民的汪洋大海之中。必须与恐怖势力进行持久的心理战，在具体案件上应准确把握打击与挽救相结合的刑事政策，而不是一味地严打。为此，应加强反恐法律政策的研究，做到挽救到家，威慑到位。

5. 加强支援警组战法。

（1）快速反应，查明情况。支援警组接到指令，指挥员应指挥警组向遭袭击地点快速移动，并及时将情况向上级报告。保持安全距离，当刀斧砍杀现场混乱，无法确定暴恐分子的准确位置时，支援警组应将车停在距离现场约15米处，警员迅速下车对周围进行警戒，观察评估现场情况，防止暴恐分子袭击警察，准备进入中心现场。

（2）保持警组队形开进，疏散群众。支援警组突入现场过程中可根据现场情况组成一路队形、前（后）三角形、二路队形、弧形队形向现场推进，遇到无辜群众时，应快速疏散群众，引导群众进入安全区域，同时加强外围警戒，观察发现暴恐分子。

（3）确保安全，果断处置。当支援警组推进过程中遇暴恐分子正面持刀向民警进行砍杀或砍杀群众时，在保障群众安全同时，果断使用武器，制止暴恐行为。

（4）危险"加一"处置。当支援警组推进过程中遇暴恐分子正在砍杀群众时，在使用武器制止暴恐行为的同时应保持对周围警戒，防止有漏网的暴恐分子或暴恐分子的再次袭击。

（5）战术性撤退处置。当支援警组推进过程中遇暴恐分子近距离向民警疯狂砍杀时，指挥员应迅速指挥警组人员与其保持相对安全距离，相互火力掩护，边撤退边向暴恐分子射击，应避免火力交叉误伤战友。

（四）重点防范，做好反恐教育宣传工作

对于重点防范来说，一方面是重点场所、人物的保护。恐怖活动是一种以小博大的不对称攻击，尽管恐怖分子势单力薄，但因其袭击的目标往往处于毫无防范的状态且多具有象征意义，所以一时间能够造成很大的破坏后果和影响力。因此，世界各国在应对恐怖袭击时首先加强的就是重点目标的防范。另一方面是加强对重点物品的监控管制，如爆炸物、枪支、化学制剂等。有的国家要求对一切爆炸物品实行标识管理，生产、销售以及进出口的一切爆炸物品都要加入可探测物质，以便恐怖爆炸案件的防范和侦破。

公安部要求各级公安机关在强化专门工作的同时，应建立完善暴力恐怖犯罪活动举报奖励机制，广泛发动群众及时举报涉恐涉暴线索，打好人民反恐战争，严密防范、坚决打击暴力恐怖犯罪，切实保护公民人身财产安全和公共安全。由此可见，公安机关应通过制定公民反恐指引手册，积极与地方联合开展反恐宣传工作，向群众宣传反恐工作的重要性和必要性，增强群众应对恐怖犯罪的能力，提高防范意识，确保在发生恐怖犯罪时，及时有效保证自身安全。同时，加强与文化、工商、宣传等部门的沟通协作，依法严厉查处制作、销售、传播含有宗教极端主义和暴力恐怖等内容的非法宣传品行为。

（五）加强国际合作

目前在反劫机、反爆炸、反洗钱等领域已形成了相应的国际公约，许多国家之间还签署了地区性和双边性的反恐条约、协定，从而为全球追捕恐怖分子提供了有利条件。除了这些普遍性的措施外，一些国家还根据自身的主要恐怖袭击来源而采取更有针对性的措施。比如，爱尔兰共和军发动恐怖袭击的惯用手法是放置炸弹，因此在 20 世纪 60 年代的英国，人们经常可以在公共交通工具上看到"小心炸弹"的警示标语。同时，政府还明确要求人们一旦发现无人看管的包裹就应立即报告。20 世纪 70 年代，德国的"红军派"以恐怖暗杀活动而臭名昭著。为此，德国政府制定了反恐怖情报奖励制度，对提供有利于逮捕恐怖分子的情报线索的人给予 5000 至 1 万马克的奖金，重要的可给予高达 5 万马克的奖励，由此加速了一些重要恐怖案件的侦破工作。这些国外的例子都是我们可以参考的。

"3·01"暴力恐怖事件在国际上也普遍引发谴责。俄罗斯总统普京第一时间向国家主席习近平致慰问电，表示俄方对这种令人发指的犯罪行为予以坚决谴责，愿与中方就打击恐怖主义进一步全力开展合作。普京向遇难者亲属表示深切同情，希望所有伤者早日康复。联合国时任秘书长潘基文发表声明，强烈谴责这起针对平民的恐怖袭击，强调没有任何借口滥杀无辜平民，犯罪分子应被绳之以法。潘基文向死难者家属表示慰问，祝愿伤者早日康复。法国外交部发表声明，对这起造成众多人员伤亡的流血袭击事件予以强烈谴责，强调任何理由都不能为此类行径辩护。法方向受害者家属表示慰问，将和中国政府和人民保持团结。美国驻华使馆和美国国务院分别向中国外交部和中国驻美使馆表示，美方对这起造成重大人员伤亡的严重暴力事件感到震惊。美方谴责这一残忍的暴力行径。美国政府向中方表示慰问，对死难者表示哀悼，向受害者及其家属表示同情。日本驻华使馆和日本外务省分别通过中国外交部和中国驻日使馆对这起暴恐事件遇难人员表示哀悼。这一系列外国领导的态度更是加强了我们开展反恐国际合作的决心。从各国人民的共同利益和国际安全出发，无论恐怖主义以何种方式出现在何时、何地、针对任何人，国际社会都应采取一致的反对立场，绝不姑息。国际社会应采取立法、行政、司法等一切必要措施打击恐怖主义，遏制恐怖主义和极端主义的思想，即暴力、种族、民族或宗教仇恨等思想的传播和蔓延。

当前，全面深化改革正处在关键时期，改革发展任务艰巨，乘势而上前景可期，人民群众渴望在和谐稳定的环境里，创造更好的生活、更美的未来。而此次的"3·01"暴力恐怖事件给人们敲响了一个警钟，暴恐分子针对平民制造血腥与恐怖，正如群众所言"唤醒了人们心中的正义与力量"，坚定了人们捍卫社会稳定的信念。党和政府打击暴力恐怖行为的坚强决心，更增强了人们维护和谐安宁的信心。迅速行动起来，以雷霆手段和有力措施，严厉打击暴力恐怖犯罪，我们就一定能为全面深化改革营造良好社会环境，为人民的幸福安宁编织起牢不可破的安全之网。

第十九章
2015年巴黎《查理周刊》
恐怖袭击事件：
文明冲突还是言论自由？

2015 年 1 月 7 日，法国讽刺漫画杂志《查理周刊》（Charlie Hebdo）位于巴黎的总部遭武装分子袭击，导致 12 人死亡。据法国司法部门人士称，袭击事件的死者中有 4 人为漫画家分别是斯蒂芬·查博尼、卡布、泰格斯、沃林斯基，其中斯蒂芬·查博尼为杂志总编。袭击者曾高喊："我们已经为先知复仇。"

事发后，法国时任总统弗朗索瓦·奥朗德赶往现场，把这起事件定性为恐怖袭击。这是法国本土 40 年来遭遇的死亡人数最多的恐怖袭击。法国政府随后把巴黎地区安全警戒提升至最高级别。法国 8 日举行全国哀悼活动，并降半旗 3 天，悼念袭击事件遇害者。

一、巴黎《查理周刊》恐怖袭击事件的始末

（一）具体袭击过程

据《纽约时报》报道，2015 年 1 月 7 日 11 时 20 分左右 2 名枪手乘黑色轿车到周刊总部所处大街。手持冲锋枪、身穿黑色突击队服的 2 人开始时找错了地方，去了隔壁的附属大楼，在质询公众后，才找对大门。

1. 疑犯进入办公大楼。11 时 25 分漫画家雷伊（Corinne Rey）正在大楼门口输入密码。两名枪手随即抓住她，逼她开门。枪手蒙面且携带包括 AK-47 自动步枪、火箭筒在内的战争武器闯入《查理周刊》大楼屠杀，"见人就开枪"。枪手首先朝坐在大堂接待处的保安人员开枪，其在大堂扫射的声音响彻大楼，一些人甚至以为是大楼支架倒塌了。据目击者透露，枪手冲上楼时一路高呼："沙博在哪里？沙博在哪里？"沙博是周刊主编斯德凡·沙博尼耶（Stephane

Charbonnier）的昵称。因其多次刊登讽刺先知穆罕默德的漫画，沙博尼耶激怒了伊斯兰教极端分子，被卡伊达组织列入西方"通缉要犯"名单。事发时，沙博尼耶正在二楼会议室和十多名记者与漫画家开会。按照惯例，每逢周三他都会召开编辑会议，讨论下一期的内容。事发前不到 2 小时，周刊刚在推特发表了最新讽刺性漫画，画的是伊斯兰国组织头目祝大家身体健康。

2. 办公室"屠杀"。枪手进入周刊办公室后，一看到沙博尼耶，便对准他开枪。他们随后把枪头转向呆坐在椅子上、被吓坏的首席漫画家，并任意扫射，杀死了会议室里几乎所有人。整个过程历时约 5 分钟。参与当天早上编辑会议的自由撰稿人樊松（Sigolène Vinson）则表示，枪手闯入后，她立刻趴下，爬到走廊上一个隔板后躲起来，但却被其中 1 名枪手发现。樊松说，枪手抓住她的手臂，用枪指着她的头，她原本以为自己没命了。怎料枪手却没有开枪，而是很冷静地告诉她："不要害怕，冷静。我不会杀你，你是女人。不过想想你做了什么，那是不对的。"

枪手接着转向还在扫射的同伙，重复喊道："我们不杀女人！"从目击者拍摄的视频片段可以看出，袭击者非常"珍惜"子弹，他们瞄准目标，两枪毙命。最终造成 10 人死亡。大楼内一些人员在听到枪声后惊慌地逃到楼顶。《查理周刊》的漫画家科琳娜因为去送女儿上幼儿园而晚来了一会儿，躲过了一劫。据她说，袭击者说着非常流利的法语，自称属于"基地"组织。同时，袭击者当场大喊"我们已经替先知穆罕默德报了仇。"

3. 与警方交火后弃车逃离。11 时 50 分闻讯赶到的警察与匪徒发生枪战，2 名警察死亡。随后，2 名枪手乘车朝北逃去。不久，枪手抛下汽车，并劫持了另一辆车将司机拽出，警方在 5 分钟后赶到。当日下午 4 时 30 分反恐警察开始搜寻袭击者，并搜索了他们租住的公寓。

（二）追捕疑犯

1. 1 名疑犯自首，警方对其他 2 名在逃追捕。1 名 18 岁疑犯在巴黎东部沙勒维尔-梅济耶尔向警方自首。其余 2 个在逃嫌疑人为兄弟俩，一度抢劫加油站，据悉他们可能藏匿于巴黎北部埃纳省的一个村庄中。警方已公布 2 名嫌犯的照片，发动民众提供线索。在 2 名疑犯脱逃期间，法国警方羁押了与 3 名嫌疑人来往较多的 7 人。同时还出动了 3000 余人的警力对 2 名疑犯进行追捕，其中还包括国家宪兵特勤部队以及精锐反恐特警部队黑豹突击队。

2. 抢劫加油站后出逃。据报道，1 月 8 日上午，法国北部埃纳河地区一家加油站的员工看到了2名在逃嫌犯。该员工说2名嫌犯要求他为一辆浅灰色的雷诺车加油，而这辆车很可能是他们7日劫持的车辆。据这名员工口述，可以清楚地看到车里装有武器，包括冲锋枪。此外，2名嫌犯抢劫了这家加油站，并抢走了一些食品和汽油，此后就消失了踪迹。尽管警方出动了直升机和大量精力搜寻，仍然毫无踪影。警察猜测他们可能会躲在附近的村子里，于是警告当地村民待在家中，学校的所有户外活动也都已经取消。并且，警方在该地区部署了2支精英小分队。

3. 警方追捕恐怖袭击案嫌疑人时，法国多地发生暴力袭击事件。8日8时19分左右，巴黎南郊蒙鲁日发生一起枪击案。袭击者手持自动步枪，穿着防弹背心，开枪打死1名女警察、打伤1名道路养护人员，随后驾车逃逸。

自7日晚到8日凌晨，法国多地发生伊斯兰宗教场所或其附近地区遭袭事件。在南部拉努韦勒港地区，一所穆斯林礼拜寺遭到枪击；在巴黎西部勒芒市，有人向一所清真寺投掷手榴弹；在东部罗讷省索恩河畔自由城，一家坐落于清真寺附近的餐馆发生爆炸……上述事件未致人员伤亡。

二、巴黎《查理周刊》恐怖袭击事件的背景

(一)"伊斯兰国"极端组织崛起，世界反恐形势变化

2013年，"伊斯兰国"在叙利亚和伊拉克边界地区建国，吞噬大片土地，一度被削弱的"基地"组织在西亚、北非、南亚卷土重来，影响重新扩大，其国际化趋势令全球反恐形势面临严峻挑战。"基地"组织把恐怖活动拓展到西方，到欧洲开辟了第二战场。该组织通过地下组织和互联网等手段不断对西方国家进行渗透，对年轻人宣传所谓"圣战"思想，教化大批外国"圣战者"，并利用他们向锁定的目标国家下手。越来越多的"基地"组织成员来自欧美国家，他们前往中东或南亚参加"圣战"，然后又返回西方实施恐怖袭击。实施《查理周刊》袭击的恐怖分子就是被"基地"组织洗脑，参加"圣战"后返回法国的极端分子。据统计，涉入各类"圣战"团体的法国人已超过1100人，其中有376人目前仍滞留在叙利亚或伊拉克境内。《查理周刊》遭袭事件表明，恐怖袭击扩展到欧洲是一个"质变"，凸显恐怖主义的国际化与本土化并存态势，宗教极端势力正在全球范围变得日益猖獗，同时也表明伊拉克和叙利亚的战乱已经在中东和中东之外的地区产生严重后果。

（二）外来移民缺乏归属感，社会排外现象普遍

法国属于欧洲接纳移民和对外来文化最为宽容的国度之一。但是，在历史上，由于地缘及经济的关系，欧洲、特别是法国与中东的伊斯兰世界有着非常密切的联系。法国南部、西班牙大部都曾有穆斯林区域。法国在 70 年代出台"家庭团聚政策"，准许移民家属赴法。从此，移民家属逐步取代青壮年劳工，成为移民法国的主力。随着家属的到来，移民逐步从客居转为定居，在法国生儿育女，繁衍生息。

这段历史造就了法国移民的两大特点：第一，信仰伊斯兰教的北非裔移民即穆斯林移民占据多数；第二，移民后代，即生在法国长在法国的移民子女在数量上超过了移民。根据法国权威机构一次名为"法国的移民和移民后代"的调查：截至 2008 年，在法国共生活着逾 530 万移民，占法国总人口的 8.4%，其中 2/3 出生于欧盟以外的国家和地区，特别是法前非洲殖民地；其后代约为670 万，占法国总人口的约 11%，超过了移民本身，使法国成为欧盟内第二代移民在比重和数量上均占首位的国家。

一方面，欧洲实际上长期倡导经济、社会和文化领域的多元化，移民及其后代均受到不同程度的歧视与排斥，难以融入主流社会。但是这几年经济社会问题越来越严重，特别是失业率的居高不下，使整体社会有点排外。三代移民生在法国长在法国，操流利的法语，在母国和迁入国之间更认同后者，90% 自视为法国人，有强烈的融入意愿，然而仍难以摆脱"非我族类"的"他者"身份，从而陷入了回不到故乡又融不进他乡、失去旧身份又难构新身份的困境。他们和主流社会的关系更像是泾渭分明的"我是我、你是你"的嵌入，而非"你中有我、我中有你"的融合。但另一方面，他们生长在法国，在共和精神的熏陶下，权利意识萌发，追求自由、平等、尊严、尊重和认同，在这些诉求无法经由正常途径达致的情况下，便容易走向极端，滋生出强烈的反社会心理，特别是受到宗教极端势力的蛊惑，通过暴力手段来报复社会、宣泄不满。《查理周刊》血案和此前轰动一时的巴黎郊区骚乱（2005 年）以及规模较小的亚眠骚乱（2011 年）等，都是证明。

三、巴黎《查理周刊》恐怖袭击事件的起因

（一）《查理周刊》不尊重其他文化

《查理周刊》创建于 1970 年，前身为《切腹周刊》（L'Hebdo Hara-Kiri）。1970 年因讽刺刚去世的法国总统戴高乐被禁，后改名为《查理周刊》。而"查理"出自当时的一个漫画月刊《查理月刊》（Charlie Mesuel），确切地说是取自该月刊一个旨在暗讽戴高乐的连环漫画人物的人名 Charlie Brown。1981 年，《查理周刊》再次停刊。1992 年，当初的办报人再次推动《查理周刊》复刊。

从 2006 年开始，《查理周刊》就多次刊发讽刺伊斯兰教先知的漫画，引起穆斯林愤怒，遇袭也早有先例。对于很多欧洲和阿拉伯世界的穆斯林来说，2005-2006 年的丹麦漫画事件令人记忆犹新。丹麦的《日德兰邮报》为了一本有关先知穆罕默德的传记而征集插画，而后选登了 12 幅侮辱伊斯兰教及其先知穆罕默德的漫画，结果引起穆斯林世界激烈的反应。很多国家的穆斯林群众自发上街游行抗议，因群众与维持秩序的警察发生冲突而导致了很多人死伤。而《查理周刊》也不甘落后，在 2006 年 2 月，转载了丹麦报纸刊登的那一组漫画，引起穆斯林世界震怒。

2011 年 11 月，《查理周刊》刊登了一幅嘲笑伊斯兰法典的漫画。这期杂志刊发的第二天，杂志社在巴黎的办公室就遭到燃烧弹袭击，这一袭击行动显然是对杂志社提出了警告。但该杂志在接下去一期杂志的封面刊登了一幅标题为《爱比恨的力量大》的漫画，画面上，一个男性穆斯林和一个男子激情接吻，口水四溅。那个男子穿着黑色 T 恤衫，上面写着"查理周刊"。该杂志也因此被社会团体告上了法庭。

2012 年 9 月 19 日，《查理周刊》刊登了系列漫画，主角依然是伊斯兰教的先知穆罕默德。放在封面的漫画叫《不可触碰 2》，画面上穿着黑色长袍的犹太人乐颠颠地推着轮椅一路小跑，上面坐着穿白袍的穆斯林。推轮椅的和坐轮椅的同时说"不许笑话我们！"该漫画"改编"了法国电影《不可触碰》的海报，显然是在嘲笑在法国不能批评犹太人和穆斯林（电影《不可触碰》讲的是贫穷的黑人照顾瘫痪的白人贵族，最终两个不同阶级背景的人成为朋友的故事）。

（二）法国积极配合美国打击"伊斯兰国"激怒了极端分子

2015 年 1 月 6 日，法国海洋与海军（Mer et marine）网站报道说，法国核

动力航母"戴高乐号"准备前往海湾地区参与打击"伊斯兰国"的战斗。消息一出，愤怒的极端分子选择了恐怖袭击的手段，以阻止法舰开赴海湾地区。

法国政府对恐怖主义的渗透活动早有警觉。政府前些时候通过一项反恐法案，加大了对法国人出境参加"圣战"活动的打击力度，为的就是防止这些人在参战后返回法国发动"圣战"。但可怕的事情终究还是发生了。2015年刚刚开局，恐怖势力希望用这样的方式向潜伏于西方各地的恐怖分子发出在新的一年加强攻击的信号。最近在德国发生的反伊斯兰示威也同时激怒了宗教极端分子。

四、巴黎《查理周刊》恐怖袭击事件的影响

《查理周刊》事件在欧洲引起的震动是空前的，不安气氛很快殃及多国。

1. 恐怖袭击在欧洲拉开序幕。美国有线电视新闻网称，如今整个欧洲都面临着新一轮更为严峻的安全形势。美国将阿拉伯半岛分支定性为"基地"组织中最危险的分支，称其是美国国家安全的重大威胁，对全体公民发布防范恐怖袭击的警示，并已经展开了针对分支领导者的持续无人机战斗。加拿大增加了安全部门授权，西班牙、澳大利亚、比利时、奥地利等国纷纷提升反恐级别或加强防范措施。一时间风声鹤唳，大有山雨欲来之势头。在美国为首的包括54个国家在内的"反恐联盟"剿灭"伊斯兰国"收效不佳的情况下，"基地"阿拉伯半岛分支伺机作案，四处出击，与"伊斯兰国"遥相呼应，令欧美应接不暇。由此，针对西方的恐怖袭击在欧洲拉开序幕，法国流血事件可能只是欧洲将遭到袭击噩梦的开始。

2. 引发众人对民族矛盾、宗教冲突、言论界限甚至移民法案的无尽讨论。巴黎文娱传媒总编辑蔡斯图预计，这一事件将刺激法国社会整体继续向右转的趋势，从而给2017年的总统大选留下更多的想象空间。在原有的移民问题带来的紧张气氛下，这个事件可能会使得各国极右势力力量增长，这种势力的上涨很可能会使这个紧张的关系恶性循环，导致不同文化之间隔阂越深，甚至可能为宗教极端主义势力所利用。

五、巴黎《查理周刊》恐怖袭击事件的评析

（一）言论自由的边界

1. 大众对言论自由的不同看法。面对巴黎袭击案，人们对恐怖行为的谴责是共同的。但对于《查理周刊》的评价，则出现了明显的分歧：一部分人高举"我是查理"的牌子，强调新闻自由、言论自由不可侵犯，认为"漫画从来没有杀过一个人"，恐怖分子的目的就是要恐吓民众，阻止对极端势力的批评，必须坚决支持《查理周刊》所代表的自由原则；另外一种声音则认为，《查理周刊》对于宗教信仰已经不再仅仅是讽刺，而是达到了侮辱的程度。诸多主流媒体在描述这一事件时，都避免转登那些引起麻烦的漫画，《纽约时报》可谓这一立场的典型代表，其评论员公开声明："我不是查理！""我是查理？我不是查理？"法国袭击案引出了更深层次的问题：为什么一个漫画杂志社会遭致如此可怕的灭顶之灾？言论与宗教信仰的边界在哪里？

第一种观点是西欧国家从领导人到各大主流媒体，再到主流民众的多数看法。西方媒体将此次恐怖袭击事件以"对自由的袭击"（《泰晤士报》《每日电报》）、"对民主的威胁"（《卫报》）、"被谋杀的自由"（《费加罗报》）等为题进行报道。人们将此次袭击事件视为对于自由、民主的公然挑衅，其逻辑在于，作为最为重要的普世价值之一，言论自由是自由民主的基石。如果因为发表了讥讽作品就要付出生命的代价，人们将因恐惧而不敢言，自由民主焉存？

有学者认为，《查理周刊》对自由原则的理解似乎已有偏颇。对此，笔者是赞同的。从法理上讲，自由处于法的最高价值位阶。每一个个体都要在社会生活中享有自由。任何事物的产生、发展、变化都离不开对自由的向往与追求，新闻自由更是现代社会的基本标志。但是，"你的权利止于我的鼻尖"，在全球化时代，面对不同宗教、不同文化、不同传统、不同民族的共处，新闻自由的背后，需要一定的伦理共识。宗教反映的是人的神圣追求，表达了人们最深层次的精神体验，可以说是人类精神中最为敏感的部分。任何一家大众媒体，没有理由去挑衅宗教信仰者的情感，也不允许去挑战。这样故意侵害宗教信仰者的情感，势必会"引火上身"，甚至造成更大的社会混乱。

2. 尊重宗教、文化与传统是言论自由的前提。尊重所有的宗教、文化与传统，这应该是我们这个时代所有的媒体，乃至公民、政府、国家与社会，都应

该敬畏的普遍原则。不同的人有不同的习俗、不同的信仰、不同的禁忌，只要他们没有危害社会公共安全，就要予以尊重。尊重他人，也就是尊重自己。在人类历史的很长时期，不同族群在地理上相对隔绝，人员沟通不太频繁，某种宗教或文化占据绝对主流，在那种情况下，排他性较强的文化观或许还可以维系。但今天是一个人员高度流动的地球村时代，如同在国际机场，每一个人身边都可能环绕着各种文化传统的人，如果我们不能在内心深处建立起对不同文化的尊重，反而刻意以不尊重的态度对待之，那么人类将无法和平共处。

恐袭发生后，其负责人表示会继续刊载。笔者认可不畏强暴、不惧恐袭的职业精神，对待恐怖主义的挑衅与迫害绝不姑息的理念。但是，该事件的发生并不是偶然。"查理周刊"除了谴责恐怖主义的残暴之外，更应当自我反省。但是事实似乎并非如此。在恐袭事件发生后，《查理周刊》又推出一期有关最小难民"艾兰"的漫画。漫画发表后，引起强烈争议。

漫画也引起了很多记者的不满和愤怒。例如，英国记者中有人批评"《查理周刊》的漫画令人作呕"，也有记者指称"《查理周刊》的种族主义倾向已经公开化"。由于《查理周刊》屡屡刊登争议性漫画，法国《解放报》称该杂志"重蹈覆辙"。法国知名新闻网站 Slate.fr 形容这幅漫画"客气地说是令人作呕，不客气地说就是种族主义"。该网站文章称，《查理周刊》已经成为自己高发行量的"受害者"，报道方针正在改变。面对指责，《查理周刊》的支持者们一方面辩解说，漫画讽刺的对象既不是艾兰也不是难民，而是欧洲民众和媒体对于难民问题的无常态度，他们时而因"艾兰事件"同情难民，时而因科隆性侵排斥难民。另一方面，他们再次祭出"言论自由"大旗，称这是"绝对的、不可剥夺的权利"。这些支持者们似乎没有明白，言论自由固然重要，但是应该有自己的界限，必须尊重民族和宗教，不能以"报道锐利"之名行宣扬种族主义之实。科隆性侵案确实令人发指，但不代表所有叙利亚难民都是粗暴的性侵者，更不意味着难民中的儿童长大后都将"注定成为"社会治安危害者。媒体对幽默的使用应该把握好"度"，不能以带有排外色彩的"极右式幽默"来哗众取宠，增加发行量。

3. 言论自由要受到法律约束。言论自由也并非没有禁区，要受到法律的规范和束缚。《查理周刊》新的挑衅举动，不排除会给它带来法律麻烦的可能，因为带有种族主义色彩的宣传往往会引起民间组织的关注。例如，《查理周刊》被袭后，法国极右政党"国民阵线"的一名欧洲议员，因在媒体上公开宣扬"伊斯兰第五纵队已进入法国"而受到法国反种族主义团体的起诉。有学者认为，新闻言论对于某一事件的讽刺达到侮辱的程度时，触犯侮辱罪，言论自由不能建立在他人的痛苦之上。有时候，"笔杆子"对人造成的伤害，要远远大于"枪杆子"。艾兰的丧生，是欧洲难民危机中令全球震惊的代表性事件，此事给艾兰的家庭造成的伤害、给难民们和接待难民的欧洲国家人民带来的巨大冲击难以估量。以悲痛来作所谓"幽默"的"原料"，这是一种很危险的趋势。

（二）言论自由与文明冲突

和谐是多数宗教主张的理念，但是在现代传播语境下，西方式的新闻自由和宗教信仰之间的去和谐趋向在世界范围呈现。《查理周刊》事件所涉及的双方，都有各自的固有理念：以人权为基础的新闻自由和以信仰权为基础的宗教信仰。众所周知，《查理周刊》以刊登讽刺性报道著称，其杂志封面尤其备受关注，而报道的内容通常是有关宗教和政治的。统计发现，《查理周刊》并不是只针对伊斯兰教，基督教、天主教等带有组织性的宗教都曾经成为这本强调"多元论"的左翼刊物的讽刺对象。可见其编辑部并未充分意识到宗教文化的特殊意味，也未对宗教文化及其影响力给予充分的重视和尊重，只是单纯地从杂志自身的内容需要和吸引受众注意力的角度去构思、安排报道内容，殊不知在这个不断刺激宗教信徒的过程中，也就慢慢给自己埋下了受袭的定时炸弹。

2006 年《查理周刊》转载《日德兰邮报》所载讽刺穆罕默德的漫画，由此和伊斯兰极端势力结怨。《查理周刊》对伊斯兰的辛辣讽刺让其主编斯德凡·沙博尼耶屡次受到死亡威胁，但沙博尼耶认为只有言论自由是神圣的，因此他始终坚持"自由又争议的漫画"。沙博尼耶对自由言论的信念根植于法国式的新闻自由传统。1789 年 8 月法国颁布了《人权宣言》，赋予公民言论、著述和出版的自由。新闻自由被视为法国民主的根基而被法国人所珍视。和新闻自由一样，讽刺漫画在法国同样具有久远的历史，以至于《查理周刊》事件发生后，法国时任总统奥朗德认为："这些记者，他们的所有作品都是对言论自由的捍卫。"法国前总统多米尼克·德维尔潘也撰文指出："那些人之所以被杀，仅仅因为他们是记者，仅仅因为他们捍卫自由，仅仅因为他们代表着一种理念。"伊斯兰教作为世界主要宗教之一，为了避免偶像崇拜，禁止安拉的绘画和雕像，同样任何绘制和雕刻穆罕默德"圣像"的行为都被看作对先知的不尊。因此即使《日德兰邮报》刊载的部分穆罕默德漫画"无伤大雅"，但当代以研究媒体伦理著称的学者克利福德·G. 克里斯琴斯（Clifford Christians）在分析时指出："对逊尼派来说，即便制作穆罕默德画像的行为也是亵渎，所以并不奇怪，很多穆斯林只因为这一个原因就被激怒了。"和《日德兰邮报》一样，《查理周刊》不仅刊登了穆罕默德的漫画，而且这些漫画是讽刺性的，正如《纽约时报》发表《我不是查理》一文认为，讽刺和侮辱有着明确的界限，但《查理周刊》对穆罕默德的讽刺无异于对伊斯兰教的侮辱。

　　《查理周刊》所坚持的西方式新闻自由以及伊斯兰教所坚守的宗教信仰理念都有深厚的传统，以至于两者发生碰撞并产生冲突的时候，传统成为两者身上的包袱，沉重的包袱压制了两者向彼此走近一步进行对话和和解的努力，成为横亘在西方式新闻自由和宗教信仰之间的沟壑，使得两者在去和谐的轨迹上加速运行，成为西方与中东地缘相近而理念相悖的一个矛盾场域。两股对立势力的共同点在于：双方都坚信自己的主张和行为是正当的。而"如果人们坚持一定要得到他们认为有权得到的任何东西，文明就会让路给战火"。因此，文明冲突不只存在于国家间，而是已进入到一些社会的内部了。当社会内部已经不仅限于"分裂"而是呈现为"冲突"状态，那么这个社会距离"团结"的目标就更远一步了。《查理周刊》恐怖袭击事件发生后，法国时任总统奥朗德表达了坚决打击恐怖主义的决心，并反复强调："让我们团结起来！"这是呼吁，更是目标。社会团结不仅需要人民万众一心、同仇敌忾，还需要国家层面的整合手段去弥合社会的分裂乃至冲突。

第二十章

2015年法国巴黎连环
恐怖袭击事件：
全球反恐刻不容缓

一、巴黎恐怖袭击事件综览

当地时间 2015 年 11 月 13 日晚 9 点左右，法国巴黎市区郊区公共场所共计发生 7 处枪击、6 次爆炸恐怖事件。当时郊区法兰西大体育场正举行法国对德国的一场足球比赛，总统奥朗德在现场。总统本人已安全撤离，并宣布法国全国进入紧急状态。北京时间 2015 年 11 月 15 日凌晨 2 点左右法国政府召开新闻发布会确认，恐怖袭击已造成至少 129 人死亡、352 人受伤，其中 99 人重伤。2016 年 1 月，法国在比利时警方的配合下成功确认了第八名恐怖分子的身份。

（一）袭击事件过程

2015 年 11 月 14 日，法国巴黎发生恐怖劫持事件。距法国《查理周刊》血案过去还不到 1 年，巴黎 13 日夜里再次响起枪声和爆炸声。128 条无辜生命转瞬即逝，这个以浪漫和时尚著称的国际都市经历了恐怖一夜。据媒体报道，7 起恐怖袭击事件的地点及概况如下：

1. 共和国广场大道。据欧洲时报报道，在巴黎市中心的共和国大道，11 月 13 日晚发生枪击案，导致 4 人死亡、21 人受伤。

2. 毕查特（Bichat）路枪击案。21 点 50 分左右，巴黎 10 区毕查特路的一家酒吧附近发生枪击案，有 4 人当场身亡。据媒体报道，酒吧附近有劫匪手持 AK-47 自动步枪向人群扫射，恐怖分子高喊"为了叙利亚"和"圣战"口号。据报道，枪击造成 14 人死亡、20 人受伤。

3. 巴黎 11 区巴塔克兰（le Bataclan）音乐厅超百人死亡。巴黎 11 区，多名劫匪前往巴塔克兰音乐厅，劫持人质并对人质进行残忍扫射。巴塔克兰音乐厅是此次恐怖袭击中死伤最严重的地方，至少 112 人死亡。现场一名人质在社交网络发布信息称："我正在巴塔克兰音乐厅一楼，流血很严重。袭击者正在对人质进行残忍扫射，一个接一个。快到一楼来！"一名在场记者逃出了音乐厅，他对 CNN 表示："我们躺在地板上，没有被恐怖分子打伤。在那里人群极度恐慌，恐怖分子朝人群射击了有 10 到 15 分钟，现场一片血流成河的惨状。"

幸存者对媒体表示，恐怖分子拿手榴弹丢进人群，造成大规模死伤。当地时间凌晨，法国警方发言人迈克尔·加铎对媒体称，在巴塔克兰音乐厅的 4 名恐怖袭击者已经被击毙，其中的 3 人身穿自杀式背带，其他枪手尚未被缉拿归案。法国内务部也发出警告，"如非必要，不要外出"。

法国 BFMTV 电视台的最新报道说，赶赴现场的特警部队采取强攻行动，结束了巴塔克兰音乐厅内的劫持人质事件，3 名恐怖分子被击毙。另有报道引述从巴塔克兰音乐厅逃生的目击者描述，枪手手持 AK-47 自动步枪高呼"真主伟大"的口号向人群扫射。

4. 音乐厅附近，柬埔寨餐厅。据巴黎文娱传媒报道，在巴黎 10 区的阿里贝尔路，一家柬埔寨餐厅和一家咖啡馆也发生枪击案。恐怖分子在夜间 21 点 25 分至 36 分期间乘坐西雅特 Leon 汽车，持 AK-47 自动步枪在巴黎中央的几家餐馆进行了三场射杀，导致 39 人丧生。同时，还有一名自杀式袭击者在该区域的另一家餐馆引爆了炸弹。目击者皮埃尔·蒙福特对法新社表示，自己听到持续了整整 30 秒的枪声，"我们当时还以为是烟火"。位于 11 区的巴塔克兰音乐厅内或有 20 人遇难，位于 10 区的一个名叫"小柬埔寨"的餐厅内约有 10 人丧生，位于 10 区的拉封登乐华路（Fontaine-au-Roy）有 10 人身亡。

易卜拉欣·阿卜杜勒-萨拉姆（Ibrahim Abdeslam），为居住在比利时的法国公民。袭击场所距离最后一轮餐馆射杀地点约 1.6 公里。这名恐怖分子是否曾出现在枪手乘坐的车中还不得而知。据从比利时官方得到的信息来源，易卜拉欣曾和此次事件的主谋因轻微犯罪而一同受审。

5. 博马舍街区。据媒体报道，博马舍街区也发生了枪击案，7 人受伤，其中 3 人伤势严重。

6. 法兰西国家体育场 4 人死亡。93 区法兰西国家体育场正在举行法国队与德国队的比赛，法国总统奥朗德在现场观看。据法国媒体报道，体育场附近发生两起爆炸，一名恐怖分子由于安检进不去，在门口实施了自杀式袭击，两起爆炸和恐怖袭击共导致 4 人身亡、50 人重伤。报道援引警方消息说，警方已证实在法兰西球场附近至少发生一起人体炸弹袭击事件。

事发时在法兰西体育场看球的华人小林向记者介绍，在上半场球赛开始时和球赛进行中，曾听到两声类似爆炸的闷响，爆炸时间间隔约为 15 分钟。但当时自己没有联想到恐怖爆炸。她回忆说，自己走到出口的时候，突然许多人尖叫，并往一个方向跑。她当时意识到可能是枪击。骚乱持续了几分钟，当时自己已经走到了地铁站，平安回到家里。她也是接到朋友电话才知道爆炸导致多人死伤。

7. 巴黎 11 区夏洪尼路和费代尔布路。22 点左右，巴黎 11 区夏洪尼路 92 号突发枪击案，目击者称至少听到 100 次枪响。据欧洲时报报道，这起枪杀案造成 19 人死亡、23 人受伤。

（二）袭击后追捕

1. 恐袭后全国戒严。巴黎 13 日夜里发生袭击后，法国总统奥朗德在巴塔克兰音乐厅发表讲话："我们希望与亲历这些残暴不仁的事件的人同在，我们想说，我们会抵抗，而且将会无情反抗，因为这些能做出这些暴行的恐怖分子需要知道，他们将面对一个充满决心、团结及齐心协力的法国。虽然法国因今天戏剧化的事件及悲剧满怀无尽情绪，法国不会让自己被吓倒。今天发生的悲剧是悲劣及野蛮的行为。"其中，死伤最为严重的巴塔克兰音乐厅已有 100 多人遇难。法国总统奥朗德也是恐怖袭击的亲历者——针对法兰西体育场的恐怖袭击发生时，他正在现场观看比赛。

随后，奥朗德发表电视讲话，宣布法国实行最高级别反恐戒严。全国宵禁，交通戒严，法国全国国境关闭，所有航班取消。这是巴黎自 1944 年被纳粹占领以来，首度进入紧急状态。政府增派军队进入巴黎地区加强安全戒备。爱丽舍宫方面随后又宣布，奥朗德将在 14 日上午召集内阁防务会议，并取消前往土耳其出席二十国集团峰会的行程。

2. 法国开展反恐突袭，追捕疑犯。巴黎警方宣布，袭击事件后，经过事发街区的多条地铁和公交线路已中断运营。教育部门也决定，巴黎地区的大中小学 14 日全部关闭，还取消组织学生周末出游的计划。恐袭发生后，法国加大对"伊斯兰国"的打击力度，奥朗德于 14 日上午召开的国防会议后发表全国讲话，称 13 日的恐怖袭击是"伊斯兰国"犯下的"战争行为"。"法国遭受了卑鄙可耻而暴力的攻击，将会毫不留情地打击'伊斯兰国'组织"，奥朗德说。他发誓将彻底打垮"伊斯兰国"组织。他还将向议会提交议案，将国家紧急状态延长至 3 个月。

法国将于未来两年在安全和司法部门新增 8500 个岗位，其中包括新增设 5000 名警员与宪兵，法国军队至 2019 年前也将不再减员。与此同时，法国展开反恐突袭行动，持续追捕嫌犯。据法新社报道，11 月 18 日凌晨 4 时 30 分左右，法国警方发起追捕巴黎恐怖袭击事件嫌犯行动，并在巴黎北郊的圣但尼（Saint-Denis）发生枪战。全副武装的警察将嫌疑人躲藏的公寓包围，双方持续交火 20-25 分钟，交火中有警员受伤。现场枪战激烈，并有直升机、救护车支援。巴黎系列恐怖袭击案，对原定于 11 月 30 日至 12 月 11 日在巴黎举行的第 21 届联合国气候大会产生一定影响。据法国国际广播电台报道，法国总统奥朗德 16 日同法国巴黎民众一同走上街头，以悼念遇难者。

18 日，法国"戴高乐"号核动力航母启程前往地中海东部地区，准备加入对叙利亚境内极端组织"伊斯兰国"的军事行动。航母到达指定地点后将大幅度提高法国对"伊斯兰国"的打击能力。

3. 恐怖分子从何而来。据法国《解放报》报道，警方从两名在法兰西体育场被警方击毙的袭击者身上分别发现了埃及和叙利亚护照。此前，法国警方还证实，在巴塔克兰音乐厅被击毙的一名袭击者是安全部门"认识"的法国公民。此外，据德媒报道，11 月 5 日，德国的巴伐利亚州警方在德国和奥地利交界处将一名嫌疑犯拦下拘捕，其车里装有来复枪、爆炸物 TNT 和手榴弹。该嫌疑犯拒绝说出任何计划，也不坦白武器从何而来。但报道称，德国抓捕该嫌疑犯后立刻与法国政府取得联系，也有调查方内部消息称这名疑犯被捕后，在他身上发现了前往巴黎的文件，认为这个嫌疑犯可能跟法国受袭有关。14 日，极端组织"伊斯兰国"发表正式声明，宣称对 13 日巴黎恐怖袭击事件负责，扬言称法国是其"头号"袭击目标。这一极端组织声称，他们向巴黎多个地点派遣了 8 名极端武装人员，后者携带炸弹腰带、机枪等实施了袭击。

二、巴黎恐怖袭击事件背景

1 月 7 日以来，法国持续发生恐怖袭击，法国举国哀悼，世界为之震惊。法国政府出动 8.8 万名军警来搜查恐怖嫌疑犯，规模空前。这起事件将具有转折点意义，将会在很大程度上影响法国乃至欧洲的社会政治生态及其发展趋势。

总体来看，在这起事件背后，有以下根源性因素：

（一）历史因素

从历史上看，欧洲国家与伊斯兰世界有密切的联系。法国南部、西班牙大部都曾有穆斯林区域。近代以来，西方国家还曾是很多伊斯兰国家的宗主国。这些都导致很多欧洲国家境内有大量的穆斯林民众。尤其是法国，由于其在阿尔及利亚等国的殖民主义经历，其拥有欧洲最大的穆斯林群体。法国有 600 万穆斯林民众，约占总人口的 10%。这些外来移民，在民族文化方面无归属感，在宗教方面无认同感，仅仅在民主政治体系之下被组合起来，长期以来是社会治理的难点。

（二）社会因素

当前欧洲很多国家出现社会极化现象。一头是各种右翼组织和政治势力，如法国国民阵线、英国独立党、瑞典民主党等，反对外来移民，反对伊斯兰主义势力的"扩张"，认为伊斯兰文化是欧洲文明的最大威胁。这些政党和政治力量，在欧洲各国的影响都呈上升趋势。另一头是伊斯兰极端分子。这些人往往有受害者心理，认为自己在历史上和现实中都受到打压。他们虽然以新旧移民的身份生活在欧洲，但认为这是一种自然补偿，很少有感恩之心，无意接受当地价值观、融入当地社会。在这种情况下，穆斯林和非穆斯林群体之间的相互接受度和容忍度都在下降。

（三）文化因素

一方面，西欧国家后现代主义思潮盛行，反权威、反政府、反主流成为时尚，盲目抬高边缘文化和小众文化，认为小的、少的就是好的，打压大众文化和主流价值观。整个社会没有标准，标准只是"自由博爱"。在极端自由主义者看来，面对不喜欢的话语的主要做法，就是引入更多的话语。这次被袭击的《查理周刊》是一家极端自由主义杂志，虽然讽刺过一些伊斯兰人才和极端分子，但也曾反对过右翼推动的《罩袍法案》，认为禁止穆斯林在公开场合穿罩袍有违宗教自由原则，符合法国人一向主张的自由博爱原则。另一方面，理想主义激情也为恐怖主义提供了土壤。在冷战时期，很多理想主义人士，尤其社会学家和哲学家，满怀激情地投入"直接行动"等极左恐怖组织的怀抱。而现在，这些人又抱着同样的理想主义激情投入到宗教极端主义"圣战"阵营。

（四）经济因素

各国对外来移民的态度，往往都与本国经济状况相关。西欧人口出生率低，需要外来劳动力。在经济状况好时，外来移民是宝贵人力资源。而在经济不好时，这些人就可能成为当地右翼民众的出气筒。当前西欧经济状况不佳，失业率居高，排外情绪自然上升。德、法等国的外来移民主要是穆斯林，这种排外情绪就与宗教问题建立起联系。

（五）国际政治因素

西欧国家国际地位相对下降，产生了复杂影响。首先，社会心理的开放性和包容性下降。国际地位越高，民众自豪感越高，心态就越好。当前西欧相对衰落，自我保护意识上升，很多国家都开始讨论一些针对外来移民的排斥性政策和相关措施。其次，国际反恐能力下降。美欧长期是中东北非的主要反恐力量和稳定性因素，但现在有退缩趋势，导致"伊斯兰国"等势大难制。同时，对本国极端分子的控制能力下降，目前，参与各种"圣战"组织的法国人已超过 1100 人，其中大约 370 人在叙利亚和伊拉克境内，还形成了一些法国营地。这些人不仅是法国面临的潜在威胁，还是沟通法国内外极端分子的桥梁，构成现实威胁。早在 2014 年 11 月，就有三名法国"圣战"分子在视频中呼吁穆斯林起来攻击他们身边的非穆斯林。法国还因此在圣诞节和新年提高过反恐安保等级，加强过公共部门的安保工作。这次巴黎发生重大恐怖袭击事件，既在意料之外，又不是偶然，是西欧反恐安全环境恶化的一个结果。

三、巴黎恐怖袭击事件起因

（一）法国情报搜集有漏洞

多家西方媒体披露，法国巴黎 13 日晚间遭遇连环恐怖袭击前一天，伊拉克高级情报官员曾向西方情报部门发送急件，称极端组织"伊斯兰国"正在筹划对西方国家实施袭击。另外，还有情报消息源称，法国情报人员早在 2015 年 8 月就从一名由叙利亚返回法国的男子口中得知，极端组织有意袭击法国音乐厅等场所。美联社、英国《每日邮报》等媒体 15 日披露出大量有关巴黎恐袭前的情报消息。美联社的消息称，伊拉克情报人员在本月 12 日向美国领导的打击"伊斯兰国"的联军方面发送急件。美联社获得这份急件的副本。急件文字中有一段这样写道："我们从'伊斯兰国'恐怖组织内部我们的信息源那里直接获得的消息显示，恐怖分子（'伊斯兰国'首领）阿布·贝克尔·巴格达迪指示该组织所有成员在未来几天内立即执行国际袭击，对所有参与打击'伊斯兰国'的

国家，包括伊朗和俄罗斯，实施爆炸、暗杀或劫持人质等行动。"急件说："我
们目前不清楚这些恐怖袭击会在何时、何地发生。"

《每日邮报》报道，伊拉克安全官员还告诉美国领导的联军方面，"伊斯兰
国"在其位于叙利亚的大本营拉卡市蓄谋策划了巴黎袭击，共有 24 名武装人员
参与袭击，其中 19 人为行动执行者，其他 5 人负责策划与后勤保障。两家媒体
都报道说，在计划策划后，袭击者前往法国，与一名已经在法国的"秘密卧底"
碰头。这名"秘密卧底"随后帮助他们执行行动计划。事后，法国总统府尚未
就可能存在的情报漏洞发表看法。但就恐袭前有情报的各种说法，法国一名安
全官员以不公开姓名为条件告诉美联社记者，法国情报部门"一直都在""每天
都在"接收这类情报。但是，情报太多，真假混杂。

在打击"伊斯兰国"的行动中，伊拉克扮演着艰巨而重要的情报收集任务。
由"急件"不难看出，伊拉克在"伊斯兰国"内部安插有"内线"。但"内线"
的消息有时并不完全准确，有时甚至非常不可靠。2014 年，伊拉克情报机构和
伊拉克政府就曾宣布，"伊斯兰国"首脑在打击中受伤，但随后被证实，消息并
不准确。在 2015 年年初法国《沙尔利周刊》遭遇恐怖袭击后，法国总理曼努埃
尔·瓦尔斯曾公开承认情报工作"失灵"。当时实施袭击的恐怖分子先前已经在
当局的黑名单上，只不过没有得到重视。在那次袭击后，法国情报专家反思并
总结教训，认为情报失误存在多个原因。其中最主要的原因是，情报工作人员
沉迷于数据，整天忙于对存在嫌疑的目标进行电话和邮件追踪，耗费大量精力。
而受限于法律程序，即便是获得线索或证据，也无法及时实施逮捕。

（二）法国外来移民众多，穆斯林区域管理混乱

法国是欧洲拥有最多穆斯林的国家，他们大多来自北非等法国前殖民地国
家。数据显示，法国现有约 650 万穆斯林，占法国总人口 10%，大约一半人拥
有法国国籍。法国很多政界、学界的人士认为，法国的很多问题与移民问题没
有处理好，是有关系的，包括恐怖活动的泛滥。有专家认为，移民问题没处理
好会导致文明间的冲撞，这很容易被极端分子利用。在反恐措施上来说，相对
于其他国家，法国本身管理比较自由、松散，也为恐怖分子发动这样的袭击提
供了土壤。法国恐怖主义土壤比较肥沃，反恐体系也比较薄弱。法国移民政策
使得法国成为欧洲多民族多信仰融合的国家，因此在如此众多的移民中，监控
恐怖分子动向显得力不从心。另外，法国武器枪支控制并不严，这使得这个地
方适合恐怖分子发动恐怖袭击。

（三）法国的打击行动遭"伊斯兰国"报复

中国社科院欧洲所副研究员张金岭回顾说，11 月 13 日并非随意选择，可能更有深意。2012 年 11 月 13 日，法国总统奥朗德曾公开宣布叙利亚反对派联盟是叙利亚人民"唯一合法代表"，成为第一个承认叙利亚反对派联盟的西方国家。对叙利亚内战的干涉政策让法国成为刺激"伊斯兰国"极端组织血腥报复的目标。"为了叙利亚"也成为极端分子在发动袭击时喊出的口号，二者具有关联性。

追根溯源，张金岭认为法国再次遭到恐怖袭击，源于法国干涉阿拉伯世界的对外政策。法国参加反"伊斯兰国"联盟在伊拉克的行动已超过 2 年时间，10 月份更发起了对叙利亚的打击行动。上海外国语大学国际关系与公共事务学院特约研究员马尧撰文称，自 2014 年开始参与打击"伊斯兰国"的联合行动以来，法国就同恐怖分子之间构成"打击—报复、升级打击—升级报复"的恶性。而此次恐袭行动的直接触发点，在不少法国国内专家看来，就是法国总统府 5 日发表公报称，法国将再次部署包括"戴高乐"号航母在内的海空力量参与打击极端组织"伊斯兰国"的行动。

法国此前一直不愿跟随美国打击叙利亚境内极端组织目标，但随着难民问题和恐怖威胁的日益严重，法国调整了相关政策。中国现代国际关系研究所反恐怖研究中心主任李伟认为，IS 此次发动的恐袭可能与法国加入打击 IS 的行动有关。

三、巴黎恐怖袭击事件的影响

2015 年 11 月 13 日发生在法国巴黎的恐怖袭击事件被誉为欧洲版的"9·11"，除了事件本身造成的大量人员伤亡外，该事件必将对法国乃至全球的政治、经济、文化、法制与政策等诸多方面产生深远影响。

（一）对本国政府的执政理念与具体决策产生消极影响

巴黎恐怖袭击事件会对本国政府的执政理念与具体决策产生消极影响，这种消极影响可能成为大规模仇恨犯罪爆发的原因。巴黎恐怖袭击事件发生的部分原因在于法国安全部门对重点危险人员的监控不力，而该事件所造成的百余人死伤的惨重结果必然会导致民众对政府履行社会保卫职能的能力严重质疑，进而督促掌权者以"自由换安全"的名义出台更为严苛的监视与处罚恐怖分子的条款。

（二）扭转欧洲乃至西方世界对难民问题的看法

1. 诱发仇恨犯罪。巴黎恐怖袭击事件有可能扭转欧洲乃至西方世界对难民问题的看法，这种变化不仅无助于难民问题的解决，反而容易加深西方世界与伊斯兰世界的分歧与隔阂，从而成为诱发仇恨犯罪的又一重要因素。本次恐怖袭击的实施者的身份构成中，事实身份（难民）与文化身份（信仰伊斯兰教）都是比较容易被"标签化"甚至"妖魔化"与"敌人化"的。暴恐袭击事件发生后，许多西方国家的官方或民意对目前的难民问题发生的根本性转向即为明证。例如，波兰率先宣布不再推进欧盟制定的难民分配计划。

2. 更多国家反对接收难民。此次事件将对当前法国和欧洲对于接收来自中东的难民的问题产生负面的影响。欧盟各国对难民政策本就存在分歧，以德国为首的国家想多接收部分难民，遭到部分国家的反对。在欧洲经济不景气的大形势下，这些国家本就出于财政负担、安全等因素的考量而不愿接收难民。而此次对恐袭事件的初步调查结果显示，至少有一名恐怖分子是以难民的身份混进来的，这更加坚定了反对接收难民的国家的理由。欧洲国家将会以新的视角来考虑难民问题。

（三）中东战乱有可能进一步扩大

虽说德国内政部长否认法国恐袭与欧盟的难民政策有关，但客观地说，这件事显然与难民政策不无关系。不管德国怎么说，欧洲国家出于保护自己国家的目的，肯定会尽量不让难民涌入。难民无法疏散，中东局势又越来越动荡，随着各国在叙利亚打击 IS 力度的加大，中东的大乱向外蔓延是不可逆的事情了。法国警方公布的消息称，已经被击毙的一个恐怖分子所使用的护照是埃及护照，再考虑到俄罗斯客机坠毁的恐袭嫌疑，埃及进一步被卷入中东反恐之中估计是跑不掉了，但埃及到底是以什么样的态度和角色介入却值得进一步观察，未来俄罗斯和欧盟必会都争取埃及的支持。至于其他中东国家，随着 IS 进一步向外扩散，恐怖袭击也将会渗透到这些国家当中，整个中东将可能因此陷入新一轮"反恐战争"当中。中东必然会形成一个反恐与大国角力交织在一起的局面。一边是恐怖分子，一边是大国角力，中东不大乱也难！

四、巴黎恐怖袭击事件的评析

（一）欧洲极右势力广泛崛起

在欧洲极右势力广泛崛起的背景下，此次恐袭事件无疑将为欧洲一些人的排外和反伊斯兰情绪起到火上浇油的作用。左翼和右翼的概念在国际政治中时常被人提起。但是，何为左右翼，却是一个看似简单，实际上很难回答清楚的问题。

1. 左翼和右翼的不同内涵。按照传统解释，左翼和右翼在不同时期不同国别可能有不同的内涵。比如在这个概念兴起的 18 世纪末法国大革命时期，人们是根据对"旧政权"的态度来判断某人属于左翼还是右翼，其中右翼代表支持贵族和教权利益者，而左翼则代表反对这些阶级的人士，包括支持自由放任资本主义的人士。随后，在资本主义蓬勃发展的阶段，随着工业革命的展开，主导历史走向的重心逐渐从原来的贵族阶级向资产阶级转移，这也导致了左右翼内涵的相应变化。在前一个时代被称为左翼的资产阶级如今成为右翼的核心，而反对资本主义的工人阶级则成为了左翼，尤其是那些被称为共产主义者或者社会主义者的人。

到了后冷战阶段，传统的左翼力量陷入低潮，而与此同时，西方则见证了右翼民粹主义的兴起。右翼民粹主义又称右翼平民主义（Right-wingpopulism），拒绝社会平等与相关的政府方案，反对社会融合，并隐含排外主义思想。西方媒体也常用极右翼、右派、新纳粹、新法西斯等称谓来称呼他们，而他们的政治主张往往与反移民、反伊斯兰、反种族多元、反主流政党、极端民族主义等联系在一起。事实上，这些极右组织在欧洲不仅历史深远，而且近些年确实取得了突飞猛进的发展。

2. 右翼极端势力的崛起。欧洲极右翼政治势力在进入新千年后逐渐从幕后走到了台前。早在 2000 年，当奥地利自由党获得选举佳绩进入联合政府时，就在欧盟引起巨大震动，欧盟对"一个从未宣布放弃对纳粹主义尊重之情的泛日耳曼主义政党"进入奥地利政府表示了担忧和批评。2002 年，玛丽娜·勒庞在法国总统选举中获得第二多的选票也引发轩然大波，她正是具有排犹思想的极右翼政党国民阵线的创始人让-马里·勒庞的女儿，这被认为是新一代极右翼的崛起。

随后，各种极右翼政党相继进入各国政府或者议会渐成常态，并成为欧洲政治地图的一部分。2014 年 5 月，欧洲议会选举中极右势力的崛起被不少观察家评论为"政治地震"。尽管此次选举中，支持欧洲联合的中左翼和中右翼政党依然赢得 403 个席位，占据欧洲议会 751 个议席的大半，但极右翼政党异军突起，在欧洲议会赢得的席位剧增了 3 倍，占据欧洲议会的 1/5，创下 1979 年欧洲议会实行直选制度以来的最高纪录。通过这次选举，有十几个国家的敌视移民、反对欧洲联合与全球化的极端主义政党被选入欧洲议会，有些甚至击溃在位政党。其中法国的国民阵线和英国独立党还超越两国的执政党和老牌政党，成为两国此次选举的最大赢家。

在欧洲极右势力的背景下，由宗教极端组织发起的恐怖袭击就显得具有必然性，而且又为欧洲极右势力加强排外提供了极好的理由和借口。2015 年初，有超过 3 万人参与了德国多个大城市的反伊斯兰示威游行，其口号就是"欧洲爱国者反对西方伊斯兰化"。在法国，最近几个月来有关伊斯兰教及其在法国社会中的地位以及"伊斯兰恐惧症"的辩论一直占据着媒体的主要篇幅。在《查理周刊》受袭前一周，米歇尔·韦勒贝克出版了小说《投降》，其所描绘的正是法国在伊斯兰政党控制下的场景。《查理周刊》还为此书做了专题报道。这也是德国《时代》周报网站 1 月 8 日的文章《仇恨来自哪里?》将症结追随到日益受到社会歧视和排斥的社会底层穆斯林家庭的原因。

巴黎恐怖袭击事件更是直接表明了欧洲右翼势力的崛起与壮大。欧洲一直致力于多缘文化的建立与实行，但是右翼势力的崛起向我们表明其文化冲突的尖锐性以及极端主义者严重的排外思想。他们把恐怖主义问题与宗教意识问题相混淆，试图宣扬恐怖主义就是伊斯兰教所为，这种观点显然很扭曲。当然，这种观点势必会令恐怖主义越加猖狂，特别是"伊斯兰国"。因为其目的不是简单的政治报复，而是以思想、宗教来约束普通宗教人士，使更多不能明辨是非的宗教分子变得狂热、极端化。

（二）巴黎恐怖袭击发生后 IS 的变化

1. 恐怖组织的追求目标发生变化。无论是"9·11"事件还是随后发生在西班牙马德里、英国伦敦的恐袭事件，一定意义上讲都属于传统类型的恐怖主义活动，即恐怖组织或少数恐怖分子为报复西方、制造社会恐慌而实施暴恐，并无长远的政治追求。如今，"伊斯兰国"的目标已不再仅仅是报复西方或在西方制造社会恐慌，其长远政治目标远非常人所能想象。

　　2. "独狼"恐袭及小团伙作案成为恐怖活动的主要方式。传统的恐怖活动都是恐怖组织经过长期筹划后实施的"有组织行动"，此类恐怖活动一般筹划时间长、涉案人员多、破坏力巨大。从近几年全球范围内发生的一系列恐袭事件看，"独狼"式恐袭及小团伙作案逐渐成为恐怖活动的主要方式。这些恐怖活动大都没有恐怖组织的"筹划"或"遥控"，而是一两个"独狼"或一个小团伙独立运作的结果，因而涉案人员少，突发性也更强，其危害虽大小不一，但更难防范。可以说，要完全杜绝恐袭事件特别是"独狼"式恐袭事件或小团伙制造的恐袭事件几乎是不可能的。巴黎恐袭案也表明，与由一两个人实施的"独狼"式恐袭相比，一群小规模、武装精良的恐怖分子在闹市区同时或先后对多个缺乏防护的"软目标"（如商场、剧院、超市、地铁站）等发动攻击所产生的危害更大，其造成的人员伤亡也更加严重。前述造成人员伤亡超 100 人的恐袭事件基本上都属于这种小团伙作案。

　　3. 组织性协调性提高。在 2015 年 11 月 13 日的当天，巴黎总共有 5 起恐怖袭击案同时发生，包括巴黎第 11 区的一家柬埔寨餐馆、巴塔克兰音乐厅、法兰西体育场等地。很明显，恐怖分子就是想通过同时袭击来制造大规模混乱并使巴黎警方等反恐力量顾此失彼，增加其在关键方向集中力量的难度，这也显示出此次恐怖袭击案件高度的组织性和协调性，让人对其凶狠程度不寒而栗。

　　4. 恐怖分子的手段比以往更加血腥残忍。《查理周刊》袭击案中，凶手的手段已经非常凶残。然而，在从被劫持的印刷厂老板口中得知，库阿奇兄弟并没有把他当作"人质"，还提示他可以报警。在与法国军警的对峙中，库阿奇兄弟曾经示意军警注意不要误伤平民，随后他们自行下楼应战。这一说法也得到了法国军警方面的证实。此次巴黎恐袭案的手段明显更加恶劣：有从音乐厅逃脱一劫的袭击亲历者描述，袭击者在演出开始大约 30 分钟后冲入音乐厅，他们对人群叫嚣："你们要为在叙利亚的所作所为付出代价。"随后袭击者向人群开火。一名警官将音乐厅内的情况称为"大屠杀"，袭击者向人群投掷过爆炸物。恐怖分子见人就杀，根本就不给警方谈判的机会与时间，也不管被杀的是妇女还是儿童。这显然已经逾越了任何文明中道德的底线。